LES GRANDS PHILOSOPHES

SAINT AUGUSTIN

PAR

L'ABBÉ JULES MARTIN

PARIS
FÉLIX ALCAN, ÉDITEUR
108, BOULEVARD SAINT-GERMAIN, 108

1901

8º R.
20912

SAINT AUGUSTIN

LES GRANDS PHILOSOPHES
Collection dirigée par CLODIUS PIAT

Publiée chez Félix Alcan
Volumes in-8° de 300 pages environ, *chaque volume* 5 fr.

Ont paru :

SOCRATE, par Clodius Piat.

KANT, par Th. Ruyssen, ancien élève de l'École normale, professeur de philosophie au Lycée de Bordeaux.

AVICENNE, par le baron Carra de Vaux, ancien élève de l'École Polytechnique, professeur d'arabe à l'Institut catholique de Paris.

Va paraître :

MALEBRANCHE, par Henri Joly.

LES GRANDS PHILOSOPHES

SAINT AUGUSTIN

PAR

L'ABBÉ JULES MARTIN

PARIS
FÉLIX ALCAN, ÉDITEUR
108, BOULEVARD SAINT-GERMAIN, 108

1901

PRÉFACE

Pendant près de quarante-cinq ans (386-430), saint Augustin [1] n'a pas cessé d'écrire. Il tente déjà, tandis qu'il se prépare au baptême, d'exposer une doctrine totale; il le fait, selon que la circonstance l'y invite : il s'entretient avec ses disciples et ses amis; un sténographe fixe les paroles qui sont prononcées; saint Augustin revoit la sténographie [2], et de cela résulte un corps presque complet de doctrine : ce n'est certes pas encore toute la maturité du génie; et c'est pourtant déjà la manifestation d'une pensée qui, sur la nature

---

1. Saint Augustin, né à Tagaste en 354; élevé chrétiennement par sa mère et destiné au baptême; manichéen vers sa dix-huitième année; enseigne vers 375 la rhétorique à Carthage; part pour Rome en 383 est nommé professeur d'éloquence à Milan; se convertit en 386; reprit en 388 le chemin de l'Afrique; ordonné prêtre en 391; évêque d'Hippone en 395; meurt en 430. Il vivait en religieux depuis sa conversion, et, une fois évêque, il continua cette existence : détail fort curieux dans deux sermons : CCCLV et CCCLVI, lesquels furent probablement prononcés en 42. — Voir à l'Appendice la liste des ouvrages et celle des Éditions. — L'édition qui sera toujours citée est celle de Migne, Paris, 1842; les Épitres, pour lesquelles le tome n'est jamais indiqué, forment le t. II.

2. *Contr. Acad.*, lib. I, c. 1; n° 4.

du scepticisme et sur les difficultés si complexes de l'activité intellectuelle, pénètre jusqu'au fond. La langue de cette première série d'ouvrages est celle du professeur d'éloquence [1]; elle est aussi celle que les habitudes des premiers siècles chrétiens avaient façonnée. « La philosophie », s'écrie Licentius, le disciple de saint Augustin, « la Philosophie est plus belle que Tisbé, que Pyrame [2], que Vénus et Cupidon ; et, soupirant, il rendait grâces au Christ [3]. » Méliton de Sardes (vers 165) et plusieurs autres, avant et après lui, appellent le christianisme *notre philosophie*, ἡ καθ' ἡμᾶς φιλοσοφία [4]. A la même période appartiennent : le traité de l'*Immortalité de l'âme*, opuscule de réelle valeur, que saint Augustin devait singulièrement oublier, et contre lequel, dans les *Rétractations*, il se montre injuste, puis un traité perdu sur la *Grammaire*, et les six livres de *la Musique* : le sixième livre est d'une profonde doctrine en même temps que d'une sérieuse inspiration [5], le livre de la *Quantité de l'Ame*, et le

---

1. Le mot caractéristique des *Confessions* : *Ibi quid egerim in litteris jam quidem tibi servientibus*, SED ADHUC SUPERBIE SCHOLAM VELUT IN PAUSATIONE ANHELANTIBUS, *testantur libri disputati cum præsentibus, et cum ipso me solo coram te (Deus)*. (Lib. IX, c. IV, n° 7; t. I, col. 766.)
2. Licentius travaillait à un poëme sur Pyrame et Thisbé.
3. *De Ordine* ; lib. I, c. VIII, n° 21 ; t. I, col. 987.
4. Voir Eusèbe, *Hist. Eccl.*, lib. IV, c. XXVI; cf. *Præp. Evang.* lib. XIV, c. XXIII. — Remarquer que Clément d'Alexandrie donne pour titre à son grand ouvrage: Κατὰ τὴν ἀληθῆ φιλοσοφίαν... στρωματεῖς.
5. C. 1, n° 1 ; cf. *Ep. CI.* [108] à l'évêque Mémorius, n° 4.

livre *du Maître,* qui, malgré quelques subtilités, contiennent des observations très intéressantes, dont la profondeur ne sera dépassée que dans le traité *De la Trinité.* Les deux livres *Des mœurs de l'Église,* malgré la place que les *Rétractations* leur donnent[1], ne rappellent plus la manière du professeur d'éloquence; l'Écriture sainte a déjà modifié l'imagination de l'auteur. D'ailleurs, saint Augustin n'a pas laissé, plus tard encore, de se complaire dans le genre subtil et savant auquel ses premières études l'avaient habitué; on peut comparer les *Épîtres* à Paulin écrites vers 396[2], et l'*Épître* si vivante, si sincère et si simple où, vers la même date, il raconte à Alype, évêque de Tagaste[3], comment il a réussi à toucher les fidèles d'Hippone, et à leur faire abolir les festins par lesquels ils prétendaient célébrer des anniversaires sacrés.

La période qui va de 388 à 395 produit le traité *de la Vraie Religion* [390], exposé doctrinal d'une perfection achevée, les *Quatre-vingt-trois questions* et le traité du *Libre Arbitre,* l'un et l'autre beaucoup plus riches de doctrine, enfin le traité de l'*Utilité de croire* [391] dont les réflexions sur la force probante des miracles et sur l'impossibilité pour un philosophe, de voir actuel-

---

1. Avant *De Quantitate animæ* et *De Magistro.*
2. *Ep. XXVII.* [395]; *Ep. XXXI* [396].
3. *Ep. XXIX.* [395].

lement au delà de sa doctrine, n'ont jamais été, ni dépassées par saint Augustin ni atteintes par quelque autre. Il faut encore citer l'*Exposition sur l'Épître aux Galates* [394], pour la doctrine de la liberté et pour celle de l'amour de Dieu. Le traité de *la Genèse contre les Manichéens* [389] et l'*Ouvrage inachevé sur l'Interprétation littérale de la Genèse* [393] montrent déjà avec quelle sûreté de vue sera interprétée l'œuvre des six jours. En ajoutant le traité *des Deux Ames,* on a un total très remarquable dans lequel on trouve une philosophie chrétienne complète, et la pleine manifestation de ce qu'était à ce moment, le génie de saint Augustin.

Les deux livres de *Questions à Simplicien* [397] contiennent pour la première fois, dans toute son exactitude, la doctrine de la Grâce; et, à cause de cela, ils font époque.

C'est à partir de 400 que paraissent, ou que sont simultanément commencées les plus grandes œuvres. Saint Augustin est dès lors arrivé au point de perfection; il n'en descendra jamais. Il publia en 400 les *Confessions,* histoire d'une intelligence qui aime la vérité, qui aspire à la connaître, et qui, malgré tous les obstacles y parvient; mais surtout les *Confessions* célèbrent l'amour dont Dieu prévient la créature et les élans vers luimême qu'il suscite dans nos cœurs; les trois derniers livres, en un langage d'une touchante poésie et d'une forte précision, traitent de la création et de l'immutabilité divine ; ils enseignent bien nettement à ne pas faire intervenir l'Écriture dans les questions de physique et à ne prendre pas à la lettre le récit de six jours. L'*Interprétation littérale de la Genèse* [401-415] est à la fois une physique générale et, beaucoup plus que cela, l'effort d'une très puissante intelligence qui veut pénétrer le récit de la création. Cassiodore écrivait : « Saint Basile et saint Ambroise s'étaient acquis (par leurs travaux sur la Genèse) une gloire merveilleuse ; cependant, si difficile soit-il de réussir après de tels hommes, saint Augustin a élevé son œuvre à une bien plus grande hauteur [1]. » Et Cassiodore reste bien loin de la vérité ; car saint Basile, dans son *Hexaéméron*, n'a pas la préoccupation philosophique de se rendre compte ; il donne surtout d'agréables descriptions. C'est aussi ce que fait saint Ambroise, qui, d'ailleurs, traduit presque saint Basile. Le traité de *la Trinité* [400-416] s'arrête fort peu aux précisions théologiques qui, déjà, étaient acquises. C'est plutôt un traité sur la nature divine, et plus essentiellement encore, une étude approfondie de l'intelligence humaine. Pouvons-nous, non certes comprendre, mais soupçonner quelque chose de la Trinité ? et par quel moyen le pourrions-nous ? La réponse à ces deux ques-

---

1. *Institutiones*, c. I, n° 2.

tions porte que la connaissance de notre âme nous donnera quelque soupçon bien vague et bien obscur de ce que doit être la Trinité. Saint Augustin, à cause de cela, étudie l'âme humaine et principalement la faculté de connaître. On ne peut pas, avant de s'être assimilé les huit derniers livres de *la Trinité*, deviner jusqu'où saint Augustin a poussé l'étude de l'intelligence humaine, et combien il a pénétré les secrets de notre activité intellectuelle. Enfin, les *Confessions*, l'*Interprétation littérale de la Genèse* et *la Trinité*, si on les compare aux ouvrages précédents, sont une plus haute manifestation de génie et un plus parfait exemple de cette sagesse qui, partout, reconnaît simplement le mystère et ne s'arrête jamais à des solutions illusoires. Ce sont aussi trois ouvrages élaborés avec beaucoup de patience et beaucoup de soin. Les trente-trois livres *Contre Fauste le Manichéen* [400] sont, au contraire, un ouvrage improvisé : chaque livre débute par un passage de Fauste, sous la rubrique, Faustus *dixit*, après quoi, une rubrique semblable, Augustinus *respondit*, annonce la réponse. Il y a, dans cet ouvrage, bien des détails qui, aujourd'hui, paraîtraient inutiles ; il faut pourtant le lire. On y trouvera au livre XVI, et mieux au livre XIII, une bien importante étude, qui a pour objet la preuve du christianisme ; nulle autre part, cette question et la question du panthéisme n'ont été plus complètement élucidées.

Le traité *contre l'Épître de Parménien* [400] et le traité *contre la lettre de Pétilien* [402] épuisent la question de la tolérance. Il y a un intérêt particulier à lire le second ; car chaque chapitre y débute par un fragment de la lettre de Pétilien ; or, Pétilien, évêque donatiste exposé à la répression, y parle de la tolérance, comme avait fait Tertullien, et comme l'on fait aujourd'hui. Il reste encore à citer le traité sur l'*Art de catéchizer les ignorants* [400], opuscule très remarquable, à cause des réflexions morales qu'on y rencontre, et aussi parce qu'il propose le plan très net et bien développé de la *Cité de Dieu*.

L'ouvrage lui-même de la *Cité de Dieu* occupe saint Augustin pendant près de quinze ans [413-427]. Il dépasse infiniment la pensée dont il semblait devoir donner la justification : Rome est prise par les barbares ; on accuse les chrétiens ; on assure que les dieux, pour se venger du christianisme, ont laissé succomber la ville ; et, d'un autre côté, parmi les chrétiens, on se demande comment la Providence a pu permettre que les barbares aient tourmenté tant de victimes innocentes. Les premiers livres répondent aux accusations des païens et aux anxiétés des chrétiens ; puis la question s'étend : les doctrines de l'antiquité grecque et romaine, le néoplatonisme de Plotin, de Porphyre, d'Apulée, sont examinés et sont jugés. Ce premier travail comprend dix livres. L'œuvre propre à laquelle convient totalement le titre de *Cité de Dieu* commence vers 417, au livre onzième; elle a trois parties d'égale étendue : les origines (lib. XI-XIV), le développement terrestre (lib. XV-XVIII), le but final : souverain bien et vie future (lib. XIX-XXII). Les huit livres dont le total compose la première et la troisième partie ont plus spécialement un caractère spéculatif et dogmatique; on pourrait les étudier à part. Il y a aussi dans le dix-huitième livre, des chapitres fort intéressants qui se rapportent à des prodiges démoniaques, ou à des faits singuliers, qui tous ne sont pas des prodiges.

L'Enchiridion [421] correspond, pour l'intention générale, au livre des *Quatre-vingt-trois questions* [388-395]. Il donne, pour la seconde fois, avec plus de génie et plus d'autorité, un corps complet de doctrine, et, de même qu'au livre des *Quatre-vingt-trois questions*, c'est une suite de chapitres détachés; on y remarquera les chapitres sur la grâce (c. xxx-lii) et, beaucoup plus encore, les chapitres sur le mal, sur la prédestination, sur le mystère de notre destinée : mystère maintenant inaccessible et qui, au jugement de Dieu, nous sera révélé (c. lxxviii-lxxxii, etc. xciv-cxii); c'est la partie la plus forte de tout l'ouvrage, et c'en est aussi la plus vivante; il sera bon de constater qu'au premier livre des *Questions à Simplicien*[1] l'efficacité de la prédestination

---

1. [397] Lib. I, Quæst. II, n° 13, t. VI, col. 118.

est déjà présentée dans des termes analogues à ceux de l'*Enchiridion*[1].

Quiconque voudrait, par une étude directe, connaître saint Augustin, devrait lire tous les ouvrages dont il vient d'être question, et y ajouter le recueil des *Épîtres*. Il ferait bien, sans doute, de lire aussi quelques traités contre les pélagiens ; mais les *Épîtres* relatives au pélagianisme, les *Questions à Simplicien* et l'*Enchiridion* donnent, comme enseignement, même spécial, tout ce qu'on pourrait désirer.

Les *Confessions* et la *Cité de Dieu* ont eu, depuis fort longtemps, une renommée particulière. L'un et l'autre ouvrage n'a certes jamais été estimé au-dessus de sa valeur ; et ni l'un ni l'autre ne rend suffisamment tout saint Augustin. Il n'est jamais venu à l'esprit de saint Augustin de condenser sa doctrine dans un livre ; il en a exprimé partout quelque chose ; il faut donc tout lire. Il sera même très utile de lire tout l'ample recueil de sermons : là, le style n'est pas, ordinairement, celui des ouvrages composés pour la lecture ; il est plus long, et parfois il peut paraître terne, mais il a de merveilleux élans. On trouve des choses admirables dans les sermons recueillis sous le titre de *Traités sur l'Évangile de saint Jean*, et dans ceux qui se nomment *Énarrations sur les Psaumes*. Il est certain, d'ailleurs,

---

1. C. XCVII, versus finem, t. VI, col. 277.

que si quelqu'un lisait d'abord tous les ouvrages qui viennent d'être mentionnés, celui-là ne consentirait plus à ignorer une seule parole de saint Augustin; il lirait, et les autres ouvrages, et les *Sermons*.

SAINT AUGUSTIN

LIVRE PREMIER

LA CONNAISSANCE

CHAPITRE PREMIER

LES DIVERS MODES DE CONNAISSANCE

Saint Augustin énumère parfois trois modes de connaissance : l'intellection, la perception sensible, et l'intuition de soi-même; mais, pour l'ordinaire, et là où il a parlé plus philosophiquement, il en indique seulement deux : l'intellection et la perception sensible [1].

---

1. Sur ces divers modes de connaissance, il faut voir : 1° [386 ou 387] *Les Soliloques* (lib. I, c. III, n° 8); — 2° *Contre les Académiciens* (lib. III, c. XI); — 3° [388 ou 389] *De la Musique* (lib. I, c. IV, n° 8); — 4° *Du Maître* (c. XII, n° 39); — 5° [388-395] au livre des *Quatre-vingt-trois Questions*, les Questions IX et XLVIII; — 6° [397] *Contre l'Épître du Fondement** (c. XII, n° 15); — 7° [410] *Épître CXX*, à Volusien (n°ˢ 9, 10, 11); — 8° [401 à 415] *Interprétation littérale de la Genèse* (lib. XII, c. XXIV,

* Un de leurs livres sacrés, que les Manichéens considéraient comme plus fondamental.

Selon saint Augustin, l'intuition de conscience[1] diffère de l'intellection. On lit, en effet, dans les *Confessions* : « Tandis que je marche loin de vous (ô Dieu), je suis plus présent à moi-même qu'à vous ; et cependant, je sais de vous que vous ne pouvez en aucune manière être violé ; mais moi, à quelles tentations puis-je, et à quelles ne puis-je pas résister, je l'ignore[2]. » Le livre *De l'Ame et de son origine* [419] est plus explicite : « C'est nous qui ne pouvons nous saisir nous-mêmes ; nous dépassons de notre hauteur et de notre force la petite mesure de notre science[3]. » Ces passages sont utiles, parce qu'ils montrent que saint Augustin ne nous attribue pas l'intellection de notre âme. Mais, en les écrivant, il ne se proposait pas d'opposer l'intuition à l'intellection.

Il a, au contraire, très expressément opposé à l'intellection, tous les modes possibles de connaissance sensible. C'est ce qu'il fait déjà dans les *Soliloques* : « (A)[4] Il ne me suffit pas de connaître Dieu comme je connais Alype, que, d'ailleurs, je ne connais pas même assez. (R) Voyez si vous ne poussez pas à l'excès

---

xxv); — 9° [413] *Épître CXLVII*, à Pauline (n° 3 sqq.); — 10° [100-416] *De la Trinité* (lib. XII, c. xiv et xv; lib. XIII, c. I, n° 2; lib. XIV, c. I et c. viii, n° 11); — 11° [vers 415] *La Cité de Dieu* (lib. X, c. ix, n° 2); — 12° [426 ou 427] *Les Rétractations* (c. viii, sur le traité *De la Quantité de l'âme*; c. xiv, sur le traité *De l'Utilité de croire*).

1. *Ep. CXLVII*, n° 3, 21 sq., 39, 42.
2. *Confess.*, lib. X, c. v, n° 7; t. I, col. 782. — Cf. c. viii, n° 15; c. xvi, n° 25; c. xvii, n° 26).
3. *De Anima et ejus origine*, lib. IV, n° 8; t. X, col. 529. — Cf. n° 9, 10 ; et c. v et vi.
4. A, Augustin ; R, la Raison.

votre prétention de connaître Dieu, vous qui ne connaissez pas suffisamment Alipe. (A) La conséquence ne vaut pas. Car, enfin, en comparaison des astres, qu'y a-t-il de plus vil que mon souper? Cependant, j'ignore de quoi je souperai demain; mais dans quel signe demain la lune se lèvera, je puis, sans présomption, affirmer que je le sais. (R) Donc, vous suffit-il de connaître Dieu, en la manière où vous savez dans quel signe demain la lune se lèvera? (A) Il ne suffirait pas ainsi; car là encore c'est une connaissance acquise par les sens[1]. Mais j'ignore si Dieu, ou si quelque cause occulte de la nature ne changera pas le cours de la lune; or, si pareil changement arrivait, toutes mes prévisions seraient détruites. (R) Et vous croyez que cela peut se faire? (A) Je ne le crois pas. Mais il n'est pas question de croire, il est question de savoir[2]. »

Dans ce passage très remarquable, saint Augustin attribue, avec raison, le caractère de connaissance sensible à cette divination qui fait pénétrer dans l'intérieur d'un ami, et à cette autre divination qui atteint les secrets du monde extérieur. Or, la seconde divination est proprement ce qu'aujourd'hui l'on nomme *science*. Il est donc rigoureusement vrai que, dès 386, dans ses premiers travaux, saint Augustin établit une distinction réelle entre la connaissance scientifique et la connaissance intellectuelle.

On trouverait aussi dans d'autres ouvrages de la

---

1. « Non est satis; nam hoc quoque sensibus approbo.
2. *Soliloq.*, lib. I, c. III, n° 8; t. I, col. 873.

même époque et dans ceux des années suivantes, bien des témoignages qui justifieraient cette distinction[1]. Il n'est pas nécessaire de les recueillir, car, à partir de 400, le traité de *la Trinité* fournit l'explication la plus précise et la plus complète.

« Voici, dit saint Augustin, la différence à établir entre sagesse et science : à la sagesse appartient la connaissance intellectuelle des choses éternelles[2]; à la science, la connaissance raisonnée des choses temporelles[3]. » Une page plus bas, il rapporte le début de l'Évangile selon saint Jean : « *Au commencement était le Verbe, et le Verbe était Dieu, etc... Le Verbe vint dans son empire, et les siens ne le reçurent pas, etc...* En tout ce passage, ajoute-t-il, quelques parties appartiennent à la science, et d'autres à la sagesse. En effet, *Au commencement était le Verbe..., la lumière luit dans les ténèbres, et les ténèbres ne la comprirent pas,* se rapporte à la vie contemplative et doit être perçu par l'intelligence...[4] (Mais) *Il fut un homme envoyé de Dieu, et qui se nommait Jean, etc...* c'est chose d'une réalisation temporelle, c'est donc une chose qui appartient à la science, car la science est un mode de connaissance historique[5]. » Tout cela est absolument dé-

---

1. *Contr. Acad.*, lib. III, c. xi. — Cf. *De Immortalitate animæ*, c. vii, n° 12; c. xi, n° 18; *De LXXXIII Quæstionibus*, Quæst. IX; t. VI, col. 13.
2. « Æternarum rerum cognitio intellectualis. »
3. « Temporalium rerum cognitio rationalis » (*De Trinitate*, lib. XII, c. xv, n° 25; t. VIII, col. 1012).
4. « Et intellectuali mente cernendum est. »
5. « Ad scientiam pertinet quæ cognitione historica continetur » (*De Trinitate*, lib. XIII, c. i, n° 2; t. VIII, col. 1013, 1014. Cf. lib. XIV, c. i,

cisif, et, comme il est aussi d'une grande importance, saint Augustin y revient : « (Il y a des théories) que l'on n'est pas réduit à croire vraies, et qui, contrairement à l'histoire, n'exigent pas que l'on en croie un témoin; ce sont théories dont chacun constate la vérité; mais il la constate, soit en lui-même, soit dans la vérité absolue, lumière de l'âme[1]. » — « La science, dit-il encore, devait se distinguer de la sagesse. Ce que la science fait connaître, ce sont choses adventices dans l'âme : tels, les résultats de la connaissance historique, actions et paroles qui se produisent et qui s'évanouissent dans le temps, ou bien réalités qui existent en divers endroits et en diverses régions[2]. »

Cette opposition entre science et sagesse est déjà formulée en 397 dans les *Questions diverses à Simplicien :* « La sagesse se rapporte à l'intelligence des choses éternelles; la science a pour objet ce que les sens corporels nous font éprouver[3]. » D'ailleurs, saint Augustin n'a pas toujours employé le mot *scientia* au sens de connaissance sensible; il l'a pris le plus souvent comme un synonyme absolu de *sapientia*[4]. Mais la

---

où il insiste sur la même distinction, et où il rappelle ce qu'il en a déjà dit).

1. *De Trinitate*, lib. XIV, c. vii, n° 9; t. VIII, col. 1013.
2. *Ibid.*, lib. XIV, c. viii, n° 11; t. VIII, col. 1045.
3. Lib. II, Quæst. II, n° 3; t. VI, col. 140.
4. Dans le traité *Contre les Académiciens*, on lit : « *sapientiam* esse rerum humanarum divinarumque *scientiam* » (lib. I, c. vi, n° 16; t. I, col. 914). Puis au chap. vii, *scientia* est employé au sens de connaissance qui va au fond des choses : « *scientia* enim non solum comprehensis sed ita comprehensis rebus constat, ut neque in ea quis unquam errare, nec quibuslibet adversantibus impulsus nutare debeat » (n° 19; col. 915). Quarante

question de mot ne signifie rien; il importe uniquement de savoir que saint Augustin s'est toujours préoccupé d'établir une profonde différence entre l'activité intellectuelle qui se termine à une certaine intellection de l'absolu, et toute autre activité sensible par laquelle on saisit l'extérieur des choses.

ans plus tard, dans les *Rétractations,* il dit : « *Quod scimus igitur, debemus rationi, quod credimus auctoritati (De Utilitate credendi,* c. xi, n° 25), non sic accipiendum est ut in sermone usitatiore vereamur nos dicere scire quod idoneis testibus credimus. Proprie quippe cum loquimur, id solum* scire *dicimus, quod mentis firma ratione comprehendimus* » (lib. I, c. xiv, n° 3). Et dans le traité même de *la Trinité,* il lui arrive d'employer *scire* au sens général de connaissance, soit sensible, soit intellectuelle : « Cum enim duo sint genera rerum quæ *sciuntur,* unum earum quæ per sensus corporis percipit animus,... animi autem quasdam firmissimas per se ipsum perceptiones rerum verarum... » (lib. XV, c. xii, n° 21; t. VIII, col. 1075).

CHAPITRE II

LA FORMATION INTELLECTUELLE

Saint Augustin a raconté sa propre formation intellectuelle[1]. Il a donné aussi une théorie générale de la formation intellectuelle. Ce qu'il a raconté est d'un réel intérêt philosophique et peut, en outre, aider grandement à saisir la théorie.

I

A dix-huit ans, sollicité par l'instinct secret de son génie philosophique, il désire de comprendre, mais, trompé par son ardeur de jeune homme, il s'imagine que l'intelligence des doctrines ne présente aucune difficulté. Les Manichéens lui disent : « (Chez les Catholiques), il est commandé de croire avant d'en connaître la raison ;

---

1. Pour l'histoire, outre les neuf premiers livres des *Confessions* [400], il faut voir selon l'ordre des dates : 1° [386] *Contre les Académiciens* (lib. II, c. II, III et IX; et lib. III, c. XIV); — 2° *De la Vie heureuse* (la Dédicace); — 3° *De l'Ordre* (lib. I, c. II, n° 5); — 4° [389] *Des Mœurs de l'Église* (lib. II, c. XIX et XX); — 5° [391] *De l'Utilité de croire* (c. I, n° 2, et c. VIII, n° 20, très important); — 6° *Des deux âmes* (c. I et II; c. VIII, et et surtout c. IX); — 7° [400] dans le traité *Contre Fauste le Manichéen*, un mot remarquable (lib. XIV, c. VIII).

(chez nous), personne n'est poussé vers la foi avant d'avoir discuté la vérité, et de l'avoir éclaircie[1]. » Une si belle promesse l'attire, et elle le retient : « L'ignorance de quelques catholiques, dit-il, fait le succès des Manichéens[2]. Ce sont ceux-là que les Manichéens poursuivent, et ceux-là qu'ils enveloppent dans leurs séductions. Tel nous étions quand nous les avons rencontrés, tel quand nous nous sommes attaché à eux; tel nous avons été délivré, non par nos propres forces, mais par la miséricorde de Dieu[3]. » De semblables paroles, écrites l'année même des *Confessions*, doivent être connues.

Les Manichéens lui avaient d'abord inspiré une vive sympathie; il approuvait d'autant plus leur doctrine, qu'il désirait d'en sentir la vérité[4]. Mais pendant dix ans, s'accomplit dans le secret de son âme un travail très lent et très obscur; les *Confessions* ne donnent là-dessus aucun détail; on peut seulement savoir, d'après le second livre des *Mœurs de l'Église*[5], que la conduite

---

1. *De Utilitate credendi*, c. I, n° 2; t. VIII, col. 66. — Cf. : « Nihil apud illos (catholicos) credendum putavimus, eorum qui istis (Litteris) sacris inimici infestique sunt voce commoti, apud quos *falsa pollicitatione rationis inaudita*, millia fabularum credere et colere cogeremur » (c. VI, n° 13 *in fine*, col. 75; c. IX, n° 21). — « Promittebas scientiam veritatis, et nunc quod nescio cogis ut credam » (*Contra Epistolam Fundamenti*, c. V, n° 6; t. VIII, col. 176. Cf. c. XIV, n° 17).

2. « Imperitia nonnullorum catholicorum, venatio Manichæorum est. »

3. *Contra Faustum Manichæum*, lib. XIV, c. VIII; col. 299. — Cf. *Ep.*, CXVIII, à Dioscore, c. V, n° 32, col. 448 : « (Manichæi) audent imperitos quasi ratione traducere... conantur auctoritatem stabilissimam fundatissimæ Ecclesiæ quasi rationis nomine et pollicitatione superare. Omnium enim hæreticorum quasi regularis est ista temeritas. »

4. *De duabus animabus*, c. IX, n° 11; t. VIII, col. 102; *Confessions*, lib. III, c. VI sq.

5. C. XIX et XX.

scandaleuse des principaux Manichéens le détachait peu à peu de la secte.

Quoi qu'il en soit, il ne voit d'abord que fort peu, car l'imagination le domine, et il ne sait pas concevoir intellectuellement. C'est dans cet état qu'à vingt-six ans, il écrit le traité *Sur le Convenable et sur le Beau* (De Apto et Pulchro)[1]. La grossièreté du Manichéisme gênait réellement en lui l'activité intellectuelle[2]. Ses réflexions se transformaient en représentation sensible. Cependant il lit beaucoup les philosophes, et il s'aperçoit que les Manichéens leur sont fort inférieurs[3].

Voilà quelle était, jusqu'à vingt-huit ans, sa disposition d'esprit ; il put alors entendre, à Carthage, Fauste le grand personnage du Manichéisme[4]. Il fut déçu. Il savait, en effet, dès cette époque, discerner sous les artifices du langage, la valeur de la pensée ; or, la pensée de Fauste était vide : « O mon Dieu, déjà j'avais appris de vous que le motif de reconnaître un discours comme vrai, ce ne doit pas être l'éloquence du discours[5]. »

Malgré cela, ses méditations philosophiques sont encore bien embrouillées et bien flottantes. Il restera deux ans sous l'empire plus ou moins absolu de l'imagination ; aussi ne peut-il pas se séparer tout de suite des

---

1, 2. Lib. IV, c. xiv, xv, n° 24, et au n° 27 : « Et eram ælate annorum fortasse viginti sex aut septem, cum illa volumina scripsi, volvens apud me corporalia figmenta, obstrepentia cordis mei auribus. » — Cf. c. xvi, n°ˢ 30 et 31.

3. Lib. V, c. iii, n° 3.

4. *Ibid.*, n° 3 *in principio.*

5. Lib. V, c. vi, n° 10.

Manichéens, et ne peut-il pas constater que le christianisme est supérieur à leur doctrine. La faiblesse de Fauste n'a pas réussi totalement à le dissuader[1]. Bien des causes le retiennent, dont la principale est son incapacité à exercer une activité proprement intellectuelle. Il n'en a pas encore fini avec cet état duquel il dit dans les *Confessions* : « Comment aurais-je vu l'intelligible, moi qui, en fait de vision, percevais les corps par mes yeux, et les fantômes par l'imagination[2]? » C'est au milieu de cette indécision qu'il part pour Rome ; il y tombe malade, et il n'a pas même la pensée de se faire baptiser[3]. Puis une fois guéri, il fréquente les Manichéens ; il est bien aise de partager avec eux la conviction que notre péché n'est pas notre œuvre[4] ; et, sans doute, il continue à se croire une partie de Dieu[5].

Mais il vit dans le trouble, se demandant si le scepticisme ne serait pas le meilleur parti[6] : il y a dès lors pour lui la double impossibilité de concevoir Dieu intellectuellement, et de se contenter du grossier anthropomorphisme enseigné par les Manichéens[7]. Il garde

---

1. « Conatus omnis meus quo proficere in illa secta statueram; illo homine cognito prorsus intercidit : non ut ab eis omnino separarer, sed quasi melius quidquam non inveniens, eo quo jam quoquo modo irrueram, contentus interim esse decreveram » (lib. V, c. vii, n° 13).
2. « Cujus videre usque ad corpus erat oculis, et animo usque ad phantasma » (lib. III, c. vii, n° 12).
3. Lib. V, c. ix, n° 16.
4. Lib. V, c. x, n° 18.
5. Lib. IV, c. xvi, n° 31.
6. « Suborta est etiam mihi cogitatio, prudentiores fuisse illos philosophos quos Academicos vocant » (lib. V, c. x, n° 19).
7. Lib. V, c. x, n° 19 : « Multumque mihi turpe videbatur, credere fi-

néanmoins l'impression que le Manichéisme a produite sur lui : il s'imagine que les catholiques font Dieu auteur du mal; et, plutôt que d'adhérer à une telle doctrine, il préfère mettre à côté du Dieu bon, une substance absolue essentiellement mauvaise, qui le limite[1]. Il persiste aussi à penser que les attaques des Manichéens contre les Saints Livres sont, en somme, invincibles; mais le souvenir d'un certain Helpidius qui autrefois, à Carthage, disait des choses très fortes contre les Manichéens, se réveille, et commence à l'ébranler[2].

C'est dans cette situation qu'Augustin se rend à Milan, où il doit enseigner la rhétorique. Il va écouter la prédication d'Ambroise, et ce n'est pas pour s'instruire : il est curieux d'éloquence; il cherche le plaisir d'entendre et de juger un habile orateur. Or, sans l'avoir voulu, et sans avoir conscience d'y être pour rien, il se trouve préoccupé des choses qu'Ambroise a dites[3]. Dès lors, la doctrine catholique, dont il ne reconnaît pas d'ailleurs la vérité, cesse de lui paraître ridicule[4]. Il est pourtant toujours arrêté par l'impossibilité de concevoir intellectuellement[5]. Enfin,

---

guram te habere humanæ carnis... Et quoniam cum de Deo meo cogitare vellem, cogitare nisi moles corporum non noveram..... »

1. Lib. V, c. x, n° 20.
2. Lib. I, c. xi, n° 21.
3. Cum enim non satagerem discere quæ dicebat, sed tantum quemadmodum dicebat audire..... veniebant in animum simul cum verbis quæ diligebam, res etiam quas negligebam (*Confess.*, lib. V, c. xiv, n° 24).
4. Ita enim catholica non mihi victa videbatur, ut nondum etiam victrix apparere (*Ib.*, n° 24 *in fine*).
5. Quod si possem spiritualem substantiam cogitare, statim machinamenta illa omnia solverentur (*Ib.*, n° 25).

une modification plus profonde se produit en lui; il s'éloigne du scepticisme; il est attiré vers les Néoplatoniciens : « Mais, dit-il, parce que ces philosophes ne connaissaient pas le nom de Jésus-Christ, je ne voulais pas leur confier la guérison de mon âme languissante. Je résolus donc de rester comme catéchumène dans l'Église que mes parents m'avaient fait aimer, et d'attendre ainsi une lumière plus certaine qui dirigerait ma course[1]. »

Donc, rupture avec le Manichéisme, goût secret pour le nom de Jésus-Christ et faible commencement d'aptitude à la réflexion intellectuelle, voilà vers la trentième année l'état d'Augustin. Monique est venue à Milan rejoindre son fils; elle lui déclare avec confiance et avec douceur qu'il se convertira[2]. Lui ne songe pas à prier; il cherche, il examine, il discute; il prend l'attitude d'un philosophe qui compte uniquement sur lui-même[3]. Or, pour lutter contre ce travail intérieur, il n'y a humainement dans ces conjonctures qu'une seule influence : celle d'Ambroise. Et Augustin qui, sans doute, n'aurait pas voulu la rechercher, arrive, sans le savoir, à la subir. Il continue, en effet,

---

1. Lib. V, c. xiv, n° 25 *in fine*. — Cf. *Contra Acad.*, lib. II, c. ii, n° 5 : « Prorsus totus in me cursim redibam. *Respexi tantum, confiteor, quasi de itinere, in illam religionem, quæ pueris nobis insita est, et medullitus implicata.* » C'est ainsi qu'au lendemain de sa conversion, il raconte à quel état la lecture des néoplatoniciens l'avait conduit. Le récit des *Confessions* dit exactement la même chose.

2. Lib. VI, c. i, n° 1; col. 719.

3. Nec jam ingemiscebam orando ut subvenires mihi; sed ad quærendum intentus, et ad disserendum inquietus erat animus meus (lib. VI, c. iii, n° 3).

à visiter Ambroise et, peu à peu, il se fait une notion plus juste de la doctrine catholique; il cesse définitivement d'attribuer à Dieu la forme humaine; mais il ne conçoit guère encore la substance spirituelle[1]. C'est alors surtout qu'il ressent une grande anxiété : lui qui s'est trompé si souvent, peut-il donc se vanter de ne se tromper plus[2]?

Il lui reste aussi une grande illusion : c'est de prétendre, pour les choses de doctrine, à une certitude toujours aussi définie, aussi limitée ou circonscrite, et aussi simple que la certitude mathématique : « Je voulais, pour les choses (intellectuelles) que je ne voyais pas, être aussi certain que je le suis sur : trois plus sept égalent dix[3]. » Mais, en dépit de cette illusion, il ne trouve plus ni singulier, ni condamnable que l'Église exige d'abord la foi. Dieu le transforme peu à peu, il l'éclaire[4]. Et, de plus en plus, la lutte devient vive, tout l'être d'Augustin y est engagé : il s'agit du fond même de l'existence. Devenir chrétien ne pourra être désormais pour lui que devenir parfait religieux. C'est ici que, pour la première fois, à côté des diffi-

---

1. Ubi vero etiam comperi ad imaginem tuam hominem a te factum, a spiritualibus filiis tuis.....*non sic intelligi ut humani corporis forma te terminatum crederent atque cogitarent :* quamquam quomodo se haberet spiritualis substantia ne quidem tenuiter suspicabar (lib. VI, c. III, n° 4; col. 721).

2. *Tanto igitur acrior cura rodebat intima mea,* QUID CERTI RETINEREM, *quanto me magis pudebat tamdiu illusum et deceptum promissione certorum* (lib. VI, c. IV, n° 5).

3. Lib. VI, c. IV, n° 6.

4. Paulatim tu, Domine, manu mitissima et misericordissima pertractans et componens cor meum (lib. VI, c. V, n° 7; col. 722).

cultés métaphysiques ou intellectuelles se montre aussi la difficulté du changement de vie [1]. Et dans cette crise, Augustin s'appuie sur une croyance, qui avait, d'ailleurs, toujours survécu en lui : c'est la croyance à la vie future et au jugement de Dieu. Il aurait pu, sans cette croyance, se décider pour un certain épicurisme [2].

Malheureusement, l'imagination opprime encore en lui l'intelligence : « Je ne pouvais penser à la substance, sans me représenter quelque chose de semblable à ce que les yeux nous montrent. Je ne vous pensais plus, ô Dieu, dans la figure du corps humain... Mais de vous penser autrement, je n'en avais aucune possibilité [3]. » Il se représentait Dieu comme un fluide répandu à travers la masse de l'univers [4]. Mais il médite sur la création, sur l'origine du mal, sur le rapport de Dieu et du monde. Dieu est alors pour lui un immense océan, dans lequel l'univers, semblable à une éponge, est immergé [5]. Malgré cette infirmité intellectuelle, Au-

1. Lib. VI, c. xiv, xv et xvi; col. 731, 732.
2. Nec me revocabat a profundiore voluptatum carnalium gurgite, nisi metus mortis et futuri judicii, *qui per varias quidem opiniones, nunquam tamen* recessit de pectore meo. Et disputabam cum amicis meis Alypio et Nebridio de finibus bonorum et malorum, Epicurum accepturum fuisse palmam in animo meo, nisi ego credidissem post mortem restare animæ vitam (lib. VI, c. xvi, n° 26; col. 732).
3. Lib. VII, c. i, n° 1. — Chapitre à lire.
4. Tibi putabam non solum cœli et aeris et maris, sed etiam terræ corpus pervium..... Ita suspicabar, quia cogitare aliud non poteram : nam falsum erat. Illo enim modo major pars terræ majorem tui partem haberet (lib. VII, c. i, n° 2; col. 734).
5. Tanquam si mare esset ubique, et undique per immensa spatia infinitum solum mare, et haberet intra se spongiam quamlibet magnam, sed finitam tamen... (lib. VII, c. v, n° 7; col. 736).

gustin s'approche de plus en plus de l'Église[1]. Il tient déjà pour doctrine certaine, l'existence de Dieu, la Providence, le salut du genre humain par Jésus-Christ[2]. Il cherche anxieusement une solution au mystère du mal ; l'ignorance lui devient toujours plus insupportable : « (Ô Dieu), vous m'agitiez par des stimulants intérieurs ; vous me teniez dans l'inquiétude, jusqu'au moment où une vision intérieure vous révélerait à moi[3]. »

Ses méditations l'amènent à concevoir l'incorporel[4]. Mais après ce progrès, comme il manque d'humilité, il manque aussi d'énergie[5]. Il pense à Jésus-Christ, qu'il se figure être « un homme d'une sagesse merveilleuse » ; et il ne soupçonne pas encore le sens de la parole : *le Verbe a été fait chair*[6]. C'est alors qu'il étudie avec plus d'application les livres des Néoplatoniciens ; or, cette lecture risque de ruiner l'œuvre déjà presque accomplie. Jamais le danger ne fut plus grand. Augustin fut sur le point d'accomplir l'acte d'orgueil intellectuel, et de devenir le philosophe qui ne se corrige plus. « Voilà que j'étais sur le point de vouloir paraître sage ; mon mal m'accablait, et je ne pleurais pas ; mais

---

1. *Ibid.*, n° 7 *in fine*.
2. C. VII, n° 11 ; col. 739.
3. C. VIII, n° 12 ; col. 740.
4. Lib. VII, c. x, n° 16 ; col. 742 : Vidi qualicumque oculo animæ meæ, supra mentem meam, lucem incommutabilem... Qui novit veritatem novit eam ; et qui novit eam, novit æternitatem.
5. Non enim tenebam Dominum meum, humilis humilem ; nec cujus rei magistra esset ejus infirmitas noveram (lib. VII, c. XVIII, n° 24 ; col. 745).
6. Lib. VII, c. XIX, n° 25 ; col. 746.

bien plus, j'étais enflé de science. Car où était alors cette charité qui bâtit sur le fondement de l'humilité, lequel fondement est le Christ Jésus¹? » La lecture des Écritures et surtout de saint Paul, en même temps qu'elle l'instruisit sur le dogme, lui donna le sens chrétien et l'intelligence chrétienne².

Bientôt les entretiens du rhéteur Victorin, converti au catholicisme, agissent sur lui; Victorin avait éprouvé ce changement mystérieux après lequel ni l'intelligence, ni la volonté ne sont plus les mêmes³. Son exemple s'ajouta aux sollicitations intérieures qui devenaient de plus en plus irrésistibles. Enfin la conviction chrétienne est totalement formée. Saint Augustin acquerra bientôt toute la force de volonté qui lui est nécessaire pour mener la vie parfaite secrètement et ardemment désirée. Et lorsque la voix se fera entendre, lorsque le *tolle, lege,* sera prononcé, ce qui en résultera ce sera uniquement une décision de vivre en parfait religieux; car, pour la conviction doctrinale, elle était, depuis quelque temps, bien définitive.

On vient de voir le récit des *Confessions*. Neuf ans plus tôt, saint Augustin en avait fixé un abrégé vivant. Il avait raconté le départ pour l'Italie, et la conférence avec Fauste, à quoi il avait ajouté : « J'eus alors en moi-même une longue délibération, non pour savoir si je persisterais dans cette secte où je déplorais d'être

---

1. Lib. VII, c. xx, n° 26; col. 717.
2. Lib. VII, c. xxi, n° 27; cf. *Contr. Acad.*, lib. II, c. II, n° 4 *in fine.*
3. O Domine, *quibus modis* te insinuasti illi pectori (Victorini)? (lib. VIII, c. II, n° 4; col. 750).

tombé, mais pour m'assurer un moyen de découvrir la vérité. Or, avec quel amour je soupirais vers elle, vous le savez mieux que personne. Souvent la découverte me paraissait impossible, et alors le flot impétueux de mes pensées me poussait vers les Académiciens. Souvent aussi, à considérer l'âme humaine, si active, si subtile, si perspicace, je pensais que la vérité ne doit pas nécessairement lui échapper ; mais, me disais-je, ce qui lui échappe, est-ce peut-être la manière de chercher la vérité ; et, à son tour, cette manière doit dépendre de quelque autorité divine. Il restait donc à chercher où cette autorité réside, puisque enfin, parmi tant de dissensions, chacun promettait de la faire connaître. » C'était donc un grand trouble, au milieu duquel « mon âme était agitée par le désir de trouver le vrai ». Cependant Augustin se détache des Manichéens ; les entretiens d'Ambroise font avancer l'œuvre ; la bonne disposition intérieure d'Augustin aboutit à la conversion définitive [1].

Parmi les causes de cette conversion, plusieurs, et les seules vraiment décisives, ont précédé, et elles ont déterminé l'effort intellectuel réfléchi, cet effort qui se connaît et qui tend vers un résultat bien voulu. Elles ont réellement suscité en saint Augustin une volonté chrétienne et une intelligence chrétienne. Ces causes se réduisent à deux : l'influence de la première éducation [2], et une disposition générale de l'intelligence et de la volonté.

1. *De Utilitate credendi*, c. VIII, n° 20 ; t. VIII, col. 78-79.
2. *Confess.*, lib. I et II ; lib. V, c. 14, n° 25. — *Contr. Acad.*, lib. II, c. II, n° 5.

SAINT AUGUSTIN.

Il est arrivé à saint Augustin de constater en lui, à des moments décisifs, une transformation profonde : il comprenait autrement ; il avait des préférences qui ne ressemblaient plus à ses préférences d'autrefois ; enfin il était comme un autre homme. Or, cette transformation intérieure est caractérisée d'abord par le détachement à l'égard des Manichéens, et aussi par le progrès dans la réflexion philosophique. Certes, se détacher de l'orthodoxie manichéenne était, tôt ou tard, inévitable, car une intelligence philosophique ne peut pas admettre deux absolus. Mais le progrès dans la réflexion philosophique pouvait aboutir à des doctrines bien diverses ; et pour saint Augustin, il aboutit à la conviction chrétienne. A mesure, en effet, que l'intelligence de saint Augustin se dégageait de l'imagination, elle arrivait toujours à se reconnaître enfin comme intelligence de plus en plus chrétienne. C'est ce que les *Confessions* expriment en parlant de « moyens secrets et merveilleux », *miris et occultis modis* [1]. Il y a eu, d'ailleurs, deux circonstances

---

1. 1° lib. V, c. vi, n° 10, à propos de la disposition d'esprit qui lui permettait de juger à sa valeur Fauste le Manichéen ; 2° lib. VI, c. xii, n° 22, Dieu lui donne d'aspirer plus haut que les plaisirs terrestres : « donec tu, Altissime, non deserens humum nostram, miseratus miseros, subvenires *miris et occultis modis* » ; — 3° lib. VIII, c. ii, n° 4 : à propos du rhéteur Victorin, et avec une légère variante dans l'expression : « o Domine, *quibus modis* te insinuasti illi pectori ! » — 4° lib. V, c. viii, n° 14, le départ pour Rome et les conséquences qu'il pouvait avoir : « ad corrigendos gressus meos utebaris *occulte* et illorum et mea perversitate » ; — 5° lib. IV, c. iv, n° 7, comme préparation lointaine à sa conversion, la mort de cet ami si absolument aimé qu'il avait attiré au manichéisme : « Deus qui convertis nos ad te *miris modis* » ; — 6° lib. V, c. vi, n° 11, l'expression : « me tunc agebas *abdito secreto* providentiae tuae » ; — 7° lib. V, c. vii, n° 13 : « manus enim tuae, Deus meus, *in abdito* providentiae tuae non deserebant animam meam » ;

mémorables à propos desquelles saint Augustin emploie une expression légèrement différente ; c'est ainsi que, racontant son départ pour Milan, il dit : « J'approchais « peu à peu et sans le savoir [1]. » Puis, à propos du danger que la lecture des Néoplatoniciens lui a fait courir, il dit avec plus de force : « Ce sont eux que je rencontrai avant d'étudier vos Écritures, et sans doute vous l'avez ainsi voulu, ô Dieu, afin que fût gravée dans ma mémoire l'impression reçue [2]. »

Que l'on remarque ce mot ; on sera ainsi en état de mieux comprendre, plus tard, toute l'importance des réflexions de saint Augustin sur l'orgueil philosophique.

II

Pendant les quelques mois qui s'écoulent entre la conversion et le baptême, alors que le souvenir de ses luttes, de ses anxiétés et de ses transformations intérieures est en lui tout récent, saint Augustin réfléchit, comme, d'ailleurs il le fera toujours, sur les difficultés si complexes qu'une intelligence philosophique doit vaincre. Et de fait, une intelligence encore ignorante ou insuffisamment formée et à plus forte raison une intelligence

---

— 8° *De beata Vita*, c. 1, n° 2 : « nescio *quo et nimis latente modo* ». Cf. *De diversis Quæstionibus LXXXIII*, Quæst. LXXIX, n° 4 ; t. VI, col. 92. — On peut ajouter comme exemples de cette expression : Ep. VII, n° 7 ; *De Genesi contra Manichæos*, lib. II, c. XIV, n° 20 ; t. III, col. 207 ; *De Civitate Dei*, lib. XV, c. VI ; t. VII, col. 413.

1. Lib. V, c. XIII, n° 23 *in fine*.
2. Lib. VII, c. XX, n° 26 ; col. 747.

très exercée, mais établie dans l'erreur, ne peut dans cet état, et comme telle, ni produire, ni adopter les réflexions précisément opposées à son ignorance ou à son erreur. Car enfin, pour avouer que l'on se trompe, il faut commencer déjà à ne plus se tromper; et pour se reconnaître ignorant, il faut que l'ignorance soit moins complète. C'est ce que les *Soliloques* enseignent : « L'âme ne peut voir avant d'être guérie; mais si elle n'est pas convaincue que sans cela il lui est impossible de voir, elle ne s'applique pas à se guérir [1]. »

Or, la formation intellectuelle doit susciter dans l'intelligence une énergie qui d'abord ne s'y montrait pas. Elle doit conduire tantôt de l'ignorance à la réflexion philosophique et à l'intellection, et tantôt de tel mode d'intellection à tel autre, c'est-à-dire de l'erreur à la vérité. Mais la difficulté comme le mystère de cette œuvre consiste en ce que, à chaque moment, il faut avoir prise sur une intelligence ou inerte, ou faite pour résister; car à chaque moment une intelligence ne voit et ne raisonne que selon sa force actuelle et que selon ses convictions doctrinales actuelles [2].

---

1. *Soliloq.*, lib. I, c. vi, n° 6; t. I, col. 876. — Cf. lib. I, c. xiv, n° 25; t. I, col. 882.

2. Sur ce point fondamental, on consultera : 1° *De l'Ordre* (lib. II, c. ix, n° 26); — 2° *De la Quantité de l'âme* (c. vii, n° 12; c. xxvi, n° 50); — 3° *Des Mœurs de l'Église* (lib. I, c. vii, n° 11; c. xvii, n° 31; c. 25, n° 46). — 4° *Quatre-vingt-trois Questions* (Quæst. LXVIII, n° 3); — 5° [391] *De l'Utilité de croire* (c. xiii, n° 28); — 6° [388-395] *Libre Arbitre* (lib. II, c. vii, viii, ix, x); — 7° *Les Confessions* (lib. IX, c. iv, n° 10). Ce sont là les passages qui se rapportent très directement à la question; on pourrait en joindre beaucoup d'autres, et notamment ceux qui seront indiqués au paragraphe suivant.

Le chapitre IX du second livre *De l'Ordre* contient surtout cela un enseignement qui, en raison de l'époque où il est formulé, a une signification plus intime et plus vivante ; il se résumerait fort bien en ces termes : toute intelligence doit subir, d'abord, une formation, et c'est après l'avoir subie, qu'elle est enfin en état de voir la raison des choses. Voici les propres paroles de saint Augustin : « Personne n'arrive à connaître, sinon en partant de l'ignorance ; mais nul ignorant ne sait comment il doit correspondre à ceux qui l'instruisent, ni par quel moyen il se rendra capable d'être instruit [1]. » Ce mot très important est aussi d'une absolue vérité. A ce mot doit s'ajouter celui-ci qui a été écrit pour l'éclaircir et pour le confirmer : « (Une fois l'enseignement reçu), c'est alors que susceptible d'accepter la doctrine, on apprend enfin combien sont raisonnables les préceptes qu'à l'origine on a suivis sans comprendre [2]. » Enfin, on lit encore au même endroit : « L'autorité est la première selon le temps, mais la raison la première selon la réalité. » Par où il faut entendre que la connaissance philosophique réfléchie l'emporte sur la connaissance de foi simple et naïve.

Que d'ailleurs l'enseignement d'autorité précède tout, c'est un fait d'absolue nécessité [3]. Personne, au début de

---

1. *Nullus imperitus novit qualem se debeat præbere docentibus et quali via esse docilis possit* (*De Ordine*, lib. II, c. IX, n° 26).
2. *Per quæ cum docilis factus fuerit, tum demum discet et quanta ratione prædita sint ea ipsa quæ secutus est ante rationem* (*Ibid.*).
3. *De Moribus Ecclesiæ* : « naturæ quidem ordo ita se habet, ut cum aliquid discimus, rationem præcedat auctoritas » (c. II, n° 3 ; t. I, col. 1311). — *De vera Religione*, c. XXIV, n° 45 ; t. III, col. 111 : « auctoritas fidem

son existence, n'a raisonné par soi-même, en philosophe. Chacun a dû commencer par subir un enseignement, une influence doctrinale qu'il ne cherchait pas et qu'il n'avait pas la faculté de choisir. C'est seulement plus tard que l'on arrive à raisonner; et plusieurs, alors, ont l'intelligence pervertie; or, « parmi les aveuglements de l'erreur, quelle âme se trouvera jamais apte à voir la lumière de la vérité, ou seulement à faire effort pour la voir [1]? » Il y a pleine incompatibilité entre l'adhésion actuelle à l'erreur, et une perception intellectuelle de la vérité : « Pour le moment, il faut agir avec vous, non pas en vue de vous faire comprendre (la doctrine catholique), car vous ne le pouvez pas, mais en vue de susciter en vous quelque désir de comprendre [2]. » L'une et l'autre phrase appartiennent au même livre, et elles ont été écrites en 388 ou 389. Cette date n'ajoute rien à leur vérité; elle permet seulement de deviner quelles préoccupations remplissent l'esprit de saint Augustin. Il se souvenait d'avoir été cette intelligence pervertie ou déçue, qui ne reconnaît pas son mal, et qui n'a pas d'autre activité actuelle que de se complaire dans l'erreur [3]. C'est encore au même livre, qu'à propos des Manichéens, il écrit: « Ceux-là seuls blâment nos saintes Écritures,

---

flagitat et rationi præparat hominem ». Cf. *De Quantitate animæ*, c. vii, n° 12. — *De Utilitate credendi*, c. xii, n° 26, et n° 27 vers la fin : « *Nam et res humanæ promptiores ad dignoscendum sunt, quam divinæ* »; or il vient de rappeler combien, dans les choses humaines, l'autorité a un rôle important.

1. *De Moribus Ecclesiæ* (lib. I, c. vii, n° 11; t. I, col. 1315).
2. *De Moribus Ecclesiæ* (lib. I, c. xvii, n° 31; t. I, col. 1324).
3. Voir *De Quantitate animæ*, c. xxxiv, n° 75.

qui ne les comprennent pas, et ceux-là seuls ne peuvent pas les comprendre qui les blâment[1]. »

Quelle est donc la situation du philosophe qui se trompe? C'est la pensée dont saint Augustin se préoccupe[2]. Il s'écrie : « Oh! si les hommes pouvaient voir ce quelque chose d'éternel, présent au fond de l'intelligence[3]! Pour moi, je l'avais goûté, et je frémissais de ne pouvoir le leur montrer[4]. » Il savait fort bien, en effet, qu'une intelligence philosophique est, précisément comme telle, une intelligence exclusive.

Or ce fait, que l'exemple de tous les philosophes vérifie, pourrait déjà, en 388, se conclure de quelques phrases, qui, au traité *De la Quantité de l'âme*, sont malheureusement perdues parmi trop de considérations subtiles[5]. Mais en 391, dans *l'Utilité de croire*, on trouve

---

1. *De Moribus Ecclesiæ*, c. xxv, n° 46; t. I, col. 1331.
2. *De div. Quæstionibus LXXXIII*, Quæst. LXVIII, n° 3; t. VI, col. 71.
3. *O si viderent internum æternum.*
4. *Confess.*, lib. IX, c. iv, n° 10 ; t. I, col. 768.
5. 1° (Augustinus) « *Ergo cùm sint duæ res quædam scientia et ratio,* PER SCIENTIAM PERVENIMUS AD RATIONEM, AN PER RATIONEM AD SCIENTIAM? » (Evodius) « *Utraque res sibimet quantum arbitror, ita nexa est,* UT PER ALTERUTRAM AD ALTERAM PERVENIRI POSSIT. *Namque ad ipsam rationem non perveniremur, nisi ad eam perveniendum esse sciremus.* » Les deux phrases d'Evodius ne forment pas une suite très régulière. Leur signification pourtant est qu'il n'y a pas de raison philosophique sans une *science* philosophique actuelle (c. xxvi, n° 50; t. I, col. 1064). — 2° « *Ratio sit quidam mentis aspectus, ratiocinatio autem rationis inquisitio, id est aspectus illius, per ea quæ aspicienda sunt, motio... Ex quo liquet, aliud esse aspectum, aliud visionem; quæ duo in mente* RATIONEM *et* SCIENTIAM *nominamus.* » L'effort, *animi aspectus*, se distingue ici de la vision, et c'est à la vision qu'Augustin donne le nom de science. Mais la science dont il parle, ce n'est pas, proprement, l'intelligible considéré en soi-même, c'est l'intelligible en tant que connu de nous, *visionem*; c'est, en un mot, notre vision intellectuelle. Et sans doute, notre vision diffère

l'expression philosophique du fait : expression bien réfléchie et d'autant plus importante que saint Augustin s'adresse à son ami Honoratus, c'est-à-dire à un philosophe, et qu'il le traite comme tel. Augustin avait autrefois poussé Honoratus au Manichéisme; il veut maintenant transformer l'intelligence d'Honoratus et faire d'elle une intelligence chrétienne. Mais Honoratus, qui actuellement pense en manichéen, reste inaccessible. Quelles sont donc les ressources que la discussion purement intellectuelle permet de mettre efficacement en œuvre? Quelle action réelle peut-on compter d'exercer sur une intelligence philosophique? Et lorsque enfin il s'agit d'une intelligence qui s'égare, quelle possibilité actuelle de voir juste lui peut-on attribuer?

« Voici, dit saint Augustin, une très difficile question. Comment, en effet, étant insensés[1], pourrons-nous trouver le sage (auquel nous reconnaîtrons le droit de nous instruire)? Il est bien vrai que personne ne prend ouvertement le titre de sage; mais beaucoup, par un moyen détourné, s'en prévalent. Or, sur les choses mêmes dont la connaissance constitue la sagesse, ils sont dans un tel désaccord, que nécessairement on a l'alternative : ou bien aucun d'eux n'est sage, ou bien un seul d'entre eux est sage. Et quel est donc celui-là? Pour l'insensé qui s'en informe, il n'existe aucun moyen de discerner et d'apercevoir; du moins, je n'en vois aucun. Car enfin,

---

de l'effort qui l'a préparée, mais elle ne diffère pas de ce qui est actuellement notre intelligence active ou effective (c. XXVII, n° 53; col. 1065).

1. Dans ce passage, *insensé* signifie quiconque se trompe; *sage* signifie le philosophe qui connaît la vérité.

pour discerner à certains signes une réalité, il faut connaître cette réalité dont les signes sont là. Mais l'insensé ignore la sagesse. Et sans doute, s'il s'agit d'or et d'argent, ou d'autres choses semblables, on peut les reconnaître à la vue, et cependant ne pas les posséder. C'est le contraire pour la sagesse : l'esprit de celui qui en est privé, n'a pas d'yeux qui la puissent voir. Le sens corporel, en effet, nous fait atteindre des objets extérieurs à nous; aussi, nous est-il possible de percevoir par la vue certaines choses étrangères à nous, desquelles nous ne possédons rien, et dont nous n'avons pas même l'analogue. Ce qui, au contraire, se perçoit par l'intelligence, réside dans l'intérieur de l'esprit; posséder cela, ce n'est pas autre chose que le voir. Or, l'insensé ne possède pas la sagesse ; donc, il ne connaît pas la sagesse. Ce n'est point, en effet, par les yeux qu'il pourrait la voir; mais il ne peut ni voir la sagesse sans la posséder, ni la posséder tout en restant insensé. Il ignore donc la sagesse ; et, tandis qu'il l'ignore, il ne peut la connaître (la discerner) ailleurs. Un homme ne peut jamais, tant que dure son état d'insensé, arriver à la conviction certaine d'avoir trouvé le sage, à l'égard de qui, se montrant obéissant, il sera délivré du si grand mal de la folie[1]. »

Voilà bien, sur ce sujet, la page la plus forte, et plus encore, la seule page totalement vraie que, d'Aristote à Kant et au delà, un illustre philosophe ait écrite. Elle contient l'histoire réelle de l'intelligence. Car enfin,

---

1. *De Utilitate credendi*, c. xiii, n° 28 ; t. VIII, col. 85-86.

si un philosophe ignore la vérité, il n'a actuellement aucune force effective pour la reconnaître[1]. Saint Augustin enseigne cela avec insistance; il rappelle que voir intellectuellement une doctrine, et la posséder en soi-même, c'est-à-dire la juger véritable, correspond à un seul et même état; il y a identité entre l'adhésion actuelle à une doctrine et la force actuelle de raisonnement philosophique, ou plus brièvement : il y a identité entre la conviction doctrinale et la raison philosophique actuelle; donc, si actuellement on n'adhère pas à la vérité, on n'a pas non plus la force actuelle de percevoir en philosophe la vérité[2]. Il ne suffit pas encore à saint Augustin d'avoir ainsi exprimé deux fois ce fait fondamental. Il compare l'examen philosophique des doctrines à l'examen des objets extérieurs : nous plaçons devant nous de l'or ou de l'argent, ou toute autre chose extérieure, et, sans posséder aucun de ces objets, nous les voyons, nous en reconnaissons la nature; mais il n'en va pas de même pour la doctrine : le philosophe qui ne connaît pas la vérité n'a pas la ressource de la regarder devant soi, de l'examiner comme l'on examine un lingot, de la juger comme on le juge, de prononcer sur elle et enfin de l'accepter[3]. Ce philosophe, quelle que

---

1. *Non enim sapientiam mentis ejus oculo, qui ea careat, videri fas est.*

2. Voici le texte très important : « *quod intellectu capitur, intus apud animum est : nec id habere quidquam est aliud quam videre.* CARET AUTEM STULTUS SAPIENTIA : NON IGITUR NOVIT SAPIENTIAM ».

3. *Non enim ut aurum et argentum, cæteraque id genus, et cognoscere cum videas, et non habere concessum est, ita sapientiam mentis ejus oculo, qui ea careat videri fas est.*

soit son erreur, n'a pas, actuellement, une raison apte
à percevoir la vérité, ni même apte à conclure que
d'autres pourraient l'y conduire [1].

III

Le mot du traité de l'*Ordre* et le chapitre de l'*Utilité de croire* se rapportent au pur raisonnement ou à la pure possibilité de bien juger intellectuellement une doctrine. Mais la formation intellectuelle du philosophe est bien plus complexe que celle du géomètre. Une philosophie, en effet, est une conception de l'univers : elle exprime donc l'homme tout entier; et c'est à cause de cela que l'intellection philosophique la plus soutenue, et on pourrait dire la plus froide, implique une adhésion profonde à toute une doctrine, et qu'elle suppose une détermination de la volonté. Saint Augustin l'avait éprouvé lui-même; on a vu, par le récit des *Confessions,* comment s'était accomplie dans l'âme d'Augustin la transformation totale. Il veut, de même, que les autres se transforment [2].

Il proclame que l'*insensé,* tant que son état persiste, ne peut discerner le sage auquel il devrait s'attacher : « Donc, ajoute-t-il, pour cette effroyable difficulté, puisqu'il s'agit de religion, Dieu seul peut donner le

---

1. *Non potest, quamdiu stultus est, quisquam* CERTISSIMA COGNITIONE *invenire sapientem, cui obtemperando tanto stultitiæ malo liberetur.*
2. Voir [397] *Contre l'Épitre du Fondement* (c. II, n° 2, et c. III, n° 3).
— On trouvera d'autres références en note. La liste des passages serait infinie : voir plus bas (c. V, paragr. 1) sur l'orgueil philosophique.

remède[1]. » *Religion,* c'est ici la conception chrétienne totale qu'il s'agit de substituer dans une intelligence à la conception manichéenne. Il venait de dire au même Honoratus : « Si vous vous sentez agité de ces préoccupations (qui avant ma conversion étaient les miennes); si vous avez un semblable souci de votre âme; s'il vous paraît que déjà vous avez été suffisamment ballotté, et si vous voulez mettre un terme à tout ce travail : suivez le chemin de la discipline catholique, telle que depuis le Christ, et par l'intermédiaire des apôtres, elle est venue jusqu'à nous, et telle qu'elle doit passer à nos descendants[2]. » C'est la situation de Pascal dans la *règle des partis,* et c'est, avec moins de vivacité, le même langage.

Plusieurs années auparavant, lorsqu'il se préparait au baptême, il écrivait : « (La vérité) se dévoile à celui qui vit bien, qui prie bien, qui étudie bien[3]. » — « Ayez foi constante en Dieu et abandonnez-vous à lui de toutes vos forces. Ne cherchez pas à vous appartenir et à rester en votre pouvoir[4]. » — « Vous ne verrez jamais la vérité, dit-il aussi à Romanien, à moins d'entrer tout entier dans la philosophie[5]. » Ce qui, en cet endroit et à cette époque, signifie : à moins que vous ne purifiiez votre existence.

Il écrit en 388 : « Grâce à la providence divine, il

---

1. *De Utilitate credendi,* c. xiii, n° 29; t. VIII, col. 86.
2. *Ibid.,* c. viii, n° 20; t. VIII, col. 79.
3. *De Ordine,* lib. II, c. xix, n° 51; t. I, col. 1019. Cf. c. viii, n° 25; t. I, col. 1006.
4. *Soliloquia,* lib. I, c. xiii, n° 30; t. I, col. 884.
5. *Contra Academicos,* lib. II, c. iii, n° 8; t. I, col. 923.

n'est pas possible que des âmes religieuses, cherchant elles-mêmes et leur Dieu, c'est-à-dire la vérité, pieusement, chastement et diligemment, ne possèdent pas la faculté de la trouver [1]. » — « Cherchez diligemment et pieusement [2]. » *Piè et diligenter* est l'expression que souvent saint Augustin répétera [3]. Fénelon recommandait, lui aussi, de « chercher avec amour pour la vérité, avec défiance de soi, avec un vrai désir de trouver une lumière supérieure et ordinaire : *piè et diligenter* [4] ».

Le premier livre des *Mœurs de l'Église* contient sur ce sujet une phrase célèbre : « Par l'amour l'on demande, par l'amour l'on cherche, par l'amour l'on frappe, par l'amour la révélation se fait; par l'amour, enfin, l'on se tient à ce qui a été révélé [5]. » On lit aussi dans le même ouvrage : « Parmi vous (ô Manichéens!)

---

1. *De Quantitate animæ*, c. xiv, n° 21; t. I, col. 1049.
2. *De Moribus Ecclesiæ*, lib. I, c. x, n° 17; t. I, col. 1318.
3. Comme exemples : 1° [390] *De vera Religione*, c. x, n° 20 *in fine* : t. III, col. 131 : « Intende igitur, *diligenter et pie*, quantum potes : tales enim adjuvat Deus. » Et sur ce passage : *Retract.*, lib. I, c. xiii, n° 2; — 2° [391] *De duabus animabus*, c. i, n° 1 : « sobriè diligenterque »; — 3° [388-395] *De Libero Arbitrio*, lib. III, c. xxii, n° 65; t. I, col. 1303 : « accepit autem ut *pie et diligenter* quærat, si volet »; — 4° [393] *De Sermone Domini in monte*, lib. I, c. iv, n° 11; t. III, col. 1234 : « qui *pie* quærit, honorat sanctam scripturam »; — 5° *Enarrationes in Psal. IX*, n° 14; t. IV, col. 123; — 6° *Ep.*, CXL [412], c. xviii, n° 48; col. 558 : « tanto fructuosius cogitabis, quanto magis *piè* cogitaveris ».
4. *Lettres sur différents sujets de Métaphysique et de Religion*, lettre VI, n° 3 (*Œuvr. compl.*, Gaume, t. I, p. 136).
5. *Amore petitur, amore quæritur... amore denique in eo quod revelatum fuerit, permanetur* (lib. I, c. xvii, n° 30; t. I, col. 1324; c. i, n° 1; col. 1311). — Réflexions analogues : 1° *De Quantitate animæ*, c. vii, n° 12, et c. viii, n° 13; t. I, col. 1012; — 2° [389] *De Genesi contra Manichæos*, lib. II, c. ii, n° 3; t. III, col. 197; passage important où il est dit que l'intention avec laquelle on cherche, détermine le résultat.

il y en a, je le sais, qui ne peuvent absolument pas comprendre (l'immutabilité de Dieu et sa toute-puissance). Mais il y en a aussi qui, assez bien doués, auraient quelque intelligence de cette doctrine; or, leur mauvaise volonté, par laquelle ils arriveront à perdre ce qu'ils ont d'esprit, fait qu'ils prennent une attitude d'opiniâtreté[1]. » C'est enfin en 400 que saint Augustin dit à Fauste : « Le premier point pour la bonne formation de l'homme, c'est l'application à bien faire; vient ensuite le plaisir de comprendre la vérité[2]. »

En exprimant de pareilles réflexions, saint Augustin pensait souvent à lui-même[3]; il ne l'a jamais mieux montré que dans le traité *Contre l'Épître du Fondement*, et jamais, non plus, il n'a mieux exprimé la nécessité et le mystère de la bonne volonté : « Que ceux-là, dit-il, sévissent contre vous, qui ne savent pas au prix de quel travail la vérité se découvre, et avec quelle difficulté on évite les erreurs. Que ceux-là sévissent contre vous, qui ne savent pas combien il est rare et pénible de s'élever, par la sérénité d'une âme pieuse, au-dessus des fantômes corporels. Que ceux-là sévissent contre vous, qui ne savent pas par quels soupirs et par quels

---

1. Lib. II, c. II, n° 4; t. I, col. 1346; — cf. c. III, n° 5; col. 1347.
2. *Prior est autem in recta hominis institutione, labor operandi quæ justa sunt, quam voluptas intelligendi quæ vera sunt* (*Contra Faustum Manichæum*, lib. XXII, c. LII *in fine;* t. VIII, col. 433. Cf. n° 53, col. 433-434). — Cf. *De Moribus Ecclesiæ*, lib. II, c. XI, n° 20 et 21; t. I, col. 1354; passage très curieux qui justifie à merveille la réflexion du traité contre Fauste.
3. 1° *De Moribus Ecclesiæ*, lib. I, c. XVIII, n° 33; t. I, col. 1327; passage très important; — 2° *De vera Religione*, c. X, n° 20.

gémissements il se fait que l'on puisse, dans une faible mesure, comprendre Dieu. Enfin que ceux-là sévissent contre vous, qui n'ont jamais été déçus par cette même erreur, par laquelle vous êtes déçus vous-mêmes [1]. »

Donc, selon la remarque profonde de l'*Utilité de croire*[2], si l'on cherche à ébranler et à transformer par le pur raisonnement une intelligence philosophique, on ne doit pas se promettre de lui faire toujours sentir la force de la vérité. Mais plutôt, comme l'indiquent les paroles adressées aux Manichéens, il faudrait d'abord atteindre et modifier la secrète disposition intérieure. Si l'on ignore cela, on ignore l'essentiel; et si, connaissant cela, on croit que l'action sur la volonté aboutira certainement, on se fait une grande illusion [3].

---

1. *Contra Epistolam quæ dicitur Fundamenti*, c. ii, n° 2; c. iii, n° 3; t. VIII, col. 174-175.
2. C. xiii, n° 28.
3. *Illi in vos sæviant, qui nesciunt* QUAM RARUM ET ARDUUM *sit carnalia phantasmata* PRÆ MENTIS SERENITATE *superare. Illi in vos sæviant qui nesciunt* CUM QUANTA DIFFICULTATE *sanetur oculus interioris hominis.*

CHAPITRE III

LA CERTITUDE

I

L'intellection, précisément comme telle, est toujours une perception du vrai : « Ou bien celui-là ne comprend pas, qui se méprend sur la réalité; ou bien, s'il comprend, il atteint donc le vrai[1]. » — « Les choses connues (intellectuellement) sont vraies, sans quoi elles ne seraient pas connues. Personne en effet ne connaît l'erreur, sinon lorsqu'il connaît qu'il y a erreur[2]. »

Les premiers ouvrages de saint Augustin proposent ce même enseignement : « Pour nous, comme pour les anciens et pour les Académiciens eux-mêmes, personne ne peut savoir l'erreur[3]. » Personne ne veut se tromper; on ne se trompe que malgré soi[4]. « Il ne me paraît pas convenable d'appeler intellection l'acte par

---

1. « Aut si intelligit, continuo verum est » (*De Genesi ad litteram*, lib. XII, c. xiv, n° 29; t. III, col. 465).
2. *De Trinitate*, lib. XV, c. x, n° 17; t. VIII, col. 1070. — Cf. Quæst. XXXII; t. VI, col. 22.
3. « Scire falsa neminem posse » (*Contr. Acad.*, lib. III, c. iii, n° 5; t. I, col. 936).
4. « Quasi nemo erret invitus, aut quisquam erret, nisi invitus » (*Ibid.*,

lequel on comprend l'erreur, *stultitia*, car l'erreur est précisément ou le seul, ou le principal obstacle à l'intellection... On a raison de dire de l'erreur qu'elle est inintelligible[1]. » Enfin, vers 390, saint Augustin s'arrête à la question suivante : l'intellection d'une même réalité comporte-t-elle des degrés différents ? Il juge qu'elle n'en comporte pas : « Quiconque, dit-il, comprend une chose autrement qu'elle n'est, se trompe; et quiconque se trompe, ne comprend pas cela même où il se trompe[2]. Donc, quiconque comprend une chose autrement qu'elle n'est, ne la comprend pas; donc, rien ne peut être compris, sinon selon sa propre nature... Il ne faut donc pas douter que (de soi) l'intellection est parfaite, et que nulle intellection ne peut en dépasser une autre; or, de cela il suit que comprendre quelque chose ne comporte pas une progression à l'infini, et que l'un ne comprend pas mieux que l'autre[3]. » Ici, le sens est bien clair : une intellection, comme telle, atteint la réalité; donc, en soi, elle est parfaite; donc, à la rigueur, et à propos d'un même intelligible donné, il n'y a pas de degré entre les intellections.

L'intellection vaut par elle-même; elle n'a besoin d'aucun appui ou d'aucun garant extérieur : « On ne se

---

lib. I c. IV, n° 10; t. I, col. 911). Le mot, prononcé peut-être sous cette forme par Trygétius, est formellement approuvé par saint Augustin.

1. *De Ordine*, lib. II, c. III, n° 10; t. I, col. 999. — Cf. *De Quantitate animæ*, c. XV, n° 25; t. I, col. 1019 sq.

2. « Tout ce qu'on entend est vrai : quand on se trompe, c'est qu'on n'entend pas; et le faux qui n'est rien de soi n'est ni entendu, ni intelligible » (Bossuet, *Connaissance de Dieu et de soi-même*, c. I, n° 16).

3. *De diversis Quæst. LXXXIII*; Quæst. XXXII; t. VI, col. 22.

préoccupera pas de ceci : comment, si l'erreur[1] n'est pas comprise, pourra-t-on l'éviter? Car enfin, pour que nos yeux nous fassent éviter les ténèbres, il suffit que nous ne refusions pas de voir; de même, quiconque veut éviter l'erreur, n'a pas à se préoccuper de la comprendre; et pour lui la présence de l'erreur se fera reconnaître, non pas à une plus grande facilité de la comprendre, mais à l'impuissance de comprendre tout le reste[2]. » C'est, dans les œuvres de saint Augustin, la première expression du fait fondamental; on rencontrera, quinze ans plus tard, une expression plus frappante : « Par la connaissance de la vérité, toute erreur actuellement mise au jour, aurait-elle été jusqu'alors insoupçonnée, est aussitôt jugée et abattue[3]. » La formule se condensera encore, et, vers 416, elle sera réduite à ces quelques mots : « Pour se faire connaître, la lumière (de la vérité) est à elle-même son propre témoin[4]. » C'est d'un tour presque aussi heureux que chez Spinoza : « *La vérité témoigne sur elle-même et sur l'erreur*[5]. » Mais la pensée de Spinoza reste bien inférieure à celle de saint Augustin; car Spinoza ignore l'importance de la disposition intérieure, et il croit que

---

1. Dans tout ce passage saint Augustin emploie le mot *sultitia*; c'était en quelque sorte le terme consacré. Voir *De Utilitate credendi*, notamment c. XIII traduit ci-dessus (c. II).

2. *De Ordine*, lib. II, c. III, n° 10; t. I, col. 999.

3. *Ep.*, CXVIII, Dioscoro [410]; c. III, n° 12; col. 437.

4. « Et sibi ipsa testis est ut cognoscatur lux » (*Tract. in Jo.*, Tract. XXXV, n° 4; t. III, col. 1650). *Lux*, dans la suite du texte, signifie *lumière intellectuelle*.

5. « Verum est index sui et falsi » (*Ep.*, LXXVI, Alberto Burgh). — *Spinozæ opera*, t. II, p. 247 (éd. La Haye, 1883).

la spéculation philosophique égale en simplicité la spéculation mathématique[1].

En outre, là où l'activité intellectuelle s'exerce proprement, les circonstances extérieures ne l'atteignent pas ; il y a des maladies de la perception sensible ; mais l'intellection, en tant qu'elle se produit, est supérieure à tous les accidents, car elle est infaillible. « Je ne prétends point percevoir mon état de veille. Vous pouvez, en effet, me dire que dans mon sommeil, il m'arrivera aussi d'avoir cette même perception, laquelle est donc toute semblable à l'erreur. Mais s'il existe un monde et six mondes, ce seront toujours sept mondes et, en quelque état que je me trouve, cette chose est manifeste ; je puis ainsi, sans imprudence, affirmer que je la connais. Il en est de même pour le produit de trois par lui-même, et pour le carré des nombres intelligibles ; tout cela, alors même que le genre humain dormirait, est d'une vérité nécessaire [2]. » Pendant le sommeil, « l'âme perd uniquement la faculté de percevoir les choses sensibles ; mais si alors l'âme exerce l'acte de comprendre, elle a une intellection aussi vraie que pendant la veille. Si, par exemple, en songe, elle croit disputer, et si la dispute bien conduite lui fait apprendre quelque chose, il

---

1. Spinoza tient de Descartes sa confiance en l'idée claire : confiance sur l'efficacité pratique de l'idée claire, et aussi confiance sur la découverte immanquable de l'idée claire. Voilà pourquoi il lui arrive d'écrire ceci : « *Res enim si homines intellexissent, illæ omnes eos, teste mathesi, si non allicerent, ad minimum convincerent* » (Ethc., p. I, Prop. XXXVI, Appendix, p. 84, éd. La Haye).

2. *Contr. Acad.*, lib. III, c. XI, n° 25 ; t. I, col. 947. — Cf. *De Trinitate*, lib. XV, c. XII, n 21 ; t. VIII, col. 1074.

arrivera qu'à son réveil, les mêmes réflexions intellectuelles subsisteront immuables; l'illusion ne sera que dans tout le reste : dans ce qui concerne le lieu de la dispute, la personne avec laquelle la dispute était censée engagée, et le son ou l'articulation des paroles qui traduisaient la dispute illusoire[1] ». Ce langage, de 386, n'a jamais été dépassé, et il ne pouvait pas l'être. On en retrouvera quelque chose vers 415, au quinzième livre de la *Trinité :* « Il n'y a pas, dans la connaissance de l'existence propre, le danger d'être trompé par des songes[2]. »

II

En un mot, l'intellection est, de soi, infaillible, et rien ne saurait ni la remplacer ni la garantir. Que peut donc valoir ce qui, depuis les stoïciens, a été appelé *critérium de la vérité*[3]?

Zénon, selon la remarque de saint Augustin, s'occupa le premier de cette question difficile[4]; il n'en vit pas toute la complexité, et il fournit ainsi des armes aux sceptiques. « Pour affirmer, en effet, que le vrai échappe à notre intelligence, les sceptiques s'appuyaient sur cette définition de Zénon : cela est perçu comme vrai, qui est imprimé dans notre âme d'après sa réalité,

---

1. *De Immortalitate animæ,* c. xiv, n° 23; t. I, col. 1032.
2. C. xii, n° 21; t. VIII, col. 1073.
3. Détails historiques dans Zeller : *Die Philosophie der Griechen,* t. III, p. 73-77, 1ʳᵉ éd.
4. *Quod cum Zeno rude ac novum intulisset...* (*Contr. Acad.,* lib. II, c. vi, n° 14; t. I, col. 926).

et qui ne peut pas l'être d'après ce qui n'est pas sa réalité. Or, cette formule se rend aussi en ces termes plus courts et plus clairs : on discerne le vrai à des signes que l'erreur ne peut pas posséder. Mais les sceptiques s'appliquèrent à faire voir que cela est irréalisable. Ils rappelèrent les dissensions des philosophes, les erreurs des sens, etc... [1] » Un peu plus bas, saint Augustin traduit de la sorte la pensée de Zénon : « Rien n'est perceptible à moins d'être vrai en telle manière que des signes bien déterminés le fassent discerner d'avec le faux [2]. » Mais Arcésilas traitait cela de chimère [3]; saint Augustin entre, à ce sujet, dans une longue suite de considérations, après lesquelles : « Voyons, dit-il, cette sentence de Zénon : la seule notion compréhensible et perceptible est celle qui n'a aucun signe commun avec le faux [4]; » ou, comme Zénon le dit encore : « Une notion faite pour être comprise, est celle qui se montre en une manière selon laquelle le faux ne peut pas se montrer [5]. »

Saint Augustin approuve, d'abord, en termes formels : « Je ne vois pas que l'on puisse réfuter cette définition, et je la trouve absolument vraie. » — « Je juge cette définition très vraie. » — « Elle est, à l'égard des choses compréhensibles, définition et, à la fois, exemple [6]. » Or, la raison pour laquelle il approuve ainsi, c'est qu'en

---

1. *Contr. Acad.*, lib. II, c. v, n° 11 ; t. I, col. 925.
2-3. *Contr. Acad.*, lib. II, c. vi, n° 14 ; t. I, col. 926.
4. *Tale scilicet visum comprehendi et percipi posse, quale cum falso non haberet signa communia* (lib. III, c. ix, n° 18 ; t. I, col. 943).
5. *Id visum ait posse comprehendi quod sic apparet, ut falsum apparere non posset* (lib. III, c. ix, n° 21 ; t. I, col. 944).
6. *Contr. Acad.*, lib. III, c. ix, n° 21 ; t. I, col. 944, 945.

effet, à parler proprement, la vérité seule est intelligible ; il faudrait, pour condamner Zénon, prétendre que « l'erreur peut en elle-même être perçue » ou comprise, et les Académiciens sont bien éloignés de cette prétention, laquelle d'ailleurs serait absurde [1].

Mais saint Augustin blâme aussi ces mêmes formules ; il prononce que Zénon n'a pas bien vu les conditions et la nature de l'activité intellectuelle : « Si Zénon s'était enfin éveillé, s'il avait vu que l'intellection ne s'accomplit pas toujours telle qu'il se la représente... sans doute, depuis longtemps, cette dispute (sur le critérium) qui, en toute nécessité, avait dû être si vive, n'aurait pas manqué de s'éteindre [2]. » D'où il ne faudrait pas conclure que, malgré ses déclarations très précises, saint Augustin prétend qu'il peut y avoir, en toute rigueur, intellection fausse. Il ne songe à rien de tel ; il rappelle seulement, sans le dire en termes exprès, qu'avoir conscience de comprendre n'est pas un garant absolu contre l'erreur. Et voilà, certes, un enseignement très vrai et très important.

Un passage du second livre peut servir à faire mieux entendre les conditions de l'activité intellectuelle, et aussi le blâme formulé contre Zénon. Saint Augustin, s'adressant à Romanien, lui dit : « Gardez-vous de croire que la seule connaissance soit celle que vous avez sur ceci : un, plus deux, plus trois, plus quatre, égalent

---

[1] *Aut enim possunt percipi et falsa, quod vehementius Academici timent, et revera absurdum est* (*Ib.*, n° 21 in fine. — Cf. c. III, n° 5, col. 936 ; c. IV, n° 10, col. 939).

2. *Contr. Acad.*, lib. III, c. XVII, n° 39 ; t. I, col. 955.

dix. Mais gardez-vous aussi de croire, ou bien que dans la philosophie vous ne connaîtrez pas la vérité, ou bien que vous n'y connaîtrez aucune vérité en cette manière [1]. » Saint Augustin, lui aussi, et cela donne plus d'importance à l'avertissement, avait longtemps compté sur une philosophie aussi simple, aussi limitée, aussi facilement certaine que la mathématique [2]. Aujourd'hui, il est bien éloigné de cette illusion : « La lumière se montre facilement aux yeux, mais l'éclat de la vérité ne se montre pas aussi facilement aux âmes [3]. »

III

Tous les philosophes ont le sentiment invincible de la vérité, et, aussi, qu'ils le veuillent ou non, le sentiment invincible de penser et d'être.

Il doit souvent arriver, d'ailleurs, que les deux sentiments se confondent; car il n'est pas possible de penser sans avoir conscience d'être le sujet pensant. Saint Augustin oppose donc en même temps au scepticisme, notre sentiment du vrai, et notre sentiment invincible de penser et d'être.

Il entreprit dès le lendemain de sa conversion, d'écrire contre le scepticisme. Il y avait là, pour lui, une question capitale, que, dès longtemps, il était préparé

---

1. *Contr. Acad.*, lib. II, c. III, n° 9 ; t. I, col. 923.
2. Voir ci-dessus le chapitre II, et *Confess.*, lib. VI, c. IV, n° 5 ; t. I, col. 722.
3. *Contr. Acad.*, lib. II, c. I, n° 1 ; t. I, col. 919.

à traiter[1]. Tout ce qu'on va lire, ce sont vraiment des réflexions bien approfondies et bien vivantes : « Voilà quelqu'un, dit-il, qui, en apercevant votre frère, dit de lui qu'il ressemble à votre père; et celui-là n'a jamais vu votre père : ne vous paraît-il donc pas insensé ou faible d'esprit[2]? » Et mieux encore : « La force des choses montre le ridicule des Académiciens, qui prétendent se tenir à la vraisemblance, et qui pourtant ignorent ce qu'est le vrai lui-même[3]. » Il fait sentir combien est contradictoire cette prétention d'être sage et d'ignorer toujours la sagesse[4]; il rappelle notre invincible tendance à savoir et ce sentiment indestructible qui persiste malgré tout l'effort du scepticisme, et qui est en nous une certaine connaissance de la vérité : connaissance incomplète, mais toujours présente. Il expose, enfin, longuement le fait que Pascal exprime en ce mot : « La nature confond les Pyrrhoniens[5]. »

Dans cette étude, il s'arrête aussi aux dissensions entre les philosophes[6]; et là-dessus, il ne dit rien de bien fort. Du moins discute-t-il à fond le prétexte fondé sur les erreurs de la perception sensible; il enseigne très

---

1. (Alypius) : *Habesne tu quidquam in quo sententia tua jam fundata constiterit?* (Augustinus) *Facile est, inquam, huic rogationi respondere, mihi præsertim cui repentina non est... De vita nostra, de moribus, de animo res agitur...* (Contr. Acad., lib. II, c. IX, n° 22; t. I, col. 929; — ib., n° 23, et c. XI, n° 26; — cf. Confess., lib. VI, c. X, n° 19). — Voir ci-dessus, chap. II, paragr. I, p. 10, 13.
2. *Contr. Acad.*, lib. VII, c. VII, n° 16; t. I, col. 927.
3. *Ib., ib.*, n° 19; col. 928.
4. *Ib.*, lib., III, c. III et IV; c. IX, X, XIV.
5. *Pensées*, art. VIII, n° 1; (Havet) t. I, p. 114.
6. *Contr. Acad.*, lib. III, c. VII et VIII; c. X, n° 23.

expressément que l'intellection a sa valeur propre, indépendante de la sensation [1] ; nous pouvons, en effet, n'avoir que des sensations fausses, sans que, pour cela, l'intellection soit diminuée [2]. C'est un point où la doctrine de saint Augustin a toujours une fermeté parfaite [3]. Et, pour achever, il enlève aux sceptiques cette ressource qui, pour eux, est la principale : si l'on a raison contre nous, cela même démontre une fois de plus la faiblesse du raisonnement philosophique, et c'est encore nous qui avons à triompher : « Qui donc, leur répond saint Augustin, pourrait ou comprendre, ou croire que le vaincu, en cela même où il est vaincu, ait à s'attribuer glorieusement la victoire [4] ? »

En même temps que saint Augustin développait ces considérations, il insistait aussi sur le sentiment de notre pensée et de notre existence. C'est un sentiment qu'il a merveilleusement reconnu et dont il a donné une expression philosophique. Il a eu, sur ce sujet, bien autre chose qu'une vue rapide et sans conséquence. Il a toujours cité, comme certitude inattaquable, notre conscience de penser et d'être. On remarquera, d'ailleurs, que, chaque fois, il la cite avec une intention réfléchie. Les exemples les plus explicites appartiennent à des dates très différentes; on en compte sept principaux.

Les deux premiers sont de 386; l'un se trouve dans

---

1. *Ib.*, *ib.*, c. xi, n° 25 et 26. — Voir le livre III, chap. I.
2. *Ib.*, *ib.*, c. xi et xii.
3. Outre les passages allégués ici, on peut voir, ci-dessus, chap. I, et liv. III, chap. I.
4. *Ib.*, lib. III, c. v, n° 12 ; t. I, col. 910.

le traité *Contre les Académiciens :* « Mieux vaudrait dire : la sagesse est inaccessible à l'homme, que de dire : le sage ne sait pas pourquoi il vit, il ne sait pas comment il vit, il ne sait pas s'il vit[1]. » Le second, bien plus clair et plus complet, se lit dans les *Soliloques :* « (R) vous qui voulez vous connaître, savez-vous que vous êtes? (A) Je le sais. (R) D'où le savez-vous? (A) Je l'ignore. (R) Vous sentez-vous simple, ou multiple? (A) Je l'ignore. (R) Savez-vous si vous êtes en mouvement? (A) Je l'ignore. (R) Savez-vous que vous pensez? (A) Je le sais. (R) Donc il est vrai que vous pensez? (A) Cela est vrai[2]. »

Avant sa conversion, saint Augustin avait longuement médité; voilà pourquoi, dès qu'il se met à écrire, il trouve le mot décisif. Il dit de même, en 390 : « Quiconque se conçoit comme doutant, a une conception vraie, et il est certain de cette chose qu'il conçoit[3]. » On lit à la même époque (388-395) dans le traité du *Libre Arbitre :* « Je vous demande si, vous-même, vous êtes. Et, certes, à propos d'une pareille question, ne redoutez pas de vous tromper; car si vous n'étiez pas, vous ne pourriez nullement vous tromper[4]. » Il faut ensuite arriver jusqu'au traité de *la Trinité* (vers 415), et jusqu'à la *Cité de Dieu* (416, lib. XI). Le pas-

---

1. Lib. III, c. ix, n° 19; t. I, col. 913.
2. Lib. II, c. i, n° 1; t. I, col. 885.
3. *De vera Religione,* c. xxxix, n° 73; t. III, col. 154.
4. *Cum utique si non esses, falli omnino non posses* (lib. II, c. iii, n° 7; t. I, col. 1243). — Cf. : « *hoc ipsum enim falli nemo potest, si aut non vivat, aut nihil velit* » (*De duabus animabus* [391], c. x, n° 13; t. VIII, col. 104).

sage de la *Cité de Dieu* est resté assez connu : « Quoi! disent les Académiciens, si vous vous trompez? Mais, si je me trompe, je suis[1]. Car celui qui n'est pas, ne peut pas non plus se tromper; donc, je suis, par cela même que je me trompe[2]. » Le traité de *la Trinité* exprime deux fois [3] cette considération, qui est reprise encore vers 421 dans l'*Enchiridion*.

Le second passage de *la Trinité*, auquel ressemble celui de l'*Enchiridion,* a une importance particulière : « (Notre propre existence) est un point sur lequel nous ne craignons pas qu'une vraisemblance nous trompe; car il est certain que se tromper c'est encore vivre... Nous connaissons, par une science intime, notre propre existence; et là, nous n'avons pas à redouter qu'un Académicien nous dise; Peut-être dormez-vous, et n'en savez-vous rien, et voyez-vous tout cela en songe... C'est qu'en effet, quiconque a la certitude sur la science de sa propre vie, ne dit pas : Je sais que je veille, mais : Je sais que je vis ; soit donc qu'il dorme ou qu'il veille, il vit... L'Académicien ne peut pas, non plus, dire contre cette science : Peut-être êtes-vous insensé, et vous l'ignorez, les perceptions de l'insensé étant semblables à celles de l'homme de bon sens. Mais enfin, quiconque est insensé, vit. Et il n'est pas maintenant question de dire contre les Académiciens : Je sais que je ne suis pas insensé, mais : Je sais que je vis. Donc, l'erreur ni le mensonge n'ont jamais rien à faire avec la

---

[1]. *Si fallor, sum.*
[2]. Lib. XI, c. xxvi; t. VII, col. 339 sq.
[3]. Lib. X, c. x, n° 14, et lib. XV, c. xii.

prétention de savoir que l'on vit. On peut donc opposer tous les exemples de perception trompeuse à quiconque dit : Je sais que je vis; il n'en redoutera aucun; car, quiconque se trompe, vit[1]. »

Saint Augustin, au même endroit, rappelle, pour l'approuver, son traité *Contre les Académiciens*. Il l'approuve aussi dans l'*Enchiridion* où il le résume très brièvement, après quoi il dit : « J'ignore s'il faut s'entretenir avec ceux qui ne savent pas leur existence actuelle; et vraiment, ceux-là prétendent ne savoir pas une chose qu'il leur est impossible de ne savoir pas. Et sans doute, en ne convenant pas de leur propre existence, les sceptiques s'imaginent éviter l'erreur; mais enfin, s'ils se trompent, c'est précisément la preuve qu'ils vivent; car, à moins de vivre, nul ne peut se tromper. Que nous vivions, c'est donc chose vraie, et bien plus, c'est chose inattaquable[2]. »

Chez saint Augustin, l'examen est aussi réfléchi et aussi fondamental que chez Descartes; mais la pensée est toute différente et infiniment plus juste. Descartes, en effet, veut affirmer à la fois, dans le *cogito*, l'indépendance de la raison humaine et la possibilité de

---

1. *De Trinitate*, lib. XV, c. xii, n° 21; t. VIII, col. 1073 sq. — Cf. lib. X, c. x, n° 14 : « Vivere se et meminisse, et intelligere, et velle, et cogitare, et scire, et judicare quis dubitet? *Quandoquidem etiam si dubitat, vivit : si dubitat unde dubitet, meminit; si dubitat, dubitare se intelligit; si dubitat, certus esse vult; si dubitat, cogitat; si dubitat, scit se nescire; si dubitat, judicat non se temere consentire oportere. Quisquis igitur aliunde dubitat, de his omnibus dubitare non debet : quæ si non essent, de ulla re dubitare non posset* » (col. 931).

2. *Nos vivere non solum verum, sed etiam certum est* (c. xx, n° 7; t. VI, col. 212 sq.).

déduire d'un principe inattaquable, toute une philosophie qui, d'abord, ne s'y serait pas laissé voir, et qu'on aurait été contraint, comme malgré soi, d'en faire sortir. Saint Augustin a d'autres vues; il se préoccupe de la disposition intérieure à laquelle Descartes n'avait pas, en fait, la possibilité de penser; il sait ce qu'il y a de compliqué, de mystérieux, dans l'effort intellectuel. En un mot, saint Augustin sait de la formation intellectuelle ce que Descartes, peut-être, aperçoit un peu, mais dont il ne se montre nullement préoccupé. Aussi, malgré le *cogito,* n'est-ce pas Descartes qu'il faut ici comparer à saint Augustin : c'est Pascal; ce serait aussi Bossuet, et plus particulièrement Fénelon[1]. Il y a chez Pascal, comme chez saint Augustin, la connaissance juste des conditions selon lesquelles l'activité intellectuelle s'exerce et arrive à constituer une doctrine : or, l'activité intellectuelle, dans son exercice, obéit toujours et malgré tout à un certain sentiment du vrai; et si elle constitue, parmi les philosophes, des doctrines bien diverses et bien incompatibles, c'est le mystère que, sans doute, nous pouvons raconter avec quelque détail, mais que nous ne pouvons nullement expliquer; et c'est aussi le danger ou le malheur contre lequel nul principe froidement abstrait et nulle formule claire ne peut garantir à coup sûr tout le monde. Tel est l'enseignement perpétuel et très explicite de saint Augustin; les fragments de Pascal ont la même signification.

1. Surtout à cause de trois opuscules qui sont les lettres V, VI et VII parmi les *Lettres sur différents sujets de Métaphysique et de Religion.*

Cet enseignement va recevoir une clarté nouvelle. Un sceptique, en effet, pourrait avouer l'impossibilité et la contradiction intime du scepticisme; il ne serait, pour cela, guère moins sceptique, et l'on n'aurait pas une ressource plus efficace pour l'amener à choisir, parmi toutes les philosophies dogmatiques, une philosophie déterminée. Descartes, et, on peut dire, tous les autres philosophes dogmatiques, semblent croire que la ruine du scepticisme équivaut tout de suite au triomphe d'une philosophie. Le traité *Contre les Académiciens* dépasse, à ce sujet, les vues de Descartes : « Les sceptiques, dit saint Augustin, conviennent avec nous qu'il faut adhérer à la vérité. Mais, disent-ils, qui la montrera, la vérité [1]? Et, sur ce point, je n'entreprendrai pas de lutter avec eux... Pourtant, quel est celui qui peut nous montrer [2] la vérité, vous l'avez dit, Alype, et je veillerai bien à ne pas me séparer de vous. C'est une divinité, avez-vous dit [3], qui seule peut montrer à l'homme en quoi consiste la vérité : votre parole est courte, elle est pieuse. Rien, dans notre conversation, ne m'a fait plus de plaisir; rien n'y a été plus grave, plus probable; et si, comme j'en ai la confiance, un Dieu nous assiste, rien n'y a été plus vrai [4]. »

---

1. *Quis eam demonstrabit?*
2. *Ostendere.*
3. Alype, parlant selon les vues des sceptiques, venait de comparer la vérité à Protée, et il avait dit que, si un Dieu ne l'eût désigné, *nisi indice alicujusmodi numine*, Protée serait resté insaisissable (lib. III, c. v, n° 11; col. 910).
4. *Ib., ib.*, c. v, n° 12; c. vi, n° 13; t. I, col. 910. — Cf. *De Quantitate animæ*, c. vii *in fine* et début de c. viii, et c. xiv *in fine*.

Sans faire appel au secours divin, le traité de *la Trinité* trahit une inspiration analogue. Voici ce qu'on y doit remarquer : saint Augustin vient de rappeler avec insistance que nous avons le sentiment invincible de penser et d'être : « Mais, continue-t-il, si de telles notions appartiennent seules à l'intelligence humaine, elles forment un total bien restreint. » Que va-t-il donc faire? Citera-t-il d'autres notions, ou du moins montrera-t-il que le sentiment de notre existence ne peut manquer de nous en faire trouver d'autres? Il dira simplement : « Chacune de ces notions se multiplie en son propre genre, à tel point que ce n'est plus un petit nombre, mais qu'il y a progression à l'infini. Celui, en effet, qui dit : Je sais que je vis, énonce qu'il sait une seule chose ; si donc il dit encore : Je sais que je sais mon existence, ce sont déjà deux choses ; mais, savoir que l'on sait ces deux choses, c'est aussi une troisième science. Or, celui-là peut en ajouter encore une quatrième, puis une cinquième, et enfin, s'il en a la force, un nombre incalculable. Il y a donc ici progression, au point de ne pouvoir ni comprendre, ni énoncer les termes infinis[1]. » L'expression est malheureusement bien subtile, mais elle ne doit pas empêcher de voir l'importance absolue de la pensée. Car enfin, savoir que l'on sait, et après cela, savoir que l'on se connaît comme sachant, et ainsi de suite, n'ajoute rien de réel à la première science. Toute cette progression à l'infini signifie donc que nous avons invinciblement la conscience de penser et d'être,

---

1. *De Trinitate,* lib. XV, c. vii, n° 21 ; t. VIII, col. 1074.

et que, plus nous examinons cette conscience, plus aussi nous en constatons l'inébranlable fermeté. D'ailleurs, ce qui importe, c'est que saint Augustin envisageant la pauvreté doctrinale ou dogmatique de cette constatation, *Puisque je pense, je suis,* s'arrête à la constatation elle-même, et se refuse à l'ériger en un principe d'où, infailliblement, telle doctrine sortirait. C'est donc la seconde fois que, dans une circonstance décisive, saint Augustin exclut la chimère de construire simplement et fatalement une philosophie par pure déduction, comme une série de théorèmes mathématiques simplement et immanquablement enchaînés.

CHAPITRE IV

L'INTELLIGENCE HUMAINE

L'intelligence humaine est la force individuelle[1] qui perçoit toujours l'absolu. C'est là ce que l'enseignement de saint Augustin va justifier.

I

Chacun possède en propre son œil, son oreille, enfin tous ses sens [2] : « Mais quoi? pour la raison elle-même, chacun de nous ne possède-t-il pas la sienne? Car enfin, il peut arriver que je comprenne là où vous ne comprenez pas; et, en outre, vous ne pouvez pas savoir si je comprends, mais moi je le sais[3]. » Evodius, à qui saint Augustin s'adresse, reconnaît naturellement la vérité de cette observation[4]. « Et maintenant, continue saint Augustin, dites-moi s'il existe quelque chose que tous les sujets raisonnants puissent voir également, *com-*

---

1. Particulièrement sur l'individualité, voir : 1° [388-395] *Libre Arbitre* (lib. II, c. vii-x, passage capital); — 2° [416] *Traité sur saint Jean* (Tract. XXXV, n° 4).
2. *De Libero Arbitrio*, lib. II, c. vii, n° xv; t. I, col. 1210.
3. *Ibid.*
4. Lib. II, c. vii, n° 16-19.

muniter, par leur âme et par leur raison individuelle[1]? »
Evodius répond que cela existe, et il cite en exemple les
théories mathématiques. Augustin prend la parole ; son
discours longuement développé aboutit à cette conclusion : « L'essence et la vérité des nombres subsiste immuable et complète ; elle se laisse voir indistinctement,
communiter, à tous ceux qui raisonnent »[2]. « Pourtant, reprend-il, je vous en prie, que faut-il, selon vous,
penser de la sagesse en elle-même ? Croyez-vous qu'il y
ait pour chaque homme une sagesse particulière ? Ou
bien, n'est-ce pas qu'une sagesse unique se tient, sans
distinction, à la disposition de tous, et que, dans la mesure où chacun y participe, il est d'autant plus sage[3] ? »
Or, la sagesse, ainsi qu'Augustin l'explique à Evodius,
« est la vérité dans laquelle on aperçoit et on saisit le
souverain bien[4] ».

L'entretien sur la multiplicité des sagesses ou des absolus se prolonge ; Augustin fait répéter à Evodius
qu'il y a pour tous une seule sagesse[5]. Notre énergie
individuelle conçoit cette sagesse unique ; mais, enfermés ainsi en nous-mêmes, nous avons conscience que,
devant la même vérité, tous les hommes ont « une vision semblable ». La vérité absolue que chacun de nous
voit dans sa raison individuelle, est commune à tous[6].

1. C. vIII, n° 20 ; t. I, col. 1251.
2. C. vIII, n° 24 ; col. 1253.
3. *Unam præsto esse communiter omnibus* (c. ix, n° 25 ; col. 1253-1254).
4. N° 26 ; col. 1254.
5. N° 27 ; col. 1255.
6. (A) *Quod ergo unum verum videmus ambo singulis mentibus, nonne utrique nostrum commune est?* (E) *Manifestissime* (c. x. n° 28 ; t. I, col. 1256). Le passage est à lire.

Une raison humaine vaut par sa connaissance de l'absolu[1]. Le vrai, d'ailleurs, n'est la propriété particulière de personne; il est, à notre égard, l'absolu perçu individuellement[2]. Augustin donne enfin ce résumé : « Je ne chercherai rien de plus; il suffit que ces règles et que ces exemples de vertus soient vraies, immuables, et que chacune d'elles, ou toutes ensemble soient indistinctement proposées à la contemplation de tous ceux qui par leur raison propre, et par leur âme propre, peuvent les percevoir. Et voilà ce qu'avec moi vous voyez, et vous reconnaissez pour très certain[3]. »

II

Dès qu'il se met à écrire, saint Augustin enseigne la doctrine de l'innéité; et il s'y est toujours tenu. On la trouve pour la première fois dans les *Soliloques*[4], puis au troisième livre *Contre les Académiciens :* « Si vous

---

1. *Unam (sapientiam) præsto esse communiter omnibus, cujus quanto magis quisque fit particeps, tanto est sapientior* (c. ix, n° 25; col. 1251).

2. (A) *Hoc ergo verum potest quisque suum proprium dicere, cum incommutabiliter contemplandum adsit omnibus qui hoc contemplari valent?* (E) *Nullus hoc vere dixerit suum esse proprium...* (c. x, n° 28; col. 1256).

3. C. x, n° 28, 29; col. 1256. Cf. n° 29 *in fine*. — Cf. Tract. XXXV, *in Jo.*, n° 4; t. III, col. 1659 : « *Sapientia Dei, Verbum Dei, Dominus Jesus Christus, ubique præsens est; quia ubique est veritas, ubique est sapientia. Intelligit quis in oriente justitiam; intelligit alius in occidente justitiam : Numquid alia est justitia quam ille intelligit, alia quam iste?* »

4. Lib. II, c. xx, n° 35; t. I, col. 902. — Le passage est cité dans le paragraphe III sur la réminiscence.

me demandez où l'âme trouve la sagesse, je vous répondrai : en elle-même[1]. » Il en donne une exposition développée au sixième livre de *la Musique* et au livre *Du Maître;* il écrit le traité *De la Quantité de l'âme,* spécialement pour montrer que l'âme ne s'accroît pas et que toute connaissance spéculative, censée acquise récemment, est la vision moins obscure ou plus claire de la connaissance innée.

Ainsi, toute intellection comme telle, a Dieu pour objet; mais l'âme humaine ne s'en doute pas, ou si elle s'en doute, et même si elle le sait, elle n'a pas pourtant la conscience nette de percevoir Dieu : « L'âme humaine (et c'est là une chose qu'elle ne peut sentir avant d'être très pure et très heureuse) n'est jointe qu'à la vérité substantielle, image et similitude du Père, laquelle aussi se nomme sagesse[2]. »

Le sixième livre de *la Musique* contient un mot que saint Augustin a plusieurs fois repris : « Dieu, sans interposition d'aucune réalité, préside aux âmes humaines[3]. » Le même mot reparaît, d'abord, au livre *Du Maître*[4], puis en celui des *Quatre-vingt-trois Questions*[5], enfin dans les *Confessions :* « Partout, ô Vérité, vous présidez à tous ceux qui vous consultent, et vous répondez simultanément, même à ceux qui vous adressent

---

1. C. 14, n° 31; t. I, col. 950.
2. *De Genesi ad litteram, Liber imperfectus,* c. XVI, n° 60; t. III, col. 243 : « *nulli cohæret nisi ipsi veritati* ».
3. *Humanis mentibus, nulla natura interposita, præsidet* (c. I, n° 1; t. I, col. 1161).
4. C. XI, n 33; t. I, col. 1216.
5. 1° Quæst. LI, n° 4; t. VI, col. 33; — 2° Quæst. LXXIX, n° 1; col. 90.

des demandes différentes. Vous répondez purement, mais tous ne vous écoutent pas purement[1]. » Saint Augustin s'applique aussi à nous faire constater que la notion d'unité[2] proprement dite, ne peut pas nous venir des sens.

Notre sentiment, de même que notre intelligence, a pour objet réel, Dieu. Ce n'est pas la musique, d'abord entendue, qui nous donne le sens de l'harmonie[3]. Tous les hommes ont le sentiment primitif de Dieu, et ce sentiment devient parfois, chez quelques-uns, l'inspiration créatrice : « Les belles conceptions, qui, de l'âme, vont aux mains de l'artiste, ont pour origine cette beauté qui est au-dessus de toutes les âmes[4]. » Plus de douze ans avant les *Confessions*, le même mot est employé au sixième livre de *la Musique*[5], puis vers 390, le livre des *Quatre-vingt-trois Questions* le reproduit : « L'harmonie du corps humain ne se trouve pas toute dans la statue ; mais, à quelque degré qu'elle s'y trouve, elle va de la sagesse divine aux mains de l'artiste[6]. » Mieux encore : « La sagesse divine agit elle-même par les artistes, afin

---

1. Lib. X, c. xxvi, n° 37 ; t. I, col. 795 ; cf. lib. XI, c. v, n° 7 ; col. 812. — Cf. *De Musica*, lib. VI, c. xii, n° 34 ; t. I, col. 1181 ; cf. n° 35 très explicite.

2. *De Libero Arbitrio*, lib. II, c. viii, n° 32 ; t. I, col. 1152 ; chapitre à lire, ainsi que c. xii, très important.

3. *Nec nobis eam sonus infert* (*De Musica*, lib. VI, c. ii, n° 3 ; t. I, col. 1164 ; cf. *De Trinitate*, lib. IV, c. ii, n° 4 ; t. VIII, col. 889).

4. *Pulchra trajecta per animas in manus artificiosas*, etc... (*Confess.*, lib. X, c. xxxiv, n° 53 ; t. I, col. 801. — Cf. lib. XI, c. v, n° 7 ; col. 812).

5. C. xiv, n° 44.

6. Quæst. LXXVIII ; t. VI, col. 90.

qu'ils produisent des œuvres belles et harmonieuses[1]. »

L'erreur dans la recherche du vrai et dans l'amour du beau, ne peut pas faire que l'on perde le sentiment de Dieu : « O Dieu que toute créature capable d'aimer, aime en le sachant ou sans le savoir[2]. » On ignore Dieu, ou on veut l'ignorer, et c'est à lui pourtant, que, parmi les amours coupables, on ne cesse pas d'aspirer : « L'âme a dans ses vices eux-mêmes, une occasion pour se ressouvenir de Dieu ; et c'est au point, que, si quelqu'un s'écarte de la vérité absolue, il est accueilli par quelque fantôme de vérité[3]. Cherchez ce qui fait la force de la volupté corporelle ; vous trouverez que c'est uniquement une certaine convenance... Reconnaissez donc la nature de la suprême convenance. N'allez pas (pour cela) au dehors ; retournez en vous-même ; c'est dans l'homme intérieur que la vérité habite[4]. » Le sixième livre de *la Musique*[5] et la Question 78[6] ont quelque chose de semblable ; enfin les *Confessions* offrent cette sentence : « Ceux qui aiment les beautés extérieures, tiennent de Dieu leur aptitude à les bien juger, mais non leur aptitude à s'en servir (mal)[7]. » Elles vont plus loin : « Ils

---

1. *Ipsa operatur etiam per artifices, ut pulchra atque congruentia faciant* (Quæst. LXXVIII ; t. VI, col. 90).
2. Soliloq., lib. I, c. 1, n° 2 ; t. I, col. 869.
3. *Ut nemo ab ipsa veritate dejiciatur, qui non accipiatur ab aliqua effigie veritatis.*
4. De vera Religione, c. xxxix, n° 72 ; t. III, col. 154. — Cf. De Libero Arbitrio, lib. II, c. xvi, n° 41 sq.
5. C. xiv, n° 44 ; t. I, col. 1186.
6. T. VI, col. 90.
7. *Inde trahunt approbandi modum, non autem inde trahunt utendi modum* (Confess., lib. X, c. xxxiv, n° 53 ; t. I, col. 801).

vous imitent mal, ô Dieu, tous ceux qui s'éloignent de vous et qui s'élèvent contre vous. Or, même en vous imitant mal, ils indiquent que vous êtes le créateur de toute la nature, et qu'il n'y a donc pas moyen de s'éloigner absolument de vous [1]. »

Saint Augustin a écrit aussi un mot pour défendre l'innéité contre des attaques dont il déplorait sans doute l'inintelligence : « Qu'on se moque de mes paroles, parce qu'on ne voit pas (les nombres intelligibles), et je déplorerai une pareille dérision [2]. »

III

La théorie de la réminiscence a souvent occupé saint Augustin [3]; or, pour lui, réminiscence signifie toujours innéité. Cependant l'influence du platonisme lui inspirait dans les *Soliloques* un langage tel que celui-ci : « Lorsqu'on apprend, on découvre en soi-même, et, pour ainsi dire, l'on ramène au jour les doctrines ense-

---

1. « *Non esse quo a te omni modo recedatur* » (lib. II, c. vi, n° 14; t. I, col. 681); cf. lib. IV, c. xii, n° 18; col. 701 : « *Quærite quod quæritis, sed ibi non est ubi quæritis* ». Un mot important, [412] *Ep. CXL*, c. iii, n° 6; col. 540 : « *(Deus) non absens etiam mentibus impiorum, quamvis eum non videant* », et un autre, [417] *Ep. CLXXXVIII*, c. 6, n° 18; col. 839.

2. *Ego doleam ridentem me* (Confess., lib. X, c. xii, n° 19; t. I, col. 787).

3. Outre les références, voir surtc t : 1° [100-416] *Trinité* (lib. XII, c. xv; lib. XIV, c. xv); — 2° [427] *Rétractations* (1° sur *Soliloques* : lib. I, c. iv, n° 4; 2° sur *Quantité de l'âme* : lib. I, c. viii, n° 2); — 3° [111 ou 412] *Ep. CXXX*, à Proba, depuis c. ix, n° 18.

velies dans l'oubli¹. » Un an plus tard, le traité *De la Quantité de l'âme* reproduit la même affirmation : « L'acte qui s'appelle apprendre, consiste uniquement à se ressouvenir et à faire revivre². » C'était donc, par deux fois, exprimer en termes exagérés une constatation très juste. Les *Rétractations* signalent l'excès et donnent l'expression exacte. Voici le passage sur les *Soliloques :* « J'ai dit, quelque part, *qu'en apprenant on retrouve en soi-même les doctrines ensevelies dans l'oubli.* Je désapprouve cela : car, si les ignorants eux-mêmes, à la condition d'être bien interrogés, répondent juste sur certaines sciences, on trouve pour ce fait l'explication suivante qui est plus naturelle : les ignorants ont présente, en tant qu'ils peuvent s'en apercevoir, la lumière de la raison éternelle, et dans cette lumière, ils voient toutes ces vérités immuables. Il n'y a donc pas lieu d'imaginer qu'ils les avaient primitivement connues et puis oubliées : ce qui fut le préjugé de Platon et d'autres philosophes³. »

Plus de douze ans auparavant, dans le traité de *la Trinité,* il avait discuté à fond la théorie platonicienne de la réminiscence : les ignorants, si on les interroge bien, montrent une science spontanée, que, jusqu'alors, ils avaient possédée en eux-mêmes, et qu'ils n'y avaient nullement aperçue. Est-ce à dire que cette science, ils l'avaient acquise pendant une vie antérieure? Nulle-

---

1. Lib. II, c. xx, n° 35; t. I, col. 902; lire n° 34 et comparer *Ep. VII,* à Nébrédius.
2. C. xx, n° 34; t. I, col. 1035.
3. *Retract.,* lib. I, c. iv, n° 4. — Sur *De Quantitate animæ;* lib. I, c. viii, n° 1.

ment. Tout le monde, en effet, est, sans le savoir, parfait géomètre, mais rien n'autorise à supposer que, dans une existence antérieure, tout le monde avait appris la géométrie [1]. « Bien plutôt, il y a lieu de croire que, par son essence, l'âme intellectuelle étant jointe selon l'ordre naturel, et selon la disposition du Créateur, aux choses intelligibles, elle les voit dans une certaine lumière incorporelle [2]. » D'ailleurs, pour la perception sensible, les interrogations ne font rien; il y faut la perception actuelle. « Pourquoi, enfin, n'y a-t-il que les choses intelligibles à propos desquelles tout homme convenablement interrogé réponde selon que chaque science l'exige, et cela, tout ignorant qu'il puisse être [3]? »

Avant de poser la question, saint Augustin l'avait formellement résolue. Il reviendra, dans le même ouvrage, à la solution qu'il avait donnée : « Dieu est tout entier partout; aussi est-ce en lui que l'âme vit, qu'elle se meut, qu'elle est (Act. XVII, 28); donc, elle peut se ressouvenir de lui [4]; ce n'est pas qu'elle se ressouvienne de l'avoir connu en Adam, ni ailleurs avant cette vie, ni, enfin, au moment de sa création en vue de l'union avec le corps... L'âme se souvient de Dieu de manière à se tourner vers le Seigneur, et elle se tourne vers le Seigneur comme vers cette lumière dont elle s'éloignait, et qui, pourtant, ne laissait pas de la toucher. » Voilà pourquoi saint Augustin répète

---

1. Lib. XII, c. xv, n° 24.
2. *Ibid.*
3. Lib. XII, c. xv, n° 24; t. VIII, col. 1011.
4. *Et ideo reminisci ejus potest.*

encore ici, que les impies, malgré leur goût du mal et leur expérience actuelle du mal, ont le sentiment de la justice absolue qui est Dieu. « Où donc, ajoute-t-il, sont-elles écrites ces règles selon lesquelles l'impie reconnaît le juste et l'injuste? Où sont-elles écrites, sinon dans le livre de cette lumière qui s'appelle la vérité? C'est de là que toute loi juste est transcrite, et qu'elle est transportée dans le cœur de l'homme qui opère la justice[1]. » Cette *transcription* est déjà mentionnée au second livre de l'*Ordre*[2].

Apprendre une doctrine spéculative, c'est donc constater en soi-même une connaissance primitive très obscure[3]; c'est apercevoir avec quelque clarté ce que, jusque-là, on connaissait très confusément; c'est, en un mot, arriver à la conscience de ce que l'on savait. Saint Augustin va rendre ce fait encore plus clair.

IV

« L'homme, arrivé au moment de réfléchir sur la nature de son âme et de trouver ce qui est vrai, ne le trouvera pas ailleurs qu'en lui-même. Or, il trouvera, non ce qu'il ignorait, mais ce sur quoi il ne réfléchis-

---

1. *De Trinitate*, lib. XIV, c. xv, n° 21; col. 1052.
2. *Ibi sapientes animas quasi transcribitur* (c. viii, n° 55; t. I, col. 1000).
3. *Cur de solis rebus intelligibilibus id fieri potest, ut bene interrogatus quisque respondeat quod ad quamque pertinet disciplinam, etiamsi ejus ignarus sit?* (*De Trinitate*, lib. XII, c. xv, n° 24; t. VIII, col. 1011).

sait pas[1]. » Puisqu'on savait avant d'apprendre, et puisque la première perception d'une doctrine spéculative nous procure l'impression d'un souvenir, il suit que notre science primitive, très confuse, peut fort bien s'appeler mémoire. Et c'est par ce nom, en effet, que saint Augustin la désigne[2].

Les *Confessions* contiennent plusieurs passages très significatifs. « D'où, et par quelle voie (les notions purement intellectuelles) ont-elles pénétré dans ma mémoire? Je ne sais. Car, lorsque je les ai apprises, je ne me suis pas fié à la conscience d'autrui; c'est en moi que j'ai reconnu et que j'ai proclamé leur vérité. C'est donc là qu'elles étaient, même avant que je les eusse apprises; mais (objectera-t-on), elles n'étaient pas dans ma mémoire. Où donc étaient-elles, et pourquoi, lorsqu'on les a formulées, les ai-je reconnues et ai-je dit : il est ainsi, cela est vrai? Pourquoi, sinon parce qu'elles étaient déjà dans ma mémoire, mais si éloignées, si

---

1. « *Alibi non inveniet quam penes seipsum. Inveniet autem, non quod nesciebat sed unde non cogitabat* » (*De Trinitate*, lib. XIV, c. v, n° 8; t. VIII, col. 1041). — Cf. *De Immortalitate animæ*, c. iv, n° 6; t. I, col. 1024 : « cum vel nos ipsi nobiscum ratiocinantes, vel ab alio bene interrogati de quibusdam liberalibus artibus *ea quæ invenimus, non alibi quam in animo nostro invenimus : neque id est invenire quod facere aut gignere;* alioquin æterna gigneret animus inventione temporali..... manifestum etiam est, immortalem esse animum humanum, et *omnes veras rationes in secretis ejus esse, quamvis eas sive ignoratione, sive oblivione, aut non habere, aut amisisse videatur* ». Cela était écrit en 387.

2. Sur cette sorte de mémoire, voir surtout : 1° [400] *Confessions* (lib. X, c. x-xiii, c. xvii-xxi, c. xxiv-xxvi); — 2° [400-416] *Trinité* (lib. VIII, c. vi, et c. vii, n° 11; lib. X, c. i-iv, c. xi, n° 18; lib. XII, c. xiv-xv; lib. XIV, c. vi-vii, qui est un passage très important; lib. XV, c. xxi, très important lui aussi).

ensevelies comme dans un abîme, que, si un avertissement extérieur ne les en avait fait sortir, je n'aurais peut-être jamais pu les avoir présentes à ma pensée[1]. » Et pour donner plus de force à son affirmation, saint Augustin dit encore : « Voici ce que nous constatons : le fait d'apprendre (les doctrines intellectuelles) consiste à ramasser, en quelque sorte, par l'effort de la pensée, toutes ces choses que la mémoire contenait en un état de dispersion et de confusion[2]. »

Les mathématiques figurent parmi les notions ainsi découvertes[3]. C'est, d'ailleurs, en considérant l'étendue illimitée de notre connaissance primitive très confuse, que saint Augustin s'écrie : « Grande est la force de la mémoire ; elle est effrayante, ô mon Dieu ! elle est une profonde et infinie multiplicité : et cela même, c'est l'âme ; cela même, c'est ce que je suis[4]. » Si, par la nécessité de notre nature, nous avons et la connaissance et le sentiment du bonheur, cela aussi est en nous la mémoire essentielle[5]. Et si nous arrivons à connaître Dieu, nous avons aussitôt le sentiment d'interrompre un oubli : « O Dieu, depuis que je vous ai appris, tout ce que j'ai trouvé de vous, a été en moi un ressouvenir[6]. »

---

1. Lib. X, c. x, n° 17 ; t. I, col. 786.
2. C. xi, n° 18 ; t. I, col. 787.
3. C. xii, n° 19 ; col. 787, passage très clair.
4. C. xvii, n° 26 ; t. I, col. 790.
5. C. xx, n° 29 ; c. xxiii, n° 33.
6. C. xxiv, n° 35 ; t. I, col. 791. — Remarquer au c. xxvi, et au c. xxvii, *mémoire* au sens ordinaire, et *mémoire* au sens de connaissance innée : 1° le sens ordinaire : « *neque enim jam eras in* MEMORIA MEA *priusquam te discerem* » (c. xxvi) ; — 2° le sens d'innéité : « *Et ecce* INTUS *eras et ego foris, et ibi te quærebam... * MECUM *eras, et tecum non eram* » (c. xxvii).

Au livre VIII de *la Trinité*, saint Augustin rappelle, comme dans les *Confessions*, notre connaissance et notre sentiment du bonheur[1]. Il insiste, au livre X, sur l'impossibilité d'aspirer à l'inconnu : nous désirons le bonheur : donc, nous en avons déjà la connaissance confuse; nous désirons la science : donc, avant de l'acquérir, nous la possédons déjà; « si nous n'avions pas dans notre âme une impression abrégée de toute doctrine, nous n'aurions jamais le goût d'apprendre[2]. Ce qui nous attire, ce n'est pas l'inconnu, mais bien le connu auquel nous savons qu'il est joint[3] ».

Or, l'âme se connaît toujours comme pensant l'absolu, mais elle n'a pas toujours conscience de se connaître; car, pour l'âme, « autre chose est ne pas se connaître, autre chose ne pas se penser[4] ». Saint Augustin ajoute : « L'âme humaine, par la nécessité de sa nature, n'est jamais sans se souvenir d'elle-même, jamais sans se comprendre, jamais sans avoir de l'amour pour elle-même[5]. » Sans doute, l'âme humaine peut exister et ne posséder ou n'exercer aucune science : « Être ne s'identifie pas pour nous avec savoir ou avec percevoir, *scire vel sapere;* en effet, nous pouvons être, même si nous

---

1. C. III, n° 4; t. VIII, col. 949; c. VI, n° 9; col. 954; passage important.
2. *Nisi breviter impressam cujusque doctrinæ haberemus in animo notionem* (lib. X, c. I, n° 1; t. VIII, col. 971).
3. C. IV, n° 4; col. 975. — Cf. c. I, n° 1, col. 972 : « *Quod quisque prorsus ignorat, amare nullo modo potest* »; n° 2, col. 973; enfin, n° 3, col. 974 : « *non est amor ejus rei quam nescit, sed ejus quam scit* ».
4. *Aliud non se nosse, aliud non se cogitare* (*De Trinitate*, lib. X, c. v, n° 7; t. VIII, col. 977. — Cf. c. VIII, n° 11).
5. Lib. XIV, c. XIV, n° 18; t. VIII, col. 1049. — Cf. lib. XV, c. III, n° 5; col. 1060.

ne savons pas, et si, actuellement, nous ne percevons pas certaines choses que nous avons apprises[1]. » Mais peu après cette remarque, saint Augustin en exprime une autre : « Pour l'âme, dit-il, il est perpétuel de vivre, et perpétuel de savoir qu'elle vit; il n'est pas perpétuel, pour elle, de penser sa vie, ni même de penser la connaissance de sa vie, car, passant à une idée nouvelle, l'âme abandonne l'ancienne, et cependant elle ne cesse pas de la savoir[2]. » Les deux remarques ne se contredisent pas; il faut seulement observer qu'en fait, l'existence de notre âme ne comporte pas nécessairement un état de connaissance claire; or, c'est de la connaissance claire qu'il est question dans la première remarque.

Le livre XIV contient ce mot singulièrement expressif : « L'âme se connaît comme si, pour elle-même, elle était la mémoire d'elle-même[3]. » Par où il faut entendre qu'en arrivant à nous connaître, nous sortons de la distraction et non de l'ignorance. On lit, d'ailleurs, quelques lignes plus bas : « L'âme, en se percevant par la pensée, se comprend et se reconnaît. Mais lorsqu'elle se perçoit ainsi comme comprise d'elle-même, et qu'elle produit donc en soi la connaissance d'elle-même, elle ne le fait pas comme si, auparavant, elle avait été inconnue d'elle-même; au contraire, elle se connaissait en la manière où sont connues les choses contenues

---

1. Lib. XV, c. xiii, n° 22 ; t. VIII, col. 1076.
2. Lib. XV, c. xv, n° 25 ; t. VIII, col. 1078. — Cf. lib. X, c. iii, n° 5 ; col. 1073 sq.
3. *Tanquam ipsa sit sibi memoria sui* (c. vi, n° 8 : col. 1042. *Ibid.* : mémoire, 1° au sens ordinaire ; 2° au sens d'innéité).

dans la mémoire, et auxquelles on ne pense pas[1]. »

Saint Augustin ici, comme dans les *Confessions*, marque la différence entre les diverses sortes de mémoire : « Il y a dans notre mémoire une profondeur plus secrète ; c'est là qu'au moment où, pour la première fois, nous avons réfléchi, nous avons trouvé la vérité[2]. » Il donne à cette profondeur le nom de mémoire principale : « Dirons-nous que notre volonté, lorsqu'elle est droite, ne sait pas quel objet elle désire, ni quel objet elle doit fuir?... De même donc que l'intelligence, l'amour, lui aussi, réside dans cette mémoire principale, où nous trouvons déjà préparé et enfoui l'objet auquel l'effort de notre pensée nous fait parvenir[3]. »

V

Notre connaissance claire est toujours formulée en un langage. Mais nous avons une connaissance confuse très vaste, illimitée, supérieure à tout langage[4] : Saint Augustin a toujours enseigné qu'en dehors de tout langage, il existe une pensée fondamentale[5]. Déjà le traité

---

1. *Ibid.*
2. Lib. XV, c. xxi, n° 40 ; t. VIII, col. 1088.
3. *Ibid.*, c. xxi, n° 41 ; t. VIII, col. 1089.
4. *De Trinitate*, lib. XV, c. ix, n° 16 ; t. VIII, col. 1069.
5. Sur ce sujet, on consultera : 1° [388] *Du Maître* (c. iii, v, vi, x, xiii); — 2° *De la Quantité de l'âme* (c. xviii); — 3° [393] *De la Foi et du symbole* (c. iii); — 4° [400] *L'art de catéchiser les ignorants* (c. ii, x); — 5° [400] *Confessions* (lib. X, c. xii, c. xx; Lib. XI, c. iii); — 6° [400-416] *Trinité* (lib. XIV, c. viii; lib. XV, c. ix, x, xii-xv); — 7° [416] *Traités sur saint Jean* (Tract. I, n° 8).

De la Quantité de l'âme pose en un seul mot, très nettement, la question : « Imaginez un enfant né et nourri parmi des hommes qui ne parlent pas, et qui emploient des signes pour se manifester mutuellement leurs pensées[1] » ; cet enfant n'aura pas le secours du langage ; néanmoins il pensera. Il y a, d'ailleurs, l'exemple constant des sourds-muets. Il pourrait, enfin, exister dans un désert une famille où le père et la mère, sourds-muets, auraient des enfants capables d'entendre et qui vivraient loin de tout commerce humain[2]. Saint Augustin, en cet endroit, ne fait que poser la question.

C'est dans le traité *Du Maître* qu'il la discute, mais il ne reprend pas les mêmes exemples. Sa discussion, parfois trop subtile, et toujours trop rapidement rédigée, a une réelle importance. Elle établit fort bien que la pensée, en son propre fond, diffère du langage, et, en général, de tous les signes qui la manifestent : le signe, d'ailleurs, est indispensable ; c'est par lui que notre pensée se révèle à nous-mêmes et aux autres. « Vous exigez une notion réelle, qui, peu importe sa nature, ne se confonde pas avec les paroles ; or, c'est par des paroles que vous l'exigez. Demandez donc, d'abord, sans paroles, et je vous répondrai, moi aussi, dans les mêmes conditions[3]. » Les signes dont on use pour converser avec les sourds-muets, sont, plus encore que le langage, un simple procédé propre à faire deviner ce que la pensée a de réel ; la puissance significative du

---

1. C. xviii ; t. I, col. 1053.
2. *Ibid.*
3. *De Magistro*, c. iii, n° 5 ; t. I, col. 1197.

signe est, d'ailleurs, moins déterminée que celle du langage [1]. On ne manifeste, et même on ne conçoit jamais la pensée sans un langage ; toute perception claire correspond à une détermination de la pensée, et toute détermination est nécessairement une formule, ou plus généralement, toute détermination s'identifie avec un signe ; et, d'un autre côté, le signe n'est intelligible que si l'on a déjà une connaissance convenable de la chose signifiée [2]. En tout cela, il ne s'agit que de la connaissance intellectuelle ; mais s'il s'agissait d'acquérir une notion sensible, il faudrait l'expérience, la constatation du fait [3].

Le traité *De la Foi et du Symbole* contient une observation sur la difficulté de faire entendre toute sa pensée : la parole et le geste n'y suffisent pas [4]. Le traité *Sur l'Art de catéchiser les simples* offre un passage très net, d'un tour parfaitement philosophique : « L'intellection illumine rapidement mon âme ; mais le langage est lent, il est long, il diffère de l'acte intellectuel ; et tandis que le langage se développe, l'intellection est déjà passée à l'état confus ; cependant, elle a merveilleusement laissé quelques vestiges dans ma mémoire ; ces vestiges durent autant que la parole, et c'est d'après ces mêmes vestiges, que nous constituons les signes arti-

---

1. *Ibid.*, n° 5.
2. « Cum enim mihi signum datur, si nescientem me invenit cujus rei signum sit, docere me nihil potest » (c. x, n° 33 ; col. 1214).
3. C. III, n° 6 ; col. 1198 ; — c. x, n° 29 ; col. 1212 ; n° 32, col. 1213. C'est à cela que se réduit toute la longue discussion engagée à ce propos : qu'est-ce que le fait de se promener ?
4. C. IV, n° 1 ; t. VI, col. 181.

culés, c'est-à-dire, l'expression selon une langue : latine, grecque, hébraïque, ou toute autre. Mais, en eux-mêmes, ces vestiges ne sont ni latins, ni grecs, ni hébreux, ni d'aucune autre langue; ils sont à l'âme ce que l'air du visage est au corps... Mais l'air du visage, du moins, est à découvert : on ne peut pas mettre ainsi ces vestiges à découvert. D'où il est facile de deviner quelle distance il y a du langage à l'acte intellectuel[1]. » Le langage ne reproduit ni une certaine intellection première, trop rapide, trop complète, et aussi trop insaisissable, ni une autre intellection arrivée en nous à l'état de connaissance habituelle, et qui, pour être moins complète, ne laisse pas d'avoir quelque chose de supérieur au langage, et d'inexprimable en quelque langue que ce soit.

Dans les *Confessions*, il faut, sur ce sujet, remarquer la phrase suivante : « J'entends les paroles employées pour exprimer les théories sur les nombres (intelligibles); mais autres sont ces paroles, et autres les théories; les paroles sonnent différemment en grec ou en latin; et les théories ne sont ni grecques, ni latines, ni d'aucune autre langue[2]. » Le sentiment et la connaissance du bonheur diffèrent aussi, en nous, du langage par lequel nous prenons conscience de l'un et de l'autre : « Or, si la chose dont *beatitudo* est le nom, n'était pas contenue dans la mémoire des hommes (c'est-à-dire dans leur connaissance confuse plus intime), l'unanimité pour le désir d'être heureux

---

1. *De catechizandis rudibus*, c. II, n° 3; t. VI, col. 311-312; — cf. *ibid.*, col. 322.
2. Lib. X, c. XII, n° 10; t. I, col. 787.

ne se produirait pas[1]. » De même, le sentiment intérieur de la vérité subsiste indépendant de toute langue : « Si Moïse me disait en hébreu : (Dieu a fait le ciel et la terre), il frapperait inutilement mon oreille ; s'il me le disait en latin, je comprendrais ce qu'il aurait dit. Mais d'où saurais-je s'il dit vrai ?... Ah ! certes, c'est intérieurement et dans le domicile de la pensée, que la vérité, ni hébraïque, ni grecque, ni latine, ni barbare, sans le secours d'une bouche ou d'une langue, et sans retentissement de syllabes, me dirait : il a dit vrai[2]. »

Ici encore, c'est dans le traité de *la Trinité* que se trouve la discussion la plus philosophique et la plus approfondie. Saint Augustin, étudiant notre intelligence pour y trouver des vestiges de la Trinité, donne à ce qui est notre pensée fondamentale le nom de verbe : « Le verbe, dit-il, ne peut pas être dans l'intelligence sans pensée réfléchie ; car nous pensons tout ce que nous disons, même ce que nous disons par ce verbe intérieur qui n'appartient à la langue d'aucun peuple[3]. » *Verbe* signifie donc notre pensée déjà perceptible, mais antérieure et supérieure à la détermination par le langage.

Cette signification va être éclaircie et précisée : « La pensée, déterminée par notre science primitive réelle, tel est le verbe que nous prononçons en notre intérieur ; et ce verbe n'est ni grec, ni latin, ni d'aucune autre langue. Mais lorsque nous sommes obligés

---

1. C. xx, n° 20 ; t. I, col. 792.
2. Lib. XI, c. III, n° 5 ; t. I, col. 811.
3. *De Trinitate*, lib. XIV, c. VII, n° 10 ; t. VIII, col. 1043. Chapitre tout entier à lire.

de le faire connaître à ceux à qui nous parlons, nous adoptons un signe pour le manifester[1]. » Le signe, ce sont des paroles, ou un geste, ou une attitude, ou un air de visage, etc.[2]. Or, pour les paroles, « nous les pensons, même dans le silence ». Mais ce langage intérieur « doit être dépassé; et telle est la condition pour parvenir jusqu'au verbe de l'homme... Il faut donc parvenir à ce verbe humain qui n'est ni susceptible d'être proféré dans un langage, ni susceptible d'être pensé sous forme de langage : car tout langage est une langue déterminée; mais ce verbe est antérieur à tous les signes qui le manifestent, et il est produit par la science qui réside dans l'âme; il est du moins produit lorsque cette science (primitive) est intérieurement saisie selon sa propre nature[3] ». Un peu peu plus bas, il donne le nom de verbe à toute notion que le langage n'a pas encore déterminée; c'est ainsi que, dans la phrase suivante, il appelle verbe la notion de la chose sensible, aussi bien que la notion de l'intelligible pur : « Le verbe est parfaitement semblable à la chose connue qui le produit et dont il est l'image; car, par la vision de la science, se forme la vision de la pensée », entendons : la connaissance confuse se transforme, par un certain effort, en une connaissanc moins confuse : « or, cette vision de la pensée (ou cette connaissance moins

---

1. *De Trinitate*, lib. XV, c. x, n° 19; t. VIII, col. 1071.
2. *Ibid.*
3. *Et gignitur de scientia quæ manet in animo, quando eadem scientia intus dicitur sicuti est* (*Ib.*, c. xi, n° 20; t. VIII, col. 1072).

confuse) est le verbe qui n'appartient à aucune langue[1] ».

Le premier *Traité sur saint Jean* contient quelques phrases remarquables : « Qu'est-ce donc qui réside en vous, lorsque vous pensez une substance vivante, éternelle, toute-puissante, infinie, présente partout et renfermée nulle part? Lorsque vous pensez cela, c'est, en votre cœur, votre verbe au sujet de Dieu. Est-ce que cela pourrait être le son *Deus,* composé de quatre lettres et de deux syllabes[2]? »

VI

Par elle-même, la doctrine de l'innéité telle que saint Augustin l'enseigne, oblige à croire que nos perceptions purement intellectuelles, si multiples qu'elles nous apparaissent, se ramènent pourtant à une seule perception, ou, en d'autres termes, manifestent en bien des manières notre perception primitive très confuse de l'absolu ou de Dieu. Et en effet, selon saint Augustin, l'intelligence perçoit toujours Dieu; mais Dieu n'est pas un intelligible multiple; d'où il suit que l'intelligence humaine, lorsqu'elle a conscience de

---

1. *De Trinitate*, lib. XV, c. xii, n° 22 ; t. VIII, col. 1075 ; cf. c. xiv, n° 24 : « Verbum autem nostrum illud *quod non habet sonum neque cogitationem soni,* sed ejus rei quam videndo intus dicimus, et ideo nullius linguæ est » (col. 1077). — C. xxi, n° 40 ; col. 1088 : « intimum verbum quod nullius linguæ est...... » ; n° 41, col. 1089 : « inest dilectio huic intelligentiæ quæ cogitatione formatur ; *quod verbum verum sine ullius gentis lingua intus dicimus,* quando quod novimus dicimus ».

2. *Tract. in Jo.*, Tract. I, n° 8 ; t. III, col. 1383.

penser plusieurs intelligibles, perçoit réellement, sous diverses déterminations, cet intelligible unique en soi. La conséquence est certaine; mais saint Augustin ne l'a jamais formulée dans les termes qu'on vient de lire. Il a fait autre chose; et on peut dire, il a mieux fait; il a vu directement, et il a enseigné directement l'unité fondamentale de toute notre connaissance spéculative [1].

Parmi les ouvrages antérieurs au traité de *la Trinité*, le second livre de l'*Ordre* est celui qui donne l'enseignement le plus précis. On accordera « par excellence, dit saint Augustin, le nom de savant, au philosophe capable de saisir les théories disséminées parmi tant de sciences, et de les ramener à une simple unité, toute vraie et toute certaine [2]. » En outre, « dans la philosophie, le philosophe ne trouve rien de plus que l'unité, mais une unité bien plus profonde et bien plus divine (que celle des mathématiques) [3]. » Du traité du *Libre Arbitre*, on retiendra le mot : « L'âme jouissant de Dieu, jouit en lui, simultanément, de toutes les vérités [4]. »

Le sixième livre de *la Musique*, la *Quantité de l'âme*, l'*Épître* à saint Jérôme se rapportent propre-

---

1. Voir : 1° [386] *De l'Ordre* (lib. II, c. xvi-xix); — 2° [388] *Quantité de l'âme* (c. xxxv); — 3° [388] *De la Musique* (lib. VI, c. xvi, n° 55); — 4° [388 [ou 389] *Mœurs de l'Eglise* (lib. I, c. xxv); — 5° [388-395] *Libre Arbitre* (lib. II, c. xii, n° 33; c. xiv, n° 38); — 6° [400-416] *Trinité* (lib. VI, c. iv, n° 6, et lib. XV, c. xiv-xvi; c'est de beaucoup le passage le plus important, et c'est le seul qui soit complet); — 7° [415] *Ep. CLXVII*, à saint Jérôme; cf. *Ep. CXXXVII*, à Volusien [412], n° 7.

2. C. xvi, n° 44; t. I, col. 1015.
3. C. xviii, n° 47; t. I, col. 1017.
4. Lib. II, c. xiii, n° 36; t. I, col. 1260.

ment à l'unité de toutes les vertus [1]; mais si les vertus se réduisent à l'unité, c'est donc que plusieurs actions de l'âme sont une même action diversement accomplie, et que plusieurs pensées sont les diverses formes d'une même pensée. Enfin, l'unité des attributs de Dieu est pour nous la preuve que, si nous pensons l'éternité de Dieu, nous pensons aussi, quoique d'une manière moins vive, son immutabilité, sa puissance, etc.

Dans l'*Enchiridion*, il est dit que nier quelque chose de ce qui se rapporte au Christ, équivaut à nier totalement la personne du Christ [2]. Saint Augustin, en ce moment, ne pensait pas à l'unité des diverses notions spéculatives, et il affirmait naturellement cette unité. Il l'avait mieux affirmée dans cette phrase de *la Quantité de l'âme :* « Il y a des manières infinies pour désigner un sujet et pour le diviser; chacune d'elles est très juste et très subtile; mais parmi cette abondance, chacun adopte la manière qui lui paraît la plus commode [3]. » Là encore, il apercevait, sans peut-être y penser expressément, qu'une doctrine est, en soi, un total indivisible; pourtant, le travail d'exposition morcelle la doctrine, et comme, en fait, la doctrine reste toujours une, la division est donc un moyen indispensable, à la fois, et ar-

---

1. Plus bas, livre II, chap. IV, paragr. x.
2. C. v, n° 1; t. VI, col. 233.
3. C. xxxv, n° 79 *in fine ;* t. I, col. 1079. — Malebranche disait de même : « *Je ne prétends point m'obliger à rien lorsque je me fais un ordre. Je me fais un ordre pour me conduire* » (*Recherche de la vérité,* liv. IV, vers la fin). Voir encore ce qu'il dit des règles de sa méthode, lesquelles « *dépendent toutes les unes des autres* » (liv. VI, II° partie, chap. I, vers la fin).

tificiel, auquel on recourt pour se faire entendre.

Rien de cela n'approche de l'enseignement formel exposé au quinzième livre de *la Trinité*. Saint Augustin observe [1] que, dès le commencement de notre existence, nous avons, d'une manière très confuse, la science spéculative universelle. Nous arrivons ensuite, au cours de notre vie, à percevoir avec quelque clarté, selon la force de notre réflexion, une partie de notre connaissance primitive : c'est là notre verbe, qui, comme tel, n'appartient à aucune langue », et qui « naît de notre science, de même que le Verbe divin naît de la science du Père [2] ».

Mais puisque notre *verbe* sort de notre *science*, il est donc plus récent que notre *science*. Pourtant, au lieu de considérer notre verbe dans sa réalisation ou dans son être actuel, si on le considère dans sa pure possibilité, on pourra dire qu'il est aussi ancien et aussi constant que notre science : « La possibilité de la pensée réfléchie est, en nous, un verbe aussi perpétuel que notre science elle-même. » Saint Augustin ajoute cette explication fondamentale : « Quel est ce quelque chose qui pourra être verbe, et qui, pour cela, mérite déjà le nom de verbe ? Quel est-il, dis-je, ce quelque chose de déterminable non encore déterminé [3] ? Quel est-il, sinon quelque chose de notre âme, quelque chose à quoi nous imprimons mille mouvements, selon que la réflexion ou qu'une vue inopinée nous fait penser tantôt à ceci, tan-

---

[1]. Notamment depuis c. x.
[2]. *De Trinitate*, lib. XV, c. xiv, n° 21; t. VIII, col. 1078.
[3]. *Hoc formabile nondumque formatum.*

tôt à cela? Or il y a un verbe vrai, lorsque ce quelque chose dont je disais que nous lui imprimons mille mouvements, parvient à l'état de perception claire[1], possède ainsi sa détermination et représente la notion perçue; alors il arrive que, conformément à notre perception, la pensée existe, mais pensée sans langage et sans conception intérieure de langage; car pareille conception appartient à une langue déterminée[2]. »

Le passage ainsi traduit a, dans l'original, un tour assez subtil; on pourra, si l'on serre le texte de très près, éprouver quelque difficulté à traduire; mais le sens réel apparaît très clairement. Car enfin, dans ce passage, saint Augustin mentionne, peu importe en quels termes, une détermination de notre connaissance primitive très confuse; or, selon lui, cette connaissance, comme telle, a pour objet Dieu lui-même; elle est un total, obscur pour nous, dont nous éclaircissons chaque fois une partie.

Voici, d'ailleurs, une particularité plus importante : entre notre verbe et le Verbe de Dieu, la différence consiste en ce que le Verbe de Dieu a toujours son absolue détermination, laquelle est un degré absolu de connaissance claire[3]; mais « notre pensée, au contraire, arrivée à l'état de perception claire, et dès lors devenue déterminée (ou limitée), est notre verbe véritable[4] ». Voilà,

---

1. *Ad id quod scimus pervenit.*
2. *De Trinitate*, lib. XV, c. xv, n° 25; t. VIII, col. 1078, 1079.
3. Lib. XV, c. xv, n° 25 *in fine;* cf. c. xvi. La pensée de Dieu n'est jamais ni confuse, ni incomplète ; c. xiv, n° 23 ; t. VIII, col. 1077, et c. xv, n° 25; col. 1079.
4. C. xvi, n° 25 ; col. 1079.

aujourd'hui, notre condition : nous ne saisissons que par des intellections distinctes et séparées, notre connaissance primitive très confuse. Rien, dans notre condition, ne changera-t-il donc jamais? N'aurons-nous jamais l'intellection unique et complète de toute notre connaissance fondamentale? Il y a pourtant lieu de croire qu'après cette vie, « notre verbe ne sera plus jamais faux, car nous ne mentirons plus, et nous ne nous tromperons plus; peut-être aussi, alors, nos pensées réfléchies ne seront plus muables, allant et revenant d'un objet à un autre, mais nous verrons simultanément, par une seule perception, toute notre science[1] ». Il est donc indiscutable que, selon saint Augustin, nous n'avons pas maintenant la possibilité de voir toute notre science et que chacune de nos intellections particulières saisit quelque chose de cette science actuellement trop confuse. Et enfin, ce qui, après cette vie, sera changé, ce ne sera pas le fond même de notre science, ce seront les conditions selon lesquelles nous arrivons à saisir notre science.

VII

L'acte même de saisir notre science primitive, ou, en d'autres termes, l'acte d'apprendre est l'exercice de notre propre énergie. Dieu seul peut mettre notre énergie en mouvement; les secours humains ne sont là qu'une occasion extérieure : l'enseignement du

---

[1]. *Sed omnem scientiam nostram uno simul conspectu videbimus* (c. XVI, n° 26; col. 1079).

maître n'a pas, par lui-même, la vertu de nous instruire[1]. « Le disciple est instruit par les choses mêmes que la révélation intérieure de Dieu lui rend manifestes[2]. »

Dès 388, dans le traité de *la Musique*, la doctrine de saint Augustin a, sur ce point, toute sa perfection : « Pensez-vous, demande-t-il, que (la notion et le sens de l'harmonie) passent de celui qui interroge à celui qui est interrogé?... De quelle source vient donc à l'âme ce qui est éternel et immuable, sinon de l'unique éternel et immuable qui est Dieu[3]? »

Le livre *Du Maître,* écrit spécialement pour expliquer l'acte d'apprendre, mérite, malgré de trop nombreuses subtilités, une attention spéciale. On en retiendra surtout les sentences suivantes : « Pour tout ce qui est l'objet de notre activité intellectuelle, le maître que nous consultons, ce n'est pas l'homme qui parle au dehors, c'est, intérieurement, la vérité qui préside à l'âme elle-même : les paroles du maître ont pu nous avertir de la consulter[4]. » — « Ce que je

---

1. On étudiera : 1° comme livre essentiel [388] *Du Maître;* — 2° *De la Musique* (lib. VI, c. XII); — 3° [390] *De la vraie Religion* (c. XXXIX et c. XLIX); — 4° [388-395] *Du Libre Arbitre* (lib. II, c. XIV); — 5° [400] *Confessions* (lib. XI, c. VIII); — 6° [400-416] *De la Trinité* (lib. XIV, c. XV); — 7° [416 ou 417] *La Cité de Dieu* (lib. XI, c. II); — 8° [416] *Traités sur saint Jean* (Tract. XX, n° 3; XXVI, n° 7), et *Traités sur la première Épître de saint Jean* (Tract. III, n° 3); — 9° les *Épitres :* CXX [410]. c. II, n° 10; CXXX [412], c. XV; CXL [412], c. XXXVI, n° 85; CXLVII [415], c. XXII, n° 53.
2. *De Magistro,* c. XII, n° 40; t. I, col. 1217.
3. Lib. VI, c. XII, n° 35, 36; t. I, col. 1182 sq.
4. *De Magistro,* c. XI, n° 38; t. I, col. 1216.

dis à un disciple, le disciple le sait par sa propre contemplation, non par mes paroles[1]. » — Enfin, et ceci est la conclusion du livre : « Quiconque peut voir (les choses intellectuelles) est, à l'intérieur, le disciple de la vérité, et au dehors, le juge de celui qui parle, ou plutôt du discours lui-même[2]. »

Les *Confessions*[3] et la *Cité de Dieu*[4] n'ont rien d'aussi fort et d'aussi précis. On lit dans le traité de *la Trinité :* « L'âme, selon que le maître intérieur le lui enseigne, a le sentiment de ne pouvoir être élevée que par le secours de Dieu[5]. » Enfin, à d'autres dates et dans d'autres ouvrages, saint Augustin dit : « La vérité est proche pour tous, éternelle pour tous; elle avertit extérieurement, elle instruit intérieurement[6]. » — « Par elle, je comprends que les choses exprimées dans le discours sont vraies, et par elle aussi, j'ai conscience de le comprendre[7]. » — « Le fait seul d'approuver par un jugement certain l'homme qui nous avertit du dehors, qu'est-il autre chose, sinon l'attestation donnée par nous, d'avoir pour précepteur une lumière intérieure[8]? »

1. C. xii, n° 40; col. 1217; passage à lire, où l'on remarquera cette phrase : « *quod si (auditor) verbis perducitur ejus qui interrogat, non tamen* DOCENTIBUS VERBIS, *sed eo modo inquirentibus quo modo est ille a quo quæritur* INTUS DISCERE *idoneus* ».
2. C. xiii, n° 41; col. 1218. Cf. c. xiv, n° 46; col. 1220.
3. Lib. XI, c. viii, n° 10; t. I, col. 813.
4. Lib. XI, c. ii; t. VII, col. 318.
5. Lib. XIV, c. xv, n° 21; t. VIII, col. 1052.
6. « *Foris admonet, intus docet...* » [388-395] *De Libero Arbitrio*, lib. II, c. xiv; t. I, col. 1262.
7. [390] *De vera Religione*, c. xlix, n° 97; t. III, col. 165.
8. [412] *Ep.*, CXL, Honorato, c. xxxvi, n° 85 *in fine;* col. 577; id.

Toute théorie doctrinale laissée de côté, on ne peut, sur ce point, que s'accorder avec saint Augustin. Car chacun peut constater que le fait d'acquérir, non pas un renseignement sur les choses du dehors[1], mais une notion intellectuelle, exige un travail intérieur et ne s'accomplit que par ce travail intérieur. Saint Augustin avait pour lui le témoignage de la conscience universelle; il avait, de plus, sa théorie de l'innéité.

[113] *Ep.*, CXLVII, c. xxii, n° 53; col. 621. — Cf. [110] *Ep.*, CXX, c. ii, n° 10, col. 457, à la fin du numéro, une phrase à lire.

1. Voir *De Musica*, lib. VI, c. xii, n° 35 et 36, un passage très explicite.

CHAPITRE V

L'ERREUR

En bien des manières, tous les anciens philosophes se sont trompés[1]; chacun d'eux a pourtant certaines

1. Pour les appréciations trop favorables émises dans le traité *Contre les Académiciens* et dans celui de *l'Ordre*, voir : *Rétractations* (lib. I, c. I, n° 4; c. III, n° 2). Voir pour le sujet même : 1° [390] *Vraie Religion* (c. II-IV); — 2° [413-415] les dix premiers livres de la *Cité de Dieu*, notamment lib. VIII, sur les écoles des philosophes, et lib. X, sur Porphyre, Apulée et les Néoplatoniciens; ajouter lib. XII. — 3° [410] *Ep.*, CXVIII, à Dioscore; *Ep.*, CXX, à Consentius; [414] *Ep.*, CLV, à Macédonius. — Remarquer : 1° sur Cicéron, *De Civitate Dei*, lib. IX, c. v, et lib. II, c. xxvii, où Cicéron est appelé *philosophaster; Ep.*, CXVIII, et, à propos de l'HORTENSIUS, *Confess.*, lib. III, c. iv, et [412] *Ep.*, CXXX, à Proba, c. v, n° 10; — 2° les philosophes ont laissé croire qu'ils partageaient les superstitions populaires (Platon et Socrate, *De vera Religione*, c. II, n° 2; — Sénèque, *De Civitate Dei*, lib. VI, c. x; cf. *Contr. Acad.*, lib. III, c. xix, n° 42; *Confess.*, lib. VII, c. xviii, n° 24). — 3° Plotin est le plus excellent interprète de Platon (*De Civitate Dei*, lib. IX, c. x; cf. *Contr. Acad.*, lib. III, c. xviii, n° 41). — 4° Les Académiciens avaient une doctrine très ferme, mais, pour ne pas l'exposer à la profanation des disputes, ils affectaient de douter (*Contr. Acad.*, lib. III, c. xvii, n° 38; c. xviii, n° 40; cf. c. vii, n° 14; *Confess.*, lib. V, c. x, n° 19; c. xiv, n° 25; et [410] *Ep.*, CXVIII, c. III, n° 16 et n° 20; c. v, n° 33). Mais appréciation contraire : les Académiciens ont réellement douté (*De Trinitate*, lib. XIII, c. ix, n° 26; lib. XV, c. xii, n° 21, et *De Civitate Dei*, lib. XIX, c. xviii). — 5° Les jugements sur Platon et les platoniciens (*De vera Religione*), où il est dit, à la fois, qu'avec peu de changement, la doctrine de Platon serait chrétienne (c. iv, n° 7; cf. [410] *Ep.*, CXVIII, c. III, n° 21), et que cette même doc-

vues justes ; et, « à travers bien des siècles, après d'infinies disputes, s'est enfin dégagée une philosophie très véritable [1] ».

I

L'erreur, à toutes les époques, dépend de causes bien nombreuses, parmi lesquelles la principale, et on pourrait dire la seule véritable, est l'orgueil intellectuel. Or, partout où il étudie l'orgueil intellectuel, saint Augustin songe aussi à la preuve du christianisme [2].

trine est un amas de *timides conjectures* (c. IV, n° 6 ; t. III, col. 126). Enfin, les jugements définitifs : « Parmi les philosophes, quelques-uns, selon qu'ils reçurent le secours divin, firent quelques grandes découvertes ; mais selon que l'infirmité humaine les arrêta, ils se trompèrent » (*De Civitate Dei*, lib. II, c. VII ; t. VII, col. 52). — « Plus que personne, les platoniciens se rapprochent de nous » (*Ibid.*, lib. VIII, c. V ; col. 229). — « Si les Platoniciens l'emportent de beaucoup sur les autres philosophes (c'est uniquement parce que, tout éloignés qu'ils soient encore, ils s'approchent pourtant de la vérité plus que ne font les autres » (*Ibid.*, lib. XI, c. V ; col. 321). — « Pour nous, nous ne faisons de Platon ni un dieu, ni un demi-dieu ; nous ne le comparons ni à aucun ange du Dieu souverain, ni à un prophète véridique, ni à un apôtre, ni à un martyr du Christ, ni à un chrétien quel qu'il soit » (*Ibid.*, lib. VIII ; col. 229).

1. *Contr. Acad.*, lib. III, c. XIX, n° 2 ; t. I, col. 956. Cf. *Soliloq.*, lib. I, c. IV, n° 9 ; t. I, col. 874.

2. Pour la preuve elle-même, on consultera : 1° [388 ou 389] *Des Mœurs de l'Église ;* — 2° [391] *De l'Utilité de croire* (c. XIV, n° 32 ; et cf. c. III et IV) ; — 3° [399] *De la foi des choses qui ne se voient pas* (c. III-VIII) ; — 4° [400] *Contre Fauste le Manichéen* (lib. XVI, c. XX et XXI) ; — 5° [416] Les *Traités sur saint Jean* (Tract. XXXV) ; — 6° [427] *La Cité de Dieu* (lib. XXII, c. V-IX). — Plus spécialement, sur l'orgueil intellectuel, voir : 1° [391] *De l'Utilité de croire* (surtout c. XIV-XVI) ; — 2° [391] *Des deux âmes* (c. I-VIII) ; — 3° *Contre Fauste le Manichéen* (lib. XIII, capital) ; — 4° [408] *Ep.*, CII, à Deogratias, vers la fin ; [410] *Ep.*, CXVIII,

Il écrit en 427 : « Jésus-Christ, par le ministère des apôtres, s'empara même de philosophes d'autant plus admirables qu'ils furent plus rares[1]. » Il indique souvent combien la conversion d'un philosophe suppose de difficultés. Il le fait voir surtout d'une manière très sensible, en 391, dans le traité de l'*Utilité de croire*.

La *Cité de Dieu* et le traité *De la Foi des choses qui ne se voient pas* démontrent le christianisme par l'existence même de l'Église, par l'énergie morale des fidèles, par les miracles de Notre-Seigneur et des apôtres, enfin par les prophéties. Toutes ces preuves paraissent dans l'*Utilité de croire*. Or, ce traité, l'un de ceux où saint Augustin procède le plus en philosophe, contient, d'abord, un certain nombre de considérations singulièrement faibles [2]. Mais saint Augustin en sort bientôt. Il a conscience de communiquer avec une intelligence philosophique. Il lui expose donc la preuve par le miracle [3], mais sans insister. Et sans doute il prévoit qu'Honoratus n'en reconnaîtra pas la valeur.

« Je n'ai pas le pouvoir de vous enseigner, dit-il à Honoratus, mais je ne cesse pas de vous avertir : employez toute votre force, tous vos vœux, vos gémis-

---

à Dioscore (c. III, n° 22; c. IV, n° 24); *Ep.*, CXX, à Consentius (n° 1); [112] *Ep.*, CXXXVII, à Volusien; — 5° [115] *Cité de Dieu* (lib. X, notamment depuis c. IX); — 6° [116] *Traités sur saint Jean* (Tract. LIV, n° 1).

1. *De Civitate Dei*, lib. XXII, c. V; t. VII, col. 756.
2. 1° Si on veut connaître le sens des Écritures, il faut s'en rapporter aux interprètes autorisés (c. VI, n° 13). Il est clair que les Manichéens pouvaient rétorquer l'argument, et que, d'ailleurs, toute société religieuse ayant des livres sacrés pourra dire la même chose. — 2° L'autorité du plus grand nombre (c. VII, n° 15; et pour les saints livres, encore, n° 17).
3. C. XIV, n° 32; t. VIII, col. 88.

sements, et, s'il est possible, vos pleurs à supplier Dieu, pour qu'il vous délivre du mal de l'erreur[1]. » Voilà l'état de bonne et humble volonté où il veut amener Honoratus. Il ne se lasse pas d'insister : « Il faut, d'abord, la purification de la vie et des mœurs, c'est ainsi que l'on devient capable de saisir le bon raisonnement[2]. » Notre-Seigneur a voulu enseigner aux hommes la vérité; il leur a donné l'exemple de l'abaissement[3]; son exemple devait les rendre dociles; mais, en même temps, quelque chose d'extérieur devait les ébranler : « Il fallait donc que Notre-Seigneur accomplît des miracles devant leurs yeux; car les insensés se servent de leurs yeux plus facilement que de leur raison[4]. »

Pour leur malheur, les insensés ne résistent que trop; car, parmi eux, les simples ne comprennent pas, et les habiles, en raison même de leur disposition intellectuelle, sont inaccessibles. L'Église, aujourd'hui, peut essayer d'ébranler les uns et les autres, « en partie par les miracles (d'autrefois), en partie par le grand nombre des adhérents; or, que rien de cela ne soit nécessaire pour le sage, qui le nierait ? » Mais, en vérité, « rien ne convient mieux pour les peuples, et, en général, pour les insensés, que ce qui frappe les yeux ». C'est donc la seconde fois que saint Augustin exprime, presque dans les mêmes termes, la nécessité d'un premier ébranlement extérieur. « Les hommes, continue-t-il, qui vi-

---

1. C. xv, n° 33; t. VIII, col. 88.
2. C. xv, n° 33; col. 89. Cf. c. xvi, n° 34; col. 89 sq.; et, ci-dessus, chap. II, paragr. III, au commencement.
3-4. C. xv, n° 33.

vaient au temps de Notre-Seigneur, virent l'eau changée en vin, cinq pains suffisant à rassasier cinq mille hommes, la mer passée à pied sec, les morts ressuscités. » Mais l'œuvre de Notre-Seigneur n'était pas uniquement extérieure ; et « c'est ainsi, que, tantôt dans un fait manifeste, il y avait le bienfait pour le corps, tantôt dans une sollicitation intérieure, le bienfait pour l'âme, et toujours, dans la manifestation de la divinité, le bienfait pour les hommes. C'est ainsi, enfin, que l'autorité divine ébranlait, afin de s'en emparer, les âmes déçues des mortels [1]. »

Cette insistance à montrer la vertu purement extérieure du miracle, est ici fort caractéristique. Saint Augustin, en effet, s'adresse à un philosophe ; or, convaincre un philosophe, c'est susciter en lui une intellection nouvelle, on pourrait presque dire une intelligence nouvelle. Et sans doute, le miracle ébranle ; mais un ébranlement n'est pas toujours une modification de l'intelligence ; il faut, de plus, l'action de Dieu sur l'âme : *quædam (opera Christi) menti occultiore signo consulebant*. Ni les miracles, dit encore saint Augustin, ni la multitude des croyants ne sont des raisons que le sage réclame. Il n'y a, d'ailleurs, en ce langage, rien qui marque quelque mépris du miracle. Saint Augustin suit ici l'exemple de saint Paul qui disait : « Les langues (le don des langues) sont un signe pour les infidèles, non pour les fidèles [2]. » Le sage, en effet, celui qui, comme

---

1. *Sic in se tunc animas errantes mortalium divina commovebat auctoritas* (c. xvi, n° 34 ; t. VIII, col. 89 sq.).
2. I Cor. XIV, 22.

saint Augustin, connaît la vérité et qui l'aime, n'a plus à se rassurer par le souvenir des miracles, ni par la considération du grand nombre des fidèles, *nihil horum est necessarium sapienti*.

A l'exemple de saint Paul encore, il affirme, en 402, que la doctrine chrétienne vaut par elle-même[1], et qu'elle doit servir à vérifier les miracles : « Les miracles[2] accomplis dans l'Église catholique sont dignes d'approbation, précisément parce qu'ils s'accomplissent dans l'Église catholique ; et ce n'est pas l'Église catholique qui est reconnue comme vraie, précisément parce que ces miracles s'accomplissent en elle. Le Seigneur lui-même, lorsque après sa résurrection il s'offrait à la vue de ses disciples et qu'il leur donnait son corps à toucher, voulut les prévenir contre toute crainte d'erreur ; il jugea donc qu'il fallait, avant tout, les rassurer par les témoignages de la Loi et des Prophètes et des Psaumes, et leur montrer qu'en lui s'accomplissait ce qui avait été prédit si longtemps à l'avance[3]. »

Le traité *Des deux âmes,* contemporain de l'*Utilité de croire* [391], mérite, à cause des huit premiers chapitres, une sérieuse attention. Saint Augustin y raconte comment, dès le principe, il aurait pu avoir conscience de se tromper, et, par là, se défaire de son erreur. Cela forme un assez long discours, lequel, séparé de son début et de sa conclusion, ressemblerait, sauf une phrase

---

1. Le mot de saint Paul : *Licet nos, aut angelus de cœlo evangelizet vobis præterquam quod evangelizavimus vobis, anathema sit* (Gal. I, 8).
2. Il s'agit des miracles opérés à Milan sur le tombeau des martyrs.
3. *De Unitate Ecclesiæ,* c. xix, n° 50 ; t. IX, col. 430.

du chapitre iii[1], à un raisonnement de complaisance, gratuitement imaginé et rapporté à une circonstance disparue. Mais, au début, se trouve la phrase : « Si j'avais considéré sobrement et diligemment, avec une *intention suppliante et pieuse*[2]. » Puis, comme conclusion du discours, on lit : « Or, ces réflexions et d'autres semblables, j'aurais pu les adresser (aux Manichéens) ou les méditer en moi-même. J'aurais pu, en effet, à la condition de prier Dieu, comme on dit, du fond des entrailles, et de me tenir, selon mes forces, attentif aux saintes Écritures, j'aurais pu, même alors, peut-être, exprimer de telles réflexions, ou, du moins, les méditer : et cela aurait suffi pour mon salut[3]. »

Le treizième livre de l'ouvrage *contre Fauste le Manichéen* [400], s'il ne dépasse pas le traité de l'*Utilité de croire*, contient des détails nouveaux dont il faut admirer la précision et la force. « Les livres des Hébreux, disait Fauste, seraient-ils vrais, nous sont inutiles avant la foi, mais après la foi, ils nous sont superflus : avant, en effet, nous ne pouvons pas les croire, mais maintenant nous les croyons par surabondance[4]. » Saint Augustin oppose d'abord des réflexions qui rappellent les huit premiers chapitres du traité *Des deux âmes* : un infidèle, en s'y prenant bien, pourrait, il y a lieu de

---

1. *Illic vero hæserent fortasse (Manichæi), ducemque rationem sequi recusarent : tanta est vis veternosarum opinionum, et diu defensæ atque creditæ falsitatis* (n° 3 ; t. VIII, col. 96).
2. C. I, n° 1 ; col. 93.
3. C. VIII, n° 10 *in fine ;* t. VIII, col. 102.
4. Lib. XIII, c. 1 ; t. VIII, col. 282.

le croire, faire beaucoup de remarques utiles [1]. Les réflexions durent jusqu'à la fin du chapitre xiv. Les *peut-être* y reviennent souvent [2], car saint Augustin n'a pas l'habitude d'oublier la réalité et de recourir à des suppositions consolantes. Enfin le chapitre xvi débute par cette phrase : « Ces remarques, et tant d'autres, que, maintenant, nous touchons à peine, pourraient être plus longuement développées. Et lorsqu'un surcroît d'insistance aurait montré toute la force de la preuve, alors ce païen que Fauste nous donne à catéchiser, pourrait, s'il préférait son salut à ses désordres, se mettre en mouvement vers la foi [3]. » Il n'est donc pas simplement question, pour le païen, d'apprécier la valeur d'un raisonnement ; il faut, avant tout, qu'une disposition intérieure change. Saint Augustin va le dire avec encore plus de netteté. Fauste, en effet, mettait saint Augustin au défi de faire reconnaître à un infidèle la force des preuves alléguées dans l'Église. Or, après avoir ainsi indiqué que la disposition intérieure décide toutes choses, Augustin retourne à Fauste son propre défi : « Nous demandons comment Fauste réduira ce païen à croire au Christ... Comment donc, ô hérétique, vous emparerez-vous de cet homme, à moins que vous ne le trouviez déjà soumis, en quelque manière, au nom du Christ [4]? »

---

1. *Credo, moveretur* (c. vii ; col. 285).
2. 1° c. viii, col. 286 sq. : « *turbaretur* FORTASSE... *hic ergo gentilis si turbaretur* ». — 2° ix, col. 287 : « *et* FORTE *iste gentilis... tum forte cognoscat* ». — 3° c. xi, col. 288 : « FORTE *etiam hinc se diceret permoveri* ».
3. T. VIII, col. 291.
4. C. xvii ; t. VIII, col. 293 ; cf. 292.

Jusqu'ici, on a pu voir à l'œuvre l'orgueil intellectuel ; mais le mot propre n'a pas encore été rencontré. Saint Augustin l'avait pourtant écrit dès 390, et il en avait donné cette explication : « Il y a dans le culte des idoles un degré plus funeste et plus bas : c'est le culte des fantômes que l'on a créés ; c'est un culte religieux absolu pour toutes les pensées, que, dans son orgueil et dans sa présomption, une âme déçue a pu imaginer [1]. » Saint Ambroise avait déjà dit que la sagesse des philosophes crée son propre objet ; il avait désigné cette sagesse par un nom très heureux : *artificem sapientiam* [2].

Si Platon revenait au monde, s'il voyait les nations converties et s'il assistait à la vie de l'Église, il n'y a que l'orgueil intellectuel qui pût l'empêcher de devenir chrétien [3].

Il n'y a, de même, qu'un moyen pour arriver au vrai : c'est le détachement de soi, c'est l'humilité : « Voulez-vous saisir la vérité et la rendre vôtre ? ne préparez pas une voie différente de celle qui a été préparée par le Dieu à qui la faiblesse de nos pas est connue. Or, la première voie est l'humilité ; la seconde, l'humilité ; la

---

1. *De vera Religione*, c. 38, n° 69 ; t. III, col. 153.
2. Hexameron, lib. II, c. II, n° 5. — Cf. Hieronymi, *Comment. in Isaiam*, lib. IX ; op. t. IV, col. 317 : « Omnes errores et idola, ac similitudines veritatis, *quæ artifex lingua* composuerat... » — *Comment. in Michæam*, lib. I ; op. t. V, col. 1158 : « quotidie quod colant reperiunt, et idola sibi *artifici manu* et curiosa mente confingunt ». — *Comment. in Amos*, lib. I ; t. V, col. 1008 : « Bibunt vinum, non in domo Dei..., sed in domo Dei sui quem sibi *artifici sermone* finxerunt ». — Cf. *In Isaiam*, lib. XII ; col. 438, éd. Migne.
3. *In superbia et invidia remanentes*, dit-il de Platon et de Socrate, et, en général, des anciens (*De vera Religione*, c. IV, n° 6 ; t. III, col. 126).

troisième, l'humilité : et aussi souvent que vous m'interrogerez, je vous répondrai la même chose [1]. » — « Vous avez assez de talent, dit-il ailleurs à Consentius, pour pouvoir expliquer votre pensée ; mais vous avez assez de droiture et assez d'humilité, pour mériter de penser le vrai[2]. » Et c'est de la connaissance philosophique qu'il s'agit ; c'est aussi à un philosophe que cette parole s'adresse.

Par orgueil intellectuel, il faut donc entendre l'abandon total à soi-même, le sentiment, non certes avoué, ni formulé, mais réel et dominateur, qui, en chaque philosophe, se traduit par une exclusive confiance en soi-même : ainsi, le philosophe pourra bien avoir conscience d'aimer la vérité absolue et de se soumettre ; mais, en fait, il aime uniquement ce qui est la propre création de son énergie intellectuelle, et il se soumet uniquement à ses propres pensées. L'humilité, au contraire, sera le détachement de soi-même, la disposition à plier sous l'autorité divine ; enfin, la conviction vivante de n'avoir pas créé cette énergie intellectuelle que l'on exerce.

Il faut voir, au dixième livre de la *Cité de Dieu*, comment l'orgueil intellectuel rendait invincible l'erreur de Porphyre. Saint Augustin observe que Porphyre vivait

---

1. *Ep. CXVIII*, à Dioscore, n° 22 ; col. 442 ; — cf. *Serm. CCCLI :* « *Humilitas quæ pæne una disciplina christiana est* » (c. III, n° 4 ; t. V, col. 1538-sq.). Cf. *id., Expositio in Epist. ad Galatas*, n° 15 ; t. III, col. 2111. — Bossuet, *Hist. Univ.*, Part. II, chap. 26 : *L'humilité qui fait le fond du christianisme.* — Fénelon, *Lettres sur l'autorité de l'Église*, let. II : *La religion n'est qu'humilité.*

2. *Ep. CXX*, c. I, n° 1 ; col. 452.

à l'époque où sévissait la persécution, et « où Dieu voulait affirmer et consacrer le nombre des martyrs [1] ». Mais quelle impression la constance des martyrs produisait-elle sur Porphyre? L'inclinait-elle vers la foi? « La persécution, au contraire, lui faisait prévoir la ruine prochaine du christianisme; elle l'induisait à croire que le christianisme n'était pas, pour les esprits, la voie universelle de la délivrance; il ne comprenait pas que la persécution dont son âme était émue, et que lui, pour le cas où il serait devenu chrétien, redoutait de subir, contribuait précisément à rendre le christianisme plus ferme et plus digne de croyance [2]. »

Porphyre persiste donc dans son erreur; il n'abandonne pas même la théurgie [3], qui, pourtant, lui inspire quelque honte [4]; il ne veut pas comprendre « que le Seigneur Christ est le principe, et que, par son incarnation, il nous purifie. Porphyre le méprisa à cause de cette chair que le Christ avait prise pour procurer notre perfection, et vraiment, ce qui empêchait Porphyre de comprendre un tel mystère, c'était cet orgueil que le véritable et doux médiateur avait renversé par son humilité [5] ». Saint Augustin dit ensuite, en général, aux Néoplatoniciens : « Afin qu'il vous fût possible d'ac-

---

1. Lib. X, c. xxxii, n° 1; t. VII, col. 313. — Cf. lib. XXII, c. vii, col. 760 : « (fides) pullulatura fecundius cum martyrum sanguine sereretur ». Id., c. v in fine.
2. Lib. X, c. xxxii, n° 1; t. VII, col. 313.
3. C. ix, x; c. ix, n° 1.
4. C. xxiv, col. 301 : « sed subditus Porphyrius invidis potestatibus, de quibus et erubescebat ».
5. Ib., ib.

quiescer à cette vérité (des choses chrétiennes), vous avez besoin d'humilité : ce qui ne peut que très difficilement être persuadé à votre présomption [1]. » Et enfin : « Pourquoi, à cause de vos opinions que mutuellement vous attaquez, refusez-vous de devenir chrétiens, sinon parce que le Christ est venu dans l'humilité et que vous êtes orgueilleux? Le Christ est humble, vous êtes orgueilleux... Or, pour les orgueilleux, ce Dieu, le maître de la vérité, est méprisable [2]. »

Et saint Augustin ne propose nullement à Porphyre de tuer son intelligence, et de se perdre dans une soumission aveugle. Il lui propose d'acquérir une détermination intellectuelle différente, et, en un mot, de se faire une intelligence chrétienne. Car ni les enseignements, ni les exemples du Christ ne rabaissent l'intelligence : « Le Christ accomplit ce que les saints prophètes avaient prédit à son sujet : *Je perdrai la sagesse des sages* (Isaïe, XXIV, 14). Et ce n'est pas sa propre sagesse qu'il perd ou qu'il réprouve en eux : cette sagesse que lui-même a donnée; c'est uniquement celle que les sages s'arrogent eux-mêmes, et qu'ils ne tiennent pas de lui [3]. » Saint Paul, fidèle à l'esprit de Notre-Seigneur, demande : *Où est le sage? Où est le scribe?...* (I Cor. I, 19-25). « Voilà ce que des hommes prétendus sages et forts par eux-mêmes, méprisent comme chose insensée et basse. Mais c'est la grâce qui guérit les infirmes, ceux qui ne vantent pas orgueilleusement leur fausse félicité. [4] »

1-2. C. XXXIX, n° 2; t. VII, col. 308 sq.

3-4. « *Quam sibi arrogant qui non habent ipsius* ». Voir, ci-dessus, p. 86, le mot *De la vraie Religion* (c. XXXVIII).

Cinq ans, à peu près, avant de proclamer que le Christ *ne perd ni ne réprouve la véritable sagesse*, saint Augustin dans son épître au philosophe Consentius écrivait les paroles remarquables et bien connues qu'il faut ici rapporter : « Loin de nous la pensée que Dieu déteste en nous ce en quoi il nous a créés supérieurs aux autres animaux : loin de nous une adhésion de pure foi, qui nous dispenserait de recevoir ou de chercher la raison[1]. » Il adresse bientôt à Consentius d'autres réflexions encore plus fortes : « Ce n'est pas, lui dit-il, un motif suffisant pour éviter toute sagesse (c'est-à-dire tout travail de pure spéculation), que l'existence d'une sagesse fausse, selon laquelle le Christ crucifié est une folie... Or, parmi les philosophes et les orateurs engagés non dans la voie véritable, mais dans une voie de pures apparences, et, dans cette voie, trompant eux-mêmes et les autres, il en est à qui il a pu être persuadé (que la folie des choses de Dieu l'emporte sur la sagesse des hommes) ; il en est aussi à qui cela n'a pas pu être persuadé... Mais ceux qui, par la grâce de Dieu, ont pu comprendre que la voie chrétienne est la voie droite, ceux-là ont bien été quelquefois encore appelés philosophes ou orateurs ; mais, dans une piété humble, ils ont confessé que les apôtres[2] les avaient précédés avec un mérite plus relevé, leur donnant l'exemple d'une inébranlable fermeté dans la croyance, et d'une merveilleuse force à comprendre la vérité[3]. » Et ici il est

---

1. [410] *Ep. CXX*, c. 1, n° 3 ; col. 453.
2. *Piscatores.*
3. C. 1, n° 6 ; col. 455.

essentiel de se rappeler que Consentius, trop timide devant la spéculation philosophique, voudrait identifier chez tous la conviction chrétienne avec la pure foi, la pure soumission; or, chez les philosophes, saint Augustin enseigne qu'il la faut identifier avec l'intelligence chrétienne.

Mais quand on ne possède pas l'intelligence chrétienne, on ne doit pas compter de pouvoir résoudre froidement, l'une après l'autre, les innombrables difficultés par lesquelles on se sent arrêté : « Il y a d'innombrables questions dont on ne peut pas venir à bout avant de croire, car on ne vivrait pas assez pour acquérir la foi[1]. » Seule, une raison chrétienne apprécie justement un nombre infini de détails. Mais quelques points essentiels qui dominent tout, seront peut-être utilement considérés par une raison que le christianisme n'a pas encore façonnée[2].

Selon la conviction doctrinale, en effet, on juge très différemment les mêmes questions. Or, à son tour, la conviction doctrinale fait corps avec une disposition intérieure; et enfin, la disposition intérieure doit exclure l'orgueil intellectuel. C'est pour cela que saint Augustin insiste sur le rôle de l'autorité. Seulement, il ne faut pas tout confondre. Car enfin, il y a une autorité qui n'est autre que la formation première et que chacun à

---

1. « *Sunt enim innumerabiles (quæstiones) quæ non sunt finiendæ ante fidem, ne finiatur vita sine fide.* » [408 ou 409] *Ep. CII*, à Deogratias, n° 38; col. 386.

2. *Concedendum etiam* FORTASSIS *quod de Christo quæsivit (paganus ille), cur tanto post venerit,* VEL SI QUÆ SUNT ALIÆ PAUCÆ ET MAGNÆ QUÆSTIONES, *quibus cætera inserviunt* » (*Ib., ib.*)

son tour est obligé de subir [1]. Il y a une autre autorité qui est, pour chaque philosophe, l'adhésion exclusive à la propre doctrine, et aussi la volonté toujours dominante de soumettre tout le monde à cette même doctrine. C'est cette sorte d'autorité que les Manichéens, tout en ne parlant que de liberté et de raison, ne cessaient pas d'exercer [2]. Saint Augustin veut que l'on reconnaisse au christianisme le droit d'être pour toute intelligence ce que chaque philosophie est pour ses adhérents ; et, comme l'intelligence est naturellement faible, Notre-Seigneur a dû établir une autorité dont l'action conduirait peu à peu l'intelligence à une détermination chrétienne. C'est l'enseignement donné en 391 dans l'*Utilité de croire* [3], et en 410 dans l'Épître à Consentius, où on rencontre ces quelques phrases citées partout : « Il faut que, d'abord, la foi purifie le cœur, qu'elle le rende capable de percevoir et de supporter la lumière de la grande raison ; or, cela même est établi sur la raison. Aussi le prophète a-t-il bien fait de dire : *Si vous ne croyez pas, vous ne comprendrez pas* [4]... Donc, que la foi doive précéder la raison, c'est là une chose fondée en raison [5]. »

1. *De Ordine*, lib. II, c. ıx ; t. I, n° 26 ; ci-dessus, chap. II, par. ıı, p. 21.
2. *De Utilitate credendi :* 1° c. ı, n° 2 ; t. III, col. 66 : « *Fidem nobis* ANTE RATIONEM (*a catholicis*) *imperari dicerent, se autem nullum premere ad fidem, nisi prius discussa et enodata veritate* ». — 2° c. vı, n° 13 ; col. 75 : « *apud quos falsa pollicitatione rationis, inaudita millia fabularum credere et colere cogeremur* ». Id., c. ı, n° 2 *in fine ;* col. 67 ; — cf. c. xıv, n° 31 ; col. 87 ; — *De duabus animabus,* c. xv, n° 24 ; t. III, col. 111.
3. Surtout c. xvı et c. x, n° 24 ; col. 82.
4. Isaïe, VII, 9, selon les Septante. Le mot est célèbre chez tous les anciens Pères.
5. C. ı, n° 3 ; col. 453. — Dans la même *Épître*, mais au sujet de la connaissance des mystères, il y a le mot : *habet fides oculos suos* (c. ıı, n° 8) ;

Rien, en général, n'est plus vrai. Mais il faut discerner la véritable foi. Or, les hommes qui voyaient les miracles de Notre-Seigneur et qui entendaient ses discours, n'étaient pas unanimes à croire. Et, parmi eux, plusieurs « ne pouvaient pas croire ; car, par un jugement secret, mais non par un jugement injuste de Dieu, ils avaient été aveuglés et endurcis, abandonnés qu'ils étaient de celui qui résiste aux superbes, et qui donne sa grâce aux humbles (Jacob. IV, 6)[1] ». De même, chaque jour, l'attachement à l'erreur fait que l'on ne voit pas les raisons de s'en déprendre, et que l'on pervertit l'usage de principes tels que celui-ci : « Nous ne devons pas (à cause de difficultés insolubles), laisser échapper de nos mains des choses toutes certaines[2]. » Saint Augustin disait, et il sera toujours bon de méditer une telle parole : « Pourquoi celui-ci croit-il, et celui-là ne croit-il pas ? Ils ont pourtant, l'un et l'autre, entendu la même parole, et si un miracle s'est accompli en leur présence, ils ont vu le même fait : c'est ici la profondeur des richesses de la sagesse et de la science de Dieu, dont les jugements sont inscrutables (Rom. XI, 33)[3]. »

col. 456) ; ce qui ne signifie pas du tout que la foi nous fait comprendre les mystères ; voir c. III, n° 17, col. 460. Les *yeux* de la foi sont aussi mentionnés dans *Enarrationes, in Psal. CXLV*, n° 19 ; t. IV, col. 1897.

1. *Tract. in Jo.*, Tract. LIV, n° 1 ; t. III, col. 1780 ; — cf. Tract. LIII, n° 6 et 10 ; col. 1777, sq. ; Tract. XLVIII, n° 3, 4 ; col. 1741 sq.

2. *De Musica*, lib. VI, c. v, n° 8 ; t. I, col. 1168. Bossuet : *Les deux bouts de la chaîne...* (*Libre Arbitre*, c. IV, vers la fin ; Œuvr. compl. (Lachat), t. XXII, p. 451). — 1° Pour le mauvais usage de ce principe : attitude de saint Augustin avant sa conversion, *Confess.*, lib. V, c. x, n° 20 ; t. I, col. 715. — 2° Pour le bon usage : exhortation et reproche aux Manichéens, *De duabus animabus*, c. XIV, n° 23 ; t. VIII, col. 110.

3. [118] *Ep. CXCIV*, n° 10 ; col. 878, à Sixte, celui qui, plus tard, fut pape.

S'il n'y avait à combattre que la simple incapacité et la simple inattention, il serait toujours possible de les vaincre[1]. Mais l'orgueil intellectuel offre une tout autre résistance. On ne peut avoir raison de lui qu'en prenant pour règle, au sens même où saint Augustin les prononce, les paroles suivantes : « Quelle âme, enfin, avide d'éternité, et touchée par la brièveté de la vie présente, lutterait contre l'éclat et contre la sublimité de l'autorité divine[2] ? » Cette belle sentence adressée à Volusien, un philosophe, est merveilleusement complétée par celle-ci, qui s'adresse également à un philosophe, Consentius : « Aimez beaucoup de comprendre[3]. »

II

Pour exercer réellement une activité intellectuelle, il faut, au même degré, se défendre contre l'imagination et avoir le sens du mystère.

Longtemps, l'intempérance de l'imagination avait rendu inutile, chez saint Augustin, l'effort pour comprendre[4]. Il pouvait d'autant mieux déplorer la grossièreté des représentations auxquelles s'arrêtaient les Mani-

---

1. *Studiis facilius et laboribus, quam inertia desidiaque avertaris* (*De Quantitate animæ*, c. xxxi, n° 63; t. I, col. 1070. Passage à lire).
2. *Ep. CXXXVII*, c. iv, n° 16; col. 524; cf. n° 15, et n° 18 *in fine*. — Sentence analogue, vers 390, *De diversis Quæstionibus LXXXIII*, Quæst. XXXV, n° 2; t. VI, col. 24.
3. *Intellectum valde ama* (*Ep. CXX*, c. iii, n° 13; col. 459).
4. Ci-dessus, chap. II, par. I.

chéens[1]; et plus tard il disait : « Si nous transformons tout en représentations corporelles, nous ne pouvons plus convenablement réfléchir même sur l'origine de notre perception sensible[2]. » C'est l'imagination qui contraint certains hommes à concevoir l'âme comme corporelle : « Car, si on les invite à penser sans représentation corporelle, ils s'imaginent que là il n'y a rien[3]. » L'imagination trouble « cette clarté sereine qui, du premier coup, brille lorsqu'on dit, vérité[4] ». — « Les perceptions sensibles nous sont beaucoup plus familières que l'intellection ; voilà pourquoi nous les jugeons plus certaines[5]. »

Le sentiment du mystère n'est pas moins essentiel : « Voyez quel grand progrès il y aurait eu pour vous à savoir ignorer ce que pourtant vous ignorez, et combien vous gagnerez maintenant à pratiquer l'ignorance..... Comprenez combien vous ne comprenez pas ; car, sans cela, vous ne comprendrez rien[6]. » — « Ce

---

1. Par exemple, *De Genesi contra Manichæos*, lib. I, c. II, n° 3; c. IV, n 7; c. VI, n° 10; c. VIII, n° 13; c. XVI, n° 26; c. XXII, n° 27; c. XXIX, n° 23.

2. [413] *Ep. CXLVII*, c. XXVI, n° 53; col. 621. — Cf. n° 3, et c. I, n° 5. — *Ep. CXX* est, sur ce sujet, très importante.

3. *De Trinitate*, lib. X, c. VII, n° 10; t. VIII, col. 979.

4. *Ib.*, lib. VIII, c. II, n° 3; t. VIII, col. 949.

5. *De duabus animabus*, c. VIII, n° 6; t. VIII, col. 98; cf. sur la grossièreté de Démocrite, [410] *Ep. CXVIII*, c. IV, n° 29; col. 416; et sur la joie et la clarté de l'intellection, [386] *Ep. IV*, n° 2; passage capital. — La certitude profonde de l'intellection et le néant de l'imagination : *De Genesi ad litteram*, lib. XII, c. XXXVI, n° 69; t. III, col. 481.

6. *Intellige quid non intelligas, ne totum non intelligas* (*De anima et ejus origine*, Vincentio Victori, lib. IV, c. XI, n° 15; t. X, col. 924. — Cf. *Ep. CXCIX*, n° 52; col. 924).

n'est pas vision méprisable, que de voir combien l'on ignore[1]. »

Il est plus facile, d'ailleurs, de prononcer hardiment que de voir juste et de s'arrêter[2]. « La circonspection est chose pleine de sollicitude; elle vaut mieux cependant que l'affirmation téméraire. » C'est à Paulin qu'il parle ainsi; et il laisse entendre qu'il n'a pas toujours contenté tout le monde et qu'il n'a pas réussi non plus à éviter toujours le blâme; il avait conscience, en effet, de se trouver devant le mystère, et il le disait simplement; il ne s'arrêtait à aucune de ces solutions illusoires qui charment, et qui affaiblissent : « N'est-il pas vrai que, sur bien des points, dès que l'on n'a plus cette sagesse charnelle, véritable mort, selon le mot de l'Apôtre, on est un grand scandale pour les hommes sages selon la chair? (Rom. VIII, 5, 6.) Car alors, dire ce que l'on pense est fort dangereux; ne pas le dire est fort difficile; dire le contraire est un grand mal[3]. »

Au premier chapitre de *la Trinité*, il est plus explicite : « Lorsqu'on dit à quelques-uns qu'il n'est pas possible (d'élucider jusqu'au bout comment la création s'accorde avec l'immutabilité divine), ils s'irritent, ils croient qu'on les insulte; et, le plus souvent, un pareil langage signifie pour eux, que l'on n'a rien à dire; ils aiment mieux l'interpréter de la sorte que d'avouer leur impuissance à le comprendre. Parfois aussi, nous leur produisons une raison; mais ce n'est pas celle que,

---

1. *Ep. CXLVII*, n° 3; col. 597.
2. *Ep. CCII bis*, n° 18; col. 937.
3. *Ep. XCV*, Paulino, n° 4; col. 353 sq.

dans leurs recherches sur Dieu, ils désirent; or, la raison qu'ils désirent, ils ne peuvent pas la saisir; et pour nous, il nous est impossible, ou bien de la comprendre, ou bien de l'exprimer; enfin nous leur montrons combien ils sont hors d'état de percevoir ce qu'ils exigent. Et comme ce n'est pas là ce qu'ils désirent d'entendre, ils s'imaginent que nous employons une ruse pour cacher notre ignorance, ou que nous leur envions l'habileté; aussi, s'en vont-ils indignés et remplis de trouble[1]. »

Ce langage est naturel à saint Augustin; il n'implique, d'ailleurs, à l'égard de la raison, ni défiance, ni mépris. Notre raison rencontre partout le mystère. On verra, par l'exposé de la doctrine, combien saint Augustin est convaincu de ce fait, et avec quelle insistance il le rappelle.

1. *De Trinitate,* lib. I, c. 1, n° 3; t. VIII, col. 821.

LIVRE DEUXIÈME

DIEU

CHAPITRE PREMIER

EXISTENCE DE DIEU

Selon saint Augustin, l'intelligence humaine pense toujours Dieu; mais, en cela, elle accomplit une action que, pendant longtemps, elle ne connaît pas; elle fait enfin effort pour transformer sa pensée primitive très confuse, en une pensée convenablement claire : c'est dans cet effort que consiste la preuve de l'existence de Dieu[1].

Cette conception de la preuve apparaît nettement, d'abord, au livre des *Quatre-vingt-trois Questions :* « Quiconque comprend Dieu, lui est uni. Car tout ce qui est compris est vrai; mais tout ce qui est cru, ne l'est pas. Or, tout ce qui est vrai, et qui, d'ailleurs, ne se trouve en rapport ni avec les sens, ni avec l'intelligence, peut être cru, mais il ne peut être ni senti, ni compris. Donc,

---

1. Sur ce sujet, on consultera surtout: 1° [388-395] *Livre des Quatre-vingt-trois Questions* (Quæst. LIV); — 2° [390] *De la vraie Religion* (c. xxx, xxxi); — 3° [388-395] *Du Libre Arbitre* (lib. II, depuis c. II).

ce qui comprend Dieu est uni avec Dieu. Or, l'âme raisonnable comprend Dieu. Elle comprend, en effet, l'immuable, soustrait à tout changement. Mais le corps subit du changement dans le temps et dans l'espace ; et l'âme raisonnable elle-même, qui tantôt est sage, tantôt insensée, subit aussi du changement. En outre, l'immuable est certainement supérieur à ce qui n'est pas immuable ; et d'un autre côté, rien n'est supérieur à l'âme raisonnable, sinon Dieu. Donc, lorsque l'âme comprend l'immuable, c'est Dieu, sans aucun doute, qu'elle comprend. Or, Dieu c'est la vérité substantielle ; et puisque, en comprenant la vérité, l'âme est unie à la vérité, et qu'en cela consiste le bien de l'âme, il s'ensuit qu'on doit entendre en ce sens le mot, *Pour moi, adhérer à Dieu, c'est mon bien*[1] (Ps. LXXII, 28).

Quiconque comprend Dieu, lui est uni. Car tout ce qui est compris est vrai. Bien que ces deux courtes propositions forment une suite peu régulière, le sens ne présente aucune difficulté. Car enfin, saint Augustin pose comme un fait primitif, notre connaissance de l'immuable[2] : et ce n'est ni l'expérience du monde extérieur, ni l'intuition de conscience qui dévoile à l'âme l'immuable ; au contraire, tout en elle-même et autour d'elle subit le changement ; ainsi, comprendre l'immuable ne peut pas être pour l'âme autre chose que comprendre Dieu[3]. Saint Augustin, dans cette preuve de l'existence

---

1. T. VI, col. 38.
2. « Intelligit (anima) quod semper ejusmodi est. »
3. « Cum igitur intelligit (anima) aliquid quod semper eodem modo sese habet ipsum (Deum) sine dubio intelligit. »

de Dieu, se contente donc de montrer que l'intelligence perçoit d'abord Dieu, plus confusément, sous la notion de simple immuable, et qu'elle voit ensuite comment la notion d'immuable est identique avec la notion de Dieu. Or, si l'âme agit de la sorte, c'est que, primitivement, elle comprend Dieu [1].

La preuve de saint Anselme [2] n'a pas un autre sens; mais elle n'est pas aussi bien formulée; et, de plus, elle ne suppose pas, comme dans saint Augustin, une étude approfondie des conditions selon lesquelles existe et se développe notre connaissance intellectuelle. Tout, pour saint Augustin, se ramène à ce point fondamental : l'intelligence humaine a primitivement une connaissance de Dieu, totale et très confuse [3]. Or, en même temps que l'étude attentive de notre intelligence vérifie ce fait, elle vérifie aussi que, dans l'ordre spéculatif, toute preuve est la perception moins obscure ou plus claire de la conclusion déjà confusément connue; et, pour ne pas sortir du sujet, elle vérifie que, prouver l'existence de Dieu, c'est percevoir avec quelque clarté ce que l'on savait déjà, mais trop confusément.

Tout ce détail se voit clairement dans le traité de la *Vraie Religion,* depuis la fin du chapitre xxx jusqu'à la fin du chapitre xxxii. Saint Augustin observe d'abord que l'âme humaine, toute changeante qu'elle puisse être, a l'intellection de l'immuable; il ajoute « qu'il existe

---

1. « Deo junctum est quod intelligit Deum. Intelligit autem rationalis anima Deum. Nam intelligit quod semper ejusmodi est. »
2. *Proslogion,* c. ii.
3. Voir liv. I, c. iv.

donc au-dessus de notre âme une loi (absolue) qui se nomme la vérité. « Dès lors, n'en doutons plus, cette essence immuable, supérieure à l'âme raisonnable, c'est Dieu [1]. » Fénelon, traduisant presque ce passage, a écrit : « Où est cette raison parfaite qui est si près de moi et si différente de moi?..... Où est cette raison supérieure ? N'est-elle pas le Dieu que je cherche [2]? » La suite, dans saint Augustin, développe cette même considération; les deux chapitres XXXI et XXXII répètent que notre notion du vrai, du beau, de l'unité nous représente diversement notre connaissance de Dieu. Et ce ne sont pas les perfections extérieures créées, qui, perçues par nous et s'ajoutant les unes aux autres dans notre esprit, y forment une certaine notion de perfection absolue. Bien au contraire, nous jugeons les perfections extérieures, et nous les jugeons parce que déjà nous avons une connaissance fondamentale confuse de la perfection absolue. L'univers, sans doute, nous révèle Dieu; c'est dire que l'univers est pour nous l'occasion de nous rendre compte combien déjà nous connaissions Dieu. Les perfections créées nous charment, et en même temps, elles sont incapables de nous satisfaire; nous les sentons trop inférieures, et nous percevons ainsi avec plus de clarté la perfection absolue qui était présente à notre âme et que, jusqu'alors, nous n'avions pas su apercevoir.

Tel est le raisonnement exposé dans les deux chapitres de la *Vraie Religion* [3]. On ne trouvera, d'ailleurs,

---

1. *De vera Religione*, c. XXX, n° 56; c. XXXI, n° 57; t. III, col. 147.
2. *Existence de Dieu*, Ire part., c. II, n° 60 *in fine*.
3. « Possum enim dicere quare similia sibi ex utraque parte respondere

rien de plus au traité du *Libre Arbitre*. Mais, sur la question précise de l'existence de Dieu, le second livre de ce traité a une importance particulière ; car, dans les œuvres de saint Augustin, il est, avec le fragment déjà cité de la Question LIV, le seul endroit où la preuve de l'existence de Dieu soit expressément abordée pour elle-même, et développée pour elle-même. Voici comment la question s'y présente.

Le traité du *Libre Arbitre* a pour objet de démontrer que notre liberté, bien que faillible et cause du péché, peut et doit avoir néanmoins pour auteur un Dieu bon, et qu'elle ne témoigne nullement, comme le prétendaient les Manichéens, sur l'existence nécessaire d'un absolu mauvais, ou d'un principe du mal [1]. Or, Evodius croit bien, sans hésiter, à l'existence de Dieu ; mais il voudrait que sa foi se transformât en connaissance intellectuelle [2]. Saint Augustin, pour satisfaire le désir d'Evodius, va donc chercher à rendre intelligible l'existence de Dieu [3].

---

membra cujusque corporis debeant ; *quia summa æquitate delector, quam non oculis corporis, sed mentis contueor :* quapropter tanto meliora esse judico quæ oculis cerno, quanto *pro sua natura viciniora sunt iis quæ animo intelligo* » (c. xxxi, n° 37 ; t. III, col. 147). — « Unde illam nosti unitatem, secundum quam judicas corpora, quam nisi videres, judicare non posses quod eam non impleant ?... Non ergo ista continetur loco : et cum adest ubicumque judicanti, nusquam est per spatia locorum, et per potentiam nusquam non est » (c. xxxii, n° 60 ; t. III, col. 149).

1. Lib. II, c. ii, n° 4 *in fine* ; t. I.
2. Lib. II, c. ii, n° 5 et 6.
3. « Nisi enim aliud esset credere, et aliud intelligere, et primo credendum esset, quod magnum et divinum intelligere cuperemus, frustra Propheta dixisset, *Nisi credideritis, non intelligetis* » (Isaïe, VII, 9, juxta LXX)...... « Quapropter Domini præceptis obtemperantes quæramus instanter. Quod enim hortante ipso quærimus, eodem ipso demonstrante inveniemus

Voici la preuve qu'il développe : Nous possédons la connaissance invincible de notre existence et de notre pensée[1]; nous constatons que notre pensée spéculative a pour objet l'absolu[2]; donc, nous comprenons que l'absolu existe, et nous ne pouvons pas ne pas comprendre qu'il existe; mais l'absolu, c'est Dieu lui-même; donc, nous comprenons que Dieu existe; et si, actuellement, nous le comprenons, c'est que notre intelligence ayant toujours confusément pensé Dieu, elle arrive enfin à quelque conscience de sa pensée[3].

L'exposé de la preuve, auquel se mêlent des considérations curieuses sur la connaissance sensible[4] et sur la connaissance intellectuelle, est intéressant à suivre : Nous avons la certitude de penser et d'être[5]; nous possédons une force de comprendre et de juger, par laquelle nous sommes supérieurs au reste de notre univers[6]. « Mais quoi, si nous réussissons à trouver quelque chose dont vous ne puissiez mettre en doute ni l'existence, ni même la supériorité sur notre âme? Douterez-vous que cela, quel qu'il soit, doive être appelé Dieu?... (Or, si l'âme) perçoit par elle-même (sans l'intervention des sens) quelque chose d'éternel et d'immuable, il faut à la fois qu'elle se reconnaisse inférieure (à l'é-

---

quantum in hac vita, et a nobis talibus inveniri queunt » (lib. II, c. II, n° 6; t. I, col. 1243).

1. C. VIII, n° 20.
2. C. VIII, n° 21, 24, 22, 26; c. IX.
3. C. X; c. XII, et la fin de c. XIV.
4. C. III, IV, V.
5. *Si non esses, falli omnino non posses* (c. III, n° 7; t. I, col. 1213).
6. Lib. II, c. VI, n° 13; t. III, col. 1248.

ternel et à l'immuable) et qu'elle avoue que c'est bien là son Dieu[1]. » Il s'agit donc de constater que nous percevons l'éternel et l'immuable ; or, notre âme, substance individuelle, perçoit, au delà de sa propre individualité bornée, l'immuable infini. C'est à cette occasion que saint Augustin écrit les chapitres si importants sur notre conception individuelle ou notre intellection individuelle de l'absolu (c. vii-x). Son dessein principal, en les écrivant, était de bien faire constater que notre connaissance proprement spéculative atteint, en diverses manières, l'absolu. Et voici ce qui, au cours de ces quatre chapitres, puis dans le reste du livre, amène plus directement la conclusion sur l'existence de Dieu : « Avant d'être heureux, nous portons, imprimée dans nos âmes, la notion de bonheur... En outre, avant d'être sages, nous portons de même, imprimée dans notre âme, la notion de sagesse[2]. » Mais la sagesse est identique avec la vérité absolue[3]. Et cette vérité absolue, l'âme la contemple, elle la comprend comme règle suprême[4] ; elle la reconnaît comme le but de toutes ses aspirations[5] ; elle la retrouve dans chacune

---

1. C. vi, n° 14 ; t. III, col. 1248.
2. Lib. II, c. ix, n° 26 ; t. I, col. 1254 sq.
3. Num aliam putas esse sapientiam nisi veritatem, in qua cernitur et tenetur summun bonum (c. ix, n° 26 ; col. 1254. — Cf. c. xii, n° 33 ; col. 1259.)
4. Judicamus hæc (inferiora de corporibus et de animis) secundum illas interiores regulas veritatis : de ipsis vero nullo modo judicamus (c. : ii, n° 34 ; col. 1259).
5. Multi beatam vitam in cantu vocum et nervorum et tibiarum sibi constituunt..... et nos cum mentibus nostris sine ullo strepitu, ut ita dicam, canorum et facundum quoddam silentium veritatis illabitur, aliam

de ses perceptions intellectuelles[1] : Tout amour du bien et du bonheur, et tout sentiment du beau sont aussi pour l'âme une occasion de se voir en rapport avec Dieu : « En quelque endroit que vous vous tourniez, vous rencontrez les vestiges imprimés par Dieu sur son ouvrage. C'est par eux que Dieu vous parle, et si vous inclinez vers l'extérieur, Dieu fait servir les formes mêmes des choses extérieures pour vous ramener à l'intérieur. Ainsi, vous comprenez que l'approbation ou la désapprobation décernée par vous aux choses perçues par les sens, suppose d'abord en vous la présence des lois de la beauté, auxquelles vous rapportez toute beauté perçue extérieurement par vous[2]. » — « Regardez le ciel, la terre, la mer », les statues, les œuvres d'art, les mouvements étudiés, la danse; allez jusqu'à l'âme de l'artiste; puis, « dépassez l'âme de l'artiste et parvenez à voir le nombre éternel (l'harmonie en soi); c'est alors que de la demeure intérieure et du sanctuaire même de la vérité, pour vous, l'éclat de la sagesse jaillira [3] ».

La pensée exprimée dans ces deux passages du *Libre Arbitre* reviendra souvent dans les *Confessions*[4]. C'est

---

beatam vitam quærimus, et tam certa et præsente non fruimur?... (c. XIII, n° 35; col. 1260; cf. n° 36).

1. C. XIII, n° 36; col. 1260.
2. C. XVI, n° 41; col. 1263.
3. C. XVI, n° 42; col. 1264. — Cf. : 1° *De vera Religione*, c. XI, n° 21; t. III, col. 131-132, passage qui mérite d'être lu; — 2° *De Civitate Dei*, lib. XI, c. IV, n° 2, vers le commencement.
4. Notamment lib. X, c. VI, n° 9 : « Interrogavi terram....; interrogavi mare et abyssos, etc., etc...... » C'est au n° 10 que se pose la question : Pourquoi la créature ne révèle-t-elle pas également à toutes les âmes le

là que saint Augustin enseignera, non pas avec plus de clarté, mais avec une insistance plus vivante, comment la contemplation des choses extérieures nous tire de notre distraction, et nous fait apercevoir en nous-mêmes notre connaissance primitive et notre sentiment primitif de Dieu. D'ailleurs, dans les *Confessions*, il ne cherche pas expressément à démontrer l'existence de Dieu; il les écrit pour nous persuader que notre amour naturel de la science et du bonheur provient de ce que Dieu est présent à notre âme; d'où suivra pour nous la nécessité, reconnue avec amour, de diriger vers Dieu toutes nos facultés.

Il est certain aussi qu'à peu près tous les passages déjà cités sur l'innéité, la réminiscence, la mémoire[1], serviraient fort bien à prouver l'existence de Dieu. Et cela est inévitable : saint Augustin, en effet, a toujours enseigné que l'âme perçoit Dieu directement, mais confusément, qu'elle le perçoit par l'activité intellectuelle, et qu'elle le perçoit encore par le sentiment du beau et du bien; il devait donc, toutes les fois qu'il traitait de l'intellection et du sentiment, traiter par là

créateur; or, voici la réponse : « *illi intelligunt qui vocem acceptam foris intus cum veritate conferunt* ». Si on continue à lire ce livre, on trouvera, après les recherches sur la mémoire, la solution donnée dans le chapitre xx, solution qui revient à ceci : nos jugements sur le bien ou sur le vrai, et nos aspirations vers le bonheur manifestent que nous avons, dès l'origine, la connaissance confuse et le sentiment confus de Dieu. Voir aussi c. xxiv-xxvii; c. xxxiv, n° 52, 53. — Ajouter un chapitre du *Traité contre Fauste le Manichéen* (lib. XXI, c. vi), et remarquer cette sentence : « Unde enim istis (creaturis) hæc quæ commemoravi, nisi ab illo cujus unitate omnis modus sistitur, cujus sapientia omnis pulchritudo formatur, cujus lege omnis ordo disponitur » (t. VIII, col. 391).

1. Ci-dessus livre Ier, chapitre IV.

même de notre rapport avec Dieu, et nous montrer Dieu comme l'absolue réalité, unique objet de notre intellection comme telle, et de notre sentiment comme tel.

Enfin, en 415, saint Augustin rappelle à Evodius que prouver l'existence de Dieu, c'est constater que Dieu, absolument, existe; mais on ne doit pas supposer qu'au-dessus de Dieu il y a une nécessité supérieure par laquelle se produit et s'explique l'être de Dieu : « Vous avez le livre de la *Vraie Religion;* relisez-le; examinez-le; vous verrez que la raison ne rend pas nécessaire l'existence de Dieu[1], ou que le raisonnement ne fait pas que Dieu doive exister[2]. Et certes, par rapport à la théorie des nombres, laquelle s'exprime dans notre langage quotidien, si nous disons *sept et trois doivent faire dix,* nous parlons inexactement; car enfin, ils ne doivent pas faire, mais (absolument) ils font dix[3]. » Voici le passage auquel saint Augustin fait allusion : « Pourquoi (les choses éternelles) sont-elles de telle nature, personne ne peut le dire : et, d'ailleurs, on ne dira jamais avec raison *elles doivent être ainsi,* comme s'il était possible qu'elles fussent autrement[4]. » On retrouve au second livre du *Libre Arbitre* à peu près le même langage : « Si l'on dit : les choses éternelles sont supérieures aux choses temporelles; ou encore : sept et trois font dix; on n'a certes pas reconnu

---

1. (*Non*) *ratione cogi Deum esse.*
2. *Vel ratiocinando* (*non*) *effici Deum esse debere.*
3. *Ep.* CLXII, n° 2; col. 705.
4. *De vera Religione,* c. XXXI, n° 57, 58; t. III, col. 147, 148.

qu'il en doit être ainsi, mais, simplement, qu'il en est ainsi ; on n'est pas alors le juge qui redresse, on est celui qui se réjouit d'avoir trouvé[1]. » On ne domine pas l'absolu, on ne le réfère pas à une règle supérieure ; on le voit comme la perfection réalisée ; on comprend qu'il est lui-même la raison d'être et la règle de toutes choses.

1. *De Libero Arbitrio*, lib. II, c. xii, n° 34 ; t. III, col. 1259.

CHAPITRE II

NATURE DE DIEU

Saint Augustin n'a jamais écrit un livre spécial sur Dieu en lui-même. Il a traité de l'être divin et des perfections divines, tantôt au sujet de Dieu créateur et de Dieu conservateur, tantôt, comme dans les livres V, VI et XV de *la Trinité*, parce que le sujet l'exigeait ainsi. Mais dans un exposé de la doctrine de saint Augustin, il faut recueillir à part quelque chose de ce qui se rapporte plus directement à la nature de Dieu.

I

Un mot bien compris suffirait : « De Dieu, je dirai simplement : il est l'être même[1]. » La conception d'être domine tout, et elle comprend tout ; mais c'est la conception *d'être* proprement dit, la conception *d'être actuel* ou de perfection absolue réalisée. Ainsi, « Dieu n'est pas obligé d'être sage, mais (substantiellement) il est sage[2] ». — « En Dieu il n'y a que ceci : il est, il n'y a pas en lui

---

[1]. *De Moribus Ecclesiæ*, lib. I, c. xiv, n° 24 ; t. I, col. 1324.
[2]. *Ep.*, CLXII, n° 2 ; col. 705.

il a été, ou *il sera ;* car ce qui a été n'est plus, et ce qui sera n'est pas encore ; mais tout ce qui est en Dieu, c'est simplement : il est [1]. » Rien ne le limite, mais il ne se perd pas dans l'indétermination : « N'attribuons pas un mode à Dieu, car il semblerait que nous lui attribuions une limite. Cependant, il n'est pas indéterminé, lui qui donne à toutes choses leur mode propre, afin que chacune d'elles ait un certain être. Ne disons pas non plus qu'il a son mode particulier, comme s'il avait eu à le recevoir de quelqu'un. Mais si nous disons qu'il est le mode absolu, *summum modum,* peut-être dirons-nous quelque chose [2]. »

Dieu est immuable : « L'être doit s'attribuer principalement à ce qui est toujours de la même manière, à ce qui n'est pas soumis au temps et qui ne peut pas avoir maintenant une détermination différente de celle d'autrefois [3]. » — « En Dieu, rien ne commence et rien ne finit : lui attribuer proprement l'un ou l'autre, c'est tomber dans l'égarement [4]. » Enfin, « la seule substance ou essence immuable, c'est Dieu ; car c'est à lui que convient principalement et en absolue vérité, l'être même, d'où l'essence a pris son nom. Et, en effet, ce qui change, ne conserve pas l'être même ; et ce qui peut changer, supposé même qu'il ne change pas, peut n'être plus ce qu'il avait été [5] ».

1. *Enarr. in Ps. CI,* n° 11; t. IV, col. 1311. Lire tout le passage.
2. *De Natura boni,* c. XXII; t. VIII, col. 558. Cf. c. III.
3. *De Moribus Ecclesiæ,* lib. II, c. I, n° 1; t. I, col. 1345.
4. *De Genesi ad litteram, Liber imperfectus,* c. V, n° 19; t. III, col. 227.
5. *De Trinitate,* lib. V, c. II, n° 3; t. VIII, col. 912.

Dieu est la suprême justice, et le bien suprême : « Cette justice qui subsiste en elle-même, est Dieu, et elle subsiste immuable [1]. » — « Personne ne connaît Dieu, à moins de comprendre que Dieu est le bien suprême et immuable, dont la participation rend heureux [2]. » Dieu qui est le souverain bien, trouve en lui-même le parfait bonheur : « Dieu est le seul qui, sans le secours de personne, et par sa seule puissance, puisse être heureux [3]. » — « Dieu est heureux, non par un bien étranger, mais par le bien qu'il est lui-même ; il ne peut donc pas être malheureux, car il ne peut pas se perdre lui-même [4]. »

En Dieu, la connaissance ne se divise pas : « l'activité divine ne va pas d'une pensée à une autre ; mais Dieu voit simultanément présentes dans son intuition incorporelle toutes les choses qu'il connaît [5]. » Il y a au second livre des *Questions à Simplicien* ce passage fort remarquable : « Si, dans la connaissance humaine, je supprime tout successif, si j'y laisse seule l'énergie de la vérité certaine et incontestable, seule la force qui, par une contemplation unique et éternelle, pénètre toutes choses ; mais plutôt, si au lieu de prétendre y laisser cette énergie que la science humaine ne possède pas, je m'efforce de la concevoir : alors, j'ai en quelque manière

---

1. *Ep.*, CXX, Consensio, n° 19 ; col. 161.
2. *Ep.*, CXL, n° 81 ; col. 575.
3. *De Genesi contra Manichæos*, lib. II, c. xv, n° 22 ; t. III, col. 208.
4. *De Civitate Dei*, lib. XII, c. I, n° 2 ; t. VII, col. 349. — Cf. *Soliloq.* : « Deus beatitudo, in quo et a quo et per quem beata sunt, quæ beata sunt omnia. Deus bonum et pulchrum, etc..... » (lib. I, c. I, n° 3 ; t. I, col. 870).
5. *De Civitate Dei*, lib. XI, c. xxi ; t. VII, col. 331.

une idée de la science divine[1]. » Un mot des *Confessions* exprime l'absolu de la science divine : « Vous êtes totalement, et vous seul vous connaissez votre être, ô vous qui êtes immuablement, et qui savez immuablement, et qui voulez immuablement[2]. »

La beauté absolue, laquelle est une certaine unité et une certaine harmonie, appartient à l'essence divine : — « En Dieu, rien d'inégal, rien de dissemblable à soi-même », rien qui ressemble à du désordre, à de la confusion[3]. Dieu est le principe souverain de cette harmonie, de cette concordance et de cet ordre sans lesquels il n'y a aucune sorte de beauté[4]. Ajoutons ce mot des *Soliloques* : « Je vous invoque, ô Dieu vérité, en qui et par qui sont vraies toutes les choses qui sont vraies[5]. »

Dieu est libre ; il agit par lui-même, et en vue de lui-même : « Ce n'est pas la contrainte d'une nécessité, ce n'est pas le besoin de ce qui pourrait lui être utile, mais c'est la seule bonté qui a décidé Dieu à faire ce qu'il a fait, c'est-à-dire ce qui est bon[6]. » Il agit selon sa décision absolue : « Il aurait pu ressusciter Judas, comme il ressuscita Lazare ; mais il ne voulut pas[7]. » Il est certain que Dieu ne peut pas vouloir le mal, mais cette impossibilité ne diminue pas en lui le libre arbitre[8]. Et en-

---

1. Lib. II, Quæst. II, n° 3 ; t. VI, col. 110. Voir ci-dessus, liv. Ier, c. IV, paragr. 6.
2. Lib. XIII, c. XVI, n° 19 ; t. I, col. 853.
3. *De Musica*, lib. VI, c. XIV, n° 44 ; t. I, col. 1186.
4. *Ibid.*, c. XVII, n° 57 ; col. 1192.
5. Lib. I, c. I, n° 3 ; t. I, col. 878 ; cf. c. VI, n° 12, et c. VIII, n° 15.
6. *De Civitate Dei*, lib. XI, c. XXIV ; t. VII, col. 338.
7. *De Natura et Gratia*, c. VII, n° 8 ; t. X, col. 250.
8. *Certe Deus ipse quoniam peccare non potest, non ideo liberum arbi-*

core : « Gardons-nous de dire que, par suite de son incapacité à vouloir pécher, Dieu est donc juste par nécessité et non par volonté[1]. » Cette incapacité est, au contraire, un surcroît de force, une perfection : « La nature divine ne peut aucunement pécher, parce qu'elle ne peut pas s'abandonner elle-même[2]. » Nul obstacle ne saurait, d'ailleurs, gêner la liberté de Dieu : « La volonté du tout-puissant est toujours invincible. Jamais elle ne peut être mauvaise; car dans les maux qu'elle fait subir elle est juste; et puisqu'elle est juste, elle n'est pas mauvaise. Donc, Dieu tout-puissant ne fait rien d'injuste, il ne fait que ce qu'il veut; et tout ce qu'il veut, il le fait[3]. »

C'est là une vérité très claire, et aussi très profonde; nous ne la comprenons pas dans toute sa plénitude; mais plus tard, « dans l'éclatante lumière de la sagesse divine, apparaîtra ce qui, aujourd'hui, est pour les âmes pieuses un objet de foi, et qui, alors, devra être parfaitement connu; il apparaîtra combien la volonté de Dieu est certaine, immuable et tout efficace; combien sa puissance s'étend au delà de ses décisions, mais combien ses désirs ne dépassent jamais sa puissance[4] ».

Tout ce que nous pouvons dire de Dieu, tout ce que nous lui attribuons, et qui, dans notre langage, paraît

---

trium habere negandus est (*De Civitate Dei*, lib. XXII, c. xxx, n° 3; t. VII, col. 802).

1. *De Natura et Gratia*, c. xlvi, n° 54; t. X, col. 273. — Cf. *Contra Maximinum arianum*, lib. II, c. xii, n° 2; t. VIII, col. 768.
2. *Op. imp., Contra Julianum*, lib. V, n° 38; t. X, col. 1474.
3. *Enchiridion*, c. cii, n° 20; t. VI, col. 280.
4. *Enchiridion*, c. xcv, n° 24; t. VI, col. 276.

se surajouter à son être, n'est en réalité que l'être divin lui-même; il n'y a pas de différence entre ce que Dieu possède et ce qu'il est [1]. Aussi, « à l'égard de Dieu, être est la même chose que d'être fort, ou d'être juste, ou d'être sage, ou d'être toute autre chose qui étant dite de cette multiplicité simple ou de cette simplicité multiple, prétend en exprimer la substance [2] ». La bonté n'ajoute pas à Dieu une qualité, ni la grandeur une quantité : Dieu contient tout, et de telle manière que rien ne peut être surajouté à son essence [3].

Le quinzième livre de *la Trinité* offre, à ce sujet, un long passage, très instructif [4], qui se résume dans les sentences suivantes : 1° « Ce qui en Dieu se nomme vie, est la même chose que l'essence et que la nature de Dieu [5]. » — 2° : « C'est dire une même chose, soit que l'on appelle Dieu éternel ou immortel, soit qu'on l'appelle incorruptible ou immuable; et pareillement, lorsqu'on l'appelle vivant et intelligent — titre qui est compris dans celui de sage —, on dit encore une même chose. Car Dieu ne reçoit pas d'ailleurs une sagesse qui le rend sage; il est lui-même la sagesse [6]. » Enfin, après avoir dit de Dieu qu'il est éternel, immuable, tout-puissant, etc., on dit encore qu'il est esprit : « il semble, ajoute saint

---

1. *De Civitate Dei*, lib. XI, c. x, n° 3 : « *Quæ habet hæc et est, et ea omnia unus est.* »

2. *De Trinitate*, lib. VI, c. IV, n° 6; t. VIII, col. 927. — Cf. c. x, n° 11; col. 931.

3. *Sine qualitate bonum, sine quantitate magnum, sine habitu omnia continentem* (*De Trinitate*, lib. V, c. I, n° 2; t. VIII, col. 912).

4. C. v, n° 7, 8; c. vi, n° 9.

5. C. v, n° 7; col. 1061.

6. N° 7; col. 1062.

Augustin, que ce titre énoncé le dernier, signifie uniquement la substance de Dieu, et que les autres titres désignent les qualités de cette substance. Mais dans cette nature ineffable et sainte, il n'en est pas ainsi ; car tout ce qu'on en dit et qui semble désigner une qualité, doit s'entendre de la substance ou de l'essence [1]. »

Nous connaissons Dieu comme le suprême intelligible, et cependant notre connaissance de Dieu aboutit au mystère : non certes que, sur tous les points, elle manque toujours de clarté, et que, par exemple, en disant de Dieu qu'il est immuable, nous devions aussitôt avoir conscience de ne pas comprendre ; mais notre connaissance est incomplète : « Nous parlons de Dieu selon la capacité de notre intelligence [2]. » Ce mot fut écrit en 415 ; mais saint Augustin avait senti de bonne heure l'impossibilité de connaître jusqu'au bout ; il disait, en 386, au lendemain de sa conversion : « L'on connaît Dieu, surtout en l'ignorant », *Deus qui scitur melius nesciendo* [3] ; et encore : « Pour l'âme toute la science de Dieu consiste à savoir comment elle ignore Dieu [4]. » Nous connaissons l'être divin, plus que nous

---

1. C. v, n° 8 ; col. 1062. — Cf. c. vi, n° 9 : « Sua est ipsa sapientia ; quia non est aliud sapientia ejus aliud essentia, cui hoc est esse quod sapientem esse » (col. 1063). — Cf. *Confess.*, lib. I, c. vi, n° 10 ; t. I, col. 665. — Cf. *De Civitate Dei*, lib. VIII, c. vi.

2. « Ut eo modo dicatur quo potest humano affectu capi quod dicitur » (*De Trinitate*, lib. V *in fine* ; t. VIII, col. 921). — Cf. *De Genesi contra Manichæos* : « Nihil enim de Deo digne dici potest... Nobis autem ut enutriamur, et ad ea perveniamus quæ nullo humano sermone dici possunt, *ea dicuntur quæ capere possumus* » (c. viii, n° 14 ; t. III, col. 180).

3. *De Ordine*, lib. II, c. xvi, n° 44 ; t. I, col. 1015.

4. *De Ordine*, lib. II, c. xviii, n° 47 ; t. I, col. 1017.

ne pouvons avoir conscience de le connaître; notre conception n'arrive pas à un degré suffisant de détermination et de clarté; mais Dieu dépasse à la fois et notre conception claire et notre conception obscure [1].

II

La trinité en Dieu n'exclut pas l'unité; elle ne contredit rien de ce que nous savons sur l'essence divine. Mais Dieu possède plus de réalité que nous n'en pouvons concevoir; c'est précisément la Trinité qui exprime en son total la réalité de Dieu [2].

Saint Augustin ne surajoutera donc pas à sa conception de Dieu, la conception de la Trinité. Ce qu'il dit des attributs de Dieu et de leur identité avec l'essence de Dieu, il a expressément voulu le dire des attributs de la Trinité et de leur identité avec l'essence de la Trinité : « Rien de simple n'est muable; or, toute créature est muable. Mais on emploie des termes multiples pour dire de Dieu qu'il est grand, bon, sage, heureux, véritable, et tout le reste qui peut sans indignité se

---

1. *De Trinitate*, lib. V, c. x, n° 11 : « Si tamen de illo (Deo) proprie aliquid dici ore hominis potest. » — Cf. *Contra Adamantinum Manichæi discipulum* : « (Deus) cui honorificum potius silentium, quam ulla vox humana competeret » (c. xi; t. VIII, col. 142).

2. Outre le traité de *la Trinité*, on étudiera : *Ep.*, XI [389 ou 390]; CXX [110], à Consentius; CLXIX [415], à Evodius; CCXXXVIII [date incertaine, mais postérieure à la consécration épiscopale], à l'arien Pascentius, comte du palais. S'il y avait à écrire une étude doctrinale complète sur la Trinité, il faudrait observer que l'Épître CXX (n° 13-17) tranche la question si agitée au douzième siècle sur la quaternité, et qu'elle prévient l'erreur de Gilbert de la Porrée.

dire de lui. Il est Trinité, et de cela il ne faut pas conclure qu'il est triple. Autrement, le Père seul ou le Fils seul seront moindres que le Père et le Fils réunis. On ne voit guère, d'ailleurs, comment il serait convenable de dire le Père seul, ou le Fils seul; car, toujours et inséparablement, le Père est avec le Fils, et le Fils avec le Père; non que l'un et l'autre soient le Père, ou l'un et l'autre le Fils; mais toujours ils sont l'un dans l'autre, jamais l'un d'eux n'est seul, *semper in invicem, neuter solus*. En outre, nous disons de Dieu seul qu'il est la Trinité même, et nous le disons quoique Dieu soit aussi avec les esprits et avec les âmes sanctifiées; mais nous voulons de la sorte exprimer cela seul par où il est Dieu, car les âmes sanctifiées ne sont pas Dieu avec lui; et de même, nous donnons au Père seul le nom de Père, non qu'il soit séparé du Fils, mais parce que l'un et l'autre ne sont pas en même temps le Père[1]. » Il est clair que dans ce passage, saint Augustin ne cherche pas à se faire en dehors de la Trinité, une notion philosophique de Dieu, ou plutôt une notion censée philosophique. Il considère en cet endroit, et dans un très grand nombre d'autres, l'être divin dans sa totalité. C'est ainsi qu'au huitième livre de *la Trinité*, il écrit : « Parmi les corps, tel morceau d'or est aussi vraiment de l'or que tel autre morceau : mais l'un est plus grand que l'autre; car, dans chacun, la grandeur n'est pas la même chose que la vérité (c'est-à-dire la réalité); et être or, diffère en lui d'être grand. Mais, au contraire,

---

1. *De Trinitate*, lib. VI, c. VI *in fine*, et c. VII; t. VIII, col. 929.

il y a identité entre la Trinité et le Dieu un, seul, grand, vrai, véritable, vérité[1]. Si nous travaillons à le concevoir autant qu'il le permet et qu'il le donne, il ne faut se représenter aucune de ces choses qui, dans l'espace, produisent entre elles des contacts... Et quant aux choses spirituelles, rien de ce qui est muable, ne doit être tenu pour Dieu. Car ce n'est pas une petite partie de la connaissance, si, avant de pouvoir savoir ce que Dieu est, nous pouvons déjà savoir ce qu'il n'est pas[2]. »

Saint Augustin a cherché dans l'âme humaine, comme une image de la Trinité; il a étudié à cette occasion l'intelligence, la volonté, la mémoire. Mais loin de croire que cette étude nous amène à comprendre la Trinité, il exprime à plusieurs reprises la différence infinie entre l'unité des facultés observées en notre âme, et l'unité des trois personnes divines. Il y a, sur ce sujet, deux passages essentiels, l'un au quatorzième livre de *la Trinité*[3], et l'autre dans l'*Épître* CLXIX [4]. La discussion contenue dans le premier passage, se résume fort bien en ce mot : « Par le moyen de l'image que nous sommes, nous avons essayé de voir, en quelque manière, celui par qui nous avons été faits [5]. » L'Épître CLXIX donne sous une forme condensée tout ce que saint Augustin a jamais enseigné sur ce point : « Pour comprendre en quelque manière (la Trinité), nous considérons la mémoire, l'intelligence, la volonté. En effet,

---

1. « *Est Trinitas Deus unus, solus, magnus, verus, verax, veritas.* »
2. *De Trinitate*, lib. VIII, c. II, n° 3; t. VIII, col. 948.
3. C. VI, n° 10; c. VII, n° 11, 12, 13; c. VIII, n° 14.
4. C. II, n° 6.
5. Lib. XIV, c. VIII, n° 14; t. VIII, col. 1067.

quoique nous énoncions à part chacune d'elles, et à des moments différents, nous ne mettons jamais en exercice l'une d'elles sans les deux autres. Mais il n'en faut pas conclure que ces trois facultés, comparées ainsi à la Trinité, lui ressemblent avec une convenance parfaite... Car, de la créature au Créateur, y eut-il jamais similitude possible? Voici donc le premier point sur lequel la similitude est ici inexacte : ces trois choses, mémoire, intelligence, volonté, résident dans l'âme, et l'âme n'est pas ces trois mêmes choses [1]; mais la Trinité ne réside pas en Dieu, elle est Dieu. En outre, qui oserait dire que le Père comprend, non par lui-même, mais par le Fils [2]? Or, la mémoire comprend, non par elle-même, mais par l'intelligence, ou plutôt l'âme, en qui l'une et l'autre résident, comprend seulement par l'intelligence, de même qu'elle se souvient par la mémoire, et qu'elle veut par la volonté. Donc, cette similitude est employée ici, afin qu'il soit possible, en quelque manière, de comprendre (comment)... nulle créature n'a pour auteur, ni le Père seul, ni le Fils seul, ni le saint Esprit seul, mais comment tout a pour cause l'action simultanée de la Trinité, car la Trinité opère inséparablement [3]. »

La Trinité reste toujours pour l'intelligence humaine un mystère, et dans ce mystère les intelligences bien

---

1. *Animæ insunt; non eadem tria est anima.*

2. Comparer *De Trinitate*, lib. XV, c. vii, n° 12; t. VIII, col. 1065, et surtout 1066.

3. *Ep.*, CLXIX, c. ii, n° 6; col. 741 sq.; — cf. notamment sur l'*action inséparable* de la sainte Trinité : *De Trinitate*, lib. I, c. v, n° 8; lib. II, c. x, n° 18; lib. IV, c. xxi; lib. XV, c. xxii, n° 42, très important, et c. xxiii.

soumises à Dieu voient comme un commencement de clarté : « Pour la vision de la Trinité, quelque progrès que nous y fassions pendant cette vie, ce ne sera jamais qu'une vision par énigmes[1]. » « Une foi certaine commence en quelque manière la connaissance, mais la connaissance ne sera complète qu'après cette vie[2]. » Et « lorsque se produira la vision face à face, telle qu'elle nous est promise, nous verrons la Trinité avec plus de clarté et avec plus de certitude que nous ne pouvons en voir maintenant cette image que nous sommes[3] ».

Les formules dogmatiques excluent l'erreur ; elles expriment le mystère ; elles déterminent ce qui dans le mystère nous est accessible ; elles ne prétendent pas rendre le mystère intelligible pour nous : « Faut-il exprimer ce que sont les trois personnes, le langage humain se trouve trop pauvre. On a dit cependant *trois personnes*, non pour dire ce qui est, mais pour ne pas le taire totalement[4]. » D'ailleurs, ici notre ignorance n'est

---

1. *Ep.*, CXVIII, c. III, n° 17 ; col. 160.
2. *De Trinitate*, lib. IX, c. I, n° 1 ; t. VIII, col. 961.
3. *De Trinitate*, lib. XV, c. XXIII, n° 44 ; t. VIII, col. 1091.
4. « *Non ut illud diceretur, sed ne taceretur* » (*De Trinitate*, lib. V, c. IX, n° 10 ; t. VIII, col. 918). — Cf. lib. VII, c. IV, n° 7 : « Et dum intelligatur saltem in ænigmate quod dicitur, placuit ita dici, *ut diceretur aliquid cum quæreretur quid tria sint* » (col. 939). — *Ibid.*, n° 9 : « Quid igitur restat, nisi ut fateamur *loquendi necessitate parta hæc vocabula cum opus esset copiosa disputatione adversus insidias vel errores hæreticorum?* » (col. 941). — Voir surtout, c. VI, n° 11 : « Cur ergo non hæc tria simul unam personam dicimus, sicut unam essentiam et unum Deum, sed tres dicimus personas cum tres deos aut tres essentias non dicamus : nisi quia volumus vel unum aliquod vocabulum servire huic significationi qua intelligitur Trinitas, ne omnino taceremus interrogati, quid tres, cum tres esse fateremur? » (col. 943). — Comparer enfin le passage de la *Cité de Dieu*, lib. X, c. XXIII ; t. VII, col. 300.

pas absolue, nous sommes seulement dans l'impuissance de rien éclaircir. Les plus habiles n'arrivent pas, dans leurs méditations sur la Trinité, à un état où leur connaissance soit assez claire pour se déterminer selon un langage ; aussi les formules n'égalent pas même la pensée de ceux qui les proposent ; car il s'agit pour eux de traduire en un langage ce qu'ils pensent sans langage [1]. « Donc, lorsqu'on nous demande ce que sont les trois réalités ou les trois personnes, *quid tria, vel quid tres,* nous nous mettons en peine de trouver quelque nom spécial ou général dans lequel nous renfermerons la notion des trois ; et rien ne se présente à notre esprit, parce que la suréminence de la divinité dépasse les ressources du langage humain. On pense Dieu, en effet, plus véritablement qu'on ne l'exprime, et Dieu est plus véritablement qu'il n'est pensé [2]. » Cette courte phrase montre à merveille que saint Augustin met dans sa conception de Dieu, la notion de Trinité.

Enfin, l'étude du mystère fait toujours profiter : « Car, dans les recherches sur l'incompréhensible, on doit se garder de croire qu'il n'a été rien trouvé, alors qu'en fait il a été trouvé combien l'objet de la recherche est incompréhensible. » C'est en pareille matière que « la foi cherche, et que l'intelligence trouve », *Fides quærit, intellectus invenit* [3]. On voit l'origine du mot de saint Anselme : *Fides quærens intellectum.*

---

1. *Quo enuntiarent verbis quod sine verbis intelligebant* (*De Trinitate,* lib. V, c. ix, n° 10 ; t. VIII, col. 918).
2. *De Trinitate,* lib. VII, c. iv, n 7 ; t. VIII, col. 939.
3. *De Trinitate,* lib. XV, c. ii, n° 2 ; t. VIII, col. 1057, 1058.

CHAPITRE III

LA CRÉATION

Saint Augustin conçoit Dieu comme l'absolue perfection réalisée ; il le conçoit comme tel avec infiniment plus de netteté et de certitude que n'ont fait Platon et Aristote. Il ne laisse pas supposer, en effet, que quelque chose existe indépendant de Dieu, et qui, par suite de son indépendance, devrait nécessairement limiter Dieu. Il n'identifie pas, non plus, l'univers avec Dieu.

I

Il avait rencontré deux fois la doctrine de l'identification, chez les Manichéens d'abord, puis chez les philosophes[1]. Il s'arrête beaucoup plus au panthéisme des

1. Pour le panthéisme des Manichéens, voir surtout : 1° [392] *Actes ou Dispute contre Fortunat le Manichéen* (Disp. I, n° 5, 11, 12, 13, 17; Disp. II, n° 20, 21); — 2° [400] *Contre Fauste le Manichéen* (lib. XI, c. III et IV *circa finem;* lib. XX, c. v, IX, X, XV, XVII; lib. XXI, c. XVI; surtout lib. XXII, c. XXI, XXII, XCVIII; lib. XXVIII, c. v); — 3° [404] *Actes ou Dispute contre Félix le Manichéen* (lib. I ; t. VIII, col. 534; lib. II, col. 535-537, 539, 542; 544, 546-549); — 4° [après 404] *Nature du Bien* (c. XLVII); — 5° [vers 405] *Contre Secundinus le Manichéen* (c. VII, IX, XX, XXIV). — Pour le panthéisme, contre les païens, surtout *Cité de Dieu* (lib. IV, c. IX-XII, XXIX *circa finem;* c. XXX, XXXI; lib. VII, c. V et VI; cf. sq.); cf. *Vraie Religion,* un mot de c. XXXVII, n° 68 *circa finem.*

Manichéens : « Si l'âme, dit-il, est la substance de Dieu, la substance de Dieu se trompe, la substance de Dieu se corrompt, la substance de Dieu est violée, la substance de Dieu est trompée [1]. » Il dit de même dans la *Cité de Dieu :* « Si Dieu est l'âme du monde, il ne reste donc rien qui ne soit une partie de Dieu. Or, si cela est, qui ne voit quelle impiété et quel sacrilège s'ensuit ? car, foulant aux pieds quelque chose, c'est une partie de Dieu que l'on foule aux pieds, et tuant un animal, c'est une partie de Dieu que l'on tue. Je me refuse à dire tout ce qui peut s'offrir à la pensée, mais que l'on ne saurait dire sans honte [2]. »

Les passages indiqués contiennent souvent cette même réflexion ; et c'est bien la réflexion décisive. Mais saint Augustin y ajoute quelques considérations qu'il faut connaître.

« Les païens, dit-il à Fauste, adorent comme des dieux (les diverses parties de l'univers)… Mais vous, vous adorez ce qui n'est pas, vous adorez les fictions de vos fables impies, et vous seriez plus près de la piété véritable et de la religion véritable, si seulement vous étiez païens [3]. » C'est encore à Fauste qu'il affirme la supériorité du plus grossier anthropomorphisme sur le panthéisme manichéen : « Un Dieu qui ignorerait de quel côté Adam s'est enfui, serait bien préférable à un Dieu qui n'aurait aucune ressource, d'abord, contre la dure et impitoyable nécessité, et plus tard contre la race opposée et enne-

---

1. *Contra Fortunatum*, Disp. I ; t. VIII, col. 116.
2. *De Civitate Dei*, lib. IV ; t. VII, col. 123.
3. *Contra Faustum Manichæum*, lib. XX, c. v ; t. VIII, col. 371.

mie... Avouez du moins ceci : un Dieu qui sans motif ou pour une légère faute, frappe de mort temporelle plusieurs milliers d'hommes, est préférable à un Dieu qui envoie dans le gouffre du péché ses propres membres, c'est-à-dire les membres de Dieu, la substance de Dieu lui-même, et qui les condamne à un châtiment éternel [1]. »

Saint Augustin montre encore fort bien que la doctrine panthéiste rend impossible, ou plutôt rend absurde toute exhortation morale. Secundinus, qui lui reproche de s'être fait catholique, reçoit aussitôt cette réponse : « Ai-je bien fait, c'est-à-dire mon changement s'est-il opéré du mal au bien, c'est vous-même qui me donnez la solution, et cela par le terme qui vous sert à caractériser mon changement. Si, en effet, mon âme, selon votre parole, était la substance de Dieu, *Dei natura esset,* elle ne pourrait ni changer en mieux, comme je pense l'avoir fait, ni changer en plus mal, comme vous me le reprochez : elle ne pourrait changer, ni par elle-même, ni sous l'impulsion de n'importe qui [2]. » Il s'adresse ensuite à Secundinus, il l'exhorte, et il justifie l'exhortation qu'il formule : « Je vous parle ainsi, lui dit-il, parce que votre âme n'est pas la substance du mal, laquelle absolument n'existe pas, et aussi parce que votre âme n'est pas la substance de Dieu, car, autrement, je parlerais en vain à une substance immuable [3]. »

Enfin, nous existons et le monde existe. Il s'agit pour

---

1. *Ibid.,* lib. XXII, c. xxii; t. VIII, col. 414; ce chapitre est fort long; il mérite d'être lu. — Cf. *Contra Secundinum Manichæum,* c. xxiii.
2. *Contra Secundinum,* c. xxiv; t. VIII, col. 599.
3. *Ibid.,* c. xxvi; t. VIII, col. 602.

nous, et il s'agit nécessairement d'expliquer l'existence de toutes choses. Saint Augustin invite donc le manichéen Secundinus à choisir entre le panthéisme et la création : « Je vous demande d'où provient le total de l'univers ?..... vous ne trouverez aucune réponse, à moins d'avouer qu'il a été fait de rien... Mais si vous ne voulez pas avouer que le Père, par l'opération du Fils et dans l'amour du saint Esprit, a créé de rien tout l'univers, qui est bon en lui-même, et pourtant inférieur au Créateur, et, enfin, muable : vous êtes contraint de proférer des sacrilèges; Dieu, direz-vous, a engendré de lui-même quelque chose qui n'est pas égal à son principe générateur, et qui peut ainsi être soumis à la vanité. Ou bien, si la chose engendrée est égale à Dieu, ils sont l'un et l'autre muables. Peut-il y avoir plus grande impiété que de croire et de dire rien de tel?... Mais si vous redoutez de dire de Dieu qu'il est muable, et si vous dites de la créature qu'elle est immuable, la faisant ainsi égale au Créateur et d'une même substance avec lui : votre propre lettre vous répondra[1]. »

Ainsi les panthéistes ne peuvent expliquer sans contradiction ni l'origine de l'univers, ni ce qu'il y a dans l'humanité de grandeur morale et de faiblesse. L'univers réclame donc l'intervention du Dieu créateur.

---

1. *Contra Secundinum*, c. VIII; t. VIII, col. 581; cf. *ib.*, c. VII et c. IX. — Cf. *Contra Felicem Manichæum*, t. VIII, col. 548.

II

Toute la doctrine de la création est renfermée dans ce mot : « L'essence souveraine fait être tout ce qui est; voilà pourquoi elle se nomme essence[1]. » Un autre mot exprime le mystère contenu pour nous dans la création. « Et Dieu qui a fait le monde, et la manière dont il l'a fait sont également cachés et incompréhensibles à l'homme [2]. » Or, toute la suite du texte montre que *manière* ne se rapporte nullement à une histoire extérieure de la création, à une interprétation quelconque des six jours; *la manière dont Dieu a fait le monde*, c'est l'acte créateur, tel qu'il a plu à Dieu de l'accomplir. D'ailleurs, comprendre en sa nature propre l'acte créateur, équivaudrait à comprendre Dieu.

Mais pourquoi Dieu produit-il quelque chose hors de lui? Saint Augustin disait : « Si la volonté de Dieu a une cause, il y a donc quelque chose qui précède la volonté de Dieu; or il est absurde de croire cela. Si donc quelqu'un demande : pourquoi Dieu a-t-il fait le ciel et la terre? Il faut lui répondre : parce qu'il l'a voulu. Mais celui qui dit : pourquoi Dieu a-t-il voulu faire le ciel et la terre, cherche quelque chose de plus grand que la volonté de Dieu : or, rien de plus grand ne peut être

---

1. *De vera Religione*, c. xi, n° 22; t. III, col. 132.
2. *Sicut autem ipse qui fecit ita modus quo fecit occultus est et incomprehensibilis homini* (*De Civitate Dei*, lib. X, c. xii; t. VII, col. 291).

trouvé[1]. » Dieu se détermine par lui-même, par sa propre bonté : « La plénitude de votre bonté fait que votre créature subsiste; et ainsi, un bien qui n'a pas le privilège de vous être utile, et qui venant de vous n'est pas égal à vous, mais qui enfin pouvait être produit par vous, n'est pas resté dans le néant[2]. » Un peu plus bas, après avoir cité le verset de la Genèse : *L'Esprit de Dieu était porté au-dessus des eaux*, saint Augustin écrit : « Votre volonté incorruptible et immuable, se suffisant en elle-même à elle-même, était portée au-dessus de cette vie que vous aviez faite[3]. »

III

La création, mais surtout la création libre suppose en Dieu la connaissance absolue de toutes les choses créées par lui[4]. C'est ici la question des idées : ques-

---

1. *De Genesi contra Manichæos*, c. II, n° 4; t. III, col. 175. — Cf. : « qui quærit quare voluerit Deus mundum facere, causam quærit voluntatis Dei. Sed omnis causa efficiens est. Omne autem efficiens majus est quam id quod efficitur. Nihil autem majus est voluntate Dei. Non ergo ejus causa quærenda est » (*De diversis Quæstionibus LXXXIII*, Quæst. XXVIII; t. VI, col. 18).

2. *Confess.*, lib. XIII, c. II, n° 2; t. I, col. 845. — Cf. : « si autem causa creandi quæritur, nulla citius et melius respondetur, *nisi quia omnis creatura Dei bona est* » (*Ep. CLXVI*, n° 15; col. 727).

3. *Ib.*, c. IV, n° 5; col. 846.

4. On consultera : 1° [388-395] *De Quatre-vingt-trois Questions* (Quæst. XLVI); — 2° [391] *Ep. XIV*, à Nébridius; — 3° [415 et 416] *Cité de Dieu* (lib. VII, c. XXVIII; lib. XI, c. X); — 4° [vers 410] *Interprétation littérale de la Genèse* (lib. V, c. XIII, XIV, XV); — 5° [vers 415] *De la Trinité* (lib. IV, c. I, n° 3); — 6° [416] *Traités sur saint Jean* (Tract. I, n° 16, 17).

tion fondamentale que saint Augustin avait résolue de bonne heure.

Un passage du livre des *Quatre-vingt-trois Questions* (Quæst. XLVI) est depuis longtemps classique : « Il existe des idées principales, ou formes, ou principes *rationes* des choses; ces idées sont stables et immuables; elles n'ont pas elles-mêmes reçu une forme; elles sont donc éternelles; elles résident, enfin, dans l'intelligence divine. Ces idées ne commencent ni ne finissent; c'est cependant d'après elles, que reçoit sa forme tout ce qui commence et qui finit... (En effet), toutes les choses qui sont, c'est-à-dire toutes les choses qui dans leur genre propre ont une nature déterminée d'après laquelle elles sont, ont été créées de Dieu..... Or, cela établi, qui oserait dire que Dieu, sans savoir comment, a constitué toutes choses[1]? On ne peut le dire, ni le croire; il reste donc que toutes choses ont été faites d'après un principe[2]. Mais l'homme n'a pas été fait d'après le même principe que le cheval; et il est absurde de le croire. Donc, les choses ont été créées chacune d'après son propre principe. Et ces principes, où pense-t-on qu'ils soient, sinon dans l'esprit du Créateur[3]? » La phrase qui termine la Question XLVI° présente comme synonymes les cinq termes : *rationes, ideas, formas, species, rationes.* Il ne sera pas nécessaire de reproduire le passage de la *Cité de Dieu*[4],

---

1. *Quis audeat dicere Deum irrationabiliter omnia condidisse.*
2. *Restat ut omnia ratione sint condita.*
3. *De diversis Quæstionibus LXXXIII*, Quæst. XLVI, n° 2; t. VI, col. 30.
4. Lib. XI, c. x, n° 3. Quant à lib. VII, c. xxviii, ce n'est qu'une allusion à la théorie platonicienne.

car il n'ajoute rien à ce qu'on vient de voir. Mais l'Épître XIV, à Nébridius, essaie de résoudre une question fort curieuse et surtout fort importante.

Nébridius demande à Augustin s'il y a en Dieu une idée différente pour chaque individu : « Vous demandez, lui écrit saint Augustin, si (le Verbe) contient en soi l'idée de l'homme en général ou s'il contient aussi l'idée de chacun de nous. Grande question! Mais il me semble, qu'à considérer la création de l'homme, il y a seulement en Dieu l'idée de l'homme (en général), et non l'idée de vous ou de moi; au contraire, si l'on considère la succession des temps, il y a, dans cette vérité absolue, les diverses idées qui correspondent à chaque homme. » D'ailleurs, saint Augustin sent bien l'importance de la difficulté : « Cela, dit-il, est fort obscur, et je ne vois pas quelle similitude pourrait le rendre clair. » Ce qu'il ajoute n'a pas, en effet, une clarté suffisante. Mais enfin, il conclut : « Si donc Nébridius se trouve être une partie de cet univers, comme il l'est en effet, et si l'univers en sa totalité est constitué par ses parties, voici la conséquence : Dieu le créateur de l'univers n'a pas pu ne pas avoir en lui-même l'idée des parties. Donc, qu'il y ait en Dieu l'idée de plusieurs hommes, cela ne fait rien à l'idée d'homme (en général), et pourtant toutes ces idées se ramènent, en façon merveilleuse, à un principe unique. » Ce qui doit s'entendre, sans doute, en ce sens : l'idée de tel individu ne se confond pas, en Dieu, avec l'idée de l'homme en général; mais Dieu, dans une seule idée, voit l'homme en général et aussi tous les individus; or, nous ne pouvons pas nous expliquer totalement le rapport entre l'idée de tel homme, et l'idée d'homme en général; il est seulement vrai que, sans pouvoir nous en rendre compte, ces diverses idées se réduisent à une seule. Enfin, pénétré de son impuissance, saint Augustin conclut qu'il sera plus facile à Nébridius de réfléchir sur la difficulté, que d'en trouver une complète solution : *sed tu id commodius cogitabis.*

Dans les passages indiqués de l'*Interprétation littérale de la Genèse* et de *la Trinité,* le mot *idée* ne se trouve pas [1]; il y a pourtant une expression très claire et très complète de la doctrine : « Si nous lisons et si nous comprenons le mot : *ce qui a été fait est vie en lui* [2], nous avons cette pensée : ce qui a été fait, doit s'entendre comme étant (d'abord) vie dans le Verbe; et dans cette vie, le Verbe a connu toutes choses au moment où il les a faites; et, selon qu'il les a vues, il les a faites... Mais s'il les connaissait avant de les faire, c'est qu'évidemment, avant d'être faites, elles étaient connues en lui, et connues selon cette manière où elles vivent immuablement et éternellement, et où elles sont vie; mais elles ont été faites en cette manière selon laquelle chaque créature subsiste dans son propre genre [3]. »

---

1. Il s'y trouve le synonyme *ratio* : « *incommutabilibus æternisque rationibus* » (*De Genesi ad litteram*, lib. V, c. xiii, n° 29; t. III, col. 331; ce chapitre est de même sens que Quæst. XLVI).

2. Saint Augustin veut que l'on lise : *quod factum est, in illo* (*Verbo*) *vita est* (Jo. I, 3-4).

3. *De Genesi ad litteram*, lib. V, c. xv, n° 33; t. III, col. 332 sq. Le passage *Trinité* (lib. IV, c. I, n° 3) est tout à fait de même sens.

IV

L'acte créateur n'introduit en Dieu ni succession, ni changement d'aucune sorte. C'est ici une question très vaste et très importante; elle a constamment occupé saint Augustin qui, à plusieurs reprises, en a donné la seule solution possible. Et la solution, on le verra, consiste à exprimer l'immutabilité de Dieu et la mutabilité des choses créées : deux notions certaines, dont la première surtout a une clarté et une nécessité absolue; mais aussi, deux notions que nous ne savons pas concilier; d'où, pour nous, le mystère [1].

Et d'abord, l'acte créateur lui-même est l'exercice de l'énergie divine immuable, énergie sans commencement, sans interruption, et sans fin : « Avant tout, souvenons-nous que l'action de Dieu ne s'accomplit pas par des mouvements temporels de l'âme ou du corps, comme fait l'action de l'homme; mais Dieu opère par les vues éternelles, immuables et stables de son Verbe coéternel, et, s'il m'est permis de le dire, par une certaine influence de son saint Esprit également coéternel [2]. »

---

1. On étudiera : 1° [389] *De la Genèse contre les Manichéens* (lib. I, c. III) et [393] *Interprétation littérale de la Genèse, Livre inachevé*, (c. III); — 2° [400] *Confessions* (lib. XI, c. VII, X-XIII, XXX-XXXI; lib. XII, c. I, c. XV, XVIII); — 3° [401-415] *Interprétation littérale de la Genèse* (lib. I, c. I, II, XVIII); — 4° [vers 416] *Cité de Dieu* (lib. XI, c. IV, V, XXI; lib. XII, c. X, XII, XIV-XVII).

2. *De Genesi ad litteram*, lib. I, c. XVIII, n° 36; t. III, col. 260. — Cf. t. III : *De Genesi, Liber imperfectus*, c. VII, n° 28; col. 231. Le principe rappelé au début de ce passage est exprimé deux fois en ce premier livre : 1° c. I, n° 2; col. 217; — 2° n° 6; col. 218.

Il faut encore savoir que la décision de créer ne ressemble pas à nos décisions humaines. Dieu veut toujours de la même manière ; il ne forme jamais un dessein nouveau ; il ne modifie jamais les desseins qu'il avait formés. Nous ne devons pas douter, et d'ailleurs notre intelligence ne peut pas douter sur ce point. Il n'y a donc pas lieu de se demander pourquoi Dieu a choisi tel moment plutôt que tel autre, pour créer le monde. La question ainsi posée, est du pur anthropomorphisme.

Or, les Manichéens s'arrêtaient avec insistance à cette question, et, outre qu'ils obéissaient à leur préjugé de dualisme, ils ne s'élevaient guère au-dessus d'un anthropomorphisme grossier. Mais plusieurs philosophes, des Épicuriens et des Néoplatoniciens, posent la même question, ou une question toute semblable[1], et ils n'ont pas pourtant la simplicité des Manichéens. Saint Augustin devait instruire les Manichéens, et discuter les vues des philosophes.

Les Manichéens demandaient donc qu'on leur expliquât le début de la Genèse ; et, disaient-ils, si le mot *au commencement* désigne le commencement du temps, « qu'est-ce que Dieu faisait avant de faire le ciel et la terre ? Et pourquoi lui a-t-il plu brusquement de faire ce que jusqu'alors, pendant les temps éternels, il n'avait jamais fait ? » Saint Augustin leur donne aussitôt cette réponse, qui est complète : « Dieu, au commencement, a fait le ciel et la terre, non au commencement du temps,

---

1. Voir, dans l'édition de Louvain, les Commentaires de Coquée et de Louis Vivès sur la *Cité de Dieu* (lib. X, c. IV; lib. XII, c. X-XIII, et surtout c. XIV-XVI).

mais dans le Christ[1]. » Les Manichéens, dans leur grossièreté, supposent « une succession de temps pendant laquelle Dieu ne faisait rien. Mais le temps ne pouvait pas s'écouler, puisque Dieu ne l'avait pas encore fait[2] ».

Or, leur impuissance à s'élever au-dessus du successif, les condamne à l'illusion; et, quoi qu'ils fassent, quelque longue durée qu'ils assignent à l'univers, ils ne gagnent rien; car une durée infinie ne rendrait pas plus clair le pourquoi de la création, et elle ne ferait pas même que l'univers fût coéternel à Dieu. L'univers, en effet, n'existe pas par lui-même, et il est muable; il n'y a donc rien de commun entre son mode d'existence, et l'être divin qui est, à la fois, nécessaire et immuable. « Que la témérité humaine se taise donc[3]. »

On doit, enfin, laisser de côté toute question de temps, et se contenter de savoir que la volonté de Dieu est le principe de tout. Mais, lorsque nous parlons de la volonté de Dieu, nous énonçons une cause qui dans son existence est certaine à la fois en elle-même et pour nous, et qui dans son exercice est, pour nous, bien mystérieuse. Nous arrivons toujours à ce mystère : la volonté immuable de Dieu décrète et produit le détail des choses changeantes : « En quelque manière, dit saint Augustin, que l'on conçoive le commencement du temps, — or ce com-

---

1. *In principio* de la Genèse avait été souvent entendu par les Pères au sens de : *dans le principe*, c'est-à-dire *dans le Christ*. On peut voir pour le détail : Pétau, *Dogm. Théol. De Trinitate*, lib. V, c. v, n° 5. — Cf. *Confess.*, lib. XII, c. xx, n° 29, et c. xxviii, n° 39; *De Genesi ad litteram*, lib. I, c. i, n° 2; c. ii, n° 6.
2. *De Genesi contra Manichæos*, lib. I, c. ii, n° 3; t. III, col. 174-175.
3. *De Genesi contra Manichæos*, lib. I, c. ii, n° 4; t. III, col. 175.

mencement est chose secrète, impénétrable aux conjectures humaines, — voici un point sur lequel notre foi doit être très ferme, même si ce point dépasse notre pensée : toute créature a un commencement; le temps lui-même est une créature; dès lors il a un commencement, et il n'est pas coéternel au créateur [1]. »

Le passage sur la *témérité humaine* est de 389; celui-ci où il est dit que nous ne concevons pas le *commencement du temps,* est de 393. Les *Confessions,* en 400, approfondissent davantage, et par là même, elles font ressortir plus vivement le mystère.

Saint Augustin y exprime d'abord l'immutabilité divine [2] : bientôt après, il considère l'objection : « Si Dieu voulait éternellement que la créature fût, pourquoi la créature n'est-elle pas éternelle [3] ? » Or, cette objection, qui paraît forte, n'est qu'un abus d'imagination : « Les hommes (qui parlent ainsi sur la volonté de Dieu) ne vous comprennent pas encore, ô Sagesse de Dieu, lumière des âmes... Leur cœur va encore de-ci, de-là, parmi les mouvements passés et les mouvements futurs des choses, et il est encore vain. Qui le tiendra le cœur de l'homme pour qu'il s'arrête, et pour qu'il voie comment, dans sa stabilité, l'éternité divine ordonne le passé et le futur sans être elle-même ni future, ni passée [4] ? » Cette dernière phrase, d'ailleurs, ne doit

---

1. *De Genesi ad litteram, Liber imperfectus,* c. III, n° 8; col. 223.
2. « *Nec aliter quam dicendo facis, nec tamen et simul et sempiterne fiunt omnia quæ dicendo facis* » (*Confess.*, lib. XI, c. VII, n° 9; t. I, col. 813).
3. *Confess.*, lib. XI, c. X, n° 12; t. I, col. 814.
4. *Confess.*, lib. XI, c. XI, n° 13; t. I, col. 814.

pas faire supposer qu'avec beaucoup d'application, on comprendra comment Dieu immuable *ordonne le passé et le futur;* on arrivera seulement à savoir qu'il l'ordonne.

Saint Augustin développera encore d'autres explications. Mais, avant tout, en un sujet aussi grave et aussi mystérieux, il veut écarter les explications de complaisance. Et sachons-le bien, nous sommes ici à l'un des endroits où la supériorité et la rectitude de saint Augustin se manifestent le mieux. Il faut donc lire avec attention le passage qui va suivre, et y voir le principe qui devrait toujours diriger les discussions doctrinales :

« Voici, dit saint Augustin, voici ce que je réponds à cette parole : que faisait Dieu avant de faire le ciel et la terre? Je réponds, non certes comme le fit, dit-on, quelqu'un par cette plaisanterie qui lui servait à éluder la force de la question : Dieu, disait-il, préparait des tourments pour ceux qui scrutent les profondeurs. Mais autre chose est de voir, autre chose de se moquer, *aliud est videre, aliud ridere.* Non, je ne réponds pas cela; car je préférerais dire : j'ignore, si, en effet, j'ignore. Et telle réponse vaudrait mieux que ce mot d'où résulte la moquerie opposée à une question profonde, et la louange décernée à une réponse fausse..... Mais si, sous le nom de ciel et de terre est désignée toute créature, j'ose le dire : avant que Dieu fît le ciel et la terre, il ne faisait pas quelque chose; car, s'il avait fait quelque chose, qu'aurait-il pu faire, sinon une créature [1]? »

---

1. *De Confess.*, lib. XI, c. XII, n° 14; t. I, col. 815.

Il pourrait paraître singulier qu'en un même sujet, saint Augustin dise au chapitre XII : *on pose une profonde question,* et au chapitre XI : *ceux qui parlent ainsi ne vous comprennent pas encore, ô Sagesse de Dieu, lumière des âmes.* La question est, en effet, profonde par son objet. Mais les Manichéens, et en général tous ceux qui s'arrêtent à une pareille question, pour s'en prévaloir comme d'une objection invincible, ou simplement pour s'en effrayer, *ne comprennent pas encore la Sagesse de Dieu;* ils obéissent à leur imagination. C'est le point essentiel qui va être plus exactement discuté.

Saint Augustin demande que, dans cette question de haute doctrine, l'on se défie de l'imagination, et que l'on se tienne ferme à la perception intellectuelle : « Le temps lui-même est votre œuvre, et le temps ne pouvait pas s'écouler avant que vous l'eussiez créé. Or, si avant le ciel et la terre, il n'existait aucun temps, pourquoi demander quelle chose vous faisiez alors? Car il n'y avait aucun *alors,* là où il n'y avait aucun temps..... Mais vous précédez tout passé par la hauteur de votre éternité toujours présente; et vous dépassez tout futur, parce que les choses sont maintenant futures, et que, une fois réalisées, elles seront passées. Mais vous, vous êtes toujours le même, et vos années ne s'écoulent pas, (Ps. CI, 28)... Vos années, c'est un seul jour; et votre jour ce n'est pas une succession, c'est un aujourd'hui..... Vous avez fait tous les temps, et, avant tous les temps, vous êtes; et il ne fut pas un temps où le temps n'était pas [1]. »

---

1. *Confess.*, lib. XI, c. XIII, n° 15, 16; t. I, col. 815.

Immédiatement après ces paroles, et à partir du chapitre xiv jusqu'à la fin du chapitre xxviii, saint Augustin étudie à fond notre notion du temps; il revient dès le chapitre xxix à ses considérations sur Dieu; c'est enfin dans les chapitres xxx et xxxi qu'il donne toute sa pensée, et qu'il enseigne à reconnaître le mystère. Il déclare que l'on se représente Dieu à la manière d'un homme dont les desseins et dont les actes impliquent succession. Il faut, au contraire, s'efforcer de voir « que, avant tous les temps, (Dieu est) l'éternel créateur de tous les temps, et que nul temps n'est coéternel à lui, ni aucune créature : pas même la créature qui serait au-dessus du temps [1] ».

Saint Augustin a souvent répété que rien n'est coéternel à Dieu[2]; il le dit ici avec plus d'insistance et plus de clarté; c'est donc ici qu'il faudra définitivement se rendre compte de cette parole essentielle : rien n'est coéternel à Dieu.

« Supposons, dit saint Augustin, une âme douée d'une telle science et d'une telle prescience, que toutes les choses passées et toutes les choses futures lui fussent connues, mais connues comme est connu de moi le cantique le plus familier; voilà une âme bien merveilleuse, et faite pour nous jeter dans la stupeur : elle sait en détail tout le passé et tout ce que les siècles apporteront; et elle le sait à la manière dont je sais le cantique que

---

1. *Confess.*, lib. XI, c. xxx, n° 40; t. I, col. 825-826.
2. Cf. ci-dessus p. 134. — Voir : 1° la XIX° des *LXXXIII Questions*, où, sans écrire le mot *coæternum*, saint Augustin exprime la même doctrine que dans les endroits où il l'écrit. — 2° *De Civitate Dei*, lib. XII, c. xv, n° 2, 3; c. xvi. — 3° *De Fide et symbolo*, c. ii, n° 2; t. IV, col. 182.

je chante ; or, je sais quelle partie du cantique s'est déjà déroulée, et quelle partie reste encore [1]. » Voilà donc une connaissance humaine infinie. Mais l'homme qui saurait de l'univers exactement tout ce que Dieu en sait, n'aurait pas cependant une science égale, ou simplement semblable à la science de Dieu ; car le mode de connaissance humaine diffère essentiellement du mode de connaissance divine ; et, sans exception, tout ce qui peut s'appeler énergie humaine, diffère essentiellement de l'énergie divine. C'est ce que les paroles suivantes font comprendre ; elles continuent le passage déjà cité ; les voici donc : « Loin de nous la pensée que vous, créateur de l'univers, vous auteur des âmes et des corps, vous connaissiez en cette manière toutes les choses futures et passées. Votre connaissance est bien plus merveilleuse et bien plus mystérieuse. Un homme, en effet, chante quelque chose qu'il sait ou il écoute un chant connu ; or, l'attente des paroles qui vont arriver et le souvenir de celles qui sont passées déjà, met de la diversité dans l'affection, et de la distension dans le sentiment[2]. » La formule est peu claire, mais saint Augustin a fourni le moyen de l'entendre ; il a, en effet, employé le terme *distentio*, au chapitre XXVI, là où il dit du temps qu'il est une simple distension, et une distension de l'âme elle-même. Or, dans la discussion sur le temps, *distentio* signifie, pour saint Augustin, une certaine multiplicité ou, mieux, une certaine diversité dans la per-

---

[1]. *Confess.*, lib. XI, c. xxxi, n° 41 ; t. I, col. 826.

[2]. « Expectatione vocum futurarum et memoria præteritarum variatur affectus, sensusque distenditur. »

ception. Dès lors, *distentio* à propos du cantique, signifie que, chanteur ou auditeur, l'on a en un même instant la conscience d'avoir entendu et la conscience de devoir encore entendre : c'est, d'une manière plus générale, la conscience d'avoir agi et la conscience de devoir encore agir; ou enfin, la conscience d'avoir été et celle de devoir encore être. Mais cette *distension*, cette multiplicité de consciences ne convient pas à Dieu : « Rien de semblable ne vous arrive, à vous immuablement éternel, c'est-à-dire vraiment créateur éternel des esprits. Vous avez connu dès le commencement le ciel et la terre sans diversité dans votre connaissance; et de même, vous avez fait au commencement le ciel et la terre sans distension de votre action[1] »; ce qui, pour y revenir une fois de plus, signifie que notre action nous donne ordinairement la conscience du divers et du successif; mais que l'action de Dieu étant immuable, elle ne peut pas lui procurer une telle conscience.

Après cela, il ne reste plus à saint Augustin qu'à proclamer le mystère : « Que celui qui comprend vous loue, et que celui qui ne comprend pas vous loue. Oh! que vous êtes grand! et les humbles de cœur sont votre maison. Car vous élevez ceux qui se prosternent (Ps. CXLV, 8), et jamais ceux-là ne succombent dont vous êtes la grandeur[2] » : Jamais la recherche humble et sincère de la vérité n'égare personne.

Et non cadunt quorum celsitudo tu es : Voilà le mot par lequel se termine le livre XI des *Confessions*. On

---

1. *Confess.*, lib. XI, c. xxxi, n° 41; t. I, col. 826.
2. *Ibid.*

remarquera que, dès le début du livre suivant, saint Augustin se plaint de ne pouvoir exprimer complètement et en peu de mots toute la doctrine ; mais quoi ? on est réduit à tâtonner et à dire longuement beaucoup de choses dont chacune approche un peu de la vérité ; et cette vérité complète, si on la saisissait bien, on l'exprimerait en un mot : « L'infirmité de l'intelligence humaine s'épanche en longs discours ; car il faut plus de paroles pour la recherche que pour la découverte[1]. »

Il dit encore au cours du même livre : « C'est une vision bien rare et bien difficile que d'apercevoir, Seigneur, votre éternité faisant toutes choses immuablement[2]. »

Les *Confessions* contiennent une discussion approfondie ; mais les livres XI et XII de la *Cité de Dieu* apportent encore quelque chose de nouveau. Saint Augustin y examine spécialement les vues des philosophes sur l'origine de l'univers : les vues des Épicuriens et surtout celles des Néoplatoniciens ; il y expose ce qui, dans la doctrine de la création, nous est accessible ; il y fait plus vivement ressortir le danger d'apporter, dans l'étude de pareilles questions, certains préjugés anthropomorphiques ; et il dit avec force que, pour nous, la création aboutit au mystère : il le dit

---

1. *Confess.*, lib. XII, c. 1, n° 1 ; t. I, col. 825. — Voir dans ce même livre le chap. xv, n° 18, où saint Augustin revient sur l'immutabilité de la volonté divine : la volonté de Dieu est identique avec la substance de Dieu ; donc elle est immuable ; donc elle n'éprouve ni variation, ni succession ; donc aussi la science de Dieu est toujours complète, sans rien de successif : *nec scientiam ejus transitorium aliquid pati* (col. 832).

2. C. xxix, n° 10 ; t. I, col. 812.

même mieux que dans les *Confessions*. C'est qu'en effet, dans la *Cité de Dieu*, saint Augustin a plus directement affaire aux philosophes; il discute donc de plus près, et, en exposant la vérité, il a plus nettement conscience que la vérité, même claire et bien accessible, ne se laisse pas pénétrer tout à fait par notre intelligence.

Il n'est pas, d'ailleurs, question ici de déterminer si jamais un Épicurien ou un Néoplatonicien a conçu la création et ne l'a pas confondue avec l'émanation. Il n'y a que l'enseignement doctrinal de saint Augustin qui maintenant importe [1].

Saint Augustin mentionne, d'abord, la tentative des philosophes qui, pour sauvegarder l'immutabilité de Dieu, refusent d'admettre la création dans le temps; le monde aurait ainsi « un commencement *causal* d'existence [2] »; il dépendrait d'une cause, mais sa durée n'aurait pas de commencement. Or, cette explication ne lève pas la difficulté; car, en supposant la création éternelle, laquelle, d'ailleurs, serait possible [3], il y aurait toujours à observer que, pour les âmes, les alternatives de malheur actuel et de bonheur dans une vie future, ne peuvent ni se produire sans l'intervention de Dieu, ni, à notre égard, se concilier avec l'immutabilité des décrets divins [4].

---

1. *De Civitate Dei*, lib. XI, c. iv, n° 2; t. VII, col. 319.
2. Voir au liv. X, c. xxxi; saint Augustin rapporte cette comparaison en usage parmi les Néoplatoniciens : un pied qui, de toute éternité, reposerait sur le sable, y laisserait une trace éternelle, et cette trace n'en serait pas moins l'œuvre du pied.
3. En principe, saint Augustin ne la condamne pas.
4. *De Civitate Dei*, lib. XI, c. iv, n° 2.

Les philosophes ne voient pas assez que la difficulté nous dépasse ; et qu'en fait, elle réside tout entière à concilier le successif de l'univers avec l'immuable de Dieu[1]. Et peu importe l'infinie durée de l'univers ; peu importe la théorie des cataclysmes et des recommencements ; nous restons toujours sans réponse à cette question : Comment l'action divine immuable produit-elle notre univers multiple et successif ? Qui pourrait examiner cette profondeur : « Dieu créant dans le temps, par une volonté immuable, l'homme temporel avant lequel aucun homme n'avait encore existé[2] » ?

Saint Augustin, ici encore, donne l'exemple de la sagesse ; il ne veut pas qu'on l'accuse avec quelque vraisemblance, « d'affirmer plus facilement, sans rien savoir, que d'enseigner ce qu'il sait[3] ». Il a donc toute autorité pour conclure : « (Voyez) quelles questions périlleuses il faut éviter ; et ne vous imaginez pas être en état de tout résoudre[4]. » C'est un mot de plus à retenir.

Il a raison aussi de dire des philosophes : « Ils mesurent l'âme divine d'après leur âme humaine changeante et bornée... Ce n'est pas Dieu, inaccessible

---

1. *Ibid.*, c. III, X, XVII et XXI ; — lib. XII, c. XII *versus finem ;* passage remarquable.
2. *Ibid.*, lib. XII, c. XIV ; t. VII, col. 362. — Voir trois chapitres de première importance : XV, XVI et XVII, surtout XV et XVII. Saint Augustin y examine la difficulté : Dieu a-t-il toujours été Seigneur ? et comment pouvait-il l'être lorsque l'homme n'existait pas encore ? Cf. *De Trinitate*, lib. V, c. XVI, n° 17.
3. *De Civitate Dei*, lib. XII, c. XIII, n° 3 ; t. VII, col. 365.
4. *Nec ad omnia se idoneos arbitrentur* (*Ibid.*, col. 365).

d'ailleurs à leur pensée; mais, à la place de Dieu, c'est eux-mêmes qu'ils conçoivent; ils établissent une comparaison dont l'objet et dont le terme n'est pas Dieu, mais seulement eux-mêmes[1]. »

En pareille question, il est meilleur de se résigner. Voici la conclusion de saint Augustin : « Dieu, par une volonté unique, identique, éternelle et immuable, a fait que d'abord, pendant leur non-être, les choses créées de lui n'existassent pas, et que plus tard, au moment où elles ont commencé d'être, elles existassent. C'est ainsi que, peut-être, aux hommes capables de voir, il montre merveilleusement combien il n'avait aucun besoin de toutes ces choses, mais combien plutôt il les a faites par bonté gratuite[2]. » Apporter à l'étude du mystère quelque puissance d'esprit et beaucoup de bonne volonté, mérite que, peut-être, Dieu donne comme un éclaircissement merveilleux : et ici, cet éclaircissement ferait non pas simplement savoir à titre de fait, mais il ferait un peu comprendre combien Dieu, se suffisant à lui-même, a par bonté gratuite créé l'univers.

V

Bien que Dieu soit partout, sa présence ne subit aucune condition de temps ni d'espace[3]. « Il est partout,

---

1. *Non illum sed seipsos, nec illi sed sibi comparant* (*Ibid.*, c. XVII, n° 2; t. VII, col. 307).
2. C. XVII, n° 2; col. 307.
3. Consulter : 1° [307] *Questions à Simplicien* (lib. II, Quæst. I, n° 5);

à la manière dont une grande sagesse est dans un homme dont le corps est petit[1]. » « Dans le ciel seul, il est tout entier; dans la terre seule, il est tout entier; dans le ciel et dans la terre réunis, il est tout entier; nul lieu ne le contient, il est partout en lui-même tout entier[2]. Il n'est pas éloigné de celui en qui il n'habite pas (par la grâce), il lui est tout à fait présent, bien que celui-là ne le possède pas; et de même, à celui en qui il habite (par la grâce), il est tout entier présent, bien que celui-là ne le possède pas tout entier[3]. » Enfin, saint Augustin recommande encore de se tenir en garde contre les représentations sensibles : « Éloignez votre esprit de toutes les images corporelles que l'imagination humaine a coutume de poursuivre[4]. »

Remarquons enfin ce qui suit : « Nous disons, non pas : *Notre Père qui êtes partout,* bien que cela même soit vrai, mais : *Notre Père qui êtes aux Cieux* (Matth. VI, 9); c'est ainsi que, dans la prière, nous faisons mention surtout de ce temple que nous devons être nous-mêmes; et, en tant que nous le sommes, nous appartenons à la société de Dieu, et à la famille de son adoption. Si, en

---

— 2° [400] *Confessions* (lib. I, c. II et III); — 3° [101-115] *Interprétation littérale de la Genèse* (lib. IV, c. XIX); — 4° [415] *Cité de Dieu* (lib. XI, c. V); — 5° [404] *Ep.*, LXXVIII, surtout n° 3; — 6° [412] *Ep.*, CXXXVII (c. II, n° 4 *in fine*); — 7° [417] *Ep.*, CLXXXVII, à Dardanus. C'est, sur ce sujet, l'ouvrage capital. L'Épître est intitulée : *De præsentia Dei Liber.*

1. *Ep.*, CLXXXVII, n° 11; col. 836.
2. *Et nullo contentus loco, sed in seipso ubique totus* (*Ibid.*, n° 11; col. 837).
3. *Ibid.*, n° 17; col. 838 sq.
4. *Ibid.*, n° 41; col. 848.

effet, le peuple de Dieu, sans être encore devenu égal aux anges, est appelé déjà pendant cette vie le temple de Dieu, combien plus le temple de Dieu est-il dans le ciel, là où est le peuple des anges[1]. » Et les dernières phrases de l'*Épître* rappellent expressément qu'au ciel il y a une plus grande domination de la grâce, et non une présence plus substantielle de Dieu[2].

Saint Augustin pense aussi que Dieu opère davantage en certains endroits, sans pourtant y être davantage. Il avait, un jour, à décider entre un religieux et un prêtre qui s'accusaient mutuellement de vol : « Je choisis, dit-il, un terme moyen : ils s'engageraient l'un et l'autre à se rendre à un lieu sacré, où les prodiges terribles accomplis par Dieu ne manqueraient pas de manifester la conscience malade de l'un et de l'autre, et, par le châtiment ou par la crainte, tireraient un aveu. Certes, Dieu est partout, il n'est ni contenu, ni enfermé dans aucun endroit ; il exauce en silence, il justifie aussi et il couronne en silence. Et pourtant, lorsqu'il s'agit de ces choses visiblement connues des hommes, qui peut scruter les desseins de Dieu? Qui peut dire pourquoi en tels endroits de tels miracles s'opèrent, et en d'autres ne s'opèrent pas[3]? »

Voilà les explications, pour ainsi dire, préliminaires; d'autres vont plus à fond, mais elles exigent que l'on traite de l'action de Dieu.

---

1. *Ibid.*, n° 16; col. 838.
2. « Ubi propterea dicitur habitare, *quia ibi fit voluntas ejus perfecta eorum, in quibus habitat obedientia* » (n° 41; col. 848).
3. *Ep. LXXVIII*, n° 3; col. 269.

VI

Lorsqu'il écrivait : « L'homme s'agite, mais Dieu le mène[1] », Fénelon pouvait avoir lu dans saint Augustin : « Les hommes n'agissent pas, ils servent d'instruments (à Dieu) », *non agunt, sed agitur de illis*[2]. Évidemment, en elle-même, l'action de Dieu n'est pas multiple; mais saint Augustin la représente en deux manières différentes dont l'une correspond à la notion ordinaire de Providence[3], c'est-à-dire à la notion de surveillance et de direction.

Les Manichéens, en effet, opposaient le mot, *au septième jour Dieu se reposa* (Gen. II, 2), à cet autre mot, *Mon Père opère encore maintenant* (Jo. V, 17); et saint Augustin leur disait : « l'un n'est pas contraire à l'autre. Car Dieu se reposa de l'œuvre qu'il avait accomplie : ce qui veut dire, il ne faisait plus désormais le monde et tout ce qu'il contient; et cependant, s'il se reposait, il ne laissait pas de gouverner le monde. Donc, désormais, il ne travaille plus à créer le monde;

---

1. *Sermon pour l'Epiphanie*, Ier Point. — Œuvr. compl., éd. Gaume, t. V, p. 618.
2. Serm. CCXV, n° 1; t. V, col. 1427. Voici la sentence complète : « *Oderunt veritatem homines, et veritatem prophetant nescientes. Non agunt, sed agitur de illis.* »
3. Sur la Providence, voir : 1° [388-395] *Libre Arbitre* (lib. III, c. II, n° 5); — 2° [388-395] *Quatre-vingt-trois diverses Questions* (Quæst LIII, n° 2, surtout vers la fin, n°s 3 et 4); — 3° [391] *Contre Adimante le Manichéen* (c. II); — 4° [401-415] *Explication littérale de la Genèse* (lib. IV, c. XXI, XXII; lib. VIII, c. IX); — 5° [à partir de 415] *Cité de Dieu* (lib. V, c. XI; lib. X, c. XIV); — 6° [103 ou 109] *Ep. CII* (Quæst. II, n° 13).

l'œuvre est complète, il se repose. Mais il travaille au gouvernement du monde, c'est à ce travail que le Seigneur nous le montre occupé[1]. »

De plus, Dieu n'a pas nos faiblesses; il n'est pas réduit comme nous à ignorer les détails; et s'il veut s'occuper spécialement des détails, il n'y a jamais pour lui le danger d'oublier le total : « Il ne limite pas son dessein à chaque objet particulier[2], mais il forme chaque chose en vue du tout; il met toute sa sagesse dans la formation de chaque chose à sa place et à son rang; il accorde à chaque chose, et pour elle-même et en vue du tout, ce qui convient[3]. » — « O vous, le Dieu bon et tout-puissant, qui veillez sur chacun de nous comme si vous n'aviez à veiller que sur celui-là; et qui veillez sur tous comme sur chacun[4] ! »

Selon un autre mot de saint Augustin, la Providence s'exerce « en deux manières : l'une naturelle, l'autre volontaire ». Or, par Providence *naturelle*, saint Augustin entend l'ordre et la vie dans l'univers : la vie végétale et la vie animale; mais, par Providence *volontaire*, il entend la direction imprimée par Dieu aux volontés; et comme les volontés n'échappent jamais à la direction divine, on peut dire qu'il entend par Providence *volontaire*, l'activité des volontés et des intelligences : « l'en-

---

1. *Contra Adimantum*, c. 11, n° 1; t. VIII, col. 131.
2. « Neque universum condit in singulis. »
3. *Contra Faustum Manichæum*, lib. XXI, c. v; col. 391 : « Et omnibus particulariter atque universaliter congrua tribuens. »
4. « Qui sic curas unumquemque nostrum, tanquam solum cures; et sic omnes tanquam singulos » (*Confess.*, lib. III, c. xi, n° 19; t. I, col. 692).

seignement[1], l'agriculture, le gouvernement des sociétés, le développement des arts, tout ce qu'il y a d'activité dans la société du ciel, et tout ce qu'il y a d'activité dans cette société terrestre mortelle[2]. »

Enfin, saint Augustin enseigne que Dieu exerce sa Providence par le ministère des Anges[3]. C'est le dernier détail qu'il fallait mentionner, mais on n'en comprendra bien la signification qu'après avoir appris de saint Augustin en quoi consiste proprement l'action de la créature.

VII[4]

Toute substance a pour cause actuelle l'acte créateur qui ne cesse jamais ; et de même, toute énergie effective, non certes l'acte libre précisément comme tel, mais en dehors de la liberté, tout ce qui est force effective ou énergie effective, tient de Dieu son efficacité propre. Voici l'enseignement bien formel de saint Augustin.

« Nulle chose, dit-il, ne peut se produire elle-même.

---

1. « Signa dari, doceri et disci. »
2. *De Genesi ad litteram*, lib. VIII, c. IX, n° 17 ; t. III, col. 370 sq.
3. Voir, par exemple : 1° [388-395] *Libre Arbitre* (lib. III, c. XI et XII) ; — 2 [vers 415] *Cité de Dieu* (lib. VII, c. XXX *circa finem*).
4. Pour tout ce paragraphe, outre les indications données en notes, voir surtout : 1° [388-395] *Quatre-vingt-trois diverses Questions* (Quæst. LXXIX, n° 3-5) ; — 2° [397] *Questions à Simplicien* (lib. II, Quæst. III, IV, V) ; — 3° [401-415] *Explication littérale de la Genèse* (lib. VI, surtout c. I, XII ; lib. IX, surtout depuis c. XV) ; — 4° [400-416] *Trinité* (lib. III, depuis c. II à X) ; — 5° [415] *Cité de Dieu* (lib. IV, c. IX ; et [426] lib. XXII, c. XXIV) ; — 6° [420] *Ep. CCV* (n° 17).

Or, cette force et cette nature incorporelle, productrice de l'univers corporel, soutient par sa puissance actuelle tout l'univers. Car, après avoir produit, elle n'a eu garde de s'éloigner et d'abandonner son œuvre[1]. » Mais « la force productrice, *effectoria vis*, ne peut cesser de maintenir ce qui a été produit par elle, et de le défendre contre la perte de cette réalité qui le fait être en tant qu'il est. Car ce qui n'est pas par soi-même, s'il est abandonné par le principe qui le fait être, ne sera plus[2] ».

C'est l'année même de son baptême, que saint Augustin parlait ainsi. Il est revenu plus tard, bien souvent, sur le même sujet. Il a écrit, par exemple, dans l'*Interprétation littérale de la Genèse*, ce passage resté classique : « La puissance du créateur, et la vertu de celui *qui peut tout et qui soutient tout,* est la cause qui fait subsister toute créature. Si, un moment, cette vertu cessait de régir les choses qui ont été créées, c'est alors que leur réalité prendrait fin, et que toute nature s'évanouirait. Et sans doute, un architecte, après avoir construit, s'en va; il reste oisif ou il se tient éloigné, et son œuvre subsiste; mais le monde ne pourra pas subsister un seul instant, si Dieu lui soustrait cette action par laquelle il le régit[3]. »

Il insiste, et voici en quels termes il prétend expliquer sa pensée : « Quelques-uns s'imaginent que le monde lui-même a seul été fait par Dieu; mais pour tout le

---

1. « Non enim fecit, atque discessit, effectumque disseruit. »
2. *De Immortalitate animæ*, c. VIII, n° 11; t. I, col. 1028.
3. *De Genesi ad litteram*, lib. IV, c. XII, n° 22; t. III, col. 304.

reste, c'est le monde qui maintenant le produit, et cela, d'après la disposition et d'après l'ordre de Dieu ; d'ailleurs, Dieu lui-même maintenant n'opère rien » : ce qui, dans la pensée de saint Augustin, veut dire : ne produit ou ne crée rien, n'est la cause réelle d'aucune des natures qui, maintenant, commencent d'être. Or, à ceux qui croient cela saint Augustin oppose deux passages de l'Écriture[1], puis il conclut : « Croyons donc, et, si nous le pouvons, comprenons aussi que, maintenant encore, Dieu opère ; de telle sorte que si son opération était soustraite aux choses formées par lui, elles périraient[2]. »

Il disait encore à l'évêque Optat, et il le lui disait dans une Épître dogmatique : « *Dieu, avez-vous écrit, a fait les hommes, et il les fait, et il les fera; il n'y a rien dans le ciel ou sur la terre qui n'ait subsisté et qui ne subsiste par l'action de Dieu.* Or, reprend saint Augustin, cela est tellement vrai que personne n'en doute[3]. Mais vous semblez n'avoir poursuivi qu'une pensée, celle de réfuter vos contradicteurs ; ils auraient, en effet, prétendu que nos âmes ne sont pas l'œuvre de Dieu. Et, vraiment, s'ils croient de la sorte, leur sentiment mérite bien d'être condamné. Car, même au sujet des corps, s'ils

---

1. 1° « *Pater meus usque nunc operatur; Pater in me manens facit opera sua; et sicut Pater suscitat mortuos et vivificat, sic et Filius quos vult vivificat* » (Joan. V, 17, 20, 21). — 2° « *Stulte, tu quod seminas non vivificatur, nisi moriatur. Et quod seminas..... (est) nudum granum; Deus autem dat illi corpus quomodo voluerit* » (I Cor. XV, 36-38).

2. « *Si conditis ab eo rebus operatio ejus subtrahatur, intercidant* » (*De Genesi ad litteram*, lib. V, c. xx, n° 40; t. III, col. 335).

3. *Ep.* CCII, c. iv, n° 8; col. 932.

disaient semblable chose, il faudrait les corriger ou les frapper d'anathème [1]. »

Ce n'est d'ailleurs, encore, qu'une expression très abrégée ; voici maintenant l'explication complète. Saint Augustin, considérant l'action de la volonté en Dieu, dans les anges, dans les démons, dans les hommes pécheurs et dans les hommes justes, enfin dans les animaux, formule cette décision : « A quelques volontés, Dieu donne l'énergie effective, et à d'autres il ne la donne pas. Car, de même qu'il est le créateur de toutes les essences, de même il est le dispensateur de toutes les énergies effectives, mais non de toutes les volontés [2]..... Tous les corps sont soumis principalement à la volonté de Dieu ; de même toutes les volontés lui sont soumises, et cela, parce qu'elles n'ont aucune énergie effective, sinon celle que lui-même leur accorde [3]... Nos volontés ont exactement la force qu'il a voulu et qu'il a prévu qu'elles dussent avoir [4]. Tout ce que l'homme subit sans l'avoir voulu, il le doit imputer non aux volontés des hommes, ou des anges, ou de quelque esprit créé, mais plutôt à la volonté de celui qui donne aux volontés l'énergie effective [5]. » On a dans ces quelques phrases

---

1. *Ep. CCII*, c. iv, n° 10 ; col. 933.
2. « Sicut enim omnium naturarum creator est, ita omnium potestatum dator, non voluntatum. »
3. « Cui etiam voluntates omnes subjiciuntur, quia non habent potestatem nisi quam ille concedit. »
4. « Voluntates nostræ tantum valent, quantum Deus, eas valere voluit atque permisit » (*De Civitate Dei*, lib. V, c. ix, n° 4 ; t. VII, col. 152 sq.).
5. « Quidquid præter suam voluntatem patitur homo, non debuit tribuere humanis vel angelicis, vel cujusquam spiritus voluntatibus, sed ejus potius qui dat potestatem voluntatibus » (*Ib.*, c. X, n° 1 ; col. 153).

de la *Cité de Dieu*, les formules les plus expressives, les plus justes, les mieux faites pour être retenues; et celui qui les connaît déjà, les comprend toutes en ce seul mot : *omnium potestatum dator, non voluntatum*.

Saint Augustin, pour faire entendre cette doctrine, a souvent allégué l'exemple du laboureur : « L'œuvre du laboureur, prononce-t-il, consiste à diriger l'eau pour arroser; mais ce n'est pas son œuvre qui produit la chute de l'eau sur les pentes : cela est l'œuvre de celui qui a tout disposé avec mesure, avec nombre et avec poids (*Sap.* XI, 21). De même, l'œuvre du laboureur consiste à détacher de l'arbre un rameau et à le planter en terre, mais elle ne fait pas que le rameau boive les sucs, qu'il émette un germe, qu'il fixe dans le sol, sous forme de racine, une partie de lui-même, et qu'il développe dans l'air une autre partie qui sera l'arbre et les branches; cela encore est l'œuvre de celui qui donne l'accroissement[1]. » Il faut encore ajouter cette sentence : « L'être pervers possède sa volonté injuste, mais il reçoit l'énergie effective, et c'est toujours avec justice[2]. »

1. *De Genesi ad litteram*, lib. IX, c. xv, n° 27; t. III, col. 404; cf. l'exemple du médecin (*ib.*); ajouter n° 28. De plus : 1° le fait de greffer est un concours de l'homme à l'acte créateur, « *et ista Deo creanti* » (c. xvi, n° 29; col. 405); — 2° c'est Dieu qui produit tout nouveau vivant, « *concumbentes vero, nisi illo creante, generantes esse non possunt* » (*De Civitate Dei*, lib. XXII, c. xxiv, n° 2; t. VII, col. 789 : chapitre capital); — 3° Dieu fait agir les causes naturelles, selon l'ordre qu'il a établi et qu'il maintient (*De Trinitate*, lib. III, c. viii, n°ˢ 14 et 15; t. VIII, col. 876 sq.).

2. *Nam iniqui malitia voluntatem suam habet injustam; potestatem autem nonnisi juste accipit* (*De Trinitate*, lib. III, c. viii, n° 13; t. VIII, col. 876).

Notre péché, et en général notre décision libre nous appartient. Notre substance est, de même, notre propre substance : comme notre énergie, dans la mesure où elle existe, est notre propre énergie [1]. Rien, pourtant, ne limite Dieu. Saint Augustin n'a pas directement envisagé ce mystère; mais il a fort bien montré en quel sens nul intermédiaire réel ne s'interpose entre Dieu et le résultat extérieur : « Dieu, dit-il, pour produire son œuvre, n'emploie jamais une matière première qui n'aurait pas été produite par lui; il n'a point, non plus, d'autres ouvriers que ceux qu'il a lui-même créés, et s'il soustrait aux choses sa puissance, pour ainsi dire fabricatrice, les choses ne seront pas plus qu'elles n'étaient avant leur création [2]. »

1. *Sic administrat Deus omnia quæ creavit, ut etiam ipsa proprios exercere et agere motus sinat* (*De Civitate Dei*, lib. VII, c. xxx; t. VII, col. 220).
2. *Ibid.*, lib. XII, c. xxv; t. VII, col. 375. — Cf. 1° *Epistolæ ad Galatas Expositio*, n° 32; t. III, col. 2129; — 2° *Tractatus in Joannem*, Tract. II, n° 10; t. III, col. 1393 : « *Deus mundo infusus fabricat; ubique positus fabricat; non extrinsecus quasi versat molem quam fabricat.* »

CHAPITRE IV

DIEU ET L'HOMME

Pour toute créature, le degré de réalité et le degré de ressemblance avec Dieu sont une même chose. Mais outre la ressemblance qui se confond avec le degré d'être, et qui, comme telle, ne dépend pas du propre effort, il doit y avoir chez la créature raisonnable une autre ressemblance avec Dieu et un autre rapport avec Dieu. C'est ce que saint Augustin exprime en disant que toutes les autres créatures existent par le Verbe qui est l'image complète de Dieu, mais que la créature raisonnable doit aussi exister pour le Verbe et pour la ressemblance avec Dieu [1].

Or, il nous importe, avant tout, de savoir si, existant pour cette ressemblance, notre vie terrestre doit seule la réaliser. Car, en nous, la ressemblance divine se

---

[1]. « *Alia sic sunt per ipsam, ut ad ipsam etiam sint* » (*De vera Religione* [390], c. xliv, n° 82; t. III, col. 159). Cette différence entre *per ipsam* et *ad ipsam* est aussi exprimée trois ans plus tard : « *per similitudinem ejus profecto, qui condidit omnia...., ut similibus inter se partibus pulchra sint, ad ipsam tamen similitudinem omnia non facta sunt, sed sola substantia rationalis : quare omnia per ipsam, sed ad ipsam nonnisi anima* » (*De Genesi ad litteram, liber imperfectus*, c. xvi, n° 59 *in fine;* t. III, col. 243; cf. *ib.*, n° 60).

réalise, d'abord, par la connaissance, et infiniment plus par la volonté. La question est donc de savoir si la connaissance et si la volonté, réalisables l'une et l'autre pendant cette vie, doivent définitivement être, pour nous, toute connaissance possible et toute volonté possible. Ainsi, avant de déterminer en quelle mesure et en quel sens nous existons pour la ressemblance avec Dieu, il faut déterminer si nous devons vivre toujours.

I

Saint Augustin montre, dans toutes ses œuvres, que le mystère de notre destinée exige l'immortalité de l'âme; l'on se gardera pourtant de conclure qu'il fait expressément tout concourir à la démontrer. Il la rappelle plus souvent qu'il ne la démontre. Et, sans doute, la manière dont il la rappelle pourrait bien se nommer aussi une démonstration. Cependant, il n'a eu le dessein formel de la démontrer par des preuves proprement dites, que vers l'époque de sa conversion. C'est dans deux traités de cette première période, les *Soliloques* et l'*Immortalité de l'âme*, que l'on trouve des preuves directes, cherchées et proposées comme telles. Plus tard, bien qu'il n'en fît pas alors son étude principale, il établit aussi au treizième livre de *la Trinité*[1], et même en un chapitre de la *Cité de Dieu*[2], la nécessité de croire l'âme immortelle.

1. C. vii et surtout c. viii; t. VIII, col. 1020 sq.
2. Lib. XIV, c. xv.

Les *Soliloques*[1] reproduisent la preuve du *Phédon :* la vérité repose dans l'âme comme en son sujet propre, et d'ailleurs, la vérité ne peut pas périr; l'âme elle-même ne périra donc pas. Le raisonnement longuement développé est faible, embarrassé, subtil[2], transformé parfois en un jeu de mots : « (R) Quoi, si la vérité elle-même périt? Ne sera-t-il pas vrai que la vérité a péri? (A) Qui le nierait? (R) Mais le vrai ne peut pas être, si la vérité n'est pas[3]. » Cette considération tient fort peu de place; mais pour la preuve elle-même, toute sa force consiste en ce que l'âme étant le sujet de la vérité, sera immortelle. Saint Augustin n'ajoute rien, sur ce point, aux considérations de Platon. Mais on remarquera qu'il rejette l'autre preuve dévoloppée aussi dans le *Phédon,* et selon laquelle, puisque les essences n'admettent pas ce qui leur est contraire, il s'ensuit que l'âme dont l'essence est la vie, ne peut pas admettre son contraire, la mort. Voici, d'ailleurs, la pensée que saint Augustin attribue à Platon : « l'âme, supposé même qu'elle meure, est encore une âme. Mais, continue saint Augustin, je ne parlerai jamais ainsi; bien au contraire, je dis : par cela seul qu'elle meurt, elle n'est plus une âme. Et c'est une pensée dont ne me détournera pas la parole des grands philosophes. Je crains (en effet) que la mort n'arrive au corps comme les té-

---

1. Cf. à peu près à la même date, *Ep. III*, n° 1.
2. Lib. I, c. xv, surtout au n° 29; lib. II, c. ii, iii, iv; c. xiii, xiv, xix.
3. Lib. II, c. ii, n° 2; t. I, col. 886. Le même jeu de mots revient c. xv, n° 28; col. 898 : « veritatem non posse interire conclusimus, quod non solum si totus mundus intereat, sed etiam si ipsa veritas, *verum* erit et mundum et *veritatem* interiisse ».

nèbres arrivent à tel endroit ; car l'âme, comme la lumière, tantôt disparaîtra et tantôt s'éteindra. Dès lors, on n'est plus en sécurité contre toute mort corporelle[1]. » Et à cette occasion, saint Augustin examine encore les raisons qu'il a de croire l'âme immortelle ; or, il en mentionne une seule, toujours la même, qui est la présence ou la résidence dans l'âme, de la vérité immortelle[2]. Le passage qu'on vient de lire n'a certes pas une bien grande force ; il contient du moins la critique d'une pensée platonicienne, et, à cause de l'époque où elle se formule, cette critique est fort curieuse.

Le traité de l'*Immortalité de l'âme,* à peu près contemporain des *Soliloques,* donne sur l'immortalité une doctrine suivie, bien claire et bien ferme. Il commence, lui aussi, par la même preuve platonicienne[3], mais il ne s'y tient pas. Il exprime fort bien la différence entre l'être de l'âme et l'être de Dieu : l'âme est toujours dépendante pour le fond même de son être ; Dieu, au contraire, existe par sa propre vertu[4] ; ainsi, quoique immortelle, l'âme devra toujours à Dieu son existence[5]. L'âme est une réalité, une substance, et non un assemblage de parties ; elle n'est pas, non plus, le résultat de l'organisme, l'harmonie du corps[5] ; elle subsiste

---

1. *Soliloq.*, lib. II, c. xviii, n° 23.
2. *Ib.*, surtout c. xiv et xix, avec le début de c. xviii.
3. Jusqu'à c. viii, n° 13 ; le n° 14 commence un nouvel ordre de considérations.
4. C. xviii, n° 14 ; t. I, col. 1028. — *L'Ep. CLXVI* [415], à saint Jérôme, porte : « anima hominis immortalis est secundum quemdam modum suum. Non enim omni modo sicut Deus, de quo dictum est quia *Solus habet immortalitatem* » (I Tim. VI, 10). C. II, n° 3 ; col. 721.
5. C. viii, n° 15 ; c. x, n° 17 *in fine*.

comme substance vivante[1]. Considérée en elle-même, elle vivra, à moins que Dieu ne continue plus à la faire vivre[2].

Ici, comme dans les *Soliloques,* saint Augustin se souvient du raisonnement de Platon sur l'incompatibilité des essences contraires; et ici, il le renforce et il le perfectionne. Car, mieux que Platon, il connaît la substantialité de l'âme. Mais ce n'est pas de Platon qu'il tient la doctrine de l'influence créatrice toujours nécessaire pour que l'être des choses persiste. Saint Augustin écrit donc : « Toutes les choses qui en quelque manière sont, tiennent leur être de cette essence qui est souverainement et absolument : c'est par cette essence que l'âme est en tant qu'elle est, ou bien c'est par elle-même qu'elle est. Mais si elle est par elle-même, elle est sa propre cause d'existence et elle ne s'abandonne jamais; elle ne périt jamais..... Si, au contraire, elle est par cette essence absolue, cherchons la chose qui pourrait bien être contraire à cette essence, et qui enlèverait à l'âme la possibilité d'être âme que l'essence absolue lui donne[3]. » La question est nette. Saint Augustin, qui répond d'abord d'un manière assez faible, arrive bientôt à des considérations de plus en plus fermes et complètes : « Si nulle essence, dit-il, en tant qu'elle est essence, n'a son contraire, bien moins l'essence première pourra-t-elle l'avoir. Si, d'ailleurs, c'est de cette essence que l'âme tient ce qu'elle

---

1. C. IX, n° 16.
2. C. XI, n° 18.
3. C. XI, n° 18; t. I, col. 1030.

est (et vraiment elle ne peut le tenir d'aucune autre cause; elle n'est pas par elle-même; elle est donc par cette substance supérieure à l'âme); si, dis-je, c'est de cette substance que l'âme tient ce qu'elle est : rien n'existe qui puisse le lui faire perdre, car rien n'existe qui soit contraire à cette substance de qui elle le tient; et, par suite, l'âme ne cesse pas d'être[1]. » Donc la substantialité de l'âme et la continuité de l'action créatrice sont les deux raisons de notre immortalité. Ce traité de l'*Immortalité de l'âme* nous donne ainsi la seule preuve métaphysique possible, ou la seule conception purement métaphysique de l'âme immortelle : preuve ou conception qui se ramène à ceci : toute unité substantielle subsiste tant que Dieu ne l'anéantit pas, c'est-à-dire ne cesse pas de la créer.

Une preuve plus sensible, c'est notre désir naturel de l'immortalité et du bonheur, c'est l'impossibilité pendant cette vie d'atteindre le bonheur et de nous expliquer totalement ce qui nous touche le plus; car, dans notre mérite et dans notre démérite, il y a, pour nous, des mystères impénétrables. Saint Augustin le dit sans cesse, et il réserve pour l'autre vie l'achèvement et l'explication de notre destinée. Mais lorsqu'il en appelle ainsi à l'autre vie, il n'a pas l'intention de démontrer l'immortalité de l'âme; il songe alors uniquement à la liberté humaine ou à la grâce, ou au

---

[1]. C. xii, n° 19; t. I, col. 1031. — Cf. c. xiii, n° 22, où il est spécifié que l'âme ne risque pas non plus d'être transformée en un corps ni en aucune substance inférieure; car l'action divine, toujours actuelle, maintient l'être propre de l'âme.

péché, ou à la vertu, ou au souverain bien. On verra bientôt quelles sont ses réflexions. Pourtant, une fois, la considération de notre destinée lui fait expressément conclure l'immortalité de l'âme; c'est au traité de *la Trinité*[1]. Il va même jusqu'à dire que la vertu, sans l'immortalité, ne fait pas notre bonheur, et que, impuissante à rendre notre destinée parfaite, la vertu ne mériterait donc pas notre amour[2]. A part cette réflexion capitale, tout le reste se trouve parfaitement résumé en un court chapitre de la *Cité de Dieu :* « Seul, celui qui est heureux vit selon sa volonté; et, pour être heureux, l'on doit d'abord être juste. Mais le juste lui-même, avant de vivre selon sa volonté, doit arriver là où il est impossible de mourir, de se tromper, de subir enfin quelque ennui; et où surtout il y aura pour lui la certitude d'une stabilité définitive... Car la vie heureuse, à moins d'être aimée, n'est pas possédée[3]. Or, si on l'aime autant qu'elle le mérite, il n'est pas possible que, l'aimant de la sorte, on ne la veuille pas éternelle. Donc elle sera heureuse lorsqu'elle sera éternelle[4]. »

---

1. Lib. XIII, c. VIII, n° 11 ; t. VIII, col. 1022 sq.
2. « Nisi forte virtutes, quas propter solam beatitudinem sic amamus, persuadere nobis audent, ut ipsam beatitudinem non amemus. Quod si faciunt, *etiam ipsas utique amare desistimus*, quando illam propter quam solam istas amavimus, non amamus » (col. 1023: vid. not. præc.). — A cette occasion, il reproche aux philosophes d'avoir fort mal connu l'immortalité de l'âme (c. IX, n° 12).
3. « Beata quippe vita, si non amatur, non habetur. »
4. *De Civitate Dei*, lib. XIV, c. XXV; t. VII, col. 433.

II

Il est donc établi que nous vivrons toujours. Mais à chaque moment de sa durée, notre existence a un rapport avec Dieu, et la nature de ce rapport dépend du degré où s'élève notre connaissance, et de la direction que prend notre volonté. Voici, maintenant, ce qu'il en est de notre connaissance.

Nous avons, pour connaître Dieu, divers moyens : l'effort de la réflexion philosophique, l'enseignement des Écritures, les apparitions divines, l'extase ou vision intellectuelle, enfin les facultés supérieures que la vie future nous réserve. Il ne sera pas traité ici de la réflexion philosophique, car le premier livre a épuisé ce sujet. Les autres modes de connaissance seront donc seuls étudiés. Or, à propos de chacun d'eux, saint Augustin enseigne qu'en dehors de la connaissance intellectuelle, il n'y a pas de connaissance qui atteigne Dieu[1]. Son grand principe est d'appliquer à la créature tout ce qui, étant dit de Dieu, le représente comme susceptible d'un changement. Il emploie, dans cette circonstance, l'expression *accidents relatifs*, laquelle signifie que l'accident attribué à Dieu se rapporte, en

---

1. Sur la manière dont nous connaissons Dieu, et sur l'impossibilité de le connaître autrement que par notre intelligence, voir surtout : *Ép. CXLVII* [113], à la veuve Pauline ; c'est un traité sur la vision de Dieu ; d'ailleurs, l'Épître s'appelle *Liber de videndo Deo*. Ajouter : *Ép. XCII* [408], à Italica ; *Ép. CXLVIII* [113], à l'évêque Fortunatianus : confirmation de l'*Épître CXLVII* et protestation de respect à l'égard d'un évêque

fait, à la seule créature : « Donc, lorsque, pour la première fois, on dit de Dieu, selon la condition de temps, telle chose qu'auparavant on ne disait pas de lui, il est manifeste que l'on parle relativement : et ce n'est pourtant pas que l'on exprime un accident survenu à Dieu; mais, au contraire, c'est un accident de la créature à l'égard de laquelle on dit de Dieu quelque chose de nouveau [1]. »

Saint Augustin dit encore : « La sainte Écriture, s'exprimant en notre langage, nous montre par les termes mêmes dont elle se sert, que rien ne se peut dire dignement de Dieu [2]. » L'Écriture s'exprime « le plus souvent selon les apparences sensibles, non selon la perception intellectuelle; ainsi la vision intellectuelle, *visio mentis*, où réside tout le fruit, est laissée comme exercice

---

inconnu dont cette Épître avait froissé la simplicité tout anthropomorphique.

1. *De Trinitate*, lib. V, c. XVI, n° 17; t. VIII, col. 922 et 924.
2. *Contra Adimantum Manichæi discipulum* [391], c. VII, n° 1; t. VIII, col. 136; cf. *ib.*, c. XI, col. 142 et col. 143; c. XIII, n° 2, col. 147; c. XXVIII, n° 2, col. 172. — Sur la manière dont il faut entendre les anthropomorphismes, voir principalement *Ep. CXLVII*, puis : 1° [389] *De la Genèse contre les Manichéens* (lib. I, c. VIII, n° 14; c. IX, n° 15; c. XIV, n° 20; c. XXIII, n° 41); — 2° [389-395] *Les Quatre-vingt-trois Questions* (Quæst. LX); — 3° selon l'ordre chronologique, le livre *Contre Adimante*, indiqué au commencement de cette note; — 4° [397] *Les Questions à Simplicien* (lib. II, Quæst. II, et quelque chose au début de Quæst. III); — 5° [401-415] *Interprétation littérale de la Genèse* (lib. V, c. XIX, n° 37 et n° 39); — 6° [400-416] *Trinité* (lib. I, c. I, n° 2; c. XII, n° 23; lib. II, Prooemium; lib. V *in fine*, lib. VIII, c. II, n° 3; lib. XV, c. XIII, n° 22); — 7° [un peu avant 420] *Cité de Dieu* (lib. XV, c. VII; c. XXV; et [426] lib. XXII, c. 2); — 8° [vers 416] *Traités sur saint Jean* (Tract. XX, n° 2; XXIII, n° 8; XCVIII, n° 2 *in fine*); — 9° [412] *Ep. CXL* c. XXIX, n° 69, et c. XXXV, n° 81).

aux lecteurs [1] ». Dès lors, pour avoir bien le sens des Écritures, on transformera en notion intellectuelle, les indications si nombreuses qui assimilent l'action de Dieu à l'action de l'homme : « Le Psalmiste dit : *On annoncera au Seigneur la génération future* (Ps. XXI, 32). Il ne dit pas : *On annoncera le Seigneur à la génération future*, mais : *On annoncera au Seigneur la génération future*. Gardons-nous, d'ailleurs, d'entendre que l'on annoncera quelque chose à Dieu afin de le lui faire savoir. Mais la créature raisonnable toujours soumise à Dieu, rapporte nécessairement à l'éternelle vérité les causes temporelles ; elle agit ainsi, soit en demandant que telle chose lui arrive, soit en consultant sur ce qu'elle doit faire ; c'est là un pieux sentiment destiné à la rendre plus forte, et non à instruire Dieu [2]. — De même, dans la parabole des vierges folles, Dieu dit : *Je ne vous connais pas* (Matth. XXV, 12) : « Mais *je ne vous connais pas* n'est pas autre chose que *Vous ne me connaissez pas*. Lorsqu'en effet on dit de Dieu qu'il connaît, c'est qu'il nous donne la connaissance de lui-même [3]. » Enfin, les passages où l'Écriture mentionne la colère de Dieu, ne doivent nullement nous faire penser à ce que, selon l'habitude humaine, nous appelons colère. Le Saint-Esprit, en usant d'un tel langage, nous indique « com-

---

1. *Contra Adimantum*, c. xxviii, n° 2 ; t. VIII, col. 172.
2. *Ep. CXL*, c. xxix, n° 69 ; col. 568. — Sur le même sujet, les passages de *la Trinité* indiqués dans la note ci-dessus. Cf. : « *Tentat vos Deus vester ut sciat si diligatis eum* » (Deut. XIII, 3). « Non sic dictum est hoc quasi nesciat Deus : sed ut ipsi sciant quantum in Domini dilectione profecerint » (*De diversis Quæstionibus LXXXIII*, Quæst. LX ; t. VI, col. 48).
3. *Ib.*, c. xxxv, n° 81 ; col. 571.

bien la grandeur des choses divines est ineffable[1] »; donc, « supportons la condition du langage humain et soupçonnons la perfection divine qui ne s'exprime pas[2] ».

Les apparitions divines que les anciens livres sacrés racontent, ne procuraient pas une perception sensible de l'essence divine elle-même[3]. Mais Dieu employait quelque chose du monde extérieur à produire la conviction sensible de sa présence. Il y a là-dessus un mot très heureux de saint Ambroise de Milan : « (Dieu se montrait) sous la forme que sa volonté avait choisie, et que sa nature ne déterminait pas[4]. » Saint Augustin emprunte ce mot, et il en exprime aussi la signification en ces termes encore plus précis : « Dieu apparaît sous une forme que sa volonté choisit, mais sa nature reste cachée[5]. »

Avec quelque variété dans l'expression, saint Augustin, à toutes les époques, s'est uniquement tenu à cette pen-

1. *Contra Adimantum*, c. xi; t. VIII, col. 142.
2. *Ibid.*, col. 143.
3. Voir, d'abord, à cause de son importance, [413] *Ep. CXLVII*, c. vi; voir ensuite, dans l'ordre chronologique : 1º [400-416] *Trinité* (lib. II, c. vi, nº 11; c. vii, nº 12; c. x et xi; xiii-xviii : six chapitres à remarquer; lib. III, c. xi, très important; lib. IV, c. xxi, nº 31); — 2º [401-415] *Interprétation littérale de la Genèse* (lib. VIII, c. xviii, nº 37; lib. IX, c. ii; lib. XI, c. xxxiii); — 3º [415] *Cité de Dieu* (lib. X, c. xiii; [peu avant 420] lib. XV, c. vii; lib. XVI, c. xxix); — 4º [419] *Questions sur l'Heptateuque* (lib. II, in *Exodum*, Quæst. CI et CLI); — ajouter : 5º [415] *Ep. CLXIX* (c. ii, nº 9; c. iii, nº 11).
4. « Ea specie videri quam voluntas elegerit, non natura formaverit » (*Ambros. super Lucam*, c. i, nº 11).
5. « Apparet ea specie quam voluntas elegerit, etiam latente natura » (*Ep. CXLVII*, c. vii, nº 19; col. 604; la citation de saint Ambroise est c. vi, nº 18; col. 604).

sée¹. Il n'y a qu'à prendre comme exemple son étude sur les apparitions divines racontées dans l'Exode, savoir : l'apparition dans le buisson ardent, et les colloques de Dieu avec Moïse sur le mont Sina². Était-ce un ange qui, dans le buisson ardent, parlait au nom de Dieu, ou était-ce Dieu lui-même ? « Dieu avait-il voulu que par ces paroles et que par l'emploi de la chose créée (par l'emploi du buisson), la présence du Seigneur fût manifestée, comme il le fallait, aux sens eux-mêmes de l'homme³ ? » Pareillement, sur le mont Sina, s'il y a des éclairs et de la foudre, « tout cela est produit par la créature qui obéit aux ordres du créateur, et tout cela, comme la circonstance l'exigeait, est offert en spectacle aux sens... Mais enfin, c'est, comme nous l'avons dit souvent, par l'emploi de la créature, que tous ces spectacles visibles et sensibles sont offerts, en vue de signifier le Dieu invisible et intelligible⁴. » Dans ces deux passages, saint Augustin dit *per subjectam creaturam;* il reprend la même expression dans la *Cité de Dieu*⁵, où il dit aussi : « Il appartient vraiment à la puissance divine, et à la nature incorporelle et immuable, de rester elle-même et d'apparaître pourtant aux regards mortels, d'apparaître, non par son essence, mais par l'emploi de la créature⁶. » Enfin, tout ce qui concerne les apparitions di-

1. Voir les passages indiqués ci-dessus.
2. *De Trinitate*, lib. II, c. xiii et xv.
3. *Ibid.*, c. xiii, n° 23; t. VIII, col. 860.
4. *Ibid.*, c. xv, n° 25; t. VIII, col. 861 et 862.
5. « Cum primis hominibus *per creaturam subjectam* velut eorum socius forma congrua loquebatur » (lib. XV, c. vii; t. VII, col. 113).
6. *De Civitate Dei*, lib. XVI, c. xxix; t. VII, col. 508.

vines doit se considérer comme parfaitement décidé dans ce passage de l'Épître CXLVII : « Dieu apparaît à qui il veut et sous la forme qu'il veut; mais sa nature invisible et immuable n'en demeure pas moins tout entière en lui. Or, le désir des hommes véritablement pieux, ce désir qui leur fait ardemment chercher la vision de Dieu, ne tend pas, je suppose, à contempler cette forme sous laquelle, selon la volonté divine, apparaît ce que Dieu lui-même n'est pas; mais ce désir tend vers cette substance par laquelle Dieu est ce qu'il est [1]. »

Les apparitions n'apprennent donc rien; elles ne procurent qu'un ébranlement, ou qu'une invitation indirecte à se convaincre de la présence de Dieu. Mais un mode de perception intellectuelle, bien supérieur à la réflexion philosophique, nous donne parfois, dès cette vie, une certaine intellection claire de l'essence divine [2]. Saint Augustin le savait par l'étude et aussi, comme plus tard sainte Thérèse [3], par sa propre expérience. Il y a, sur ce sujet, le récit célèbre des *Confessions :* « Pendant que (ma mère et moi) nous parlions, et que nous aspirions vers l'essence divine, nous l'atteignîmes un peu, de tout

---

1. C. VIII, n° 20; col. 605.
2. Sur cette perception, extase ou vision intellectuelle, trois passages essentiels : 1° [400] *Confessions* (lib. IX, c. x); — 2° [vers 415] lib. XII de *Interprétation littérale de la Genèse* (surtout c. II, VI, VII, X, XIV qui est à remarquer; XXV, XXVI-XXXI, six chapitres les plus importants de tous; XXXVI); — 3° [413] *Ep.* CXLVII (c. XIII; XV, n° 37). — L'expression *vision intellectuelle* se rencontre dans les passages indiqués de l'*Interprétation littérale de la Genèse.*
3. Sur la *vision intellectuelle*, voir *Vie par elle-même* (traduct. Bouix éd. Lecoffre), c. XXIX, p. 363; c. XXXI, p. 390 sqq.; c. XXXVIII, p. 553; *Additions*, p. 606); *Château intérieur* (6° Demeure, c. VIII, X).

l'élan de notre cœur, et nous soupirâmes et nous y laissâmes les prémices de notre esprit; nous revînmes ensuite au langage de notre bouche, à ce langage où il y a pour la pensée un commencement et une fin [1]. » Saint Augustin veut dire qu'après avoir été élevés, l'un et l'autre, à ce degré supérieur de connaissance, dans lequel toute la réalité intelligible qui est Dieu, est clairement perçue par une seule intellection, ils revinrent au mode d'intellection simplement humaine, à ce mode qui morcelle l'intelligible et nous le fait percevoir par notions censées distinctes et séparées. Il continue : « Nous disions donc : si chez quelqu'un le tumulte de la chair se tait, et si l'âme se tait pour elle-même, si elle se dépasse en cessant de se penser [2] »; si les conditions de la connaissance se transforment et s'élèvent, s'il ne reste plus rien des obscurités dans lesquelles, à chaque instant, l'intelligence humaine se perd; « si cela se continue, si les autres visions d'une nature inférieure s'éloignent, et si cette vision seule emporte et absorbe et ensevelit son spectateur dans les joies intérieures, et si une vie perpétuelle existe telle que fut ce moment de l'intelligence à laquelle nous soupirions : n'est-il pas vrai que c'est la réalisation du mot : *Entrez dans la joie de votre Seigneur?* (Matth. XXV, 21) [3] ».

L'*Interprétation littérale de la Genèse* [4], et l'Épître CXLVII [5], contiennent une étude sur le ravissement de

1. Lib. IX, c. x, n° 24; t. I, col. 774.
2. Ce que sainte Thérèse appelle *suspension de l'entendement.*
3. Lib. IX, c. x, n° 25; t. I, col. 774 sq.
4. Lib. XII, c. II-IV.
5. C. XIII, n° 31; col. 610.

saint Paul au troisième ciel. Et peu importe, ici, l'explication physique de *troisième ciel ;* il faut seulement voir comment saint Augustin entend le mode supérieur de connaissance auquel saint Paul fut élevé : « L'âme humaine, dit-il, peut être élevée de cette vie à la vie angélique... C'est ainsi, en effet, que fut élevé celui qui entendit au ciel des paroles ineffables qu'il n'est pas permis à l'homme de prononcer; il y eut alors, pour lui, un détournement d'attention si loin des sens dont nous vivons, qu'il ignorait, dit-il, s'il était dans son corps, ou hors de son corps (II Cor. XII, 2-4) [1]. » Dans l'*Interprétation littérale de la Genèse,* saint Augustin s'applique à montrer le caractère purement intellectuel de la vision à laquelle Dieu éleva saint Paul [2] et l'impossibilité de percevoir, dans notre état ordinaire, cette vision intellectuelle [3]. Il indique aussi quel rapport existe entre la vision intellectuelle de l'extase et la vision intellectuelle ordinaire due à la réflexion philosophique : « C'est par la lumière divine que l'âme comprend, selon qu'elle en a la force. Lors donc que l'âme est élevée par le ravissement, et que, détachée des sens corporels, elle est mise plus vivement en présence de cette vision, mais cela, en dehors de l'espace et selon la manière que l'âme comporte, elle voit dès lors, au-dessus de soi, cette lumière, dont le secours lui permet de voir cela même que, par l'intellection, elle voit dans sa propre substance [4]. » Ainsi, la vision intel-

---

1. *Ep. CXLVII,* c. xiii, n° 31 ; col. 610.
2. Lib. XII, c. xxvi, n° 54, surtout à la fin ; t. III, col. 476.
3. *Ibid.,* c. xxvii, n° 55, vers la fin ; t. III, col. 477.
4. « Etiam supra se videt illud, quo adjuta videt quidquid etiam in

lectuelle d'extase et la vision intellectuelle ordinaire, ou connaissance philosophique, ont également Dieu pour cause et pour objet; elles atteignent l'essence divine, mais non au même degré.

Le plus parfait degré de vision est réservé aux élus dans l'autre vie, et aux élus seuls, car les démons ni les réprouvés n'ont la vision intellectuelle de Dieu [1]. Les élus, d'ailleurs, ne seront pas transformés en la substance de Dieu [2]. C'est par leur intelligence qu'ils connaîtront Dieu; ils auront, après la résurrection, un corps affranchi de toutes les misères; ils éprouveront, sans doute, des perceptions sensibles que nous ne pouvons pas aujourd'hui nous représenter [3], mais ce ne sera jamais leur perception sensible qui leur fera connaître l'essence divine.

On a pu se demander si, selon saint Augustin, les élus, après la résurrection, n'auront pas des yeux assez transformés et assez spirituels pour voir Dieu. Ç'a été longtemps une question célèbre [4]. Mais ce ne peut pas être une question vraiment difficile à résoudre [5]. Parmi tous les

---

se intelligendo videt » (*De Genesi ad litteram*, lib. XII, c. XXXI, n° 59; t. III, col. 479 sq.). On peut comparer *De Civitate Dei*, lib. XVI, c. VI, n° 1; t. VII, col. 484.

1. *Ep.* CXLVII, c. V, n° 15; c. XI, n° 25. — Cf. *Quæst. ad Simplicianum*, lib. II, Quæst. III, n° 1.
2. *Ibid.*, c. XV, n° 36.
3. *Ep.* XCV, Paulino, n° 7; col. 355.
4. Pétau, *Dogmata Theologica*, *De Deo*, lib. VII, c. II, où il est loin de rendre justice à saint Augustin. — Thomassin, *De Deo*, lib. VI, c. XII (les derniers numéros), parle avec beaucoup plus de justesse.
5. Voir : 1° [403] *Ep.* XCII, à la veuve Italica; — 2° [410] *Ep.* CXX, à Consentius, n° 17; — 3° [113] *Ep.* CXLVII, à Pauline, c. XX, XXI, XXII, XXIII; — 4° [113] *Ep.* CXLVIII, c. I, n° 2 et 3; c. II jusqu'à la fin de l'Épître; — 5° [127] *Cité de Dieu*, lib. XXII, c. XXIX.

passages, en effet, qui s'y rapportent, on n'en trouve qu'un seul où la possibilité de voir Dieu semble accordée au corps devenu tout autre : « Lorsque, dit saint Augustin, selon la promesse faite pour la résurrection, nous aurons enfin un corps spirituel, et qu'alors nous verrons la Trinité, soit par notre âme, soit aussi, en une manière admirable, par notre corps lui-même, car enfin la force du corps spirituel est chose ineffable : il n'arrivera pourtant pas que la Trinité nous apparaisse dans l'espace [1]. » Or ce passage est de 410, et on trouve tout autre chose en 408 et en 413. Voici, d'abord, ce que saint Augustin, en 408, écrit à Italica : « Voir Dieu, ce n'est possible à l'œil du corps, ni maintenant, ni après la résurrection. Car la mesure où nous verrons Dieu sera celle où nous lui serons semblables… Et nous le verrons par la même cause qui nous rend semblables à lui [2]. » Il y a en 413 quelque chose de plus explicite : « Si, lors de la résurrection, les yeux corporels changeront de nature, et s'ils apercevront Dieu, je laisse décider cela à ceux qui le pourraient expliquer : pour moi, je me tiens à la pensée de celui [3] qui, sans excepter notre état après la résurrection, attribue la vision de Dieu, non pas aux yeux corporels, mais aux cœurs purifiés [4]. » Enfin, en 427, la *Cité de Dieu* enseigne tou-

---

1. *Ep. CXX*, c. III, n° 17; col. 460.
2. *Ep. XCII*, n° 3; col. 319.
3. Saint Paul : « Regi sæculorum immortali, invisibili » (I Tim. I, 17).
4. *Ep. CXLVII*, c. xx, n° 48; col. 618. — Au n° suivant, il dit de ceux qui espèrent la transformation du corps en esprit : « *conatus mentis* UTCUMQUE *ferendus est, volentis corpus convertere in spiritum* » (n° 49, col. 619); — cf. *Ep. CXLVIII*, c. I, n° 4; col. 623.

jours l'impossibilité de voir Dieu corporellement; c'est tout au plus si, dans le ciel, la perception produite par des sens presque spiritualisés, ferait deviner la présence de Dieu. La pensée de saint Augustin est, ici, fort ingénieuse. Mais elle démontre bien que saint Augustin n'attribue nullement au corps transformé la vertu de faire percevoir par la sensation l'essence divine : « Il peut se faire, dit-il, et il est fort croyable que, par notre vision du ciel nouveau et de la terre nouvelle, nous apercevions Dieu partout présent et gouvernant l'univers corporel. C'est ainsi que les hommes parmi lesquels aujourd'hui nous vivons, nous donnent par leur présence non point la foi de leur vie, mais la vision de leur vie[1]. » Saint Augustin s'arrête enfin à ceci : « Dieu nous sera tellement connu et tellement manifeste, que chacun de nous le verra spirituellement en chacun de nous; chacun le verra dans l'autre, et chacun le verra en soi-même; on le verra dans le ciel nouveau et dans la terre nouvelle, et dans toute créature alors existante[2]. »

Une pareille connaissance implique naturellement l'amour. Et c'est bien dans l'amour que consiste, pour l'essentiel, notre rapport avec Dieu. Dieu, en effet, est le bien absolu[3], l'ordre absolu, la loi

---

1. *De Civitate Dei*, lib. XXII, c. XXIX, n° 6; t. VII, col. 800.

2. *Ibid.*, c. XXIX, n° 6; t. VII, col. 801; le dernier passage se continue en ces termes : « *videatur et per corpora in omni corpore quocumque fuerint spiritualis corporis oculi acie perveniente directi* »; il n'était pas nécessaire de traduire, car c'est la même chose que dans la première citation.

3. *Ep.* CXL, n° 81; col. 575; cf. *De duabus animabus*, c. VIII; t. VIII, col. 102; *De Trinitate*, lib. VIII, c. III, n° 4; t. VIII, col. 949.

à laquelle toute volonté doit se soumettre, et à laquelle, d'ailleurs, nulle volonté ne peut réellement se soustraire : « Toute créature, qu'elle le veuille ou non, est soumise uniquement à son Dieu et à son Seigneur. Or, cela nous enseigne à servir de toute notre volonté, Dieu, notre Seigneur. Car le juste le sert librement, mais le pécheur le sert en esclave [1]. » Cette pensée, que saint Augustin reproduit fort souvent [2], a eu sa meilleure expression au sixième livre de *la Musique* [387], dans les deux formules très courtes que voici : « Autre chose est se conformer à l'ordre, autre chose être contraint par l'ordre [3] »; et ; « On est esclave de la loi, lorsqu'on n'aime pas la loi [4]. »

Il y ainsi deux sortes de volontés dont le total forme les deux cités : la cité du démon et la cité de Dieu [5]. Et ces volontés sont, ou soumises à cet ordre, ou contraintes par cet ordre qui impose le bien et qui défend le mal ; elles se meuvent, quoique diversement, mais avec une égale obligation, sous l'empire de « la loi éternelle qui ordonne de conserver l'ordre de la nature, et qui défend de le troubler [6] ».

---

1. *De Agone Christiano* [396 ou 397], c. vii, n° 7; t. VI, col. 294.
2. Voir *De Genesi ad litteram*, lib. VIII, c. xx-xxvi, et *Epistolæ ad Galatas expositio*, n° 32; t. III, col. 2128.
3. *Aliud est enim tenere ordinem, aliud ordine teneri* (c. xiv, n° 46; t. I, col. 1187).
4. *Subditur legibus qui non amat leges* (Ibid., n° 48; t. I, col. 1188).
5. Outre *De Civitate Dei*, voir *De catechizandis rudibus* [400], c. xix.
6. *Quæ ordinem naturalem conservari jubet, perturbari vetat* (*Contra Faustum Manichæum* [400], lib. XXII, c. xxx; t. VIII, col. 420).

III[1]

Nous avons la faculté de nous déterminer ou de choisir, et nous l'avons au point de ne pouvoir sans contradiction la méconnaître : « Car il a été donné à notre âme un libre arbitre tel que, si l'on recourt à de futiles raisons pour l'ébranler, on tombe dans l'aveuglement, mais un aveuglement qui ne permet pas d'apercevoir combien ces raisons vaines et sacrilèges proviennent elles-mêmes de la propre volonté[2]. » En un mot, c'est par le libre arbitre que l'on nie le libre arbitre. Saint Augustin pense donc, et il a raison de penser, que notre conscience nous révèle spontanément notre libre arbitre[3]. On a souvent cité à ce sujet un passage du traité *Des deux âmes* [391]; le voici : « M'aurait-il donc fallu examiner tous ces livres obscurs (des Manichéens) pour apprendre que l'on ne mérite ni blâme ni supplice lorsque, d'ailleurs, on ne veut rien contre les prohibitions de la justice, ou que l'on ne fait pas ce qu'il est impossible de faire? Mais tout cela,

---

1. La liste des passages à consulter serait infinie. On pourra voir particulièrement : 1° [388-395] *Libre Arbitre* (lib. III); — 2° parmi les Traités contre le Pélagianisme; [415] *De la Nature et de la Grâce*. Les notes de ce paragraphe donneront de nombreuses indications.

2. *De Quantitate animæ*, c. xxxvi, n° 80; t. I, col. 1079; cf. *De Lib. Arb.*, lib. III, c. i, n° 3; t. I, col. 1272.

3. Cf. *Disputatio cum Felice Manichæo*, lib. II, c. iii *in fine :* « ad confitendum verum de libero arbitrio, plus in eo (Manichæo) valuit *natura humana*... quam fabula sacrilega quam sibi ipse confinxit » (t. VIII, col. 538).

n'est-ce pas ce que les bergers chantent sur les montagnes, les poètes sur les théâtres, les ignorants dans les carrefours, les savants dans les bibliothèques, les maîtres dans les écoles, les évêques dans les lieux saints et le genre humain dans tout l'univers¹? »

Dans le traité du *Libre Arbitre,* il assimile en un certain sens la volonté à la raison; car si la raison se connaît elle-même, la volonté, à son tour, se meut elle-même : « La volonté qui use de tout le reste, dit-il à Évodius, use aussi d'elle-même; elle fait comme la raison qui, connaissant tout le reste, se connaît aussi elle-même². » Il dit plus expressément encore, au traité *Des deux âmes :* « Je sais que je vis : accordez-le-moi; je sais que je veux vivre : accordez-le-moi encore; or, si tout le genre humain est unanime sur ce point, notre volonté nous est donc connue autant que notre vie. Et lorsque nous prétendons connaître notre volonté, il n'y a pas à craindre que l'on nous convainque du danger d'erreur; car enfin, pour tomber dans l'erreur, il faut d'abord vivre, ou d'abord vouloir quelque chose³. » Je pense, je suis libre, ce sont pour saint Augustin deux perceptions fondamentales, nécessaires et infaillibles.

Mais percevoir le fait de la liberté, ce n'est pas, aussitôt, expliquer la nature de la liberté. Or, dans les quelques passages allégués, on a pu voir déjà l'équivalence, pour saint Augustin, des deux termes *libre arbitre* et

---

1. *De duabus animabus,* c. xi, n° 15; t. VIII, col. 105.
2. *De Lib. Arb.,* lib. II, c. xix, n° 51; t. I, col. 1268.
3. C. x, n° 13; t. VIII, col. 104.

volonté. Il les a constamment employés l'un pour l'autre, et ce n'a pas été par distraction. Il entend, en effet, par liberté, le propre pouvoir de choisir; et d'un autre côté, à aucune époque, il n'admet un pouvoir chimérique d'absolue indifférence. Et, puisqu'il invoque le témoignage de la conscience universelle, il aurait pu dire que la conscience universelle ne réclame pas du tout la liberté de véritable indifférence, et qu'au contraire, si elle se représente un héros de vertu, elle lui donne une volonté toujours généreuse et toujours impeccable.

Il n'a pas songé à cette réflexion; et qui plus est, il n'a pas étudié uniquement pour elle-même la question de la liberté. Car, au commencement, à partir de 388, sa préoccupation principale a été de combattre les Manichéens; voilà pourquoi le traité du *Libre Arbitre*, au lieu de donner uniquement et totalement ce que son titre ferait attendre, expose une conception de l'univers, et devrait plutôt s'appeler *De la Nature des choses contre les Manichéens*. Puis, à partir de 412, lorsque Pélage dogmatise, il ne s'agit pas, non plus, pour saint Augustin, d'élucider curieusement toutes les conditions et tous les mystères de l'acte libre; il fallait alors, avant tout, enseigner que la liberté purement humaine ne peut ni vouloir, ni accomplir l'acte surnaturel d'amour de Dieu. Ainsi, quelque autre question, Manichéisme ou Pélagianisme, a toujours été aux yeux de saint Augustin, plus importante et plus haute que la question pure et simple de la liberté. Sans cette circonstance, il aurait étudié plus expressément le rôle des inclinations naturelles et leur influence sur le choix libre. C'est un point qu'il aurait dû mieux approfondir. Mais il donne, sur tout le reste, une doctrine complète.

Très souvent, et à toutes les époques, il a identifié la liberté, non pas avec le volontaire ou la simple volition[1], mais avec la volonté librement réfléchie. Son langage, pas plus que sa doctrine, n'a subi sur ce point aucune variation. Si l'on veut des formules où volonté équivaut à liberté, on en trouvera dans les premiers traités contre les Manichéens, notamment dans le traité *Des deux âmes* où le passage sur les bergers qui chantent le libre arbitre, est précédé d'un long chapitre[2] bien instructif. C'est là que volonté et libre arbitre sont dits indifféremment l'un pour l'autre; et c'est là qu'on lit cette définition : « La volonté est le mouvement par lequel, sans subir de contrainte, l'âme s'efforce de ne point perdre ou d'acquérir quelque

---

1. Cette question a été longuement agitée, au seizième siècle, contre les protestants, et au dix-septième contre les jansénistes. On peut voir, pour les disputes du seizième siècle, BELLARMIN, *Controv. De Gratia et Libero Arbitrio*, lib. III, et aussi les autres livres. — La discussion contre les jansénistes se trouve dans : DESCHAMPS (CAMPSIUS), *De Hæresi Janseniana*, ouvrage très orthodoxe, très savant, très diffus, et où le style de controverse domine trop; THOMASSIN, *De Deo*, lib. X, c. LXXVI-LXXVII; PÉTAU, *De Tridentini Concilii interpretatione et Sancti Augustini doctrina; De sex primorum mundi dierum opificio*, lib. III et IV; FÉNELON, *Ordonnance portant condamnation contre la théologie de Châlons*, Ire et IIIe part.; *Instruction Pastorale en forme de dialogues sur le système de Jansénius*, surtout Ire part., lettre V; *Lettres sur la Grâce et la Prédestination*, Ire lettre. Ces deux dernières pièces sont d'une très grande valeur. Pourtant, sur cette question, saint Augustin conserve une supériorité, qui est d'avoir eu toujours le sens du mystère.

2. Cap. x, n° 13, 14; t. VIII, col. 104.

chose[1]. » Les *Rétractations* reviendront là-dessus, et ce sera pour expliquer qu'une persuasion intérieure réussit à nous faire vouloir. Il y a plus encore : le traité du *Libre Arbitre* emploie au troisième livre, en leur attribuant la même valeur, les six expressions : Volonté[2]; Volonté libre[3] ; Arbitre de la volonté[4]; Volonté en notre pouvoir[5]; Libre arbitre[6]; Puissance de vouloir[7]. De pareils termes seront toujours susceptibles d'avoir pour saint Augustin la même signification, qui est celle de décision libre. Il n'y a donc pas eu chez lui, au moment où il écrivait le troisième livre du *Libre Arbitre*, faiblesse ou indétermination de la pensée. La *Cité de Dieu*, les traités contre les Pélagiens, l'*Enchiridion* [421], les *Rétractations* [427], diront souvent, sans raison apparente, Volonté au lieu de Liberté, ou de Libre Arbitre, ou de Volonté libre. Voici,

---

1. *Voluntas est animi motus, cogente nullo, ad aliquid vel non amittendum, vel adipiscendum.*

2. *Neque enim quidquam tam firme atque intime sentio, quam me habere voluntatem, eaque me moveri ad aliquid fruendum* (lib. III, c. I, n° 3; t. I, col. 1272).

3. *Quomodo est enim voluntas libera, ubi tam inevitabilis apparet necessitas?* (c. II, n° 4 *in fine;* t. I, col. 1271).

4. ... *Non ergo est in peccando voluntatis arbitrium, sed potius inevitabilis et fixa necessitas* (c. III, n° 6; t. I, col. 1273).

5. *Nihil tam in nostra potestate quam ipsa voluntas est. Ea enim prorsus nullo intervallo, mox ut volumus præsto est* (c. III, n° 7; t. I, col. 1274). — Les Pélagiens abusaient de cette phrase que saint Augustin explique dans les *Rétractations*, mais qu'il ne blâme pas.

6. *Unde tibi videtur adversum esse liberum arbitrium nostrum præscientiæ, Dei?* (c. IV, n° 10; t. I, col. 1276).

7. *Non clament non succenseant* (Manichæi) : *quia neque ipsos ideo coegit peccare, quia fecit, quibus potestatem utrum vellent, dedit* (c. V, n° 14; t. I, col. 1278).

dans l'*Enchiridion*, un alinéa qui offre à peu près cette variété de termes : « Afin que personne, à défaut de ses œuvres, ne se glorifie au moins de son libre arbitre, de *ipso libero arbitrio voluntatis*..., il faut écouter cette parole, *c'est Dieu qui opère en nous le vouloir et le faire* (Philipp. II, 13)... Évidemment, un homme, parvenu à l'âge où il se sert de sa raison, ne peut pas croire, espérer ou aimer, à moins *de vouloir*, il ne peut pas arriver à la récompense éternelle, sans que *sa volonté* ait soutenu la lutte[1]. »

De même, la notion de liberté proprement dite, la notion de choix, telle que le traité *Des deux âmes* l exprime, restera toujours pour saint Augustin une notion certaine. Ce que, plus tard, il reprochera aux Pélagiens, ce ne sera jamais d'attribuer à l'homme le pouvoir réel de se déterminer, ce sera simplement de reconnaître à ce pouvoir une force qu'il n'a pas : la force de produire l'acte d'amour surnaturel. « Je réclame pour la grâce sans laquelle personne n'est justifié; car le libre arbitre ne suffit pas pour la justification[2]. » Cette phrase était écrite dans les premières années de la controverse contre le Pélagianisme [415] ; et à la même époque, au traité *De la perfection de la justice humaine*, il s'exprime avec encore plus de clarté; il cite dans les premiers chapitres (ii-vii) la série

---

1. C. xxxii, n° 9; t. VI, col. 247 sq. — Sur cette variété de langage, voir deux passages importants : 1° *De diversis Quæstionibus LXXXIII*, Quæst. XXIV; t. VI, col. 17; — 2° *De Civitate Dei*, lib. V, c. x; t. VII, col. 152.

2. *De Natura et Gratia*, c. lxii, n° 73; t. X, col. 284; — cf. c. lxv, n° 78; col. 286.

de raisonnements proposés par Célestius; il s'accorde avec Célestius sur la notion fondamentale de liberté; il ne se préoccupe que d'interdire à la liberté purement humaine, la force surnaturelle[1]. Saint Augustin gardera cette attitude jusqu'au bout. C'est même dans un de ses derniers écrits, dans l'*Ouvrage inachevé contre Julien,* qu'il affirme le plus nettement le libre arbitre, et qu'il le suppose universellement reconnu : « Vous avez raison, lui dit-il, de reconnaître que la nature et le libre arbitre sont des biens créés par Dieu[2]. »

Le choix libre se détermine d'après nos représentations intérieures. « Rien n'attire la volonté, et rien ne la fait agir sinon une représentation[3], mais adopter ou rejeter quelque chose, voilà qui est en notre pouvoir; or, il faut avouer que des représentations supérieures et des représentations inférieures affectent notre âme; et qu'en suite de cela, la substance raisonnable prend, soit dans le bien, soit dans le mal, ce qu'elle veut; d'où enfin, responsable de sa décision, elle obtient ou le malheur, ou le bonheur[4]. » Il est clair que si on se déterminait

---

1. C. v; t. X, col. 295 : « *per arbitrii libertatem* factum ut esset homo cum peccato ». — C. vi; col. 297 : « ideo esse culpam hominis, quod non est sine peccato, quia *sola hominis voluntate* factum est ut ad istam necessitatem veniret, *quam sola hominis voluntas superare non possit* ». — C. x, n° xxi; col. 302 : « charitas ut habeatur, etiam tanta quanta in corpore mortis hujus haberi potest, *parum est nostræ voluntatis arbitrium,* nisi adjuvet gratia Dei ».

2. *Operis imperfecti*, lib. V, c. lvi; t. X, col. 1489 sq. — Passage à lire.

3. *Nisi aliquod visum.*

4. *De Lib. Arb.*, lib. III, c. xxv, n° 74; t. I, col. 1307.

sans rien connaître, on ne serait pas un être raisonnable ; et il n'est pas moins clair que si une représentation intérieure, quelle qu'en fût la cause, déterminait toujours notre choix, nous ne serions plus libres : « Toute substance vivante, dit saint Augustin, et non seulement une substance raisonnable, comme l'homme, mais aussi la substance privée de raison, comme le bétail, les oiseaux et les poissons, se meut d'après des représentations intérieures, *visis movetur*. Mais l'âme raisonnable consent ou résiste, par l'arbitre de sa volonté, aux représentations intérieures[1]. »

Si, d'ailleurs, on résiste aux représentations intérieures, les inclinations ont une bien autre force : « Notre préférence dominante détermine nécessairement notre action[2]. » Les jansénistes attachaient à ce mot de saint Augustin une importance décisive ; ils y voyaient en abrégé tout leur système des deux délectations indélibérées : la délectation du péché domine, il est donc inévitable que l'on s'abandonne au péché ; mais si, au contraire, la délectation de la grâce domine, on ne manquera jamais d'obéir à la grâce ; et, dans les deux cas, la spontanéité libre n'a rien à faire. Fénelon répondait aux jansénites : « (Saint Augustin) veut seulement dire que notre conduite est toujours décidée par nos plus fortes volontés..... Il se borne à dire que nos mœurs sont conformes à notre volonté, et que nous agissons au dehors, dans la pratique, à pro-

---

1. *De Genesi ad litteram,* lib. IX, c. xiv, n° 25 ; t. III, col. 403.
2. *Quod enim amplius nos delectat, secundum id operemur necesse est* (*In Ep. ad* Galatas [vers 394], n° 49 ; t. III, col. 2141).

portion de ce que nous sommes disposés au dedans par nos principes arrêtés. C'est donc une réflexion morale, qui est incontestable; et non pas une explication dogmatique de notre liberté, et du pouvoir de la grâce sur nous[1]. » Fénelon, en défendant contre les jansénistes la possibilité du choix réellement libre, restait fidèle à la pensée de saint Augustin; mais le désir d'ôter tout prétexte aux jansénistes le poussait ici trop loin. Saint Augustin, en effet, dans cet endroit et dans beaucoup d'autres, pense en même temps à l'action extérieure et à la décision libre qui la précède et qui la rend inévitable. Cela ressort des réflexions qui suivent la formule sur la délectation dominante : « On voit, par exemple, une belle femme et l'on se sent attiré vers l'impudicité; mais si, par la grâce, le charme réel de la chasteté nous délecte davantage..., nous faisons ce que la charité nous montre comme agréable à Dieu. Enfin, ce que je viens de dire de la chasteté et de l'impudicité, je veux qu'on l'applique à tout le reste[2]. » Un peu plus loin : « Il est manifeste que nous vivons selon nos tendances; mais nos tendances se comportent selon l'amour qui est en nous. Si donc le précepte de la justice et l'habitude charnelle sont mis devant nous en opposition, et si nous aimons l'un et l'autre, nous tendrons vers ce que nous aimons davantage; si nous aimons l'un et l'autre également, nous ne tendrons vers

---

1. *Lettres sur la Grâce et la Prédestination*, lettre IIe (*Œuvr. compl.*, éd. Gaume, t. II, p. 166); — comparer *Instruction Pastorale en forme de Dialogues*, Ire part., lettre V[e], t. V, surtout p. 273.
2. *In Epist. ad Galatas*, n° 49; t. III, col. 2141.

aucun des deux..., et si nous redoutons également l'un et l'autre, nous resterons sans doute en suspens[1]. » Beaucoup plus tard, vers 420, il s'exprime en ces termes : « Souvent, nous voyons ce qu'il faut faire et nous ne le faisons pas, parce que nous n'avons pas la délectation de le faire, et que nous désirons cette délectation[2]. » Selon la formule de 394, « notre préférence dominante détermine nécessairement notre action », *operemur necesse est;* et selon la formule de 420, « souvent nous voyons ce qu'il faut faire, et nous ne le faisons pas », *nec agimus.* Saint Augustin, dans l'une et dans l'autre formule, condamne bien notre inaction, mais non la pure inaction extérieure ; ce qu'avant tout il condamne, c'est la faiblesse dans la décision, car enfin, là où il y a décision réelle, l'action ne manque pas de suivre, à moins toutefois qu'un obstacle extérieur ou que la maladie ne rendissent l'action impossible. Et vraiment, il ne s'agit pas ici pour saint Augustin de s'apitoyer sur les estropiés et sur les hommes qui rencontrent des obstacles insurmontables. Saint Augustin ne dit pas, comme le suppose Fénelon : tant que subsiste la décision réelle, vous agissez ; il dit uniquement : selon votre disposition générale dominante, vous prenez en chaque circonstance telle ou telle décision réelle.

Il donne à la disposition générale le nom de délectation ou le nom d'amour. « La délectation est comme le poids de l'âme, » dit-il vers 388[3] ; et en 400 : « Le poids

---

1. *Ib.*, n° 52 ; t. III, col. 2112.
2. *Enarr. in Psal. CXVIII*, Serm. VIII, n° 4 *in fine ;* t. IV, col. 1522.
3. *De Musica*, lib. VI, c. xi, n° 29 ; t. I, col. 1179.

qui m'entraîne, c'est mon amour [1]. » Il reproduit bien des fois ce langage [2]. On peut d'ailleurs créer en soi des tendances très fortes ; cela se remarquera par rapport à certains goûts ; saint Augustin choisit en exemple le goût pour la chasse : on avait d'abord été sur ce point dans un état d'indifférence, et il était alors facile de s'abstenir ; mais on a pris l'habitude de chasser, on a suscité ainsi une force à laquelle on ne résiste que difficilement [3].

Toutes ces réflexions de saint Augustin sont d'une absolue vérité. Mais elles prêtent bien vite à une interprétation fâcheuse. Leibniz, qui, d'accord avec les jansénistes [4], réduit la liberté à la simple volition, employait naturellement le langage de saint Augustin. Mais c'était dans un sens tout autre. Il ne faut pas, d'ailleurs, chercher un langage différent ; car saint Augustin s'exprime avec une parfaite justesse. Nos jugements, dans la réalité, se conforment spontanément à ses ré-

---

1. « Pondus meum amor meus » (*Confess.*, lib. XIII, c. IX, n° 10 ; t. I, col. 819).
2. Comme exemples : « ita enim corpus pondere, sicut animus amore fertur » (*De Civitate Dei*, lib. XI, c. XXVIII ; t. VII, col. 342 ; *ibid.*, c. X, n° 18) ; — « quod affectibus contingit animæ, hoc locis corpori : nam illa movetur voluntate, corpus autem spatio » (*De vera Religione*, c. XIV, n° 28 ; t. III, col. 134 ; — cf. *De Quæstionibus LXXXIII*, Quæst. LXVI, n 6 ; t. VI, col. 64).
3. *De Quæstionibus LXXXIII*, Quæst. LXX ; passage curieux, auquel il faut comparer *Contra Fortunatum Manichæum* [392], Disp. II, n° 22 ; t. VIII, col. 124 ; saint Augustin y allègue en exemple l'habitude de jurer.
4. *Théodicée*, III⁰ partie. — Leibniz mentionne et approuve la théorie de Nicole sur l'identité de la liberté et de la volition (n° 282). Il nomme et il approuve les jansénistes (n° 280).

flexions; nous n'avons garde, en effet, d'attendre de tout le monde, en chaque circonstance importante, une même décision : nous savons que chacun se détermine librement d'après ses aptitudes morales. Enfin, la question de liberté est infiniment complexe, et un philosophe soucieux, comme saint Augustin, de raconter l'activité humaine, ne pouvait manquer d'attribuer aux dispositions intérieures, une influence sur la décision libre. Or, cette influence laisse intacte « la libre volonté que Dieu n'a pas refusée à la créature raisonnable [1] ».

« Si l'on se plaît dans le service de Dieu, dit encore saint Augustin, on se procure la parfaite et la seule liberté [2]. » Il parle ainsi en 388. Il dira de même, vers 416 : « La première liberté consiste dans l'exemption du péché [3] »; et, quelques années plus tard [421], l'*Enchiridion* porte cette formule définitive : « La vraie liberté réside dans la joie de bien faire [4]. » Or, ce fait, dont il n'est possible à personne de douter, aide ou oblige à bien concevoir comment la reconnaissance d'une règle, bien loin de gêner la liberté, en assure au contraire la

---

1. *In Epistolam ad Galatas,* n° 32; t. III, col. 2129. — Ce mot a une véritable importance dogmatique.
2. *De Quantitate animæ,* c. xxxiv, n° 78; t. I, col. 1078; — cf. *De Musica,* lib. VI, c. v, n° 14; t. I, col. 1170 : « cui (Deo) uni summa libertate servitur ».
3. *Tract. in Jo.,* Tract. XLI, n° 10; t. III, col. 1697. Le passage est à la fois célèbre et important. — Cf. *ibid.,* n° 18.
4. C. xxx, n° 9; t. VI, col. 247. — Cf. : 1° *De Civitate Dei,* lib. XIV, c. xi, n° 1; t. VII, col. 418 : « arbitrium igitur voluntatis tunc est vere liberum, cum vitiis peccatisque non servit » (lib. XXII, c. xxx, n° 3; col. 806). Tout le numéro est à lire ; — 2° *De Perfectione hominis,* c. iv, n° 9 · t. X, col. 296 ; c. lviii, n° 68; col. 280 sq.

perfection. Saint Augustin, dans sa lutte contre le Pélagianisme [1], eut toute raison d'exposer en détail ce fait qui porte avec lui la plus incontestable clarté.

IV

Leibniz, confondant la liberté avec la volition, ne se préoccupe pas de concilier notre libre arbitre avec la prescience divine; car notre volition, pour avoir été prévue, n'en est que mieux notre volition. Leibniz pouvait ainsi justement se vanter d'avoir supprimé le mystère : « Plût à Dieu, ajoutait-il, qu'il fût aussi aisé de répondre à la question comment il faut bien guérir la fièvre [2]. » Saint Augustin ne procède pas avec tant de confiance [3]; c'est que, pour lui, il s'agit de concilier la liberté réelle de la créature avec la prescience de Dieu. Il essaie deux fois cette conciliation : dans le traité du *Libre Arbitre* et dans la *Cité de Dieu*. Les deux endroits sont remarquables, non certes par la rareté ou par la force du raisonnement, mais par la netteté avec laquelle ils expriment la notion du libre arbitre. Et, en particulier, dans la *Cité de Dieu*, où il combat Cicéron, saint Augustin entend par liberté, comme faisait Cicéron lui-même, la

---

1. 1° Not. præc. *in fine ;* — 2° *Operis imperfecti*, lib. III, c. cxx; cf. lib. I, c. ci et ciii; enfin, c. cxxii.

2. *Théodicée*, IIIe partie, n° 368, 369 (éd. Janet, 1866, p. 378). Leibniz examine la difficulté sur le péché originel, il cite Bayle (*Dict.*, art. Jansénius, lettre G).

3. Sur la conciliation, deux passages classiques : 1° [388-395] *Libre Arbitre* (lib. III, c. ii, iv); — 2° [115] *Cité de Dieu* (lib. V, c. ix; on peut ajouter c. x).

propre faculté de choisir. Il paraissait impossible à Cicéron de sauver à la fois la liberté de l'homme et la prescience de Dieu, il sacrifiait donc la prescience ; c'est là uniquement ce que saint Augustin lui reproche.

On voit, au traité du *Libre Arbitre,* que le secret de la conciliation consiste à ne pas confondre la prescience avec la causalité : « Votre mémoire, dit saint Augustin à Evodius, n'impose aucune nécessité aux choses passées ; la prescience de Dieu n'impose non plus aucune nécessité aux choses futures [1]. » Mais plutôt, « il y aura volonté parce qu'elle est prévue de Dieu. Et il n'y a pas volonté, si la volonté ne s'appartient pas. Donc, Dieu prévoit aussi le pouvoir de la volonté. Donc, par la prescience de Dieu, ce pouvoir ne m'est pas enlevé ; et, au contraire, il m'appartient d'autant plus sûrement [2] ». La *Cité de Dieu* n'ajoute rien à cela. On peut seulement s'étonner de ce que, dans sa discussion, saint Augustin ne parle pas du temps, dont il avait déjà, ailleurs, étudié la nature [3], mais on s'étonnera surtout de ce qu'il ne proclame pas expressément le mystère. Quoi qu'il en soit, il conserve toujours la propre notion de liberté. C'est ce que l'on verra mieux encore, en étudiant sa théorie sur la grâce, sur le péché et sur la vertu.

---

1. *De Libero Arbitrio,* lib. III, c. IV, n° 11 ; t. I, col. 1276.
2. *Ibid.,* c. III, n° 8 ; t. I, col. 1275. — Bossuet reproduit ce raisonnement (*Traité du Libre Arbitre,* c. VII, surtout p. 162 et p. 163-164 [Lachat-Vivès]).
3. 1° [388] *De Musica,* lib. VI, c. VII, n° 19 ; — 2° [400] *De Confessionibus,* lib. XI, c. XX-XXVIII. — Voir plus bas, livre III°, ch. I, § I.

V

Pélage fait de notre volonté presque un absolu [1]. Il supprime le péché originel : Adam ne nous a transmis qu'un mauvais exemple ; il supprime l'œuvre de la rédemption : Notre-Seigneur n'agit sur nous qu'à l'extérieur, par ses exemples et par ses enseignements, il n'exerce pas en nous l'action intime qui suscite la volonté surnaturelle. C'est la ruine complète du christianisme : « Pélage, dit saint Augustin, reconnaît la grâce par laquelle Dieu nous montre et nous révèle ce que nous devons faire ; il ne reconnaît pas la grâce par laquelle Dieu nous donne d'agir et nous secourt pour que nous agissions [2]. »

La grâce qui fait vouloir et qui fait agir, se nomme la grâce du Nouveau Testament, ou encore, la grâce de Jésus-Christ ; elle s'oppose à ce que, depuis saint Paul,

---

1. Comme expression abrégée du Pélagianisme, voir : *De Gratia Christi*, lib. I, c. III, n° 4 ; t. X, col. 361 sq. — Cf. 1° *De Dono perseverantiæ*, c. II, n° 4 ; t. X, col. 996 : les trois points essentiels contre le Pélagianisme y sont très bien marqués ; — 2° *Ep. CCXIV* [426 ou 427], à Valentin ; *Ep. CCXV* [vers 427], à Vital ; on y remarquera, à partir du c. v, les douze définitions contre le Pélagianisme. — Pour l'histoire détaillée, et aussi pour une exposition sévèrement augustinienne de la doctrine : CARDINAL NORRIS, *Historia Pelagiana*, 1673 ; nouvelle édition 1702 ; et *Vindiciæ Augustinianæ*, toujours publiées avec l'*Histoire*. Voir aussi BOSSUET, *Défense de la Tradition et des saints Pères,* le XIII° livre est décisif contre le jansénisme ; FÉNELON, les ouvrages indiqués ci-dessus, p. 177 ; PÉTAU, *De Deo Deique proprietatibus*, lib. IX et X ; le livre IX expose la doctrine de saint Augustin, le livre X la discute ; il a pour titre du 1ᵉʳ chapitre *Retractatur Augustini sententia* : ce titre fit grand bruit ; Pétau rappela qu'en latin *retractare* ne signifie pas *rétracter;* d'ailleurs, le IX° livre vaut mieux ; ajouter aussi la dissertation *De adjutorio sine quo non et de adjutorio quo;* THOMASSIN, les ouvrages indiqués ci-dessus, p. 177.

2. *De Natura et Gratia*, c. VIII, n° 9 ; t. X, col. 364.

on a nommé *la Loi,* ou l'Ancien Testament : *la Loi* c'est la simple manifestation du précepte. Il existe, d'ailleurs, entre *la Loi* et *la Grâce,* une différence de nature, non une différence de temps. Car, à toutes les époques, la justification a été produite par la grâce de Jésus-Christ. Aussi les justes de l'Ancien Testament n'appartenaient-ils pas au régime de l'Ancien Testament [1].

Avant le péché originel, la grâce n'était pas ce que plus tard elle a dû être : « Elle était un secours que l'homme abandonnerait s'il voulait ; mais elle n'était pas un secours qui ferait vouloir [2]. »

Le péché originel a transformé, selon le mot de saint Paul (Rom. IX, 21), le genre humain tout entier en une masse pervertie ; or, Dieu, par un choix mystérieux et très juste, tire de cette masse tous les élus que sa grâce doit sauver. Ce choix, c'est la prédestination, c'est-à-dire, comme la définit saint Augustin, « la prescience et la préparation des dons divins, par lesquels sont infailliblement délivrés tous ceux qui sont délivrés [3]. Mais les autres, où sont-ils donc laissés par le juste jugement de Dieu, sinon dans la masse de perdition [4] ? »

---

1. « Homo in veteri Testamento sed non homo de veteri Testamento » (*In Epistolam ad Galatas,* n° 43 ; t. III, col. 2136-2137). — Cf. *Ep. CXCVI* [418], n° 5 ; *CXC* [418], n° 6-8 ; *CLXIV* [415], c. III, n° 12 ; surtout *Ep. CXL* [412], Honorato ; *De gratia Novi Testamenti.* — Cf. *De Civitate Dei,* lib. X, c. xxv.

2. « Adjutorium quod desereret si vellet, et in quo permaneret si vellet : non quo fieret ut vellet. » (*De Correptione et Gratia* [426 ou 427], c. xi, n° 31 ; t. X, col. 935.)

3. « Prescientia et præparatio beneficiorum Dei quibus certissime liberantur quicumque liberantur. »

4. *De Dono perseverantiæ* [428 ou 429], c. xiv, n° 35 ; t. X, col. 1014.

A cette doctrine, ancienne dans l'Église, Pélage opposait une nouveauté ; saint Augustin l'a dit en une phrase bien connue : « Vos théories sont merveilleuses, elles sont nouvelles, elles sont fausses[1]. » Cette phrase arrivait fort à propos, car saint Augustin venait de produire à Julien les explications doctrinales très claires et très précises données par les anciens Pères, depuis saint Irénée jusqu'à saint Jérôme[2]. Il avait montré que les Pères enseignent très exactement la grâce et le péché originel, mais que, n'ayant pas d'adversaire à combattre, ils avaient parlé en toute sécurité, sans se prémunir contre les mauvaises interprétations, *securius loquebantur*[3].

Lui aussi, bien avant que Pélage se montrât, connaissait la doctrine de la grâce et de la prédestination. Or, pour apprécier l'enseignement de saint Augustin sur la liberté, on doit se rendre compte de ce fait; et, pour cela, rien ne vaudra mieux que de réunir d'abord les formules les plus caractéristiques par lesquelles, au cours

---

1. « Mira sunt quæ dicitis, nova sunt quæ dicitis, falsa sunt quæ dicitis. » (*Contra Julianum Pelagianum* [421], lib. III, c. III, n° 7; t. X, col. 707).

2. *Ibid.*, lib. I, c. III-VII; lib. II, c. II, et jusqu'à la fin du livre. — Bien des fois, dans ses traités contre le Pélagianisme, saint Augustin cite les Pères; notamment : *Contra duas Epistolas Pelagianorum* [420], lib. III, c. X, n° 26; t. X, col. 608; lib. IV, c. VIII-XII; *De Prædestinatione Sanctorum*, c. III, n° 7; *De Dono perseverantiæ*, c. II, n° 4; c. III-VI, VIII, n° 19, 20; c. IX-X, XVII-XX; *Operis imperfecti contra Julianum*, lib. I, c. XLVIII-LII, LIX, LXVI, LXVII. Il allègue aussi, comme manifestation spontanée de la foi, les prières de l'Eglise : *De Prædestinatione Sanctorum*, c. XIV, n° 27; t. X, col. 980.

3. *Contra Julianum Pelagianum*, lib. I, c. VI, n° 22 *in fine*; t. X, col. 656. — Bossuet alléguait ce mot contre Fénelon.

de la controverse contre le Pélagianisme, saint Augustin a donné à sa pensée une expression définitive. Les voici :

1° « Les hommes sont agis pour qu'ils agissent, non pour qu'ils deviennent inertes [1]. » — 2° « Dieu ne commande rien d'impossible ; mais en commandant il avertit de faire ce que l'on peut, et de demander ce que l'on ne peut pas[2]. » — 3° « Pourquoi commande-t-il, si c'est lui qui doit donner ? Pourquoi donne-t-il, si c'est l'homme qui doit faire ? Pourquoi, sinon parce qu'il donne ce qu'il commande, lorsqu'il aide en vue de son action celui qui a reçu l'ordre [3]. » Mettant en opposition le commandement par lequel on est averti ou instruit, et la grâce par laquelle la volonté est transformée, saint Augustin écrit : « Par la loi des œuvres Dieu dit : Faites ce que je commande : et par la loi de la grâce il est dit à Dieu : Donnez ce que vous commandez[4]. » — 4° « Nous n'aimerions pas Dieu, si lui n'était pas le premier à nous aimer[5]. » — 5° « L'apôtre dit : *Qui vous a discerné ? Qu'avez-vous que vous n'ayez reçu ?* (I Cor. IV, 7.) Or, à quiconque pense en Pélagien, on a toute raison de dire : Dieu couronne ses

---

1. « Aguntur ut agant, non ut ipsi nihil agant. » (*De Correptione et Gratia* [426 ou 427], c. ɪɪ, n° 4 ; t. X, col. 918.)

2. « Deus impossibilia non jubet ; sed jubendo admonet, et facere quod possis, et petere quod non possis. » (*De Natura et Gratia* [415], c. xlɪɪɪ, n° 50 ; t. X, col. 271.)

3. « Dat quod jubet cum adjuvat ut faciat cui jubet ? » (*De Gratia et Libero Arbitrio*; c. xv, n° 31 ; t. X, col. 899.)

4. « Lege operum dicit Deus : Fac quod jubeo ; lege fidei dicitur Deo : Da quod jubes. » (*De Spiritu et Gratia*, c. xɪɪɪ, n° 22 ; t. X, col. 214.)

5. « Nos non diligeremus Deum, nisi nos prior ipse diligeret. » (*De Gratia et Libero Arbitrio*, c. xvɪɪɪ, n° 38 ; t. X, col. 904.)

dons, non pas vos mérites [1]. » — 6° « Dieu n'abandonne pas s'il n'est pas abandonné [2]. » — 7° « Avant le choix de Dieu, on n'est pas encore digne; c'est le choix qui rend digne; mais quand Dieu punit, l'on est digne de châtiment [3]. »

Toutes ces formules, à part la première et la dernière, se rencontrent aussi dans des ouvrages antérieurs à 410. Une d'entre elles a même dans les *Confessions* [400] cette expression plus parfaite : « Donnez ce que vous commandez, et commandez ce que vous voulez », *Da quod jubes et jube quod vis* [4]. Une autre y figure aussi en ces termes : « Quiconque vous énumère ses vrais mérites, que vous énumère-t-il, sinon vos propres dons [5]? » Le traité sur l'*Art de catéchiser les simples,* contemporain des *Confessions,* contient cette formule connue : « S'il était pénible d'aimer, que, du moins, il ne soit pas pénible de correspondre à l'amour », *Si amare pigebat, saltem redamare non pigeat* [6]. C'est de même sens et c'est aussi fort que :

---

1. « Dona sua coronat Deus, non merita tua. » (*Ibid.,* c. vi, n° 15; t. X, col. 890.)

2. « Non deserit, si non deseratur. » (*De Natura et Gratia,* c. xxvi, n° 29; t. X, col. 261.)

3. « Nullum elegit dignum, sed eligendo efficit dignum, nullum tamen punit indignum. » (*Contra Julianum Pelagianum,* lib. V, c. iii, n° 13 *in fine;* t. X, col. 791.)

4. Lib. X, c. xxix, n° 40; t. I, col. 796; c. xxxi, n° 45; col. 798; c. xxxvii, n° 60; col. 804. — Plusieurs de ces formules furent adoptées par le concile de Trente (Sess. VI, c. xx : *Deus impossibilia non jubet...,* et *non deserit...* Can. xxxii sur *merita* et *dona.*)

5. « Quisquis autem tibi enumerat merita sua, quid tibi enumerat, nisi munera tua. » (Lib. IX, c. xiii, n° 34; t. I, col. 778. — *Ibid.,* lib. X, c. ii, n° 2; col. 780; c. iv, n° 5; col. 781.)

6. *De catechizandis rudibus* [400], c. xv, n° 7; t. VI, col. 314.

nos non diligeremus Deum, nisi nos prior ipse diligeret.
Les *Confessions* disent aussi que Dieu nous fait demander ce que, pour le moment, nous ne pouvons pas : « Ma foi que vous m'avez donnée vous invoque [1]. Mais ceux qui ne vous invoquent pas, délivrez-les, afin qu'ils vous invoquent et que vous les délivriez [2]. »

Mais il faut remonter plus haut.

A considérer dans les œuvres de saint Augustin l'enseignement sur la grâce, on discerne trois périodes : la première, de 386 à 389, qui est surtout une période de connaissance spontanée ; la seconde, de 390 à 397, comprend les premières recherches réfléchies ; la troisième, à partir de 397, est celle de la connaissance exacte, précise, et, on peut dire, définitive.

Dès la première période [3], apparaissent presque complètes les deux formules : *Da quod jubes et jube quod vis*, et : *Non deserit si non deseratur*. C'est en 386, dans les *Soliloques* : « Dieu nous abandonnera-t-il, ou est-ce nous qui l'abandonnerons [4]. » « O Dieu ! Si vous abandonnez, on périt, mais vous n'abandonnez pas [5]. » « O Dieu ! ordonnez, je vous en prie, et commandez tout ce que vous voulez ; mais guérissez et ouvrez mes oreilles, afin

---

1. « Invocat te, Domine, fides mea quam dedisti mihi. » (Lib. I, c. I, n° 1 *in fine*; t. I, col. 661.)

2. « Libera etiam eos qui nondum te invocant, ut invocent te, et liberes eos. » (Lib. I, c. x, n° 16 ; t. I, col. 668.)

3. Saint Ambroise avait déjà dit : « *nunquam* (Dominus) suos DESERIT *et relinquit.* » (*In Ps. CXVIII*, n° 57 *in fine*.)

4. « Itane nos deseret, aut a nobis deseretur ? » (Lib. II, c. xv, n° 27 ; t. I, col. 898.)

5. « Tu enim si descris, peritur ; sed non descris. » (Lib. I, c I, n° 6 ; col. 872.)

que j'entende votre parole[1]. » Quelque chose, au même endroit, contient tout le sens de la formule : *nos non diligeremus Deum, nisi nos prior ipse diligeret :* « O Dieu ! celui-là vous cherche bien, en qui vous opérez de vous chercher bien[2]. » D'ailleurs, tout le début des *Soliloques* est digne des *Confessions.* Le traité *De la Genèse contre les Manichéens* [389] appartient aussi à la première période. La date de sa composition rend d'autant plus remarquable ce qu'il enseigne sur la nature et sur les suites du péché originel. On y voit que l'orgueil fait succomber Adam[3], et qu'une fois devenu coupable, l'homme est exposé à souffrir de tout ce qui l'entoure[4]. Or, vers 420, Julien d'Éclane, reprenant une accusation familière à Pélage[5], s'adressait à saint Augustin en ces termes : « Au commencement de votre conversion, vous aviez sur le péché originel la même doctrine que moi. » A cela saint Augustin répondait : « Les livres que j'écrivis, simple laïque, au lendemain de ma conversion, existent ; je n'étais pas encore instruit dans les saintes Écritures ; cepen-

---

1. « Jube, quæso, atque impera quidquid vis, sed sana et aperi aures meas, quibus voces tuas audiam » (*Ibid.*, n° 5; col. 872); cf. n° 3, col. 870 : « Deus *quem nemo quærit, nisi admonitus...* quem attendere hoc est quod amare... Deus per quem accepimus ne omnino periremus. » Et aussi, lib. II, c. vi, n° 9, col. 889 : « Pater noster, qui ut oremus, hortaris, qui et hoc quod rogaris præstas. »

2. « Omnis autem recte quæsivit, quem tu recte quærere fecisti. » (Lib. I, c. i, n° 6; t. I, col. 872.)

3. « Per superbiam peccatum esse persuasum » (lib. II, c. xv, n° 22; t. III, col. 207). Ce chapitre, d'une parfaite précision doctrinale, aurait pu être écrit pendant la controverse contre Pélage.

4. Lib. I, c. xiii, n° 19; t. III, col. 182; cf. c. xvi, n° 26, col. 185; c. xviii, n° 29, col. 187.

5. Voir *De Natura et Gratia,* à partir de c. lxi jusqu'à la fin du traité.

dant, dès cette époque, mes sentiments et même, selon les exigences de la discussion, mon langage, s'accordent avec l'antique doctrine et avec l'antique enseignement de l'Église universelle [1]. »

Le livre des *Quatre-vingt-trois Questions* commence la seconde période; il en est le monument le plus considérable. On y trouve, dans cinq *questions* consécutives (LXV-LXX), la différence entre *la Loi* et *la Grâce*[2]; la nécessité, depuis le péché originel, d'une grâce plus forte et plus intime [3]; la prédestination par laquelle Dieu tire de la masse pervertie les élus de son choix[4]; la délectation qui incline tantôt vers le bien et tantôt vers le mal[5]; enfin l'impossibilité d'éviter, pendant cette vie, toutes les fautes jusqu'aux plus légères[6]. Le traité de la *Véritable Religion* [390] [7] et même celui de l'*Utilité de croire* [vers 391] contiennent quelques indications. Il y a beaucoup plus dans le traité du *Libre Arbitre* [388-395] [8]. C'est au troisième livre de ce traité[9] que l'origine du péché et l'affaiblissement de notre libre arbitre sont expliqués par le péché originel. Il y a aussi, de 392 à 395, cinq *Épîtres* dans lesquelles on

---

1. *Contra Julianum*, lib. VI, c. xii, n° 39; t. X, col. 843.
2. Quæst. LXVI, per totum.
3. Quæst. LXX, et LXVI, n° 5. On y trouve une expression tout à fait équivalente à *Grâce du médiateur* ou du *Rédempteur :* « Ubi ergo non est GRATIA LIBERATORIS, auget peccandi *desiderium prohibitio pe catorum.* » (Quæst. LXVI, n° 1; t. VI, col. 61).
4. Quæst. LXV et LXVIII, n° 3 et 4.
5. Quæst. LXVI, n° 6; surtout Quæst. LXX.
6. Quæst. LX; t. VI, col. 60.
7. C. xii-xiv.
8. Lib. III, c. xvi, n° 45; t. I, col. 1293 jusqu'à c. xxii, n° 65; col. 1308.
9. C. xix *in fine*, et c. xxiii-xxiv.

retrouve la formule *non deserit si non deseratur*[1], et plusieurs fois *dona sua coronat Deus, non merita tua*[2]. C'est encore une parole anticipée sur les *Confessions*, que celle-ci de l'Épître XXVI [395] : « Allez, apprenez quelles sont les ressources de génie que (Paulin) offre en sacrifice à Dieu, lui restituant tout le bien qu'il a reçu de lui; car il perdrait tout, s'il ne le plaçait en celui de qui il le tient[3]. » Enfin, aux environs de 394, se placent trois ouvrages : 1° l'*Explication de l'Épître aux Galates*, livre très important auquel appartient la formule, expliquée déjà, *quod amplius nos delectat, secundum id operemur necesse est*[4]; et aussi la formule si expressive et si heureuse, *homo in veteri Testamento, sed non homo de veteri Testamento*[5]; 2° un commencement de *Commentaire sur l'Épître aux Romains;* les *Rétractations* n'y relèvent aucune erreur; — 3° l'*Explication de quelques passages dans l'Épître aux Romains;* c'est le seul de ses ouvrages dont saint Augustin blâme formellement quelque chose. Mais le blâme porte sur

---

1. *Ep. XXVIII* [392], n° 5 ; col. 97 : « conantes placere *nunquam deserit* » *Ep. XXIX* [395], n° 8; col. 118 : « Dominus ostendit *quod nos non deserat.* »
2. *Ep. XXII* [392], c. 2, n° 8 ; col. 93 : « (Deus) cujus *dona sunt*, omnia quæ vere meritoque laudantur. » *Ep. XXVII* [395], Paulino, n° 5; col. 110 : « quisquis de illo viro (Alypio) benigne cogitat, de magna Dei misericordia, et de mirabilibus *Dei muneribus* cogitat ». Au même endroit : «(ne) *divina munera* concessa hominibus, sed ipsum (hominem) prædicare videretur ». — Cf. n° 4, la seconde moitié ; et n° 2 : « Laudatur et benedicitur Deus, cujus gratia tu talis es ».
3. *Ep. XXVI*, Licentio, n° 5; col. 107; — cf. *Confess.*, lib. XI, c. II, n° 2; t. I, col. 809.
4. N° 49; t. III, col. 2141. — Les passages à remarquer sont : n° 19, 23, 35, 43, 51.
5. N° 43; col. 2137

la première vocation à la grâce, et uniquement là-dessus [1].

Vers 397, avec les deux livres de *Questions à Simplicien,* commence la troisième période. Saint Augustin examine dans le premier livre les passages les plus forts de l'Épître aux Romains : « Il y eut là, disent les *Rétractations,* il y eut là, de ma part, un effort en faveur du libre arbitre de la volonté humaine ; mais la grâce de Dieu l'emporta ; il ne me fut pas possible de conclure autrement, sinon que l'Apôtre avait dit en toute vérité : *Qui vous a discerné ? Qu'avez-vous que vous n'ayez reçu ?* [2]... » Tout ce premier livre est un véritable traité, tel qu'il aurait pu être écrit depuis 410, contre le Pélagianisme ; on y remarquera le mot, cité bien souvent : « Il y a comme des commencements de foi, semblables à un germe [3] » ; ce commencement, d'ailleurs si informe soit-il, ne provient pas du seul effort humain, « car le tout n'est pas d'être formé en

---

1. *Retract.,* lib. I, c. XXIII, n° 2 ; t. I, col. 621 : « Nondum diligentius quæsiveram qualis sit electio gratiæ ; de qua dicit Apostolus, *Reliquiæ per electionem gratiæ salvæ factæ sunt* (Rom. XI, 5) : quæ utique non est gratia si merita ulla præcedant » (cf. *De Prædestinatione Sanctorum,* c. III, n° 7 ; t. X, col. 964). — Mais, dans le même chapitre des *Rétractations,* on lit aussi à propos d'un passage du même livre (sur Rom. VII, 14-25) : « Unde quidem jam evertitur hæresis Pelagiana, quæ vult non ex Deo nobis, sed ex nobis esse charitatem per quam bene ac pie vivimus » (n° 1, col. 621). — Dans la *Défense de la Tradition et des saints Pères,* Bossuet ne semble pas avoir bien présents à l'esprit tous les détails qui précèdent ; il aurait pu répondre par des preuves plus précises et plus décisives aux critiques que Richard Simon dirigeait contre saint Augustin (*Défense,* liv. VI, c. X-XVII).

2. *Retract.,* lib. II, c. I, n° 1.

3. « Fiunt inchoationes quædam fidei conceptionibus similes. »

germe; il faut naître aussi afin de parvenir à la vie éternelle. Or, ni l'un ni l'autre ne se fait sans la grâce de la miséricorde divine [1] ». Un peu plus bas, se rencontre un passage sur la prédestination, passage célèbre lui aussi, et très souvent allégué contre les jansénistes; saint Augustin, en effet, y affirme que Dieu, pour sauver les élus, les appelle en la manière qu'il sait devoir leur convenir[2]. Mais ce congruisme ne signifie pas que l'effort purement humain assure, comme tel, et rend certaine l'action de la grâce : « L'effet de la miséricorde divine ne peut pas être abandonné à la puissance de l'homme, en sorte que, si l'homme ne veut pas, ce sera vainement que Dieu aura usé de miséricorde [3]. »

Deux ou trois ans plus tard, avec les *Confessions* [400], la doctrine de la grâce apparaît dans sa plénitude, mais uniquement la doctrine de la grâce, sans enseignement explicite sur la prédestination. Voici, outre ce qui a été cité plus haut, quelques passages essentiels : « Si je dis aux hommes quelque chose de bon, vous m'avez d'abord entendu, ô Dieu, vous le dire à vous-même; et si vous m'entendez vous dire rien de tel, c'est qu'auparavant vous me l'avez dit (vous me

---

1. « Nihil tamen horum sine gratia misericordiæ Dei » (Quæst. III, n° 2; t. VI, col. 112); pour surabondance de preuve, on fera bien de lire à partir de quelques lignes plus haut : « sed in quibusdam tanta est gratia fidei, quanta non sufficit ad obtinendum regnum cœlorum... » — Cf. *De Correptione et Gratia*, c. v, n 7; t. X, col. 919.

2. « Cujus autem miseretur, sic eum vocat quomodo scit ei congruere, ut vocantem non respuat » (n° 13; t. VI, col. 119). Voir ce n°, depuis le commencement.

3. *Ib., ib.,* t. VI, col. 118. Cf. *Enchiridion,* c. xcvii.

l'avez enseigné) vous-même[1]. » — « Donnez-moi ce que j'aime; car j'aime; et cela, c'est vous qui me l'avez donné : n'abandonnez pas votre don », *ne dona tua deseras*[2].

Aussi, à partir de 412, dans ses traités contre les Pélagiens, saint Augustin n'aura qu'à reprendre avec plus d'insistance sa doctrine sur la prédestination, sur le péché originel[3] et sur la grâce du Rédempteur. C'est surtout dans le traité *De la Correction et de la Grâce*[4] que, pour la première fois, il fait une étude spéciale de cette grâce *sans laquelle* on ne peut pas agir bien, et de cette autre grâce *par laquelle* il arrive que l'on agit bien[5].

Outre qu'il aborde souvent le mystère de la prédestination, il y consacre le traité *De la Correction et de la Grâce* [426 ou 427] et celui qui a pour titre *De la Prédestination des Saints* [428 ou 429]. Ces deux traités,

---

1. « Non tu aliquid tale audis a me, quod non mihi tu prius dixeris » (lib. X, c. II; n° 2 *in fine;* t. I, col. 780); — cf. c. IV, n° 5; col. 781 : « An gratulari mihi cupiunt, cum audierint *Quantum ad te accedam munere tuo* »; c. XXXI, n°45; col. 798 . « Unde apparet, sancte Deus meus, te dare cum sit quod imperas fieri »; lib. XI, c. II, n° 2; col. 809 : « Da quod offeram tibi ».

2. « Da quod amo; amo enim, et hoc tu dedisti » (lib. XI, c. II, n° 3; t. I, col. 810); cf. n° 4 : « Obsecro per Dominum nostrum Jesum Christum... quem confirmasti tibi mediatorem tuum et nostrum, per quem nos quæsisti non quærentes te; quæsisti autem ut quæreremus te ». — Cf. lib. XIII, c. I, n° 1, et c. III, n° 4.

3. Voir particulièrement, *De Peccatorum meritis et remissione*, lib. I, c. IX-XII; t. X.

4. C. XI et XII; t. X.

5. « Aliud est adjutorium *sine quo* aliquid non fit, et aliud est adjutorium quo aliquid fit » (c. XII, n° 34; t. X, col. 936). Les deux termes *auxilium sine quo non*, et *auxilium quo* ont dans l'histoire de la théologie, notamment au XVIIe siècle, une grande importance.

œuvres l'un et l'autre d'une pensée très puissante, absolument maîtresse d'elle-même, poussent la question jusqu'au bout, et proclament le mystère : « Pourquoi Dieu délivre celui-ci, plutôt que celui-là, ce sont les jugements inscrutables et les impénétrables voies de Dieu (Rom. XI, 3). Il vaut mieux qu'on nous dise, ou que nous-mêmes nous disions : *O homme, qui es-tu pour répondre à Dieu ?* Ce langage est meilleur que la prétention d'expliquer, comme si nous le savions, ce que Dieu a voulu qui restât caché, lui qui, pourtant, ne peut rien vouloir d'injuste[1]. » — « Dieu fait miséricorde en accordant ce qui est bon ; il endurcit en traitant selon la justice[2]. » « Si on me demande pourquoi Dieu ayant donné à quelques-uns le goût de la vie chrétienne, ne leur a pas donné aussi la persévérance, je réponds que je ne sais pas[3]. » Il écrivait, d'ailleurs, vingt ans plus tôt : « Pourquoi celui-ci est-il aidé de telle manière, et celui-là de telle autre : je ne sais pas ; je sais seulement que Dieu agit avec une souveraine équité, laquelle est connue de lui[4]. » Il écrit encore en 418 au Pape Sixte : « Pourquoi Dieu délivre-t-il ou non cet homme ? Scrute qui pourra l'immense pro-

---

1. *De Prædestinatione Sanctorum*, c. VIII, n° 16; t. X, col. 972, 973.

2. *De Prædestinatione Sanctorum*, c. VIII, n° 14; t. X, col. 971; — cf. *Contra Julianum Pelagianum*, c. XVIII, n° 35; t. X, col. 721 : « Bonus est Deus, justus est Deus : potest aliquos sine bonis meritis liberare, quia bonus est ; non potest quemquam sine malis meritis damnare, quia justus est ».

3. *Ibid.*, c. VIII, n° 17; col. 925 sq. — Cf. *Contra Julianum Pelagianum*, lib. IV, c. VIII, n° 45; t. X, col. 760 sq.; *De Dono perseverantiæ*, c. XIV, n° 35; t. X, col. 1014.

4. *Ep.*, XCV, Paulino [408?], n° 6; col. 354.

fondeur des jugements de Dieu ; mais que l'on songe au précipice [1]. »

Une lettre adressée en 426 ou 427 aux moines d'Adrumète qui, par suite de leur infirmité intellectuelle, ne soupçonnaient pas le mystère et s'arrêtaient à de singulières conclusions, porte ces paroles toujours utiles à méditer : « Vous ferez mieux, et j'y insiste, de m'envoyer celui dont les raisonnements ont troublé les moines. Car, ou bien celui-là ne comprend pas mon livre, ou bien, lorsqu'il s'efforce de résoudre et d'expliquer, *solvere atque enodare,* une question très difficile et intelligible pour un petit nombre, c'est lui que l'on ne comprend pas [2]. » Il reproduit dans l'Épître suivante la même recommandation : « Je vous exhorte, mes très chers frères, comme saint Paul vous exhorte tous : il ne faut pas s'attacher à son propre sens, il faut savoir s'arrêter », *non plus sapere quam oportet sapere, sed sapere ad sobrietatem* [3] (Rom. XII, 3).

Enfin tout ce mystère ne nous deviendra clair que dans l'autre vie ; c'est seulement alors que nous verrons la justice de la prédestination et que nous aurons conscience de la manière dont notre liberté aura pu et aura dû coopérer à la grâce ; nous aurons alors une intuition trop vive et trop complète pour songer à des excuses : « On s'excuse aujourd'hui, mais, dans l'éternité, les ré-

---

1. « Scrutetur qui potest judiciorum ejus tam magnum profundum, verumtamen caveat præcipitium » (*Ep.*, CCXIV, c. VI, n° 23 ; col. 882). — Cf. *De Peccatorum meritis et remissione*, c. XXI, n° 29 et 30 ; t. X, col. 125 et 126 ; c. XXII, n° 31 ; col. 127.
2. *Ep.*, CCXIV [426 ou 427], n° 6 ; col. 970.
3. *Ep.*, CCXV, n° 4 ; col. 973.

prouvés ne s'excuseront pas ; on dit aujourd'hui : pourquoi la correction? Mais eux ne diront pas alors : Pourquoi sommes-nous damnés? car enfin, si nous avons abandonné le bien pour le mal, c'est que nous n'avions pas reçu assez de persévérance pour nous fixer dans le bien. Non, pour eux, il n'y aura pas une excuse qui puisse les délivrer de la juste damnation[1]. »

VI

C'est toujours aux moines d'Adrumète que saint Augustin écrit : « Ne niez pas la grâce, et ne défendez pas non plus le libre arbitre à ce point que vous le sépariez de la grâce, comme si, sans la grâce, nous pouvions seulement penser ou faire la moindre chose selon Dieu[2]. » Depuis plus de quinze ans, il répétait le même avis[3].

Mais la grâce et le libre arbitre coopèrent[4] : « L'Apôtre dit : *Ne vous laissez pas vaincre par le mal, ayez raison du mal à force de bien* (Rom. XII, 21). Et certes, puisqu'il dit : *Ne vous laissez pas vaincre,* c'est évidemment

---

1. *De Correptione et Gratia*, c. vii, n° 11 ; t. X, col. 923. — Cf. *Enchiridion*, c. xciv et xcv, deux passages importants ; t. VI, col. 275.
2. *Ep.*, CCXIV, n° 1, 2 ; col. 969.
3. Cf. *De Peccatorum meritis et remissione* [412], lib. II, c. xviii, n° 28 ; t. X, col. 168 : « Ne sic defendamus gratiam, ut liberum arbitrium, auferre videamur ; rursus, ne liberum sic asseramus arbitrium, ut superba impietate ingrati Dei gratiæ judicemur. » Cf c. xvii, n° 26 *in principio ;* cf. *De Gratia Christi*, c. xlvii, n° 52 ; t. X, col. 383.
4. *De Gratia et Libero Arbitrio*, c. ii, n° 4 ; t. X, col. 884 ; — cf. *De Correptione et Gratia*, c. ii, n° 4 ; t. X, col. 918.

que l'arbitre de la volonté est reconnu. Car vouloir et ne vouloir pas appartient à la propre volonté[1]. »

Donc, ici, se présente la question : Comment la liberté humaine, sous l'influence de la grâce, conserve-t-elle encore quelque chose de sa propre énergie ? Car enfin, si elle n'en conserve rien, nous ne coopérons pas ; mais si notre coopération signifie que nous ajoutons à l'énergie de la grâce, une énergie purement humaine, et que les deux énergies juxtaposées produisent l'action surnaturelle : cela est d'abord une conception puérile, et s'il fallait le prendre au sérieux, ce serait une conception pélagienne. Or, cette alternative sur la coopération se présente nécessairement à l'esprit. Saint Augustin se demande si « la volonté même par laquelle nous croyons, est un don de Dieu, ou si elle nous est procurée par le libre arbitre qui nous est naturel[2] ».

La question est parfaitement formulée ; saint Augustin y répond par des considérations peu claires, peu directes, desquelles, enfin, il ne se montre guère satisfait : « Si cette discussion, dit-il, suffit à bien résoudre, qu'elle suffise[3]. » Il conclut : « Dieu opère dans l'homme la volonté même de croire ; mais consentir à l'appel de Dieu, ou n'y pas consentir, appartient à la propre volonté. C'est, d'ailleurs, un fait qui non seulement n'infirme pas le mot : *Qu'avez-vous que vous n'ayez reçu*,

---

1. *De Gratia et Libero Arbitrio*, c. III, n° 5 ; t. X, col. 885. — Cf. c. v, n° 12 ; t. X, col. 889 ; et c. VI, n° 15 ; t. X, col. 890 ; passage capital, où se trouve la formule 5, rapportée dans le paragraphe précédent, p. 191.

2. *De Spiritu et Littera*, c. XXXIII, n° 57 ; t. X, col. 237 ; voir jusqu'au n° 60 inclusivement.

3. *Ibid.*, n° 60 ; col. 240.

mais qui, plutôt, le confirme. L'âme, en effet, pour posséder les dons qui lui sont signifiés en ces termes, doit nécessairement consentir; et dès lors, la chose qui est possédée dans l'âme, et qui est reçue, provient de Dieu; mais le fait de recevoir et de posséder appartient à celui qui reçoit et à celui qui possède ¹. »

Sur la propre coopération de la volonté simplement humaine, saint Augustin n'enseigne rien de plus : il se préoccupe plutôt de l'action que Dieu exerce sur nous; il dit : « Si on veut nous contraindre à scruter cette profondeur : pourquoi celui-ci est-il incité de manière à être persuadé et cet autre, non ; il ne se présente à mon esprit que deux paroles bonnes à donner en réponse : *O profondeur! O altitudo* (Rom. XI, 33) et, *Y a-t-il donc en Dieu de l'iniquité* (Id. IX, 14)? Celui qui n'aime pas cette réponse n'a qu'à chercher de plus habiles gens, mais qu'il prenne garde de ne pas trouver des présomptueux ². »

VII

La volonté peut se détourner de Dieu; c'est ainsi que le péché se produit ³ : « L'ange révolté, aimant soi-

---

1. *Ibid.*, n° 60; col. 240 sq.

2 « Cui responsio ista displicet quærat doctiores, sed caveat ne inveniat præsumptores » (*De Spiritu et Littera*, c. xxxiv, n° 60; t. X, col. 240 sq.). — Cf. *De Peccatorum meritis et remissione*, lib. II, c. xvii, n° 26; t. X, col. 167. — *Ep.*, CXL [vers 408], n° 62, col. 564; n° 63, col. 565; n° 71, col. 569, trois passages importants. — *Ep.*, CXLIX [415], où se rencontre le mot *præsumptor* : « et ne quisquam præsumptor ita de occultis judicet alienis... » (n° 22, col. 639); ce numéro et le n° 18 sont à lire.

3. Trois définitions du péché : 1° [388-395] « Peccatum malum est in ne-

même plus que Dieu, ne voulut pas lui être soumis, et l'orgueil l'exalta[1]. » Or, « abandonner le Créateur qui est le bien, et vivre selon quelque bien créé, ce n'est pas un bien[2] ». Enfin « le mérite de l'homme lui vient de sa volonté bonne aidée par Dieu; son démérite lui vient de sa volonté perverse qui abandonne Dieu[3] ».

Il n'y a, d'ailleurs, ni volonté substantiellement mauvaise, ni réalité extérieure, qui, de soi, mérite d'être haïe[4]. Le démon lui-même n'est pas une substance mauvaise, un Dieu du mal : « La substance dans laquelle ne se trouverait aucun bien est une substance impossible. Dès lors, la substance du démon, en tant qu'elle est substance, n'est pas un mal; c'est la perversion qui la rend mauvaise[5]. » « Tout vice, par cela seul qu'il est vice, est contre nature[6]. » Mais « aucun vice n'est à ce point contre nature, qu'il détruise jusqu'aux derniers vestiges de la nature[7] ».

gligentia vel ad capiendum præceptum, vel ad observandum, vel ad custodiendam contemplationem sapientiæ » (*De Lib. Arb.*, lib. III, c. xxiv, n° 72; t. I, col. 1306); — 2° [397] « Est autem peccatum hominis inordinatio atque perversitas; id est a præstantiore conditore aversio, et ad condita inferiora conversio » (*Quæst. ad Simplicianum*, lib. I, Quæst. II, n° 18; t. VI, col. 122); — 3° [400] La définition classique : « Peccatum est factum vel dictum, vel concupitum aliquid contra æternam legem » (*Contra Faustum Manichæum*, lib. XXII, c. xxvii; t. VIII, col. 418).

1. *De vera Religione* [390], c. xiii, n° 26; t. III, col. 133.
2. *De Civitate Dei*, lib. XIV, c. v; t. VII, col. 408; — cf. *De Libero Arbitrio*, lib. II, c. xix, n° 53; t. I, col. 1269; lib. III, c. xxv, n° 76; col. 1308.
3. *De Civitate Dei*, lib. XIV, c. xxvi; t. VII, col. 435.
4. *De Libero Arbitrio*, lib. I, c. xvi; lib. II, c. xviii.
5. *De Civitate Dei*, lib. XIX, c. xiii, n° 2; t. VII, col. 611; — cf. *De Libero Arbitrio*, lib. II, c. xx et xvii, n° 48; t. I, col. 1295.
6. *De Libero Arbitrio*, lib. III, c. xiii, n° 36; t. I, col. 1289.
7. *De Civitate Dei*, lib. XIX, c. xii, n° 2; t. VII, col. 639.

De même, toute réalité peut légitimement être objet d'amour ; il faut seulement que la réalité créée ne prenne jamais dans notre cœur la place de Dieu : « Ce qui souille l'âme, ce ne sont pas les harmonies (les beautés) inférieures à l'âme raisonnable ; c'est l'amour de la beauté inférieure [1]. » Saint Augustin, au traité *Du Libre Arbitre*, donne en quelques mots l'expression parfaite de sa pensée : « La passion, dit-il, voilà dans l'adultère ce qui est le mal ; mais vous cherchez le mal au dehors, dans l'acte lui-même tel qu'on le peut voir, et vous rencontrez ainsi des difficultés gênantes [2]. »

C'est à propos de la théorie du péché, que saint Augustin fait la différence entre les choses dont il convient de se servir en vue d'un résultat supérieur, et les choses auxquelles on s'arrête pour elles-mêmes et dont on jouit. Jouir et se servir, *frui* et *uti,* est une des expressions célèbres que saint Augustin s'était d'ailleurs formulée de très bonne heure. Car, vers 390, il dit bien nettement : « La même différence existe, d'un côté, entre l'honnête et l'utile, et, d'un autre côté, entre jouir et se servir », *inter fruendum et utendum*[3]. Il développe

---

1. *De Musica*, lib. VI, c. xiv, n° 46 ; t. I, col. 1187.
2. *De Libero Arbitrio*, lib. I, c. iii, n° 8 ; t. I, col. 1225 ; — cf. *De Civitate Dei*, lib. XII, c. viii ; t. VII, col. 355. Tout ce chapitre est à lire.
3. *De diversis Quæstionibus LXXXIII*, Quæst. XXX *in principio ;* t. VI, col. 19. — Cf. 1° [388] *De Moribus Ecclesiæ*, lib. I, c. iii, n° 4, 5 ; t. I, col. 1312 ; on y trouve le mot *frui*, mais sans opposition avec *uti* ; — 2° [387-389] *De Musica*, lib. VI, c. xiv, n° 46 ; t. I, col. 1187 ; les deux mots y sont employés, mais non en opposition dans une même phrase : « neque amemus eos (numeros inferiores) ut quasi *perfruendo* talibus beati efficiamur. Illis etenim... bene *utendo* carebimus ». — 3° [388-395] *De Libero Arbitrio*, lib. I, c. iv, n° 10 ; t. I, c. 1226 : « mali ut his (bonis temporalibus)

au même endroit toute sa pensée, et il insiste sur l'opposition entre jouir et se servir. Il faut ensuite aller jusqu'à 397 pour retrouver, dans le traité *De la doctrine chrétienne*, une semblable insistance[1]. Enfin, quelques années plus tard, un mot résume tout : « La vie mauvaise et coupable, c'est celle qui pervertit et la jouissance et l'usage[2]. »

Toute cette doctrine que saint Augustin oppose d'abord au Manichéisme, est aussi celle que la lutte contre les Pélagiens lui fournit l'occasion de reprendre et de compléter. Il a dit avec la même décision, en 390, dans le traité *Du Libre Arbitre*, en 415 dans le traité *De la Perfection de la justice humaine*, enfin en 429 ou 430, dans l'*Ouvrage inachevé contre Julien*, que l'action proprement naturelle, connue ou non, c'est-à-dire l'action déterminée par la nécessité même de la nature, n'est jamais un péché : « Ce que l'âme, naturellement, ignore, ou ce que, naturellement, elle ne peut pas, ne lui est jamais imputé comme faute[3]. » Voilà le langage de 390 ;

---

fruendis cum securitate incumbant, removere impedimenta conantur... ». Et là, non plus, il n'exprime pas l'opposition. — Les Stoïciens employaient au même sens le terme *uti;* cf. Senec. Epist. LXVI, n° 5; 85, n° 33; 120, n° 2 (Voir ZELLER, *Geschichte der Philosophie der Griechen*, t. III, Ire Partie, A, Die Stoïsche Philosophie; 8 Ethik). — Voir aussi saint Ambroise, *De Noë et Arca*, c. x, n° 35.

1. *De Doctrina Christiana*, lib. I, c. xxxiii, n° 37; t. III, col. 33; cf. c. xxii, c. xxxi, c. xxxii, c. xxxv.

2. *De Trinitate* [400-416], lib. X, c. x, n° 13; t. VIII, col. 981; — Cf. *De Civitate Dei*, lib. XI, c. xxv; t. VII, col. 339; et surtout *Confess.*, lib. XIII, c. xxxi, n° 46; t. I, col. 865.

3. *De Libero Arbitrio*, lib. III, c. xxii, n° 64; t. I, col. 1302. Cf. c. i, n° 1 et 2, col. 1271; c. xvi, n° 46, col. 1294; c. xvii, n° 48, col. 1295; c. xviii, n° 51, col. 1296. — Cf. *De Perfectione justitiæ hominis*, c. iv-vi, et passim per totum.

celui de 430 sera plus fort : « Si l'ange ou si l'homme, par l'exercice de sa volonté, commet un péché, il y a là sans doute l'action d'une nature; car enfin, l'ange et l'homme sont une nature; mais dans ce cas, nous n'appelons pas péché naturel, ce qui est l'œuvre de la volonté libre. En effet, l'ange ou l'homme a péché parce qu'il a voulu; il a pu, d'ailleurs, aussi, ne vouloir pas[1]. »

Il n'y a donc qu'une cause du péché : la volonté libre : Qui a fait le démon? « Lui-même; car ce n'est pas sa nature, c'est son péché qui l'a rendu démon[2]. » — « La première mauvaise volonté a précédé dans l'homme toutes les mauvaises œuvres; elle a donc été une défection, un abandon de l'œuvre de Dieu en faveur de l'œuvre propre, plutôt qu'une activité quelconque[3]. » — « La mauvaise volonté précéda chez Adam et l'induisit à écouter le serpent tentateur[4]. » De ces trois phrases identiques, la première est de 389, la troisième de 429.

Mais voici une question plus profonde : comment a-t-il pu se faire qu'à l'origine, une volonté ait choisi le mal? Ou, d'une manière plus générale : comment concevoir la perversion de la liberté? Cette question, qui ne tourmente nullement la conscience de l'humanité, arrête à bon droit l'attention des philosophes. Or, là où la

---

1. *Operis imperfecti*, lib. V, c. XL; t. X, col. 1177; cf. lib. III, c. CCVI, col. 1334 sq.; et lib. I, c. LXXXV, col. 1104 sq.; c. XCVII, col. 1113 sq.; c. CI, col. 1117. — Cf. *De Civitate Dei*, lib. XI, c. XV; t. VII, col. 330-331.

2. *De Genesi contra Manichæos*, lib. II, c. XXVIII, n° 12; t. III, col. 219.

3. « *Defectus potius fuit quidam ab opere Dei ad sua opera, quam opus ullum.* » (*De Civitate Dei*, lib. XIV, c. XI, n° 1; t. VII, col. 418.)

4. *Op. imp.*, lib. I, c. LXXI; t. X, col. 1095.

conscience de tous, ou, pour l'appeler de son autre nom, là où le sens commun conserve sans hésitation, sans erreur, comme aussi sans vue profonde, la propre notion de péché ou de liberté pervertie, les philosophes qui méditent et dont les vues s'étendent sans pourtant pénétrer jusqu'au fond, imitent parfois Socrate et s'égarent comme lui, ou encore, à l'exemple d'Aristote, ils semblent ne voir pas directement la difficulté. Mais saint Augustin, ici comme partout, a le sentiment du mystère : « Pour assigner une limite à la recherche, dit-il, je demande la cause de la première mauvaise volonté. » Et il se trouve que nulle réalité ne peut être la cause efficiente de la volonté mauvaise; « une volonté commence d'être mauvaise, non en raison de sa nature, mais parce qu'elle sort du néant ». — « La volonté mauvaise n'est pas un acte positif, mais une défection, *quia nec illa effectio est, sed defectio*[1]. Or, les causes de ces défections ne sont pas efficientes, je l'ai déjà dit, elles sont déficientes; et prétendre les découvrir, est la même chose que si l'on voulait voir les ténèbres, ou bien entendre le silence. Que personne, donc, ne cherche à savoir de moi ce que je sais que j'ignore; à moins peut-être qu'on ne veuille apprendre à ignorer ce dont il faut savoir qu'on ne peut pas le connaître[2]. » Il y avait quinze à vingt ans que le traité du *Libre Arbitre* proposait la

---

1. Cf. « In quantum habet (anima) aliquid mali quod non est substantia, in tantum mala est. Non enim *ex profectu*, sed *ex defectu* habet hanc consensionem » [405] (*Contra Secundinum Manichæum*, c. xv; t. VIII, col. 590).

2. *De Civitate Dei*, lib. XII, c. vi; t. VII, col. 353, 354; et c. vii, col. 355. — Cf. lib. XIV, c. x et xi; — *De Genesi ad litteram*, lib. VI, c. xiv, xvi, et xx, xxiii; — *Enchiridion*, c. xii, n° 4 à c. xv.

même chose en ces termes plus courts et dignes d'être connus : « Si ce mouvement, c'est-à-dire si l'action d'abandonner Dieu, est sans contestation un péché, pouvons-nous dire, pour cela, que Dieu est auteur du péché? Il est donc clair que ce mouvement ne vient pas de Dieu. Mais, d'où viendra-t-il? Voilà ce que vous me demandez; or, si je vous réponds que j'ignore, vous serez peut-être plus triste; et pourtant, j'aurai répondu la vérité. On ne peut pas, en effet, savoir ce qui n'est pas[1]. »

Ces deux passages, et tous les autres de même sorte, ne contiennent que l'examen, pour ainsi dire, métaphysique de la volonté mauvaise; et sans doute, il est incontestable que le mal n'est pas une substance; on pourrait de même affirmer qu'il n'est pas une action positive. Mais enfin, si pour expliquer le péché il fallait ne recourir qu'à des négations, il ne resterait rien, pas même le péché. C'est ce que saint Augustin constate en disant : « Si le rien est cause du péché, il n'y a aucune cause[2]. » Or, il y en a une, qui est la volonté, et il n'y a réellement que celle-là, car la persuasion qui pousse à mal faire, ne produit pas par elle-même le consentement : c'est la volonté qui le produit[3]. On voit donc ainsi renaître toujours la même question : comment

---

1. *De Libero Arbitrio*, lib. II, c. xx, n° 54; t. I, col. 1269. — Cf. *Contra Secundinum Manichæum*, c. xi, où il rappelle son traité *De Lib. Arb.* (t. VIII, col. 586 sq.).

2. *De diversis Quæstionibus LXXXIII*, Quæst. IV; t. VI, col. 12.

3. De suasione autem quidquid est, quia suasio non cogit invitum, *ad ejusdem hominis voluntatem causa depravationis ejus redit, sive aliquo sive nullo suadente depravatus sit.* (*Ib.*, col. 12.)

concevoir la décision libre en faveur du mal? C'est la question que, dans le traité du *Libre Arbitre*, Evodius rappelle sans cesse à saint Augustin[1]; et il se trouvait qu'à ce moment, la préoccupation dominante d'Augustin était d'exclure le Manichéisme; Augustin s'attachait donc à montrer que ni Dieu, ni aucune substance extérieure à l'homme, ne produit en l'homme le péché; il affirmait l'existence de la liberté pervertie; il éliminait toute autre cause du péché; mais il n'expliquait pas comment il se peut faire qu'une créature raisonnable, en état de bien juger, se décide, précisément, en faveur du mal. Il voyait pourtant qu'il y a là, en même temps qu'un fait indubitable, un mystère dont la solution complète nous échappe.

VIII

C'est, en effet, dans le traité du *Libre Arbitre*, que, peut-être pour la première fois, il examine expressément l'influence des inclinations secrètes et qu'il expose une doctrine sur ce qui, de nos jours, s'est appelé *morale d'intention*[2] : « On a su, dit-il, et on n'a pas

---

1. Lib. III, c. xvii, xviii.
2. Voici l'indication des passages qui, d'une manière plus ou moins directe et plus ou moins explicite, se rapportent à la morale d'intention : 1° [387-389] *La Musique* (lib. VI, c. v, n° 14); — 2° [390] *Vraie Religion* (c. xii, n° 23); — 3° [388-395] *Quatre-vingt-trois Questions diverses* (Quæst. LXXIX, n° 1 *in fine*); — 4° [388-395] *Libre Arbitre* (lib. III, c. xviii et c. xix); — 5° [394] *Explication de l'Épitre aux Galates* (n° 35); — 6° [397] *Doctrine chrétienne* (lib. III, c. xiv, n° 22); — 7° [400] *Confessions* (lib. III, c. viii, n° 15, 16); — 8° [400-416] *Trinité* (lib. XIV, c. xv, n° 21); —

bien fait : on perd donc la faculté de faire le bien que l'on voudrait. Ce sont là, en effet, pour l'âme coupable, les deux châtiments : ignorance et difficulté. Par suite de l'ignorance, l'erreur dégrade; par suite de la difficulté, le tourment afflige. Mais approuver l'erreur à la place de la vérité jusqu'à se tromper malgré soi, et, parmi les résistances et les tourments du lien charnel, ne pouvoir pas s'abstenir des œuvres que la passion suggère, ce n'est pas l'état où l'homme a été créé, c'est la peine de l'homme coupable[1]. » Voilà pourquoi saint Augustin ajoute : « Nous n'appelons pas seulement péché ce qui, étant accompli par une volonté libre et avec une réelle connaissance, porte proprement le nom de péché; mais nous appelons encore péché ce qui, par une conséquence nécessaire, arrive comme peine de ce premier péché[2]. »

Deux grandes misères pèsent ainsi sur nous, qui sont : l'ignorance du bien[3], et la difficulté de faire le bien que nous connaissons; ignorance et difficulté peuvent d'ailleurs, parfois, se réunir. Et comme il s'agit maintenant de la morale d'intention, c'est de l'ignorance surtout qu'il faudra s'occuper.

9° [116] *Traités sur saint Jean* (Tract. LXXXIX, n° 2, 4; Tract. C. n° 2); — 10° [419] *Questions sur l'Heptateuque* (lib. VII, n° 49, sur Jephté); — 11° [421] *Enchiridion* (c. LXXX, n° 21; c. LXXXI, n° 21); — 12° [126] *Cité de Dieu* (lib. XXI, c. XIII); — 13° [427] *Rétractations* (lib. I, c. XIII, n° 5; c. XV, n° 3); — 14° [429 ou 430] *Ouvrage inachevé contre Julien* (lib. I, c. XLVI, LXXXVIII, CIV, CV).

1. *De Libero Arbitrio*, lib. III, c. XVIII, n° 52; t. I, col. 1296; cf. n° 51.
2. *Ib.*, c. XIX, n° 53, 54; t. I, col. 1297.
3. Sur l'ignorance, voir *De Natura et Gratia*, c. L, n° 58; t. X, col. 275 et 277.

Que l'on remarque d'abord l'expression *pœna peccati*. Aucune autre n'est ni plus célèbre, ni plus importante. Saint Augustin l'employa de fort bonne heure; elle apparaît déjà vers 388 au sixième livre de *la Musique;* et là, elle ne signifie que la pure et simple punition[1]; le traité de la *Vraie Religion* dit également *pœna peccati* en ce même sens restreint[2]. C'est pourtant vers la même époque, et en une phrase très courte, que toute la doctrine du péché se trouve exprimée : « La facilité à commettre certains péchés est la peine d'autres péchés précédents[3]. »

Ce mot résume les explications qui seront développées quarante ans plus tard : « Selon vous tous, dit saint Augustin à Julien d'Eclane, selon vous tous, la nécessité de pécher contre laquelle on n'a pas la liberté de se défendre est la peine d'un péché duquel on était libre de s'abstenir..... Pourquoi donc ne croyez-vous pas que le péché ineffablement grave du premier homme a eu la force de vicier l'humaine nature tout entière, et de la vicier autant que peut faire maintenant dans un homme cette seconde nature dont vous parlez? Vous avez cru, en effet, devoir nous rappeler que les savants nomment ainsi l'habitude. Nous avouons donc qu'il existe des péchés commis sans nécessité par la volonté propre : ce sont là simplement des péchés, et l'on était libre de s'en abstenir; mais le genre hu-

---

1. *De Musica*, lib. VI, c. v, n° 14; t. I, col. 1170.
2. C. xii, n° 23.
3. *De diversis Quæstionibus LXXXIII*, Quæst. LXXIX, n° 1 *in fine;* t. VI, col. 91.

main abonde en péchés que l'ignorance ou les passions rendent nécessaires : et ce ne sont plus simplement des péchés; ce sont aussi des peines du péché[1]. »

Donc la liberté, pratiquement réduite à ne pouvoir choisir que le mal, ne cesse pas d'être une vraie liberté; elle ne cesse pas non plus d'être coupable. Elle l'est, au contraire, davantage. Si, d'ailleurs, il fallait s'arrêter sur ce point, ce serait la chose du monde la plus facile que de montrer combien la doctrine de saint Augustin s'accorde avec le sentiment naturel de l'humanité; car, selon le jugement très juste des peuples, il n'y a pas de pire coupable que le malfaiteur devenu absolument et irrémédiablement malfaiteur.

Mais saint Augustin n'invoque pas ici le sentiment universel; il pense et il enseigne que l'adhésion de la volonté est d'autant plus imputable qu'elle est plus définitive; il rejette donc la morale d'intention. C'est au traité *De la Doctrine chrétienne* [397] que, pour la première fois, il exprime complètement sa pensée : il condamne ceux à qui la diversité des mœurs humaines fait conclure « qu'il n'existe pas de justice en soi, et que, pour chaque nation, la seule justice, ce sont les coutumes établies[2] ». Les *Confessions* vont beaucoup plus loin; elles donnent la décision sur des faits, la seule qui, en pareille matière, puisse avoir un sens saisissable. On y lit ce passage si caractéristique : « Les crimes qui sont contre nature, méritent partout et toujours la réprobation et le châtiment : tel est le

---

1. *Operis imperfecti*, lib. I, c. cv; t. X, col. 1119.
2. Lib. III, c. xiv, n° 24; t. III, col. 74.

crime de Sodome. Et si toutes les nations s'y adonnaient, elles n'en seraient pas moins coupables devant la loi divine. Toute société humaine convient par un pacte d'obéir à ses chefs; combien plus ne faut-il donc pas obéir à Dieu, le maître de toute créature? Aussi (les attentats commis) pour le seul plaisir que le mal d'autrui procure, par exemple, les spectacles de gladiateurs, les dérisions et les tromperies : voilà les sources de l'iniquité[1]. » L'*Enchiridion* [421] est tout aussi précis : « Certains péchés, pour grands et horribles qu'ils soient, si une fois ils deviennent l'habitude générale, sont réputés légers, ou même ils ne comptent plus : on ne songe pas à les cacher, on s'en vante plutôt et on les publie... Il est écrit dans la Genèse : *La clameur de Sodome et de Gomorrhe s'est multipliée* (Gen. XVIII, 20). En effet, dans ces deux villes, le crime n'était plus puni : il s'étalait, il semblait protégé par la loi. » Saint Augustin rappelle bientôt, et il cite un passage de ses discours sur l'Épître aux Galates[2]. Le passage est juste, très vif; mais, contrairement aux *Confessions*, il ne mentionne aucun fait précis : « Peut-être, alors, continue saint Augustin, une douleur immodérée me poussa-t-elle au delà de la juste mesure. Or, maintenant, je redirai ce que, plusieurs fois, mes autres ouvrages ont dit[3] : Notre péché provient de deux causes : ou bien nous ne voyons pas ce que nous devons faire; ou bien nous ne faisons pas ce que nous

---

1. *Confess.*, lib. III, c. viii, n° 15, 16; t. I, col. 689 sq.
2. T. III, col. 2130.
3. Voir ci-dessus, p. 211-212.

savons qu'il faut faire : l'un est le mal d'ignorance; l'autre le mal d'infirmité[1]. »

Il y a aussi, dans les *Traités sur saint Jean* [416], deux endroits dignes d'attention. Le premier, notamment, a pour objet ce qui est dans la destinée humaine, le plus effrayant mystère. Notre-Seigneur enseigne que les hommes parmi lesquels il est venu, et qui ont pu l'entendre *n'ont aucune excuse de leur péché* (Jo. XV, 22). Mais les autres sont-ils tout à fait innocents, ou bien leur péché reçoit-il quelque atténuation? « A ces questions, voici, selon mes forces et selon que Dieu m'assiste, voici ma réponse : les autres ont une excuse, non de leur péché en son total, mais du péché particulier qu'ils ont commis en ne croyant pas en Jésus-Christ, eux vers qui Jésus-Christ n'est pas venu, et à qui Jésus-Christ n'a pas parlé[2]. » On va rencontrer dans l'autre endroit, de même que dans les *Confessions* et dans l'*Enchiridion,* le jugement sur un fait déterminé. Saint Augustin écrit : « Donner son bien à des histrions est un vice énorme, *vitium est immane,* nullement une vertu; et vous savez combien de fois le fait se produit et quelles louanges on lui décerne[3]. »

L'*Ouvrage inachevé contre Julien* ne discute aucun exemple déterminé; il donne en revanche une décision bien ferme et bien importante. Il sera bon, d'ailleurs, de savoir que cette décision est un passage classique sur le péché peine du péché : « La troisième sorte de

---

1. *Enchiridion*, c. LXXX, n° 21; c. LXXXI, n° 22; t. VI, col. 270 sq.
2. Tract. LXXXIX, n° 2; t. III, col. 1857.
3. Tract. C, n° 2; t. III, col. 1891.

péchés, dit saint Augustin, dans laquelle le péché est aussi la peine du péché, est indiquée par ce mot : *Je ne veux pas le mal et je le fais* (Rom. VII, 29). A cette même sorte appartiennent aussi les actions mauvaises qui, commises par ignorance, ne sont pas réputées mauvaises, mais plutôt sont réputées bonnes[1]. »

A la théorie de la morale d'intention doit se rattacher aussi le mot célèbre : « Ce qui fait le martyr, ce n'est pas le supplice, mais la cause[2]. » Saint Augustin avait déjà dit plus longuement, et avec plus de détermination : « Si quelque païen a été condamné pour crime d'idolâtrie, faut-il le croire martyr? Et pourtant, à cause d'une superstition considérée par lui comme une religion sainte, il a subi le châtiment ordonné par la loi[3]. » Enfin, les *Rétractations*, dont l'autorité est si grande, contiennent un passage où il est formellement enseigné que l'ignorance n'excuse pas toujours, et que la bonne intention ne justifie pas toujours : « Lorsque, dit ensuite saint Augustin, la bonne volonté ne peut pas résister à la contrainte de la passion, et que, pour cela, on agit contre les préceptes de

---

1. *Operis imperfecti,* lib. I, c. xlvi; t. X, col. 1068. Cf. c. lxxxviii, col. 1107; c. civ, col. 1118; c. cv, col. 1118 sq.; c. cvi, col. 1120; lib. V, c. xlvii, l, li, lvi; lib. VI, c. xvii, col. 1539. — Ajouter cette phrase de la *Cité de Dieu* : « etsi quisquam mali aliquid alterius improbitate vel errore patiatur, peccat quidem homo, qui vel ignorantia, vel injustitia cuiquam mali aliquid facit (lib. XXI, c. xiii; t. VII, col. 728).

2. *Ep. LXXXIX,* n 2; col. 310.

3. *Contra Epistolam Parmeniani,* lib. I, c. ix, n° 15. Ce livre est de 400; le mot sur le *Martyr* est de 406.

la justice : c'est alors un péché, mais qui est, en même temps, peine du péché[1]. »

IX

A la question de morale d'intention se rattache la question sur les œuvres des infidèles[2]. Ce n'est même en réalité qu'une seule question; et, sous le titre d'*OEuvres des infidèles,* elle a été longuement étudiée au dix-septième siècle, mais non toujours avec assez de clarté, ni assez de précision[3]. On s'est trop souvent tenu dans des généralités; on n'a pas assez envisagé, comme fait saint Augustin, des exemples tels que les spectacles de gladiateurs.

Or, à ne considérer que les œuvres des infidèles, voici le principe qui décide tout : « Sachez, dit saint

---

1. Lib. I, c. xv, n° 3; t. I, col. 609, à propos du traité *Des deux âmes,* et pour expliquer la définition *Voluntas est animi motus, cogente nullo, ad aliquid vel non amittendum vel adipiscendum.* Le chapitre xiii, à propos de la *Vraie Religion,* contient un passage aussi fort et aussi explicite (n° 5).
2. Sur ce point qui a été longuement discuté au dix-septième siècle, voir : 1° [400-416] *Trinité* (lib. XIV, c. 1); — 2° [415] *Cité de Dieu* (lib. V, c. xix et xx; [426] lib. XIX, c. xv; lib. XXI, c. xvi); — 3° [412] *De l'Esprit et de la Lettre* (c. xvii et xviii; cf. *De Nuptiis et Concupiscentia,* c. iii et iv); — 4° [417 ou 418] *Epître CLXXVIII* (c. xiii, n° 13); — 5° [421] *Contre Julien le Pélagien* (lib. IV, c. iii tout entier; c'est le passage principal, plus important même que les passages de la *Cité de Dieu*).
3. Le P. Deschamp (CAMPSIUS, *De Hæresi Janseniana*) y revient dans chacun des trois livres de son ouvrage, aux *disputes* 4 et 5 de chaque livre. Le cardinal Noris (*Vindiciæ Augustinianæ*) écrit un très bon chapitre, mais incomplet (*Vindiciæ,* c. iii, par. 4).

Augustin à Julien, sachez que ce n'est pas l'œuvre obligatoire, mais le motif, qui fait la différence entre le vice et la vertu[1]. Lors donc que l'homme fait quelque chose où il n'y a pas d'apparence du péché, si pourtant il n'agit pas en vue du motif qui devrait le faire agir, il est certainement coupable. » Ceci est plus fort : « Toute action humaine qui n'est pas accomplie en vue du motif imposé par la véritable sagesse, a beau paraître, comme action extérieure, une action bonne : elle est, par défaut du droit motif, un péché[2]. »

Et saint Augustin se tient ferme à son principe ; il donne des exemples précis : « Des hommes, dit-il, qui ne croient pas au Christ, ne sont ni justes, ni agréables à Dieu parce que, sans la foi, il est impossible de plaire à Dieu. Mais, au jour du jugement, leurs intentions auront mérité un adoucissement de la peine... Fabricius sera puni moins que Catilina ; non que Fabricius fût bon, mais l'autre était plus mauvais ; Fabricius était moins impie que Catilina, non parce qu'il avait de véritables vertus, mais parce qu'il ne s'éloignait pas infiniment des véritables vertus[3]. »

Ces deux passages donnent la pensée complète. On trouve d'ailleurs, en étudiant dans saint Augustin tout le chapitre, une plus grande insistance à exprimer la doctrine qu'on vient de voir ; mais on ne trouve rien qui l'adoucisse. Il répète, et avec raison, que tout

---

1. *Non officiis sed finibus a vitiis discernendas esse virtutes.*
2. *Etsi officio videatur bonum, ipso non recto fine peccatum est.* (Contra Julianum, lib. IV, c. III, n° 21 ; t. X, col. 719.)
3. *Ib.*, n° 25 ; t. X, col. 751.

dans notre conduite dépend du motif (*non actibus, sed finibus pensantur officia*[1]). Or, le motif dont il parle est, en même temps, très élevé et très déterminé : c'est l'amour surnaturel tel que la grâce de Notre-Seigneur le produit.

Donc, pour éviter le péché, deux conditions essentielles sont requises : 1° éviter ce qui, en soi, est mauvais; 2° l'éviter en vue de plaire à Dieu. Il faut donc, en un mot, pour éviter le péché, connaître et pratiquer la doctrine de Notre-Seigneur Jésus-Christ.

On peut aussi représenter en ces termes la pensée de saint Augustin : il ne suffit pas d'être sincère avec soi-même; il faut, de plus, ne pas prendre, même invinciblement, le mal pour le bien. Mais il est clair qu'ici, *invinciblement* ne s'entend pas d'une manière absolue; il ne désigne, et il ne peut désigner qu'une difficulté de laquelle, en fait, on ne sort pas[2].

Baïus[3] et les jansénistes reprenaient, sur ce point, la doctrine de saint Augustin et ils la poussaient à un excès que saint Augustin n'autorise pas. Car, selon Baïus et les jansénistes, il faut nier la liberté et il faut admettre une vraie réprobation. Les infidèles sont donc, en vertu d'un décret divin, de véritables et d'absolus réprouvés; ils font le mal toujours et par nécessité for-

---

1. *Ib.*, n° 26 *in fine.* — Cf. *Ep. CLXIV* [115], très importante, surtout n° 1, où il dit que le salut des anciens sages serait chose bien désirable, *nisi aliter se haberet sensus humanus, aliter justitia Creatoris.*

2. Voir ci-dessus les passages des *Confessions*, de l'*Enchiridion* et des *Traités sur saint Jean*, paragraphe VIII.

3. Docteur de Louvain (1513-1589), condamné par la Sorbonne (1560), par Pie V (1567), par Grégoire XIII (1580).

melle. Mais saint Augustin attribue aux infidèles la liberté; et, d'ailleurs, il n'enseigne pas que, toujours et au même degré, les infidèles pèchent. On a vu ce qu'il dit de Fabricius; il enseigne, en outre, au traité *De la Prédestination des Saints*, qu'un infidèle peut, sous l'action de la grâce, accomplir des œuvres agréables à Dieu[1]; il reconnaît, enfin, dans notre nature, au moins une tendance bonne, qui est notre amour instinctif du bonheur : « Notre nature, dit-il, parmi toutes ses misères, n'a pas pu perdre le désir du bonheur[2]. »

Enfin, il n'y a lieu de parler ici ni de dureté, ni de douceur. Il ne s'agit que d'une doctrine sur laquelle saint Augustin porte un jugement arrêté. La même difficulté, d'ailleurs, existe pour tout le monde; car tout philosophe devrait savoir donner une réponse aux questions que voici : comment juger les erreurs pratiquement invincibles, telles que le sacrifice humain ou la débauche sacrée? Comment aussi jugera-t-on les jeux de gladiateurs et les mœurs publiques qui inspirent presque toutes les épigrammes de Martial? Or, parmi les philosophes, saint Augustin est le seul qui ait osé regarder et qui ait osé parler[3]. Locke, il est vrai, de même que Bayle, s'arrête à la diversité des mœurs humaines; il allègue des exemples, et il prend

---

1. C'est au sujet du centurion Corneille : « cujus acceptæ sunt eleemosynæ, et exauditæ orationes, antequam credidisset in Christum, *nec tamen sine aliqua fide* donabat et orabat. Nam quomodo invocabat in quem non crediderat? » (C. vii, n° 12; t. X, col. 970.)

2. *Enchiridion*, c. xxv; t. VI, col. 244.

3. Voir ci-dessus les passages des *Confessions* et de l'*Enchiridion*, paragraphe viii.

la peine bien inutile de les chercher parmi les sauvages. Bientôt Leibniz veut démontrer contre Locke, qu'il existe une justice absolue et que les hommes la connaissent; il se décide donc à répondre : « On convient le plus souvent de ces (bons) instincts de la conscience, et on les suit même, quand de plus grandes impressions ne les surmontent. La plus grande et la plus saine partie du genre humain leur rend témoignage[1]. » Cette remarque, sans doute, rappelle avec raison que tous les hommes ont le sens de la justice, mais elle ne fait rien connaître sur les erreurs pratiquement invincibles.

La sincérité avec soi-même peut donc, quelquefois, ne pas suffire; et voilà le mystère; mais la sincérité avec soi-même est indispensable : « La raison, dit saint Augustin, pour laquelle tout mensonge est un péché, c'est que l'homme, dans le cas où il connaît la vérité, et dans le cas aussi où, par faiblesse humaine, il se trompe, doit exprimer ce qu'il a dans l'esprit : il n'importe que ce qu'il a dit soit vrai, ou qu'il passe pour tel et ne le soit pas[2]. » Or tout le monde comprend naturelle-

---

1. *Nouveaux Essais*, liv. I, chap. II, n° 9; éd. Janet, 1866, p. 59.
2. *Enchiridion*, c. XXII; t. VI, col. 243. Saint Augustin s'est souvent occupé du mensonge; mais pour exposer en détail ce qu'il a dit, il faudrait un long chapitre sur la morale pratique; or dans cet ouvrage un tel chapitre ne peut avoir sa place. Voici la liste des œuvres à étudier : 1° [395] *De Mendacio;* remarquer la définition : *mendacium est enuntiatio cum voluntate alicujus falsitatis,* c. IV; t. VI, col. 190. — 2° [420] *Contra Mendacium.* — 3° [428 ou 429] *De Dono perseverantiæ,* c. XV, XVI, XXII; ce sont trois passages très curieux et trop peu connus. Saint Augustin y examine la question, s'il convient de prêcher au peuple la prédestination que le peuple risque de mal comprendre : il décide que l'on

ment que la mauvaise intention rend toujours coupable; il n'est pas aussi facile de comprendre que l'intention pratiquement jugée bonne ne justifie pas toujours; et pourtant le philosophe qui, sur ce point, ne raisonne pas comme saint Augustin, doit, comme Locke et comme Bayle, identifier la justice avec la coutume, ou bien, il évitera, comme Leibniz et comme Kant, de regarder directement la réalité. Car, pour le répéter encore, la réalité ici, ce sont des faits, tels que les spectacles de gladiateurs; et ni Leibniz ni Kant ne donnent, sur de pareils faits, une décision nette.

X

Rien, en nous, sinon l'exercice de notre volonté libre, ne peut rendre à Dieu l'hommage particulier que nous lui devons : « Nous ne savons pas tout ce que l'ordre divin fait de nous; c'est seulement par la bonne volonté que nous agissons selon la loi; mais pour tout le reste nous sommes agis par la loi[1]. »

« Ce sera merveille, dit encore saint Augustin, si la volonté peut se constituer dans un milieu tel qu'elle

---

doit, le plus possible, s'accommoder à la faiblesse des auditeurs; mais si, d'ailleurs, les circonstances obligent de dogmatiser, on n'hésitera pas à dire la vérité tout entière. Déjà, en 390, faisant allusion aux docteurs de de l'Église, il avait écrit ce mot : *nonnulla obtegunt, sed nulla mentiuntur* (*De vera Religione*, c. xxxviii, n° 51; t. III, col. 145).

[1]. *De diversis Quæstionibus LXXXIII* [388-395], Quæst. XXVII; t. VI, col. 19; — cf. *De Agone Christiano* [396], c. vii, n° 7; t. VI, 291 : « aliud est facere quod lex jubet, aliud pati quod lex jubet. Quapropter boni secundum leges faciunt, mali secundum leges patiuntur ».

n'y soit ni bonne, ni mauvaise[1]. » En effet, la nature de notre amour détermine notre état moral : « Ou nous aimons la justice, et alors notre volonté est bonne; si nous l'aimons davantage, notre volonté devient meilleure; si nous l'aimons moins, notre volonté est moins bonne ; ou, enfin, si nous ne l'aimons pas du tout, notre volonté n'est plus bonne[2]. » C'est dans l'*Enchiridion* [421] que l'on trouvera parfaitement exprimée toute la pensée de saint Augustin : « Lorsqu'on demande d'un homme s'il est bon, on ne demande ni ce qu'il croit ni ce qu'il espère, mais ce qu'il aime[3]. Quiconque, en effet, aime selon l'ordre, croit aussi et il espère selon l'ordre... C'est, enfin, la cupidité charnelle qui règne là où ne règne pas l'amour de Dieu[4]. »

Une âme dans laquelle règne l'amour de Dieu, ne sait en quelque sorte que pratiquer la vertu. Il est vrai que cette âme ne pense pas toujours expressément à aimer Dieu, mais dans sa distraction, elle obéit au sentiment général qui survit toujours en elle. La même conviction qui faisait dire à saint Augustin : « Notre préférence dominante détermine nécessairement notre action[5] » lui fera dire aussi, vingt ans plus tard : « Aimez Dieu, et faites ce que vous voulez », *dilige et*

---

1. *De Peccatorum meritis et remissione,* c. xviii, n° 30; t. X, col. 169.
2. *Ibid.*
3. Cf. *Contra Faustum Manichæum*, lib. XV, c. xi; t. VIII, col. 228 : « nec ex ea (fide) potest existere bona vita; *quia ex amore suo quisque vivit, vel bene vel male* ».
4. *Enchiridion*, c. cxvii; t. VI, col. 286 sq. — Cf. *ibid.*, c. cxxi, n° 32; VI, col. 288.
5. *In Epistolam ad Galatas,* n° 49; t. III, col. 2141.

quod vis fac[1]. Et d'ailleurs, dans le livre où il écrit le mot célèbre sur nos préférences dominantes, il annonce déjà : *Aimez et faites ce que vous voulez;* car, parlant de la médisance, il dit : « Aimez et dites ce que vous voulez[2]. »

Cette réflexion sur l'amour est, en même temps, un point essentiel de la doctrine de saint Augustin et une observation morale très juste. Il suffit, en effet, d'avoir établi en soi certaines tendances et de les y avoir affermies; elles deviennent de plus en plus efficaces. Il faudra sans doute quelquefois lutter, mais l'amour dominant donne des forces; et s'il fallait passer la vie à lutter, on aurait cette sorte d'amour qui, malgré les dégoûts, maintient toujours dans l'ordre : « Là où l'amour existe, il n'y a plus de peine, ou du moins la peine est aimée[3]. »

Il est clair que l'amour ainsi entendu, l'amour emportant avec soi la pleine soumission à l'ordre, ou, en d'autres termes, emportant avec soi la foi et l'espérance, constitue à lui seul tout le culte que nous devons rendre à Dieu : « On ne sert Dieu qu'en l'aimant », *Nec colitur ille nisi amando*[4]. Saint Augustin a souvent exprimé la même pensée, mais jamais en une formule

---

1. *In Epistolam Joannis* [416], Tract. VII, n° 8; t. III, col. 2033.
2. « *Dilige et dic quod voles* » (*In Epistolam ad Galatas*, n° 57; t. III, col. 2144); — cf. *In Epist. Jo.*, Tract. VIII, n° 10; col. 2052 : « Dilige ergo fratrem et securus esto ». — Tract. X, n° 7; col. 2059 : « Tenete ergo dilectionem et securi estote ».
3. *In eo quod amatur, aut non laboratur, aut et labor amatur* (*De bono Viduitatis* [414], c. XXI, n° 26; t. VI, col. 448).
4. *Ep.*, CXL [412], n° 45; col. 557.

aussi parfaite[1]. Les discours sur la première Épître de saint Jean ont cependant, sur le même sujet, quelque chose d'admirable : « Qu'est-ce que Dieu vous ordonne? Aimez-moi. Vous aimez l'or, vous allez chercher l'or, et peut-être ne le trouverez-vous pas : quiconque me cherche, je suis avec lui... Aimez-moi, vous dit Dieu; ce n'est pas par un intermédiaire que l'on arrive à moi ; l'amour par lui-même me rend présent à vous[2]. » « L'amour est doux à nommer, mais plus doux à exercer[3]. » — « Tout est compris à la fois par l'intelligence qui a la charité[4]. » Il y a aussi dans les *Traités sur saint Jean* un passage bien connu, qui, dans la question du culte de Dieu, doit compter parmi les plus caractéristiques. Saint Augustin cite la parole de Notre-Seigneur : *Personne ne vient à moi, sinon celui que mon Père aura attiré* (Jo. VI, 44); il ajoute : « N'imaginez pas que vous serez attiré malgré vous; car l'âme est attirée aussi par l'amour, *trahitur animus et amore*...: Donnez-moi quelqu'un qui aime, et il a le sentiment de mes paroles[5]. »

---

1. *Ep.*, CLVII, n° 11; col. 737 : « Et unde ille colitur, nisi charitate? » — *Ep.*, CLV, n° 14; col. 672 : « Imus autem (ad Deum) non ambulando, sed amando ».

2. *In Epistolam Joannis*, Tract. X, n° 4; t. III, col. 2056 sq.

3. « Dilectio dulce verbum, sed dulcius factum » (*Ibid.*, Tract. VIII, n° 1; t. III, col. 2035).

4. « Intellectu totum simul videt qui habet charitatem » (*Ibid.*, Tract. VII, n° 10; t. III, col. 2034). — Cf. *ibid.*, Tract. V, n° 2; t. III, col. 2013, et : 1° *De diversis Quæstionibus LXXXIII*, Quæst. XXX; — 2° *De Musica*, lib. VI, c. XIV, n° 46; t. I, col. 1187; 3° — *Ep.*, CXL, c. II, n° 3; col. 539.

5. *Tractatus in Joannem*, Tract. XXVI, n° 4; t. III, col. 1608; ajouter le n° 5.

Le seul obstacle à l'amour de Dieu c'est l'amour de nous-mêmes. Le commencement comme la perfection de l'amour de Dieu consiste à se détacher de soi; et si le détachement devient parfait, on aura dès lors l'amour parfait. Mais si, à aucun degré, le détachement n'existe, si on aime essentiellement soi-même, si on est pour soi comme une divinité à laquelle on rapporte tout, et si, d'ailleurs, dans cet état, on prétend faire pour Dieu les plus grands sacrifices, on se trompe : on ne fait rien; on a donné quelque chose de ce que l'on possédait, mais on a réservé pour soi tout soi-même [1].

Un pareil état est contraire à l'ordre. Il ne faut pas, d'ailleurs, conclure qu'entre l'amour parfait et le péché, il n'y ait aucun état possible. L'amour, en effet, peut être joint dans l'âme avec d'autres sentiments moins élevés; il peut diversement dominer ou transformer les autres sentiments; et, en général, « l'union avec Dieu augmente selon que l'amour du propre bien diminue [2] ». Or, parfois, pour renoncer au propre bien, il est utile de s'arrêter à un sentiment de crainte : « Ne craignez pas le châtiment, mais aimez la justice. Vous ne pouvez pas encore aimer la justice? Craignez du moins le châtiment, et cela, afin de parvenir à aimer la justice [3]. » — « Craignez Dieu, afin

---

1. « Dans Deo aliquid suum, sibi autem seipsum. » (*De Civitate Dei*, lib. XV, c. vii; t. VII, col. 444.)
2. *De Trinitate*, lib. XII, c. xi, n° 16; t. VIII, col. 1006.
3. *Tractatus in Joannem*. Tract. XLI, n° 10; t. III, col. 1698. — Cf. *Ep.*, CXL, n° 52; col. 559 : « *non tam timendo pœnam, quam amando justitiam* ».

de ne pas succomber; aimez-le, afin d'avancer [1]. »

Mais la crainte doit être animée par l'amour, c'est cette sorte de crainte que saint Augustin, d'après le psaume XVIII (10), nomme la crainte chaste, *timor castus*[2]. Il a spécialement étudié et défini cette crainte dans les *Traités sur la première Épître de saint Jean*, et dans ceux *sur l'Évangile de saint Jean*[3]. Les deux passages sont de fort grande importance; on y voit la différence entre la crainte servile du châtiment et la crainte de perdre l'amour de Dieu; la crainte, d'ailleurs, est parfois mêlée d'amour : « Certains hommes ont pour craindre Dieu cet unique motif : peut-être serons-nous jetés en enfer... Voilà précisément la crainte qui introduit l'amour; cette crainte ne se produit que pour disparaître. » Mais une autre crainte n'est que l'amour lui-même; c'est la crainte chaste, « c'est celle qui a pour objet la perte des biens. Remarquez-le, autre chose est craindre Dieu, de peur qu'il ne vous jette dans l'enfer avec le démon ; autre chose le craindre de peur qu'il ne s'éloigne de vous... Et lorsque, craignant Dieu, vous redoutez que sa présence ne vous abandonne, cette crainte vous unit à lui, elle fait que vous désirez jouir de lui[4] ». La

---

1. *Ep.*, CXLIV, n° 2 *in fine;* col. 591.
2. Selon l'ancienne version ; mais la Vulgate porte *Sanctus*.
3. *In Epistolam Joannis ad Parthos Tractatus* [vers 416] (Tract. IX, n° 5); *Tractatus in Joannis Evangelium* [416] (Tract. XLIII, n° 7; cf. Tract. XLI, n° 10). Voir aussi *De Civitate Dei* (lib. XIV, c. IX, n° 5), et quelque chose au traité *De Gratia et Libero Arbitrio* [426 ou 427], c. XVIII, n° 39.
4. *In Epistolam Joannis*, Tract. IX, n° 5; t. III, col. 2049.

crainte du châtiment n'est qu'un amour de nous-même, amour inspiré par la bassesse ; elle mérite le nom de « crainte servile : il n'est pas noble de craindre le châtiment, mais il est noble d'aimer la justice... Et celui qui aime la justice craint plus en son cœur d'être dépouillé de la justice, que vous ne craignez, vous, d'être dépouillé de votre argent. Voilà la crainte chaste... Nous arrivons auprès du Seigneur pour le voir face à face ; c'est là que la crainte chaste nous maintient ; cette crainte ne nous trouble pas, elle nous affermit[1] ». Les mêmes pensées reviennent dans la *Cité de Dieu*, où elles fournissent à saint Augustin l'occasion de formuler cette sentence : « Sous le nom de crainte chaste est désignée cette volonté qui nous met hors d'état de mal faire, et qui sans l'anxiété de la faiblesse effrayée en face de la faute, mais plutôt avec le calme de l'amour, nous fait éviter le péché[2]. »

Tous les sentiments désignés par le nom de *passions,* sont les diverses formes que l'amour peut prendre[3]. Les passions ne seront donc par elles-mêmes, ni bonnes, ni mauvaises ; elles tiennent leur caractère et leur valeur de l'amour qui les fait être ce qu'elles sont. Il ne faut écouter, d'ailleurs, ni les épicuriens, ni même les stoïciens ; car les stoïciens, par leur prétention d'arriver à l'insensibilité, fournissent à l'orgueil une occasion de s'exalter : « Si la Cité du démon compte quel-

---

1. *Tractatus in Joannem*, Tract. XLIII, n° 7 ; t. III, col. 1708.
2. *De Civitate Dei*, lib. XIV, c. ix, n° 5 ; t. VII, col. 416.
3. *De Civitate Dei*, lib. XIV, c. vi, et surtout c. vii, n° 2. — Sur les passions, voir aussi c. viii et c. ix.

ques citoyens capables de modérer le mouvement des passions et, en quelque sorte, de le réduire à l'ordre, ce sont des hommes que l'impiété élève et enorgueillit à tel point que, chez eux, l'orgueil égale l'insensibilité[1]. » C'est comme hommes, et c'est en pratiquant tous les devoirs de la vie humaine, que nous devons nous sanctifier. Ni la vie sociale n'est, de soi, opposée à la vertu : le tout est de se laisser conduire par l'amour de la vérité et par le commandement de la charité[2]; ni l'amour naturel de l'approbation ne peut, de soi, faire du mal : « non certes, la louange humaine ne doit pas être inculpée; mais faire le bien en vue précisément de la louange, c'est, en agissant, contempler ce qui est vain[3] ». On obtient, alors, ce que l'on méritait, c'est-à-dire une récompense destinée à s'évanouir, *perceperunt mercedem suam, vani vanam*[4].

Et de même que les passions ne sont que l'amour, de même aussi nos vertus, quel qu'en soit le nom, et en quelque manière que leur exercice se manifeste, ne sont que les divers modes selon lesquels se produit ou selon lesquels se maintient en nous l'amour de Dieu. Nos vertus, en ce sens, ne sont toutes qu'une même vertu[5].

---

1. *De Civitate Dei*, lib. XIV, c. IX, n° 6; t. VII, col. 416. — Cf. : 1° dans ce même livre, depuis c. III; — 2° lib. IX, c. IV et V; — 3° *De diversis Quæstionibus LXXXIII*, Quæst. LXXVII; t. VI, col. 89; — 4° *De Moribus Ecclesiæ*, lib. I, c. XXVII, n° 53, 54, et sur n° 53 : *Retractationum*, lib. I, c. VII, n° 4.

2. « Interest quid amore teneat veritatis, quid officio charitatis impendat. » (*De Civitate Dei*, lib. XIX, c. XIX; t. VII, col. 647.)

3-4. *Enarratio in Psalmum CXVIII*, Serm. 12, n° 2; t. IV, col. 1533.

5. Consulter : 1° [388] *De la Musique* (lib. VI, c. XVI, n° 55); — 2° [388] *Des Mœurs de l'Église* (lib. I, c. XXV); — 3° [415] *Ep.*, CLXVII, à

Après avoir longtemps déjà enseigné cette doctrine, saint Augustin fut amené, en 415, à expliquer, dans une Épître à saint Jérôme, le mot de saint Jacques : *Celui qui transgresse sur un seul point, est coupable sur tous* (II, 10). Or, dans cette Épître, il ne met pas en doute l'unité fondamentale de toutes les vertus ; il cherche seulement à montrer qu'un péché unique n'équivaut pas à tous les péchés[1]. Il arrive à dire : « Les philosophes, selon lesquels avoir une vertu c'est les avoir toutes, et manquer d'une vertu c'est manquer de toutes, font valoir cette raison : la prudence ne peut être ni lâche, ni injuste, ni intempérante ; car si elle était l'un ou l'autre, elle ne serait plus la prudence. Mais si pour continuer d'être la prudence, elle doit aussi être forte, juste, tempérante, il est clair que, là où elle existera, les autres vertus existeront aussi. » Chaque vertu cardinale suppose, de même, l'existence des trois autres « et là où manquent les autres, s'il en reste une, elle ne sera pas réelle, bien que d'ailleurs elle ait l'apparence de la réalité[2] ». Il sera bon d'observer que, vingt-cinq ans plus tôt, saint Augustin exprimait comme sa pensée propre, ce qu'il vient d'attribuer ici aux philosophes : « Chez celui qui aime Dieu, l'amour persiste pur et complet, ce qui est le propre de la tempérance ; il ne se laisse abattre

---

saint Jérôme (c'est la pièce la plus importante) ; — 1° [400-415] *De la Trinité* (lib. VI, c. IV, n° 6). — Les stoïciens enseignent l'unité des vertus ; on trouvera des détails dans Zeller, *Geschichte der Philosophie der Griechen*, t. III, I° part., 3° éd., 1880, à partir de p. 238.

1. Ep., CLXVII, c. II, n° 4 ; col. 275. — Cf. S^{ti} Hieronymi : *Contra Jovianum*, lib. II.

2. N° 5 ; col. 735.

par aucun accident, ce qui est le propre de la force ; il n'est dominé par aucun autre amour, ce qui est le propre de la justice ; il veille à bien discerner les choses, il prévient l'action de la tromperie et de la fraude, ce qui est le propre de la prudence. Voilà l'unique perfection de l'homme[1]. »

D'ailleurs, dans l'Épître même à saint Jérôme il dit que si une vertu suppose toutes les autres, il n'en est pas de même du vice[2] : « Ce n'est pas, dit-il, une sentence divine (une sentence contenue dans les saintes Écritures) que celle-ci : Quiconque a une seule vertu les a toutes, et il ne lui en reste aucune s'il lui en manque une seule ; mais ce sont des hommes qui ont pensé ainsi, des hommes certes très habiles et très appliqués, mais enfin simplement hommes[3]. » Il s'arrête ensuite à l'erreur des stoïciens. Remarquons ce qu'il en dit : « L'erreur des stoïciens consiste en ce que, considérant l'homme qui avance vers la sagesse, ils lui refusent en cet état toute sagesse : l'homme ne possède donc la sagesse qu'au moment où il y est devenu parfait. » Un peu d'eau par-dessus la tête, suffoque aussi bien que ferait une grande masse d'eau[4] ; telle est la comparaison dont les stoïciens aimaient à se servir ; saint Augustin y oppose sans peine une autre comparaison, qui est celle de l'homme pas-

---

1. *De Moribus Ecclesiæ*, lib. I, c. xxv, n° 46 ; t. I, col. 1330 sq.
2. « Dum quæritur etiam de vitiis utrum ipsa similiter omnia sint ubi unum erit ; aut nulla sint, ubi unum non erit ; laboriosum est id ostendere, propterea quia uni virtuti duo vitia opponi solent. » (N° 8 ; cf. n° 7 et 9, col. 736.)
3. N° 10 ; col. 736 sq.
4. N° 12.

sant par degrés, de ténèbres profondes à une lumière éclatante[1]. Et il ne se contente pas de la comparaison; il enseigne que l'amour, avant d'être parfait, est un amour réel; ou, pour employer d'autres termes, il reconnaît divers degrés d'amour; il donne enfin cette solution : « Il est donc vrai qu'avoir une vertu, c'est les avoir toutes; et que manquer d'une seule, c'est manquer de toutes; néanmoins les péchés ne sont pas tous égaux[2]. »

Il y a encore ces deux passages décisifs : « Pour avoir une vue générale et abrégée de ce que je pense sur la vertu, je m'arrête à ceci : la vertu c'est l'amour par lequel on aime ce qui doit être aimé[3]; or, tandis que l'amour peut être accru, on peut considérer que son imperfection provient de quelque vice. C'est à cause de ce vice que nul juste, sur cette terre, ne fait le bien et n'évite le péché (III Reg. VIII, 46)[4]. » — « Personne n'aime le prochain, sinon en aimant Dieu. Mais si l'on n'aime pas Dieu, l'on n'aime ni soi-même, ni le prochain. Voilà comment l'observateur de toute la loi, s'il transgresse un seul point, devient coupable sur tous; car il agit contre l'amour où toute la loi se réduit. Il est donc coupable sur tous les points pour avoir agi contre celui où tous les autres se réduisent[5]. »

1. N° 13.
2. N° 14.
3. Cf. n° 11 *in fine*.
4. N° 15.
5. N° 16.

CHAPITRE V

LE SOUVERAIN BIEN. — L'OPTIMISME

En soi, le souverain bien c'est Dieu ; mais pour nous, le souverain bien c'est, en un mot, l'amour de Dieu[1].

I

Tous les hommes aspirent naturellement à la plénitude de l'être ; ils y aspirent par le désir d'exister toujours ; ils y aspirent encore par le désir de connaître et enfin par le désir d'être heureux[2]. Ce n'est pas l'anéan-

---

1. Voici l'indication, non de tous les passages, ni même de toutes les œuvres, mais simplement des œuvres les plus importantes : 1° [386] *La Vie heureuse;* — 2° [388-395] *Questions diverses* (Quæst. LXXIX, n° 1) ; — 3° [400] *Les Confessions* (surtout lib. I ; lib. II, c. vi et ix ; lib. III, c. i ; lib. IV, c. xii et xiii ; lib. V, c. iv ; lib. IX, c. i ; lib. X, c. i et vi, c. xxii et xxiii, c. xxviii et xxix ; lib. XIII, c. viii) ; — 4° [415] *Cité de Dieu* (lib. VIII, c. ii et viii ; lib. XI, c. xi et xii ; lib. XII, c. vi ; lib. XIV, c. xxv et xxvi ; lib. XIX, d'une importance particulière ; les quinze premiers chapitres, et les trois derniers ; lib. XX, c. xvi ; lib. XXII, c. xxvi-xxx) ; — 5° Le Sermon CL, intitulé parfois *Traité contre les Épicuriens et les Stoïciens ;* — 6°[421] *Enarration sur le Psaume CXVIII ;* c'est un ouvrage très important, où il faut remarquer surtout Serm. I, XII et XIII ; Serm. XXII. — Les autres indications seront en note.

2. Sur le désir d'être, voir : 1° *De Libero Arbitrio,* lib. III, c. vi, vii et viii ; — 2° *De Civitate Dei,* lib. XI, c. xxvii et xxviii. Dans la *Cité de Dieu,* le chapitre xxvii (n° 2) mentionne notre désir de savoir.

tissement, c'est un état meilleur que, même dans le suicide, on a le vague espoir d'atteindre [1]. Or, l'existence simplement par elle-même ne nous suffirait pas; nous aimons ardemment de savoir; nous n'accepterions pas ce bien-être qui peut se rencontrer parfois dans la folie [2]. En un mot, nous voulons l'existence parfaite ou souverain bien.

Nous avons l'aversion naturelle du mal [3]; ce que nous aimons dans le péché, ce n'est pas proprement le péché. Notre amour va d'abord vers le bien, vers l'ordre : « Nous pouvons dire que notre bien suprême c'est la paix [4]. » Il n'a jamais été question de décider si les hommes veulent ou s'ils ne veulent pas un bien, qui, pour eux, sera le souverain bien [5]. Les hommes ne cessent de s'accorder qu'au moment où il faut déterminer la nature du souverain bien; mais sur ce sujet encore les divergences ne peuvent pas être en nombre infini; c'est une erreur de compter 288 solutions; on en

---

1. Pour suicide : *De Lib. Arb.*, lib. III, c. viii, n° 23; t. I, col. 1282; — *De Civitate Dei*, lib. XI, c. xxvii *in principio*.

2. « Jam vero nosse quantum ametur, quamque falli nolit humana natura, vel hinc intelligi potest, quod lamentari quisque sana mente mavult, quam lætari in amentia. » (*De Civitate Dei*, lib. XI, c. xxvii, n° 2; t. VII col. 311.)

3. *De Libero Arbitrio*, lib. I, c. ix, n° 9 et 10; — cf. *Enarr. in Psalm.* XXXII, Serm. II, n° 15; t. IV, col. 293; *De Trinitate*, lib. X, c. x, et Serm. CL, c. iii.

4. « Fines bonorum nostrorum esse pacem » (*De Civitate Dei*, lib. XIX, c. xi; t. VII, col. 637).

5. *De Civitate Dei*, lib. XIX, c. i, n° 3; t. VII, col. 623-624; c. ii. — *Enarr. in Psalm.* CXVIII, Serm. I, le début; *De Trinitate*, lib. XIII, c. iv, v; et d'ailleurs beaucoup d'autres endroits qu'il n'est pas nécessaire d'indiquer.

trouverait à la rigueur jusqu'à douze, et ces douze se réduisent à trois, car on peut considérer comme bien souverain : les biens seuls de l'âme, ou les biens seuls du corps, ou l'une et l'autre sorte de biens[1].

Ici, les épicuriens et les stoïciens, chacun à leur manière, commettent une égale exagération[2]; ni les uns ni les autres ne tiennent convenablement compte de ce qu'est la nature humaine. Les peripatéticiens, avec des sentiments parfois moins élevés, ont plus de sagesse que les stoïciens; ils n'oublient pas les conditions de notre nature et ils ne nous demandent ni de fuir, ni de mépriser certains avantages dont l'existence humaine ne peut pas se désintéresser[3]. Mais les stoïciens et un grand nombre d'anciens philosophes commettent l'erreur fondamentale de ne considérer l'homme que dans son existence terrestre. Ils ont tous voulu nous attribuer ici-bas la possession du souverain bien; c'est là une entreprise où les stoïciens, en raison même de leurs sublimes aspirations, devaient échouer; car l'existence terrestre s'écoule parmi de trop grandes contrariétés et de trop grandes bassesses[4].

Ces réflexions de saint Augustin importent autant à l'histoire de la philosophie qu'à l'exposé de la doctrine. On trouve, au même endroit, les paroles suivantes par lesquelles saint Augustin exprime sa propre pensée : « Si on nous demande quelle serait à toutes

---

1. *Ibid.*, c. II et III.
2. Sermone CL, et *De Civitate Dei*, lib. XIX, c. IV.
3. *De Civitate Dei*, lib. XIX, c. IV, n° 4, 5 et 6.
4. *De Civitate Dei*, lib. XIX, c. IV, n° 4, 5 et 6. — Cf. n° 5.

ces questions la réponse de la Cité de Dieu, la voici :
le souverain bien c'est la vie éternelle, mais le souverain mal c'est la mort éternelle[1]. »

Le contentement actuel, si parfait soit-il, la conscience actuelle d'être heureux, si invincible soit-elle, ne sont pas la preuve infaillible que l'on possède le souverain bien[2]. « Nul n'est heureux, à moins d'avoir tout ce qu'il veut et de ne vouloir rien de mal[3]. » On ne possède le souverain bien qu'à la condition de mettre son bonheur en Dieu, et de vivre totalement dans la paix et dans la sécurité. « Seul, celui qui est heureux vit selon sa volonté; mais personne n'est heureux à moins d'être juste[4]. » De même « personne n'est heureux à moins de jouir de ce qu'il aime[5] ». Or, pendant cette vie, « qui donc est parvenu à une sagesse si parfaite, qu'il n'ait plus à lutter, pas même contre les passions[6]? »

Dès le commencement, saint Augustin posséda toute cette doctrine : il l'exprime dans le traité *De la Vie heureuse*[7]; ou bien, si sa mère, qui assistait au dialogue, prévient les autres interlocuteurs, il s'empresse de l'approuver et de lui dire qu'elle a d'abord expliqué ce qu'il avait cru devoir réserver pour la fin et présenter alors comme le plus grand et le plus impor-

---

1. *Ibid.*, c. iv, n° 1; t. VII, col. 627.
2. *Ibid.*, lib. XIV, c. xxiv; t. VII, col. 153.
3. *De Trinitate*, lib. XIII, c. v, n° 8; t. VIII, col. 1020.
4. *De Civitate Dei*, lib. XIV, c. xxv; t. VII, col. 433.
5. Lib. VIII, c. viii; col. 233.
6. *Ibid.*, c. iv, n° 3 *in fine*.
7. On peut ajouter *Soliloquiorum*, lib. I, c. ii, iii, viii, xi et xiii.

tant mystère à peine découvert par les philosophes[1]. L'assistance entière, frappée des réflexions de Monique, se récrie d'admiration ; et Augustin fait cette remarque : « Vous voyez la différence entre la multitude ou la variété des doctrines et une âme toute attachée à Dieu[2]. » Puis, sur la fin du dialogue, parlant en son propre nom : L'homme véritablement heureux, dit-il, « jouit de Dieu. Le parfait rassasiement des âmes, c'est-à-dire la vie heureuse, consiste donc à connaître parfaitement et pieusement par quelle chose on est conduit à la vérité, de quelle vérité il faut jouir, et par quel moyen on est uni au mode souverain[3] ». Et ce langage signifie, dans sa suite réelle, que le bonheur consiste à vivre de Dieu[4].

Jouir de Dieu, *frui Deo*, est, comme on voit, l'expression que, dès le commencement, saint Augustin adopta. Il l'emploiera toujours ; il dira : « L'âme organise sa vie de manière à pouvoir jouir de Dieu ; car ainsi elle est heureuse[5]. » Ce mot est une définition bien réfléchie et c'est aussi une des formules dans lesquelles saint Augustin a résumé le plus heureusement sa doctrine du souverain bien. Il y en a, d'ailleurs, trois autres plus parfaites ; les voici : « O Dieu ! toute

---

1.-2. *De beata Vita*, c. II, n° 10 ; t. I, col. 964 ; cf. c. IV, n° 27.
3. C. IV, n° 35 ; t. I, col. 976.
4. Pour avoir l'intelligence de chaque terme, lire le n° 34 : *veritas*, c'est le Verbe de Dieu ; *summus modus*, c'est Dieu qui engendre son Verbe.
5. *De diversis Quæstionibus LXXXIII* [388-395], Quæst. XXX ; t. VI, col. 20. — Le sens de *frui* est naturellement très clair ; saint Augustin l'a pourtant défini : « Quid enim est aliud quod dicimus frui, nisi præsto habere quod diligis » (*De Lib. Arb.*, lib. I, c. III, n° 4 ; t. I, col. 1312).

la vie heureuse est de jouir en vous, de vous, à cause de vous[1]. » — « Vous montrez combien vous avez fait grande la créature raisonnable, car, pour son véritable repos, rien ne lui suffit de ce qui est moins que vous, et ainsi, elle-même ne suffit pas à elle-même[2]. » Déjà, au début, il avait dit : « Vous nous avez fait pour vous, et notre cœur est inquiet jusqu'à ce qu'il repose en vous[3]. » — « La paix (à laquelle nous aspirons tous), la paix est la tranquillité de l'ordre[4]. » Le bonheur qui, en fait, ne diffère pas de la paix, « est la joie procurée par la vérité[5] ».

Le bonheur consiste donc à se rapporter soi-même à Dieu[6]. L'ordre essentiel des choses le veut ainsi : « Si notre nature nous venait de nous-mêmes, nous aurions produit aussi notre propre sagesse, et nous n'aurions pas à l'acquérir par l'étude, c'est-à-dire par un effort en vue de la trouver ailleurs ; dès lors, notre amour parti de nous-mêmes, puis rapporté à nous-mêmes, suffirait à notre vie heureuse, laquelle ne serait pas obligée

---

1. « *Et ipsa est beata vita gaudere ad te, de te, propter te.* » (*Confess.*, lib. X, c. xxii, n° 32 ; t. I, col. 793.)

2. « *Cui nullo modo sufficit ad beatam requiem quidquid te minus est, acper hoc nec ipsa sibi.* » (*Ibid.*, lib. XIII, c. viii, n° 9 ; t. I, col. 818.)

3. *Ibid.*, lib. I, c. i, n° 1.

4. « *Pax omnium rerum, tranquillitas ordinis.* » (*De Civitate Dei*, lib. XIX, c. xiii ; t. VII, col. 640.)

5. « *Beata quippe vita est gaudium de veritate.* »(*Confess.*, lib. X, c. xxiii, n° 33 ; t. I, col. 793.) — Ce chapitre et, dans la *Cité de Dieu*, au livre XIX, le chapitre xiii sont deux passages essentiels. — Pour la pensée exprimée dans cet alinéa, voir aussi *Enarr. in Psalm.* XXXVI, Serm. II, n° 16 ; t. IV, col. 293 sq. : passage très beau et très important.

6. *De Libero Arbitrio*, lib. I, c. iii, n° 4 et surtout 5 ; t. I, col. 1312. — Cf. *De Civitate Dei*, lib. VIII, c. iv *in fine*, t. VII, col. 229.

d'attendre d'un bien étranger sa propre perfection ; mais maintenant, puisque notre nature n'existe que par l'action de Dieu, il est clair que, pour connaître la vérité, nous devons être instruits par Dieu, et que, pour être heureux, nous devons tenir de lui le contentement intérieur[1]. » Cela s'entend fort bien ; il ne reste donc qu'à chercher dans quelle mesure nous pouvons, pendant notre vie terrestre, atteindre le bonheur.

C'est là un point sur lequel saint Augustin, sans modifier sa pensée, a laissé varier son langage. Souvent, en effet, il parle comme si le juste menait une existence toute de travail et de peine, une existence difficile, malheureuse, uniquement soutenue par l'espérance : or il parle ainsi pour combattre l'exagération et l'erreur des stoïciens, et pour rappeler que les misères de l'existence atteignent tout le monde. D'autres fois, au contraire, il relève le charme de la vie vertueuse ; et il a encore raison ; il n'oublie jamais d'ailleurs que nous aurons seulement dans l'autre vie, le bonheur parfait.

Ainsi, songeant aux misères inévitables, il trouve naturel de dire : « Cette vie temporelle et mortelle n'est pas délicieuse, nous ne faisons que la supporter[2]. » — « Tous les bons et tous les saints, même parmi les tourments, sont soutenus par le secours divin ; leur bonheur consiste alors dans l'espoir de cet état définitif

---

1. *De Civitate Dei*, lib. XI, c. xxv *in fine*; t. VII, col. 339.
2. *Ep.*, CLV [114], à Macédonius, c. I, n° 4 ; col. 668. — Épître doctrinale très importante ; cf. n° 2, sur les stoïciens, et c. III, n° 9, sur les conditions du bonheur. — Cf. *De Civitate Dei*, lib. XIX, c. xx ; t. VII, col. 648. — Cf. lib. XX, c. ix, n° 1 ; et lib. XXII, c. xxiii.

où ils seront heureux : car, s'ils devaient toujours vivre dans les mêmes tourments et dans les mêmes atroces douleurs, c'est en vain qu'ils auraient les plus grandes vertus : ils seraient malheureux, et la saine raison n'en doute pas[1]. » Voici enfin la dernière réflexion : « Les hommes du siècle sont heureux malheureusement ; mais les martyrs étaient malheureux heureusement, *martyres feliciter infelices erant*[2]. »

Lorsque, au contraire, oubliant les stoïciens, il pense seulement à ce que font en nous le vice ou la vertu et dans quel état l'un ou l'autre nous met, il enseigne que pour nous, dans cette vie, le plus grand mal c'est le vice, et le plus grand bien, la vertu : « Les pécheurs sont malheureux, parce que, si leur sécurité les empêche de souffrir, ils ne sont pas cependant là où se trouve la sécurité et où la souffrance ne doit pas être ; mais ils sont encore plus malheureux de n'être pas en paix avec cette loi qui régit l'ordre naturel[3]... Mieux vaut pour le coupable souffrir la douleur du supplice que se réjouir dans son péché[4]. » Saint Augustin dit la même chose, plus de trente ans auparavant, dans le traité du *Libre Arbitre*[5].

Ailleurs, il se demande ce que vaut pour nous la vertu

---

1. *Ep.*, CLV, n° 16 ; col. 673.
2. *Enarrati. in Psalm.* CXXVII, n° 5 ; t. IV, col. 1679.
3, 4. *De Civitate Dei*, lib. XIX, c. xiii, n° 1 et 2 ; t. VII, col. 611. — Les philosophes, au moins depuis Platon, avaient vu cela. Cf. *Gorgias*.
5. Lib. III, c. xv, n° 44 ; cf. lib. I, c. xi, n° 22. — Cf. « in seipsis malæ voluntates habent interiorem pœnam suam, eamdem ipsam iniquitatem suam » (*De Genesi ad litteram*, lib. VIII, c. xxiii, n° 14 *in fine* ; t. III, col. 390).

et comment elle crée notre bonheur. La justice de Dieu, en effet, semble ne pas s'exercer pendant cette vie; elle supporte également le malheur du juste et la félicité du coupable : pourquoi, dès lors, s'obliger à la pratique de la vertu? « Plusieurs, dit-il, ont pensé à la suavité et à la joie intérieure de la justice; ils les ont mises en balance avec les peines corporelles et les ennuis que le genre humain, par suite de sa condition mortelle, doit subir; et plus que cela, ils les ont encore mises en balance avec tout ce que la malice imagine pour faire expier aux justes leur justice; or, ils n'avaient aucun espoir de vie future; et ils trouvaient plus d'agrément et plus de charme à souffrir des tourments pour l'amour de la vérité, qu'à ressentir le plaisir des festins et de l'ivresse[1]. » Environ à la même époque, dans le traité *Des Mœurs de l'Église* [388], il écrit un chapitre qui, sur ce point, est de beaucoup le plus remarquable. Il prend pour texte les paroles de saint Paul : *Pour quiconque aime Dieu, toutes choses coopèrent au bien...* (Rom. VIII, 28, 38-39); il y ajoute des réflexions, dont voici la dernière qui les résume toutes : « Les misères qui nous pressent[2] ne nous séparent pas de Dieu, car nous les sentons d'autant plus légères que nous sommes plus étroitement unis à ce Dieu, de qui elles tendraient à nous séparer[3]. » Une Épître de la même époque

---

1. *De div. Quæstionibus LXXXIII*, Quæst. LXXXII, n° 1; t. VI, col. 98.
2. *Instantes molestiæ ;* c'est en ce sens que saint Augustin interprète ici *instantia*. — Mais dans *Expositio quarumdam propositionum ex Epistola ad Romanos* [394], *instantia* est pris au sens de circonstances actuelles. D'ailleurs le passage de l'*Exposition* est très inférieur au chapitre des *Mœurs de l'Église* (vid. t. III, col. 2077).
3. *De Moribus Ecclesiæ*, lib. I, c. xi, n° 18, 19; t. I, col. 1319.

porte que le service de Dieu procure « une joie solide à laquelle nulle joie terrestre ne se peut comparer [1] ». C'est, en réalité, la même conviction qui, dans la *Cité de Dieu,* lui inspire ce langage : « Si, ce qu'à Dieu ne plaise, il n'y avait aucune espérance du bien éternel, nous devrions persister dans la lutte pénible, plutôt que de laisser, par défaut de résistance, le vice dominer sur nous [2]. » Il avait déjà dit, en 400, d'une manière beaucoup plus explicite : « (L'âme bien disposée peut arriver) à aimer Dieu plus qu'elle ne craindrait l'enfer; c'est au point que, si Dieu lui disait : vivez constamment dans les délices charnelles, et péchez autant que vous le pourrez : vous ne mourrez jamais, vous ne serez pas jetée dans l'enfer, mais seulement vous ne serez pas avec moi; cette âme frémirait, elle se tiendrait bien loin du péché, non certes pour éviter le malheur qu'autrefois elle craignait, mais pour ne pas offenser celui qu'absolument elle aime, celui en qui seul est le repos [3]. » Enfin, « les lois de Dieu sont dures à la crainte, légères à l'amour [4] ».

Voilà bien l'amour pur; mais outre cette manière de l'enseigner, saint Augustin en a une seconde à laquelle il ne semble pas que l'on ait accordé une suffisante attention. Saint Augustin enseigne donc que notre désintéressement dans le service de Dieu assure davantage notre bien propre ou notre intérêt propre : « savoir bien aimer

---

1. *Ep. X*, Nebridio, n° 2 *in fine,* col. 74; cf. *Ep. III*, qui est de 386.
2. *De Civitate Dei*, lib. XXI, c. xv *in fine;* t. VII, col. 730.
3. *De catechizandis rudibus* [400], c. xvii, n° 27; t. VI, col. 331.
4. *De Natura et Gratia*, c. lxix, n° 83; passage à lire; t. X, col. 289 sq.

soi-même, c'est aimer Dieu [1] ». « Il arrive, je ne sais en quelle inexplicable manière, qu'aimer soi-même et non pas Dieu, c'est ne pas aimer soi-même ; mais qu'aimer Dieu et non pas soi-même, c'est aimer soi-même [2]. » — « On ne nuit jamais à Dieu, mais en résistant à la volonté de Dieu, on nuit à soi-même [3]. »

Dieu évidemment ne peut pas acquérir un surcroît de bonheur, il ne peut subir, non plus, aucun dommage ; et, d'un autre côté, il n'y a pas pour nous d'autre bien réel que l'union avec Dieu. C'est ainsi que notre bien propre, ou notre avantage propre, est d'autant plus assuré que nous l'oublions plus sincèrement : « Dieu n'ordonne rien pour en retirer de l'utilité, mais pour l'avantage de celui qui reçoit l'ordre [4]. » — « Si, dans notre amour, nous préférons ou nous égalons quelque chose à Dieu, c'est nous-mêmes que nous ne savons pas aimer [5]. » — « C'est à nous qu'il est utile de servir Dieu, non à Dieu lui-même [6]. » Saint Augustin y revient dans l'Épître si importante qu'il adresse à Proba [vers 412] : « Lorsque nous disons : *que votre nom soit sanctifié,* nous nous avertissons nous-mêmes de désirer que son nom qui est toujours saint, soit aussi reconnu pour tel parmi les hommes, c'est-à-

---

1. « Qui se diligere novit, Deum diligit. » (*De Trinitate*, lib. XIV, c. xiv, n° 18 ; t. VIII, col. 1050.)
2. *Tractatus in Joannem*, Tract. CXXIII, n° 5 ; t. III, col. 1968.
3. *De diversis Quæstionibus LXXXIII*, Quæst. LXVI, n° 6 ; t. VI, col. 65.
4. « Nihil Deus jubet quod sibi prosit, sed illi cui jubet » (*Ep. CXXXVIII* [412], Marcellino, c. i, n° 6 ; col. 527). Cf : « non Deo, sed nobis utilia pietatis officia exercentur » (*Ibid.*).
5. *Epit. CLV* [414], Macedonio, c. iv, n° 13 ; col. 672.
6. « Nobis enim prodest colere Deum, non ipsi Deo. » (*Ep. CII* [408 ou 409], à Deogratias. Quæst. III, n° 17 ; col. 377.)

dire ne soit pas méprisé : or cela est utile non à Dieu, mais aux hommes [1]. » Le même enseignement a sa place dans la *Cité de Dieu :* « Tout culte de Dieu bien ordonné, est utile à l'homme, non à Dieu [2]. » — « Quel mal peut faire à Dieu une orgueilleuse élévation spirituelle ou corporelle [3]? » — Enfin, dans le traité du *Libre Arbitre,* tout est condensé dans ce mot : « Si vous ne vouliez pas vous tourner vers Dieu ; rien ne lui manquerait, mais c'est vous qui manqueriez à vous-même [4]. »

Dieu, qui pendant leur vie terrestre fait le bonheur des justes, le fera dans l'éternité. C'est alors que se réalisera dans sa perfection, la vie heureuse. Les justes posséderont Dieu avec pleine conscience de le posséder et sans aucune crainte de le perdre. « Le bien n'est parfaitement connu qu'à la condition d'être parfaitement aimé [5]. » C'est au ciel que l'on aimera parfaitement, et qu'avec l'amour l'on aura l'intelligence et la sécurité ; car l'amour se reconnaîtra soi-même et il saura que rien ne le menace : c'est ainsi que sécurité, intelligence et amour ne se séparent pas et constituent l'amour parfait.

Rien, sinon lui-même, ne peut être la récompense de l'amour parfait. « Il n'y aura, au ciel, qu'une vertu

---

1. *Ep.* CXXX, c. xi, n° 21; col. 502; tout ce numéro est à lire.
2. *De Civitate Dei*, lib. X, c. v ; t. VII, col. 282. Ce chapitre, qui a pour objet le sacrifice, doit être lu, ainsi que les deux chapitres iv et vi.
3. *Ibid.*, lib. XVI, c. iv; col. 482; au sujet de la tour de Babel.
4. « Nihil ei deesset, tibi autem ipse. » (*De Libero Arbitrio*, lib. III, c. xvi, n° 15; t. I, col. 1293.)
5. *De diversis Quæstionibus LXXXIII*, Quæst. XXXIII; t. VI, col. 24; cf. *De Civitate Dei*, lib. XIV, c. xxv; col. 133.

unique ; et la même chose y sera vertu et récompense de la vertu[1]. » Saint Augustin, en terminant la *Cité de Dieu*, exprime la même pensée, mais avec un tour moins heureux : « La récompense de la vertu, dit-il, sera celui-là même qui a donné la vertu, et qui s'est promis lui-même à elle : lui au-dessus de qui il ne peut y avoir rien de meilleur ni de plus grand[2]. »

Tous les élus vivront de leur amour pour Dieu, et, à cause de cela, ils communiqueront entre eux, ils se connaîtront mutuellement, mieux que chacun ici-bas ne se connaît soi-même ; il n'y aura plus, d'une âme à une autre, rien d'impénétrable ou qui soit difficilement accessible[3] ; il n'y aura plus dans l'univers un secret ignoré ; et surtout, il n'y aura plus dans une âme une seule aspiration inassouvie. « Notre existence sera soustraite à la mort, notre connaissance à l'erreur, notre amour à toute difficulté[4]. » « Ce sera, pour tous, le repos et la claire vision ; la claire vision et l'amour ; l'amour et la louange. Voilà l'état définitif qui ne finira plus[5]. »

---

1. « Una ibi virtus erit, et idipsum erit virtus præmiumque virtutis. » (*Ep.* CLV [411], c. XIII, n° 12 ; col. 671.)

2. *De Civitate Dei*, lib. XXII [426], c. XXX, n° 1 ; t. VII, col. 801.

3. *Ep.* XCII [408] : « Tunc nihil latebit proximum in proximo, nec erit quod suis quisque aperiat, abscondat alienis » (n° 2 ; col. 318). — Cf. *De Civitate Dei*, lib. XXII, c. XXIX, n° 6 *versus finem :* « Patebunt etiam cogitationes nostræ invicem nobis. »

4. « Ibi esse nostrum non habebit mortem, nosse nostrum non habebit errorem, amare nostrum non habebit offensionem. » (*De Civitate Dei*, lib. XI, c. XXVIII ; t. VII, col. 342.)

5. *De Civitate Dei*, lib. XXII, c. XXX, n° 5 *in fine* ; t. VII, col. 801. — Sur les conditions de l'existence bienheureuse, voir : 1° tout ce chapitre XXX et le chapitre XXIX ; — 2° *Ep.* XCV [408], à Paulin (l'*Ep.* XCII a

II

La question du souverain bien et la question de l'optimisme se complètent l'une l'autre, ou mieux, elles se supposent l'une l'autre ; car le jugement qu'il convient de porter sur les misères de la condition humaine, importe à la première question autant qu'à la seconde.

Seulement, l'optimisme peut avoir deux significations : selon l'une il s'oppose au Manichéisme ; selon l'autre il attribue à l'univers créé la plus haute perfection possible. Saint Augustin a combattu le Manichéisme, et il a eu aussi une doctrine sur la perfection réelle de l'univers.

Contre les Manichéens, il enseigne que les choses, en leur essence, sont vérité et bien. Il insiste d'ailleurs beaucoup plus sur le bien essentiel, ou sur l'identité du bien et de l'être. Il faut pourtant, ici, expliquer en quoi consiste la vérité des choses, laquelle, à son tour, est l'identité de l'être et du vrai [1].

« Les choses vraies sont précisément vraies en tant qu'elles sont ; mais elles sont en tant qu'elles ressemblent à l'unité principale [2]. » L'unité principale c'est Dieu ; or, toutes choses, selon qu'elles ressemblent da-

---

été déjà citée dans la note précédente). — 3° *Ep. CXLVII* [113], c. xi, n° 26 ; c. xx, n° 48 ; c. xxi.

1. Voir : 1° [386] *Soliloques* (lib. II) ; — 2° [390] *Vraie Religion* c. xxxvi) ; — 3° [400-416] *Trinité* (lib. IV, c. i, n° 3 ; lib. VIII, c. i, n° 2).

2. « Vera in tantum vera sunt, in quantum sunt ; in tantum autem sunt, in quantum principalis unius similia sunt. » (*De vera Religione*, c. xxxvi, n° 66 ; t. III, col. 152.)

vantage à Dieu, ont en même temps un plus haut degré d'être et une plus parfaite vérité. Les mots *être* et *vérité* expriment avec un même droit le degré où une chose ressemble à Dieu, c'est-à-dire le degré où elle est réelle. Et comme rien de créé ne peut ressembler totalement à Dieu, c'est donc en dehors du monde que se trouve réalisée la vérité parfaite; et cette vérité parfaite c'est le Verbe de Dieu [1]. Tout le reste a une ressemblance plus ou moins éloignée avec le Verbe, et possède ainsi plus ou moins de vérité [2]. « Dans la substance de la vérité, dit-il encore, la seule substance qui vraiment existe, une réalisation n'est pas plus grande, à moins d'être plus vraie [3]. » Et là aussi, il montre la vérité réalisée parfaitement dans le Verbe. Ces deux passages contiennent tout l'essentiel.

L'étude la plus suivie et la plus développée, l'étude instituée, ou peu s'en faut, pour elle-même, se trouve au second livre des *Soliloques;* il est vrai qu'il s'y mêle bien des subtilités; et, quoique les subtilités n'y amoindrissent pas la doctrine, elles l'empêchent de se présenter avec toute la netteté désirable : « La fausseté, dit saint Augustin, n'est pas dans les choses, mais dans notre perception, *sed in sensu* [4]. Si donc quelque chose est faux parce qu'il paraît autrement qu'il n'est, et si quelque chose est vrai parce qu'il paraît tel qu'il est : il s'ensuit qu'en dehors du

---

1. 2. « *Cætera illius unius similia dici possunt, in quantum sunt, in tantum enim et vera sunt.* » (*De vera Religione*, c. xxxvi, n° 66; t. III, col. 151.)

3. *De Trinitate*, lib. VIII, c I, n° 2; t. VIII, col. 917.

4. C. III, n° 3; t. I, col. 887.

sujet qui perçoit il n'existe ni erreur, ni vérité[1]. »
Après cette observation, saint Augustin tarde trop à
dire ceci, que d'ailleurs il sait très bien : « Voici ce
que j'affirme et ce que je définis, sans craindre que
trop de brièveté fasse blâmer ma définition. Le vrai
me paraît être ce qui est[2]. » Là-dessus, la Raison fait
observer que le faux ne sera donc rien. Et c'est à partir
de cet endroit que commence, sur le faux, une discussion trop subtile et trop embrouillée[3]. Saint Augustin,
en effet, s'attache à considérer le vrai en lui-même, le
vrai comme substance, et il veut savoir s'il y a aussi
un faux en lui-même, une substance qui, en son fond,
sera substance fausse. Seulement il ne pose pas nettement la question; il mêle tout; il songe tantôt à la perception fausse, et tantôt à la substance fausse[4]. Mais
enfin, il enseigne qu'il n'y a pas proprement de substance fausse.

Il l'enseigne encore mieux en ce mot des *Confessions* : « Toutes choses sont vraies, en tant qu'elles
sont, et la fausseté est seulement dans la pensée de
celui qui voit les choses autrement qu'elles ne sont[5]. »
L'expression la plus juste remonte à quelques années
plus haut. « Le faux comprend deux genres : l'un des
choses qui, absolument, ne peuvent pas être; l'autre

---

[1]. C. iv, n° 5; t. I, col. 887.
[2]. C. v, n° 8; col. 889.
[3]. Remarquer pourtant deux passages : 1° c. viii, n° 11; col. 892; —
2° c. ix, n° 17 *in fine;* col. 893. — Cf. c. xvi, n° 39 *in fine;* col. 900 :
« neque dubitari non esse falsum quidquam nisi veri aliqua imitatione ».
[4]. Comme exemple, non pas unique, mais mieux déterminé, c. iv, n° 17
[5]. Lib. VII, c. xv, n° 21; t. I, col. 711.

des choses qui ne sont pas, mais qui pourraient être. Dire, en effet, que sept et trois égalent onze, c'est dire ce qui, absolument, ne peut pas être; mais dire qu'aux calendes, par exemple, de janvier, il a plu : en fait, cela n'a pas été, mais on a dit ce qui, pourtant, aurait pu être[1]. »

Il est donc visible que le faux n'existe pas. Mais il en est du bien comme du vrai, et le bien se confond, lui aussi, avec l'être. Une substance mauvaise est chose contradictoire. D'ailleurs, la question sur le mal en soi, sur ce que l'on a nommé *mal métaphysique,* ne peut pas offrir de difficultés. Et si saint Augustin est revenu toute sa vie sur cette question, c'est que les souvenirs de son manichéisme et la nécessité de combattre l'erreur manichéenne alors bien vivante, l'ont obligé à une insistance que, d'elle-même, la question n'exigerait pas[2].

Voici, résumé en un mot, ce qu'il a toujours enseigné : « Toutes les choses que Dieu a faites sont parfaitement bonnes; le mal n'a pas une nature à lui[3]; mais tout ce qu'on appelle mal, c'est ou bien le péché, ou bien la peine du péché[4]. » — « Selon le degré de bonté

1. *De Doctrina christiana* [à partir de 397]. lib. II, c. xxxv, n° 53; t. III, col. 60.
2. La liste des passages à consulter comprendrait à peu près toutes les œuvres de saint Augustin. Il ne sera désigné ici que : 1° [388-395] *Libre Arbitre;* — 2° [391] *Les deux âmes;* — 3° [392] *Contre Fortunat le Manichéen;* — 4° [404] *De la nature du bien, contre les Manichéens.* — Ajouter les quelques passages qui vont être indiqués en note.
3. « *Mala vero non esse naturalia.* »
4. *De Genesi ad litteram, Liber imperfectus* [393], c. III, n° 3; t. III, col. 221.

qu'une chose possède, il y a en cette chose une similitude du bien absolu, similitude sans doute éloignée, mais enfin similitude qui ne laisse pas d'être[1]. » Il dit encore : « Lorsqu'une réalité se corrompt, sa corruption est un mal, et cela, parce que cette réalité subit ainsi la privation de quelque bien. Et si cette réalité ne cesse pas de se corrompre, elle ne cessera pas non plus d'avoir quelque bien, duquel, par la persistance de la corruption, elle sera de plus en plus privée. Et si la corruption l'épuise, il n'y aura plus là aucun bien, parce qu'il n'y aura plus là aucune réalité[2]. »

Il n'en faut pas davantage sur la question du mal substantiel. Mais, sous ce même nom de mal, on entend encore toutes les misères, toutes les calamités et tous les fléaux; enfin, on entend surtout le péché. Il y a ainsi deux questions dont la première a pour objet, en général, tous les malheurs et toutes les contrariétés de l'existence.

Sur cette première question saint Augustin n'a pas toujours le même langage, ni un langage également fort. Il affirme, en effet, que dans le total des choses, le mal contribue au bon ordre, et aboutit en définitive au bien. C'est ainsi que chaque petite pierre contribue à former une belle mosaïque; et c'est encore ainsi qu'une belle statue placée sur la façade d'un palais et y subissant toutes les intempéries, démontre que l'architecte a fort bien su, malgré cet inconvénient particulier,

---

1. *De Trinitate*, lib. XI, c. v, n° 8; t. VIII, col. 991.
2. *Enchiridion* [121], t. VI, col. 236 sq.

ordonner le plan de l'édifice, et faire tout concourir à la perfection du total[1].

Mais enfin, le mal ressenti fait souffrir celui qui le ressent, il est pour lui un mal. Il vaudrait donc mieux que la perfection du total se formât uniquement de perfections particulières, et que, pour expliquer tel mal actuel, on ne fût pas obligé d'établir une compensation. Or, saint Augustin a reconnu l'importance propre du mal particulier. Et c'est pourquoi, sans renoncer jamais à dire que, dans notre univers, beaucoup de bien résulte de quelque mal, il a aussi regardé en lui-même le mal tel qu'il se produit. On voit naturellement que cet examen direct de la question amènera des considérations plus nettes, plus philosophiques et plus fortes.

Ces considérations nouvelles se montrent dans les premiers ouvrages de saint Augustin et, pendant de longues années, elles ne cessent pas de revenir[2].

C'est, d'abord, en 388, contre les Manichéens, l'exemple du scorpion. Saint Augustin n'est plus désormais

---

1. Pour la mosaïque : *De Ordine* [386], lib. I, c. I, n° 2; t. I, col. 979. — Pour la statue : *De Musica* [387], lib. VI, c. xi, n° 30; t. I, col. 1179 sq. — Voir des considérations toutes semblables : 1° [390] *De la vraie Religion* (c. xl, surtout le n° 76); — 2° [389] *De la Genèse contre les Manichéens* (lib. I, c. xvi, n° 25; c. xxi, n° 32); — 3° [depuis 416] *Cité de Dieu* (lib. XI, c. xxiii; lib. XIV, c. xii; lib. XVI, c. viii).

2. Voir : 1° [388] *Mœurs de l'Église* (lib. II, c. viii); — 2° [389] *De la Genèse contre les Manichéens* (lib. I, c. xvi, n° 26); — 3° [400] *Confessions* (lib. VIII, c. xiii-xvi); — 4° [400-415] *Interprétation littérale de la Genèse* (lib. III, c. xvi-xviii); — 5° [depuis 416] *Cité de Dieu* (lib. XII, c. iv); — 6° [416]. *Traité sur saint Jean* (Tract. I, n° 14, 15; mais ce passage a moins d'importance et moins de précision que les précédents).

le disciple timide auquel la parole du maître imposait. Il cherche à faire comprendre aux Manichéens qu'il n'y a pas de poison absolu, car autrement, « le venin du scorpion commencerait par tuer le scorpion lui-même[1] ». Dès lors, ce que nous appelons un mal c'est simplement la réalité extérieure dont le contact ou dont l'usage nous serait funeste. Mais nous ne devons pas croire que notre avantage est la règle même du bien ; nous ne devons pas attribuer une essence nuisible aux animaux qui, simplement, nous sont nuisibles[2]. Et enfin, « ce n'est pas d'après notre avantage ou notre désavantage, c'est d'après sa propre nature, qu'une réalité rend gloire au créateur[3] ».

Mais si nous considérons chaque réalité selon sa propre nature, nous n'apercevons partout que convenance et harmonie. Les animaux hideux ou malfaisants, et les herbes les plus mauvaises sont en eux-mêmes une réalité admirablement constituée : « Et puisque, en eux, rien n'offense jamais la raison, il faut que, là où l'impression sensible est désagréable, les Manichéens imputent le désagrément, non à un vice des

---

[1]. *De Moribus Ecclesiæ*, lib. II, c. VIII, n° 11 et 12 ; chapitre à lire ; — cf. même exemple [en 400] : *Contra Faustum Manichæum*, lib. XXI, c. XIII ; t. VIII, col. 397.

[2]. [389] *De Genesi contra Manichæos*, lib. I, c. XVI, n° 25 et n° 26 ; t. III, col. 185 : passage très important, où, après quelque hésitation, saint Augustin se ressaisit et exprime une pensée encore plus complète que dans *De Moribus Ecclesiæ*. — Ajouter [400] *Confess.*, lib. VII, c. XIII, n° 19 ; t. I, col. 743 : « *in partibus autem (creaturæ) quædam, quibusdam quia non conveniunt, mala putantur* ».

[3]. *De Civitate Dei*, lib. XII, c. IV ; t. VII, col. 352 ; — cf. [100] *Contra Faustum Manichæum*, lib. XXII, c. XX ; t. VIII, col. 509.

choses elles-mêmes, mais à ce que notre mortalité mérite[1]. »

Outre tous ces fléaux, il y a la prospérité du pécheur, et trop souvent les malheurs du juste : « Nous ne savons pas par suite de quel jugement de Dieu, cet homme de bien est pauvre, et ce méchant est riche[2]. » Est-ce tout? Est-ce même ce qui doit produire en nous la plus vive anxiété? « Lorsque je considère les peines des petits enfants, je suis embarrassé, croyez-le bien, dans de grandes difficultés, et je ne trouve absolument rien à répondre : je ne parle pas des peines seules de l'autre vie..., je parle de celles que nous voyons de nos propres yeux[3]. » On ne peut pas, d'ailleurs, prétendre que la créature humaine est destinée à procurer, par sa souffrance, le bonheur d'autres êtres; car l'homme, être raisonnable, ne doit pas servir d'instrument[4]. On fera bien de remarquer cette réflexion.

Tout, jusqu'ici, s'explique par le péché originel. Saint Augustin en avertit en 389[5] et plus expressément en 415, dans l'Épître à saint Jérôme. Encore assure-t-il que la

1. [389] *De Genesi contra Manichæos*, lib. I, c. xvi, n° 26; t. III, col. 185. — Cf. [401-415] *De Genesi ad litteram*, lib. III, c. xvi, n° 25; il y est question des hommes dévorés par les animaux; et au chapitre xvii, il est question des mauvaises herbes.

2. *De Civitate Dei*, lib. XX, c. xi; t. VII, col. 660. — Sur toute cette question : *Cité de Dieu*, les deux premiers livres; remarquer lib. I, c. xxviii, n° 1.

3. [415] *Ep. CLXVI*, Hieronymo, c. vi, n° 16; col. 727.

4. *Ep. CLXVI*, c. vi, n° 16 : « *Numquidnam sicut animalia irrationalia recte dicimus in usus dari naturis excellentioribus, etsi vitiosis; HOC ET DE HOMINE RECTE POSSUMUS DICERE? Animal est enim, sed rationale, etsi mortale.* »

5. *De Genesi contra Manichæos*, lib. I, c. xv et xvi.

création d'un univers misérable comme le nôtre, sauf peut-être le péché, ne serait pas injurieuse à Dieu[1].

Il importe donc d'expliquer le péché, y compris le péché originel. Or, si tout devait ici se réduire à dissiper l'illusion manichéenne, il suffirait d'avertir que l'âme, par le péché, ne perd pas son degré d'être, sa propre perfection substantielle[2]. « Un cheval, même lorsqu'il bronche, vaut mieux qu'une pierre qui ne bronche pas; car la pierre n'a ni mouvement, ni sensation. De même, la créature qui pèche par libre volonté, est plus excellente qu'une autre dont l'impeccabilité provient du défaut de volonté libre[3]. »

Mais, outre cela, le péché n'est pas une victoire remportée sur Dieu : « Pour les justes, en effet, Dieu les crée et il les fait servir à l'ordre; mais pour les pécheurs, en tant qu'ils sont pécheurs, il ne les crée pas, il les fait seulement servir à l'ordre[4]. » L'*Enchiridion* s'exprime là-dessus avec une impérieuse netteté : « S'il n'était pas bon que le mal, lui-même, se produisît, le Dieu bon, qui est tout-puissant, ne permettrait pas ce mal : il lui est, certes, facile de

---

1. Passages principaux : 1° [388-395] *Libre Arbitre* (lib. III, c. xxii, n° 64; cf. c. xx et xxi); — 2° [415] *Ep. CLXVI*, à saint Jérôme; — 3° [418] *Ep. CXCIV*, à Sixte, celui qui plus tard fut élu pape (c. vii, n° 32-33); — 4° [427] *Rétractations* (lib. I, c. ix, n° 6; passage capital reproduit dans le traité sur *Le Don de la persévérance*, en 428 ou 429).

2. *De Libero Arbitrio*, lib. III, c. v, n° 12.

3. *Ibid.*, n° 15; t. I, c. 1278; cf. n° 16, qui est à lire.

4. [393] *De Genesi ad litteram, Liber imperfectus*, c. v, n° 25; t. III, col. 230. — Cf. réflexion identique, dans : 1° *De Genesi ad litteram*, lib. VIII, c. ix, n° 18; t. III, col. 380; 2° *De Civitate Dei*, lib. XIV, c. xxvi; t. VII, col. 435.

faire ce qu'il veut; mais il lui est également facile de ne pas permettre ce dont il ne veut pas l'existence[1]. » — « Il n'arrive point en dehors de la volonté de Dieu, cela même qui arrive contre sa volonté. Car, sans la permission de Dieu, cela n'arriverait pas; et Dieu ne le permet certes pas sans vouloir, mais bien par un acte de volonté; et lui qui est bon, s'il permet qu'il arrive du mal, c'est que, dans sa toute-puissance, il peut, du mal même, faire le bien[2]. »

Enfin, malgré tant de misères, et malgré le péché, comment l'univers manifeste-t-il pourtant la sagesse et la bonté de Dieu? C'est, d'abord, au troisième livre du *Libre Arbitre* que saint Augustin étudie à fond et qu'il résout la difficulté : « Quelqu'un, ici, dira peut-être qu'il ne songe nullement à déplorer l'infériorité de la lune, car si la lune donne moins de lumière, elle n'est pas, pour cela, malheureuse; or, pour les âmes, ce qui l'afflige, ce n'est pas leur obscurité, c'est leur misère[3]. » Il n'est pas possible de mieux poser la question. La réponse, à son début, n'a pas cette netteté et cette force : « Rapportez donc toutes choses à la perfection de l'univers, et vous verrez que, si chacune d'elles est plus ou moins lumineuse que les autres, le total y gagne un plus parfait éclat[4]. »

Leibniz pose la question aussi bien que saint Augus-

---

1. C. xcvi; t. VI, col. 276. Le texte porte le pluriel *mala*, et toute la suite montre que ce mot désigne aussi le péché.

2. C. c *in fine*; t. VI, col. 279.

3. C. ix, n° 25; t. I, col. 1283.

4. N° 25 *in fine*. — Lire tout le numéro; il développe la phrase traduite, et il n'y ajoute rien d'important.

tin, mais il répond : « Ce serait un vice dans l'auteur des choses, s'il en voulait exclure le vice qui s'y trouve[1]. » Donc, la différence entre Leibniz et saint Augustin atteint déjà le fond même de la doctrine, car, dans le passage précédent où saint Augustin se rapproche, plus que partout ailleurs, de l'optimisme absolu, s'il affirme que, dans notre univers, la possibilité du péché met une perfection plus complète, il n'affirme pas du tout que la liberté de Dieu a dû se limiter à la production de notre univers ; bien moins encore proclamerait-il que Dieu, en créant un univers différent, aurait contredit sa propre sagesse.

Mais saint Augustin voit qu'il faut aller plus loin ; aussi formule-t-il cette grave difficulté : « Si notre misère elle-même achève la perfection de l'univers, il aurait manqué quelque chose à cette perfection si nous avions été toujours heureux. Donc, si pour arriver à la misère, l'âme doit pécher, il suit que nos péchés mêmes sont nécessaires à la perfection de cet univers créé de Dieu[2]. » Il répond : « Ce ne sont pas nos péchés eux-mêmes, ce n'est pas la misère elle-même, qui est nécessaire à la perfection du tout, mais bien les âmes en tant qu'elles sont âmes ; et si les âmes le veulent, elles pèchent, elles sont malheureuses. » Ni la misère sans le péché, ni le bonheur dans le péché ne seraient chose convenable. « Mais s'il n'y a pas de péché et s'il y a le bonheur, le

---

1. *Théodicée*, IIe Part., n° 125, p. 195 (*Œuvr. Phil.*, éd. P. Janet, 1866) ; cf. n° 129 et 139. — Même doctrine dans Abélard : *Epitome theologiæ Christianæ*, c. xx, col. 1725 sq. (éd. Migne).
2. *De Libero Arbitrio*, lib. III, c. ix, n° 26 ; t. I, col. 1283 sq.

total des choses est parfait. Si, au contraire, la misère et le péché coexistent, le total des choses, même alors, est parfait[1]. » Cela diffère, de plus en plus, de Leibniz. Saint Augustin ajoute que, dans une maison bien ordonnée, on emploie à des travaux désagréables et nécessaires l'esclave coupable d'une faute. « Mais si nul esclave n'a voulu commettre une faute, il y aura, dans le règlement de la maison, un autre moyen de faire les travaux nécessaires... (De même), quelque décision que l'âme ait prise, le total des choses sera toujours beau[2]. »

L'impeccabilité des anges n'est pas non plus nécessaire à la perfection de l'univers[3]; et si, enfin, on sait bien réfléchir, on voit que, sans le péché de l'homme, l'univers matériel n'aurait pas moins de beauté[4]; et de plus, « si la nature impeccable (la nature angélique) commettait le péché, l'ineffable puissance de Dieu suffirait pour régir tout cet univers ». Elle agirait uniquement par elle-même, ou bien, si elle le jugeait à propos, elle produirait d'autres anges et elle les mettrait à la place des

---

1. *Ibid.*, n° 26; col. 1281.
2. *Ibid.*, n° 27; col. 1284.
3. *Ibid.*, c. xi, n° 32; col. 1287 : « Si enim rebus deessent animæ quæ ipsum fastigium ordinis in universa creatura sic obtinerent, ut si peccare voluissent, infirmaretur et lalefactaretur universitas, magnum quiddam deesset creaturæ... *Sine istarum officiis justis atque perfectis esse universitas non potest.* Item, si deessent quæ sive peccarent, sive non peccarent, nihil universitatis ordini minueretur, etiam sic plurimum deesset. »
4. C. xii, n° 35; col. 1288 : « Unde colligitur non defuturum fuisse ornatum congruentissimum infimæ corporeæ creaturæ, etiamsi ipsa peccare noluisset. »

anges pécheurs[1]. « Donc, à quelque supposition que notre pensée s'arrête, elle trouve qu'il faut toujours louer Dieu, le créateur très bon et l'organisateur très juste de tout ce qui existe[2]. »

On a ainsi sur l'optimisme la pensée définitive de saint Augustin : Dieu ne peut produire rien de mauvais; dès lors, l'univers, quel qu'il soit, et quelques misères ou quelques désordres qui s'y mêlent, est non pas absolument le meilleur, mais il est bon et digne de Dieu. Et puisqu'il y a divers degrés de perfection, il n'est pas juste de ne vouloir admettre que le plus élevé[3].

Et certes, si nous avions assez de force pour nous tenir à la contemplation intellectuelle, d'abord nous percevrions l'univers dans sa réalité; « car l'âme humaine est naturellement unie aux notions divines qui la régissent; et lorsqu'elle dit : ceci devrait être fait plutôt que cela; si elle dit vrai et si elle voit ce qu'elle dit, elle le voit dans les notions divines avec qui elle est unie[4] ». Outre cet avantage, nous aurions celui de comprendre que l'univers, malgré toutes les misères, est néanmoins dans l'ordre; mais nos jugements obéissent trop à notre fantaisie; et la fantaisie nous égare. « La raison apprécie d'une manière, et l'usage d'une autre manière[5]. La raison apprécie à la lumière de la vérité... mais l'usage obéit à l'influence de ce qui nous est commode[6]. » Et

1. *Ibid.*, tout le numéro.
2. *Ibid.*, n° 35 *in fine;* col. 1289.
3. *Ibid.*, c. v, n° 13; t. I, col. 1277.
4. *Ibid.*, n° 13; col. 1277.
5. « *Aliter enim æstimat ratio aliter usus.* »
6. *Ibid.*, c. v, n° 17; t. I, col. 1279.

si enfin l'existence du péché ne s'expliquait pas aussi facilement que tout le reste, il faut se souvenir que le péché reçoit tout de suite son châtiment ; il est vrai, sans doute, que ce châtiment ici-bas ne se fait pas toujours reconnaître comme tel de celui qui le subit, « mais au jugement futur, se révélera et se fera très vivement sentir ce qui, aujourd'hui, s'exerce comme châtiment très secret[1] ».

On voit donc que, dans le *Libre Arbitre,* saint Augustin donne un enseignement complet. Il y explique notamment, avec beaucoup de justesse, qu'il n'y a pas lieu d'exiger pour chaque chose une nature supérieure. Mais ailleurs, revenant sur ce point, il l'a encore mieux exprimé. « Dieu n'aurait pas dû faire la femme, disent les Manichéens. C'est dire : il n'aurait pas dû faire un certain bien ; car, sans discussion, la femme est un certain bien[2]. » Ce mot est, peut-être, antérieur au *Libre Arbitre. Les Confessions,* en 400, s'arrêtent à cette même pensée : « Loin de moi la volonté de dire : ces choses inférieures devraient ne pas être ; car enfin, si je n'en voyais d'aucune autre sorte, j'en désirerais sans doute de meilleures, mais pourtant je devrais, à cause de celles qui existeraient, vous adresser des louanges[3]. » C'est en 417 que cette pensée arrive à sa perfection : « En effet, écrit saint Augustin, sous l'influence de la pensée humaine, nous pouvons dire : toutes les œuvres de Dieu

---

1. *Ibid.*, c. xvi, n° 45 ; t. I, col. 1293.
2. *De Genesi contra Manichæos* [389], lib. II, c. xxviii, n° 42 ; t. III, col. 219.
3. *Confess.*, lib. VII, c. xiii, n° 19 ; t. I, col. 743.

sont bonnes ; pourquoi donc n'a-t-il pas pris le parti meilleur d'en doubler le nombre, et de le multiplier encore davantage ?... Et pourtant, à quelque degré que Dieu poussât cette multiplication, et en quelque manière qu'il agrandît le monde, on pourrait toujours alléguer la même nécessité de multiplier encore, et il n'y aurait ainsi aucune fin [1]. »

De même, selon l'enseignement du *Libre Arbitre,* le châtiment n'a sa pleine réalité, il n'exerce son effet total, et il n'assure donc le triomphe complet de l'ordre, que dans l'autre vie [2]. Or, saint Augustin a repris dans la *Cité de Dieu,* cette doctrine du châtiment ; il l'y a mieux exprimée et il a fait ressortir plus vivement le mystère : « C'est (au jugement de Dieu) que la sentence alors promulguée, et, avec elle, toutes les décisions prises par Dieu depuis l'origine, et toutes celles qui, à partir d'aujourd'hui, lui restent à prendre, nous apparaîtront absolument justes. Nous y verrons aussi avec combien de raison Dieu veut qu'un si grand nombre de ses justes jugements, et en quelque sorte tous, soient un mystère pour le sentiment et pour la pensée des hommes, et pourtant, sur ce sujet, la foi pieuse sait que s'il y a mystère, il n'y a pas injustice [3]. »

---

1. *Ep.*, CLXXXVI, c. vii, n° 22 ; col. 824.
2. Lib. III, c. xvi, n° 45.
3. *De Civitate Dei*, lib. XX, c. ii ; t. VII, col. 660 sq. Cf. lib. XIV, c. xi, n° 1 ; t. VII, col. 418 : « Usque autem adeo mala vincuntur a bonis, ut quamvis sinantur esse ad demonstrandum quam possit et ipsis bene uti justitia providentissima Creatoris ; bona tamen sine malis esse possint. » — *Ibid.*, c. xxvi, col. 435 : « Cur ergo non crearet Deus, quos peccaturos esse præscivit, quandoquidem in eis, et ex eis, et quid eorum culpa mereretur, et quid sua gratia donaretur, posset ostendere. » — Lib. XXII, c. 1, n° 2 ; co

L'univers, sauf le péché, est uniquement l'œuvre de Dieu. La raison de ce qui se passe, nous apparaîtra après cette vie [1]; mais aujourd'hui, plus que tout le reste, la raison du péché nous échappe : « On peut toujours demander pourquoi enfin ont été créés des hommes desquels Dieu savait certainement qu'ils commettraient le péché, et qu'ils seraient condamnés au feu éternel? Ce n'est pas lui qui a créé les péchés; mais enfin, ces natures, qui par elles-mêmes sont bonnes, et chez lesquelles pourtant, à cause du choix de leur volonté, la difformité du péché se trouvera et même chez un grand nombre d'entre elles, se trouvera assez complète pour mériter la peine éternelle : ces natures, qui est-ce, sinon Dieu, qui les a créées? » Et comme à de telles questions nous n'avons aucune réponse, saint Augustin emprunte, une fois de plus, les paroles de saint Paul : *O homme, qui es-tu pour répondre à Dieu? Est-ce que le vase d'argile dit à celui qui l'a façonné : Pourquoi m'avez-vous fait ainsi* [2]*?* (Rom. IX, 20.)

Pour compléter cette leçon, saint Augustin dit encore : « Parce qu'elle est plus haute que la justice humaine, la justice de Dieu est aussi plus inscrutable... Pensez à cela, et ne comparez pas Dieu exerçant la justice, aux hommes exerçant la justice; Dieu est certainement juste,

---

751 : « Potentius et melius esse judicans etiam de malis bene facere, quam mala esse non sinere. » — *Ibid.*, c. II, n° 1 ; col. 752 sq. : « Multa enim fiunt quidem a malis contra voluntatem Dei; sed tantæ est ille sapientiæ, tantæque virtutis, ut in eos exitus sive fines, quos bonos et justos esse præscivit, tendant omnia, quæ voluntati ejus videntur contraria. »

1. *Ep.*, CLXXXVI qui vient d'être citée.
2. *Ep.*, CLXXXVI, c. VII, n° 23; col. 821.

même lorsqu'il fait ce qui paraît injuste aux hommes, et ce que l'homme ne pourrait faire sans injustice[1]. » L'univers, enfin, est bon, mais il n'est pas le meilleur possible, car Dieu, dans son action, possède la parfaite liberté ; Dieu est toujours juste, et nous ne pouvons pas, pendant cette vie, comprendre ses desseins. On ne trouve dans Leibniz ni cette doctrine, ni ce sentiment du mystère.

1. *Contra Julianum, Operis imperfecti*, lib. III, c. xxiv ; t. X, col. 1256 sq.

LIVRE TROISIÈME

LA NATURE

CHAPITRE PREMIER

NOTRE CONNAISSANCE DU MONDE EXTÉRIEUR

Notre connaissance intellectuelle atteint l'absolu, mais notre connaissance du monde extérieur n'atteint que notre propre modification.

I

Il y a d'abord une condition qui domine tout : c'est que nous concevons le monde extérieur dans le temps et dans l'espace.

L'espace ne peut pas s'assimiler à une substance indépendante. Voilà pourquoi il n'y a pas à poser des questions sur un espace qui existerait en lui-même, qui serait étranger à la substance de l'univers, et qui, à lui seul, formerait un univers vide[1]. De plus, notre per-

---

1. *De Civitate Dei*, lib. XI, c. v.

ception de l'espace n'atteint et ne représente que notre manière d'être : « Puisque, à l'égard du corps universel, il n'existe ni devant ni derrière, ni droite ni gauche, il ne peut exister, non plus, ni haut ni bas. Mais, en pareille matière, on se laisse tromper, car il est difficile de résister aux sens et à la coutume[1]. » Vers la même époque [vers 390], saint Augustin écrivait d'autres réflexions bien plus complètes, desquelles il ressort que nous percevons, non pas la réalité de l'espace, mais simplement la comparaison établie par nous entre nos diverses impressions : « Tout grain de mil, par rapport à telle de ses parties qui, en lui, a autant d'importance que notre corps dans le monde, doit être aussi grand que le monde l'est pour nous[2]. »

Les deux passages qu'on vient de lire, ne sont ni les premiers en date, ni les plus importants. C'est quelques années plus tôt, vers 388, que saint Augustin s'était arrêté davantage à étudier notre connaissance de l'espace et notre perception de la grandeur ou étendue. Les hommes, observait-il, acquièrent par l'exercice un sens plus délicat et plus juste du rythme poétique; ils n'arriveraient pourtant pas à percevoir un rythme dont le développement complet exigerait plusieurs mois, ou plusieurs jours, ou simplement plusieurs heures[3]. « Pourquoi donc cette impuissance, continue-t-il, sinon parce que chaque animal, selon son genre propre et selon son rapport avec l'univers, a reçu un sens parti-

---

1. *De Diversis Quæstionibus LXXXIII*, Quæst. XXIX; t. VI, col. 19.
2. *De vera Religione*, c. xliii, n° 80; t. III, col. 158.
3. *De Musica*, lib. VI, c. vii, n° 17 et 18; t. I, col. 1172.

culier de l'espace et du temps[1]. Dès lors, ce que le corps de cet animal est à la masse universelle dont il fait partie, et ce que la durée de cet animal est au temps universel dont elle fait partie, détermine ce que le sens (ou perception) de cet animal doit être à l'action de cet animal, action exercée elle-même en rapport avec le mouvement universel dont elle fait partie. » En comparant entre eux ces divers rapports, saint Augustin évidemment a voulu dire que chaque animal, selon sa taille et selon la durée de son existence, perçoit en diverses manières et le temps et l'espace. Ce qui suit se rapporte plus exclusivement à l'espace; on y trouvera la décision bien nette : « Si toutes les parties (de cet univers) diminuent en proportion, il est toujours aussi grand; et si toutes augmentent en proportion, il n'est encore qu'aussi grand. Car, dans les quantités d'espace et de temps, il n'y a rien de grand en soi, mais seulement par rapport à quelque chose de plus petit; et, réciproquement, il n'y a rien de petit en soi, mais par rapport à quelque chose de plus grand[2]. »

Au même endroit, il ajoute quelques phrases où il n'est question que du temps; il dit que notre perception actuelle du temps est une particularité de notre constitution humaine mortelle, et qu'au moment où notre vie mortelle finira, cette particularité, elle aussi, devra finir; car enfin, nous n'avons la perception du temps que selon les convenances arbitraires de notre

---

1. *Sensus locorum temporumque tributus est.*
2. *De Musica*, lib. VI, c. VII, n° 19; t. I, col. 1173.

humanité[1] ; ce mode de perception ne dépassera donc pas cette vie[2]. Si d'ailleurs notre perception du temps nous paraît un mode naturel de perception, cela provient de ce que nous n'avons pas l'expérience d'un mode différent; l'habitude est ici, réellement, devenue une seconde nature[3]. Or, une habitude nouvelle efface toujours l'habitude précédente, et à son tour elle paraît une manière d'être toute naturelle[4].

Enfin, notre impression d'espace et de temps n'a rien de ferme, rien de stable; on peut la supposer toujours moindre; elle commence, elle finit, elle est un perpétuel successif dont chaque élément se conçoit comme divisible; et après avoir indéfiniment divisé, il reste toujours possible de pousser plus loin la division ; telle est la divisibilité infinie du temps et de l'espace[5].

Mais plus encore que sur l'espace, saint Augustin a médité sur le temps[6]. Or, il enseigne à ne pas conce-

---

1. *Ad carnalis vitæ actiones talis sensus tribulus est, quo majora temporum spatia judicare non possit (humana natura), quam intervalla postulant ad talis vitæ usum pertinentia.*

2. *Quoniam talis hominis natura mortalis est, etiam talem sensum mortalem puto.*

3. *Non enim frustra consuetudo quasi secunda, et quasi affabricata natura dicitur.*

4. *Videmus autem velut quosdam sensus novos in judicandis cujuscemodi rebus corporeis consuetudine affectos, alia consuetudine deperire. (Ib.)*

5. *De Musica*, lib. VI, c. VIII, n° 21 ; t. I, col. 1174 : « Ita ratio invenit tam localia quam temporalia spatia infinitam divisionem recipere. » — *De vera Religione*, c. XLIII, n° 80 ; t. III, col. 158 : « ut omnis loci, sic omnis temporis longitudo habet dimidium sui ».

6. Voir outre *De Musica* [387-389], lib. VI, c. VII et VIII : 1° [390] *Vraie Religion* (c. XLIII, n° 80 ; c. XLIX, n° 97) ; — 2° [400] *Confessions* (lib. XI, c. XIV-XXVIII) ; — 3° [401-415] *Interprétation littérale de la Genèse*

voir le temps comme une réalité propre, et à ne pas le comparer avec l'éternité. Le temps, en effet, n'existe que s'il y a des réalités créées[1]; et, de plus, le temps s'écoule, il ne se fixe pas, il ne subsiste pas ; l'éternité, au contraire, est un maintenant absolu, auquel rien ne s'ajoute, car toute réalité s'y trouve réunie[2].

Voilà ce que le temps nous apparaît. Pouvons-nous, du moins, lui attribuer cette réalité que, d'abord et avant toute réflexion, il nous semble posséder? c'est-à-dire à notre perception du temps correspond-il une réalité semblable, ou bien notre perception du temps n'est-elle que notre manière d'être?

Le sixième livre de *la Musique* répond déjà que nous ne connaissons pas le temps en lui-même, et il dit assez nettement que si le temps a une réalité, notre perception ne nous en révèle rien[3]. Ce sera douze ans plus tard, dans les *Confessions*, que saint Augustin entreprendra une étude spéciale du temps, qu'il la développera et qu'il la conduira jusqu'à une conclusion définitive. Et, dans la suite, il n'a jamais ni atténué, ni exprimé nettement une fois de plus cette conclusion.

(lib. V, c. v); — 4° [à partir de 415] *Cité de Dieu* (lib. XI, c. iv-vi; lib. XII, c. xii-xiv); — 5° *Enarrations sur les Psaumes* (in Ps. *XXIII*, n° 7; t. IV, col. 419; *in Ps. LXXVI*, n° 8; col. 976). — Cf. ci-dessus, livre II°, chap. III, paragr. iii, sur la création et l'immutabilité divine. — Ce sont les *Confessions* qui contiennent la discussion fondamentale.

1. *De Genesi contra Manichæos*, lib. I, c. ii, n° 3 et 4; t. III, col. 174 sq. — Cf. *De Civitate Dei*, lib. XI, c. v; et ci-dessus, liv. II, c. III, paragr. iii.

2. *De vera Religione*, c. ii, n° 97; cf. les passages indiqués de *Enarrationes* et de *Cité de Dieu* (ci-dessus).

3. C. vii, viii.

Rien dans la *Cité de Dieu,* par exemple, ne suffirait à la faire connaître.

Voici comment procèdent les *Confessions :* « Qu'est-ce que le temps? si personne ne me le demande, je le sais; si on me le demande, et si je veux l'expliquer, je ne sais plus; cependant, je le dis avec confiance, je sais que si rien n'était passé, il n'y aurait pas un temps passé; si rien n'était en voie d'arriver, il n'y aurait pas un temps futur; et si rien n'était, il n'y aurait pas un temps présent [1]. » Au même endroit, il observe que le passé n'est plus, que le futur n'est pas encore, que ce sont deux néants [2], et que si le présent subsistait, il ne s'évanouirait pas dans le passé, et ne céderait pas la place au futur; mais cette subsistance serait proprement l'éternité.

Il faudrait, à la fois, saisir la réalité du présent et bien comprendre pourquoi un temps peut se dire long. Or, un long passé, c'est une longue suite de temps qui ne sont plus; et de même, un long futur c'est, sous une autre considération, une longue suite de temps qui ne sont pas encore. Il n'y a donc, en tout cela, rien de réel [3]. Mais où trouver la réalité [4]? « Essayez de concevoir un temps que l'on ne puisse plus diviser en parties si petites fussent-elles, c'est cela seul qui est le présent. Mais cela passe si vite du futur au passé, qu'il ne dure pas un

---

1. Lib. XI, c. xiv, n° 17; t. I, col. 816.
2. Cf., vers 390, *De diversis Quæstionibus LXXXIII,* Quæst. XVII.
3. C. xv, n° 18; t. I, col. 816.
4. *Ib.,* n° 19 et 20; t. I, col. 816 sq. — Les mêmes réflexions se trouvent dans *Enarrationes in Ps. XXXVIII,* n° 7, où, à propos du présent, on remarquera le mot : *et est et non est* (t. IV, col. 119).

instant », *ut nulla morula extendatur*. Ainsi, le passé et le futur ne sont rien; et le présent ne dure pas[1]. Et cependant, nous avons conscience de diverses durées plus ou moins longues[2], et nous parlons de l'avenir, nous le prévoyons, nous en réglons les événements[3]. Dieu aussi prévoit l'avenir, mais nous ne pouvons concevoir en quoi consiste ou comment s'exerce la prescience divine[4].

Si donc le passé et l'avenir ne sont rien, et si le présent ne subsiste pas, il serait sage de ne pas attribuer au temps une réalité propre : « Peut-être le langage exact serait-il celui-ci; il y a trois temps, un présent des choses (ou des perceptions) passées, *præsens de præteritis*, un présent des choses présentes, *præsens de præsentibus*, un présent des choses futures, *præsens de futuris*. Car ce sont, dans l'âme, trois manières d'être, et je ne les vois pas ailleurs[5]; le présent des choses passées, c'est la mémoire, le présent des choses présentes, c'est la perception actuelle, *contuitus*, le présent des choses futures, c'est l'attente[6]. »

Et certes, à condition de tout réduire à notre manière d'être, saint Augustin emploiera volontiers le langage ordinaire : « Qu'on nous accorde de dire ce qui précède, et, (dès lors), je vois trois temps; je l'avoue, il y en a trois. On dira aussi : il y a trois temps, le passé, le présent

---

1. *Ib.*, n° 20 ; t. I, col. 817.
2. C. XVI, n° 21.
3. C. XVIII, n° 23, 24.
4. *Nimis longe est modus iste ab acie mea* (c. XIX, n° 23).
5. *Sunt enim hæc in anima tria quædam, et alibi ea non video.*
6. C. XX, n° 26; t. I, col. 819.

et le futur ; que l'on se conforme à l'usage et qu'on parle de la sorte : je ne m'en soucie pas, je ne m'y oppose pas, je ne blâme pas ; il faut pourtant comprendre ce que l'on dit ; il faut comprendre que ce qui est futur n'existe pas, ni ce qui s'est passé. » Et pour justifier cette facilité à permettre un langage reconnu pour inexact, il ajoute cette sentence : « Peu nombreuses sont les choses que nous exprimons proprement ; très nombreuses celles que nous exprimons improprement ; mais la pensée se fait pourtant connaître [1]. » La sentence pourrait avoir d'infinies applications.

Il reste acquis déjà que les trois déterminations du temps, passé, présent et futur, sont trois manières d'être de notre âme. Saint Augustin pourtant ne pense pas que la question conduite à ce point soit tout à fait résolue. Il constate, pour la seconde fois, que nous parlons spontanément du temps en croyant nous comprendre, et que la réflexion nous montre d'invincibles difficultés [2] ; il se demande, pour la seconde fois, ce qu'est le temps [3]. Il n'admet pas que le temps soit identique avec le mouvement des astres, ni, d'une manière générale, avec le mouvement de la créature [4]. Et d'abord, le mouvement corporel et le temps ne sont pas une même chose, car

---

1. *Pauca sunt enim quæ proprie loquimur, plura non proprie; sed agnoscitur quid velimus.* (*Ib.*)

2. *Et dicimus, tempus et tempus, tempora et tempora. Quamdiu dixit hoc ille quamdiu fecit hoc ille... Dicimus hæc, et audimus hæc, et intelligimur et intelligimus. Manifestissima et usitatissima sunt; et eadem rursus nimis latent et nova est inventio eorum.* (C. XXII, n° 28 ; col. 820.)

3. C. XXIII, n° 29 et 30.

4. *Quæro utrum motus ipse sit dies, an mora ipsa quanta peragitur, an utrumque.* (N° 30 ; col. 821.)

nous évaluons en durée et le repos, et le mouvement[1]. Nous évaluons la durée d'un poème par le nombre des vers, la durée des vers par le nombre des pieds, la durée des pieds enfin, par celle des syllabes [2]. Or, voici la difficulté : un vers plus court, s'il est prononcé plus lentement, durera plus que n'aura fait un vers plus long rapidement débité ; et cette diversité de durée s'étend au poème total ; ce n'est donc pas le poème, qui, par lui-même, dure ; c'est nous qui le faisons durer. Donc enfin, « le temps n'est pas autre chose qu'une distension ; mais de quoi est-il la distension, je l'ignore ; et ce sera merveille s'il n'est pas la distension de l'âme elle-même », *nihil esse aliud tempus quam distentionem : sed cujus rei, nescio; et mirum si non ipsius animi* [3]. Cette formule donne la solution définitive.

Mais nécessairement, lorsque saint Augustin exposera sa pensée sur l'essence et sur le développement des choses extérieures, il s'exprimera comme si le temps et l'espace avaient chacun une réalité propre. On devra alors se souvenir qu'il y a là une inexactitude fatale, imposée par le mode de notre représentation.

II

Notre connaissance proprement dite du monde extérieur commence par la sensation, et elle dépend toujours

1. C. xxvi, n° 33.
2. *Ib.*; cf. *De Musica*, lib. VI, c. vii.
3. C. xxvi, n° 33 ; col. 822. La discussion continue (c. xxvi et xxvii), mais pour faire mieux entendre la formule.

essentiellement de la sensation. Ce qui, en effet, dans notre connaissance du monde extérieur, n'est pas une perception sensible, n'est pas non plus, à proprement parler, ce que nous entendons par *connaissance du monde extérieur*. Ce sont des vues générales qui dépassent toute expérience. Mais la vraie connaissance du monde extérieur, celle qui se contrôle, part de la perception sensible, et elle y aboutit. Et à son tour, la perception sensible ne nous révèle que notre propre modification.

Ainsi, nous ne connaissons définitivement du monde extérieur que son existence. Nous avons conscience que nos sens nous révèlent quelque chose, et nous avons une conscience non moins vive et non moins impérieuse de la vérité qui se trouve dans le témoignage d'autrui. Voilà comment nous sommes certains d'être en rapport avec des réalités différentes de nous; mais nous sommes certains, aussi, que les autres ont été en rapport avec des réalités extérieures; et, instinctivement, nous acceptons le témoignage des autres; nous le prenons sans cesse pour règle de notre croyance et de notre conduite : nous croyons que des pays où nous ne sommes jamais allés existent; nous ajoutons foi à ce que l'on nous raconte de nos aïeux. Il y a un nombre infini de circonstances semblables[1].

C'est bien cette doctrine que saint Augustin propose. On devra seulement ne pas forcer la signification littérale de quelques expressions : « Les sceptiques, dit-il,

1. *De Trinitate*, lib. XV, c. XII, n° 21; t. VIII, col. 1075. Cf. [412] *Ep. CXLVII*, n° 3-8.

ont déclamé sans fin, *multa garrierunt,* contre les sens corporels... Mais loin de nous la pensée de mettre en doute la vérité des choses que nous avons apprises par leur intermédiaire. » Or, cette vérité, ce n'est rien de plus que « l'existence du ciel et de la terre, et de tout ce qu'ils renferment[1] ». Il importe de bien savoir cela. Il est de même très facile de réduire à son vrai sens l'expression défavorable *garrierunt,* qui semble reprocher aux sceptiques leur critique de la sensation. Saint Augustin, en effet, écrit dans le même chapitre : « Laissons de côté ce qui arrive à l'esprit par les sens corporels ; car, en cela, la réalité diffère tellement de la perception, que se tenir à cette sorte de vraisemblance, c'est, sous une apparence de raison, être tombé dans la folie ; de là vint le succès de la philosophie académicienne, laquelle, doutant de toutes choses, était dans une folie plus déplorable[2]. » Ainsi les sceptiques ont indistinctement refusé à l'intellection, comme à la sensation, la possibilité d'exprimer autre chose que notre simple manière d'être ; c'est ce que saint Augustin condamne, mais il s'accorde avec eux sur la sensation ; et malgré tout, comme il éprouve à leur égard quelque mécontentement, il emploie un mot de blâme.

Ce mot n'atténue pas le jugement sur la sensation, et ce jugement était bien mûri. Car trente ans peut-être avant d'écrire ce qui vient d'être rapporté, saint Augustin avait enseigné que la perception sensible n'a pas « le

---

1. Cf. *Contra Academicos,* lib. III, c. xi, n° 24; t. I, col. 946; *Confess.,* lib. VI, c. v, n° 7; *De Civitate Dei,* lib. XIX, c. xviii.
2. C. xii, n° 21; t. VIII, col. 1073.

pouvoir de produire la science[1] », et que les philosophes convaincus de ce fait, n'ont rien à craindre des objections dirigées contre la sensation. Il avait voulu, d'abord, bien établir que l'intellection vaut par elle-même, et que sa légitimité absolue ne dépend en rien de la manière dont nous percevons le monde extérieur. Ainsi rassuré, saint Augustin écrivait donc : « Je ne vois pas ce qu'un académicien pourrait contre celui qui dit : je sais que cela me paraît blanc; je sais que cette perception auditive me plaît; je sais que cela a pour moi une saveur douce; je sais que pour moi cela est froid. (*Le Sceptique*) : Dites si, en elles-mêmes, elles sont amères les feuilles d'olivier que la chèvre recherche avec un tel empressement. (*Augustin*) : O l'obstiné, la chèvre n'est-elle pas plus modeste? J'ignore ce que ces feuilles sont pour le bétail; mais à mon égard elles sont amères : Que voulez-vous de plus? (*Le Sceptique*) : Mais il existe peut-être quelque homme pour qui elles ne sont pas amères. (*Aug.*) : Est-ce donc que vous voulez chicaner? Ai-je dit qu'elles sont amères pour tous? J'ai dit qu'elles le sont pour moi; et encore, je ne l'affirme pas pour toujours[2]. »

Zénon s'était aveuglément obstiné à défendre contre les sceptiques la vérité absolue de la sensation. Il « se laissa tromper, dit saint Augustin, par un fantôme de constance. Il se montra aux Académiciens, et il se montre

---

1. [386] *Contra Academicos*, lib. III, c. xi, n° 26; t. I, col. 948.
2. *Contra Academicos*, lib. III, c. xi, n° 26; t. I, col. 947-948. — Cf. « quid enim de moribus inquirentem vel juvat vel impedit, corporis sensus? » (*Ib.*, c. xii, n° 27; col. 948).

à moi-même, comme un homme opiniâtre. Après lui, cette foi pernicieuse des choses corporelles alla comme elle put; elle survécut en Chrysippe, lequel, merveilleusement fait pour agir, lui communiquait la force de se répandre. Mais du côté des Académiciens, Carnéades résista avec plus de vigueur et avec plus de subtilité que l'on n'avait fait jusqu'à lui ; et vraiment, je m'étonne que cette opinion de Zénon ait pu persister encore [1] ».

En un mot, ce n'est pas selon leur nature, mais c'est selon le rapport établi par Dieu entre elles et nous, que les réalités extérieures nous sont connues et qu'elles nous donnent une impression agréable ou désagréable : saint Augustin oppose formellement cette considération au manichéisme de Fauste [2].

Il observe encore, avec beaucoup de raison, que l'extravagance des songes, de la folie et du délire affecte la seule connaissance sensible. Mais puisqu'il peut y avoir ainsi des représentations sensibles sans objet et puisque le même objet peut susciter en nous des représentations sensibles toutes différentes, il est clair que nous ne percevons pas en elle-même la réalité extérieure; nous sommes diversement affectés et nous ne percevons que notre modification actuelle [3].

1. *Contra Academicos*, lib. III, c. XVII, n° 39; t. I, col. 955.
2. [100] *Contra Faustum Manichæum*, lib. XXI, c. XIII; t. VIII, col. 397.
3. — 1° *Contra Academicos*, lib. III, c. XI et XII; — 2° *De Immortalitate animæ*, c. XIV, n° 23; — 3° *De diversis quæstionibus LXXXIII*, Quæst. IX, qui est le passage le plus important; ajouter sur ce passage : *Retractationum*, lib. I, c. XXVI, où, après avoir observé qu'après la résurrection notre perception sensible aura sans doute une autre nature, saint Augustin ajoute que nous ne pouvons pas maintenant nous la représenter.

III

Ce que les savants connaissent du monde extérieur, et les moyens par lesquels ils le connaissent, dépasse de beaucoup la pure sensation. Saint Augustin, qui en est bien convaincu, n'avait pas à instituer une étude détaillée sur l'induction et sur l'expérience. Il fait autre chose : il considère la connaissance particulière qui se nommerait aujourd'hui la connaissance scientifique, et il enseigne que cette connaissance ne pénètre pas le fond même des choses. Les savants, ou, selon son langage, les philosophes arrivent à constater curieusement et à prévoir bien des phénomènes; ils devinent, et quoi qu'ils fassent, il ne leur est pas donné de comprendre la réalité substantielle des choses, ni le pourquoi fondamental de ce qui se passe.

Il y a là un enseignement de très grande importance[1]. Il faut voir avec quelle netteté saint Augustin le formule : La marche actuelle des choses « est, dit-il, plus ou moins connue de nous, par les sens corporels et par l'habitude[2] ». Les philosophes, observe-t-il encore, ont bien pu acquérir la certitude « que toutes les choses temporelles arrivent d'après des décisions ou d'après des vues éternelles, *rationibus æternis fieri*. Mais ont-ils pu, en suite de cela, percevoir d'après ces décisions mêmes ou

---

1. Voir : 1° [400-416] *Trinité* (lib. IV, c. xvi, et xvii); — 2° [401-415] *Interprétation littérale de la Genèse* (lib. V, c. xii, n° 28; c. xv, n° 33; c. xvi, n° 34); — 3° [vers 417] *Cité de Dieu* (lib. XI, c. xxix).
2. *De Genesi ad litteram*, lib. V, c. xii, n° 28; t. III, col. 331.

ces vues mêmes, le nombre des espèces animales, les germes primitifs de chacune d'elles, leur mode d'accroissement, l'harmonie qui se réalise par les conceptions, par les naissances, par les périodes de vie, par les morts; ont-ils perçu dans les raisons éternelles, les mouvements commandés par le désir de ce qui est selon la nature et par l'aversion de ce qui lui est contraire? N'est-il pas vrai qu'ils ont dû chercher toutes ces sortes de connaissances, non dans la contemplation de la sagesse éternelle immuable, mais dans les histoires où les lieux et les temps sont racontés, et qu'ils ont dû ajouter foi aux expériences et aux écrits des autres[1]? »

Saint Augustin exprime ainsi, dans les termes conformes à ses convictions doctrinales, un grand fait que nul philosophe ne peut sérieusement ni contester, ni méconnaître. Il a réellement voulu dire que nous n'avons pas l'intellection du monde extérieur; mais comme il tient pour certain que toute intellection a pour objet Dieu toujours présent à l'intelligence, il dit indifféremment *comprendre*, ou *voir dans la sagesse éternelle*. Or, maintenant, il n'est question que de ceci : nous ne comprenons pas le monde extérieur, nous ne le percevons pas en cette manière essentielle et profonde, qui se nomme intellection. Voilà le fait bien précis.

Saint Augustin ajoute que les prévisions des savants ne reposent que sur une conviction obscure : « Il est possible de conjecturer l'avenir d'après l'expérience du passé; ainsi ont fait les médecins qui, après avoir consigné par écrit leurs prévisions, les ont vérifiées eux-

---

1. *De Trinitate*, lib. IV, c. xvi, n° 21; t. VIII, col. 602.

mêmes par l'expérience. » Mais il y a une différence infinie entre cette prévision, et celle qui consiste « à contempler dans le principe souverain des choses les causes subsistantes des futurs[1] ». Et ici encore, on est bien obligé de reconnaître, avec saint Augustin, que nulle prévision sur les choses du monde extérieur n'est l'intellection de la réalité elle-même. On peut, si on le veut, discuter sur l'absolue certitude de la prévision; il restera toujours que la prévision n'a pas ce caractère qui appartient à la connaissance intellectuelle.

Et, en fait, il n'y a ici qu'une question, qui est de savoir si les choses du monde extérieur sont, pour nous, réellement intelligibles. Saint Augustin a très bien vu qu'elles ne le sont pas. Or, si nous ne comprenons pas les choses extérieures actuellement soumises à notre observation, il est clair que notre prévision et, pour mieux dire, il est clair que les prévisions du savant sont une divination dont le sérieux et la certitude n'atténuent pas l'obscurité.

1. « *Ipsas futurorum stantes causas* » (*Ib.*, *ib.*, c. xvii, n° 22; t. VIII. col. 602 sq.).

CHAPITRE II

ORIGINE ET NATURE DU MONDE EXTÉRIEUR

Saint Augustin ne tourna jamais expressément son effort vers l'étude de la physique et de l'histoire. Il se contenta de s'initier à ce que les hommes de son temps savaient de l'une et de l'autre. Il n'acquit donc jamais les connaissances curieuses du savant, et jamais non plus, il ne fut dominé par la préoccupation de découvrir les secrets du monde extérieur. Mais lorsque les savants avaient pour eux l'expérience, il entendait qu'on ne leur opposât ni une autorité, ni des principes; il voyait aussi que la science n'atteint pas le fond même des choses; et enfin, il aurait été merveilleusement en état de bien juger toutes les découvertes ou toutes les nouveautés scientifiques, et de seconder en philosophe le progrès de la science.

I

A l'époque de saint Augustin, ni l'histoire naturelle, ni l'archéologie ne faisaient rien soupçonner sur l'antiquité du monde. Aussi saint Augustin dut-il penser que la date de la création se conclut des indications de la Genèse, et que l'univers ne remonte pas au delà de six mille ans avant l'ère chrétienne[1].

Ce ne fut pas, d'ailleurs, la question de date qui l'arrêta; ce fut uniquement la question des six jours : faut-il prendre à la lettre le récit de la Genèse? Dieu a-t-il, en effet, créé le monde en six jours? Voilà ce que saint Augustin se demanda de bonne heure. Or, dès l'origine, il vit dans l'histoire de la création tout autre chose qu'un sujet de recherche curieuse. Ce qui alors attirait son esprit, ce n'était pas le simple détail extérieur, la pure narration de faits enfin trouvés selon leur ordre. Saint Augustin avait bien plutôt le souci de constater si une autorité divine nous fait connaître les secrets du monde extérieur, si elle rend inutiles nos investigations ou encore si elle les guide. Tel est le point sur lequel les Manichéens avaient excité son attention. Il avait d'abord voulu comparer l'astronomie des Manichéens et leur physique avec les expériences certaines des savants. Il avait donc entrepris une étude sérieuse : « Je conservais, dit-il, bien des vérités proposées par les philosophes d'après l'observation de

---

1. *De Civitate Dei*, lib. XII, c. x sqq.; — lib. XV, c. xiii, n° 1; — lib. XVIII, c. xl. — Il considère comme pures fables les histoires sur l'antiquité de l'univers; et en effet, ce n'étaient que récits fabuleux (lib. XII, c. x; et lib. XVIII, c. xl, où il dit : « cum enim ab ipso primo homine, qui est appellatus Adam, nondum sex millia annorum compleantur, quomodo non isti ridendi potius quam refellendi sunt, qui de spatio temporum tam diversa et *huic exploratæ veritati* tam contraria persuadere conantur », t. VII, col. 600). — Il discute la diversité de chronologie entre les Septante et l'hébreu : lib. XV, c. xiii.

l'univers; je me rendais compte par le calcul et par la succession des temps, et par le témoignage visible des astres; je comparais le tout avec les propos de Manès; car, emporté par son délire, il les a multipliés sans mesure; et dans de tels propos, je ne trouvais l'explication ni des solstices et des équinoxes, ni des éclipses de lune, ni d'un seul d'entre les phénomènes que j'avais appris à connaître dans les livres de la sagesse séculière. Manès me commandait de croire, et il ne s'accordait pas avec les explications vérifiées par le calcul et par mes propres yeux[1]. Et d'ailleurs, il ne donnait pas petite opinion de lui-même; il s'efforçait de faire croire qu'en lui résidait personnellement, avec toute son autorité, l'Esprit saint, le consolateur et le soutien de vos fidèles. C'est pourquoi, convaincu d'avoir enseigné l'erreur à propos du ciel et des étoiles, du cours du soleil et de la lune, bien qu'en cela rien ne concerne la religion[2], son entreprise ne laisse pas d'être sacrilège[3]. »

Il est bien clair qu'en étudiant la physique, et en se rendant compte de ce qu'elle est et de ce qu'elle peut, saint Augustin dut, à la même époque, songer au récit de la Genèse. Les *Confessions* ne donnent là-dessus aucun renseignement, mais les écrits composés après la conversion sont un témoignage très certain[4].

1. *De Confessionibus*, lib. V, c. III, n° 6; t. I, col. 708; cf. *ibid.*, n° 3.
2. « *Quamvis ad doctrinam religionis ista non pertineant.* »
3. *Confess.*, lib. V, c. v, n° 8; t. I, col. 709.
4. Voir : 1° [389] *Genèse contre les Manichéens* (lib. I, c. XIV, n° 20; c. XXII, n° 33; c. XXIII, n° 41 *in fine;* lib. II, c. XII, n° 17); — 2° [393] *Interprétation littérale de la Genèse,* ouvrage inachevé (c. III, VII, XIII,

On voit, d'abord, par le traité *De la Genèse contre les Manichéens*, écrit vers 389, que saint Augustin a déjà sa pensée arrêtée. Il n'est nullement question, pour lui, d'interpréter littéralement les six jours, ni même de discuter expressément pareille interprétation. Il répond à quelques sottes subtilités [1] des Manichéens, puis il écrit cette sentence : « On ne peut donc nullement exprimer par des paroles en quelle manière Dieu a fait le monde, et a créé le ciel et la terre et tout l'univers. Mais cette exposition selon l'ordre des jours a pour objet principal d'indiquer sous l'apparence d'une histoire, ce que doit être l'avenir[2]. » Il s'arrête, dans le second livre, sur ce mot de la Genèse : *Ainsi fut fait le jour où Dieu fit le ciel et la terre, et toute la verdure du champ* (II, 5)[3]; il rappelle et il confirme la réflexion du premier livre : « reprenant, dit-il, le détail selon l'ordre des jours, comme il convenait, Moïse exposait, en vue de la prophétie que j'ai rappelée dans le premier livre, la suite des œuvres de Dieu[4]. » Cette prophétie se rapporte, en un mot, aux sept âges du monde [5].

---

l.° 41-13); — 3° [400] *Confessions* (lib. V, c. III, v; lib. XII, à partir de c. XIII, et remarquer c. XXVII); — 4° [401-415] *Interprétation littérale de la Genèse* (lib. I, c. X, XII, XVII, n° 35; lib. II, c. XIV; surtout lib. IV per totum, surtout c. XXVI-XXX); — 5° [vers 416] *Cité de Dieu* (lib. XI, c. VII, IX, début de c. XXXI).

1. *De Genesi contra Manichæos*, lib. I, c. X, n° 16 ; c. XVI, n° 20.
2. *Ibid.*, lib. I, c. XXIII, n° 41 ; t. III, col. 193.
3. C'est la traduction littérale de la leçon adoptée par saint Augustin : « *Factus est ergo dies, quo die fecit Deus cœlum et terram et omne viride agri...* »
4. *De Genesi contra Manichæos*, lib. II, c. III, n° 4 ; t. III, col. 197 sq.
5. Lib. I, c. XXIII; cf. *De Catechizandis rudibus*, c. XXII, n° 39; t. VI,

En 393, saint Augustin écrit un essai d'*Interprétation littérale de la Genèse;* il y affirme plusieurs fois que l'histoire des six jours n'est qu'une manière populaire de raconter l'œuvre de Dieu ; il dit : « Cette exposition selon l'ordre des jours, toute conforme aux habitudes de l'humaine faiblesse, n'a-t-elle pas été arrangée d'après les exigences d'une narration où par d'humbles moyens, il fallait insinuer à de faibles esprits des choses sublimes [1] ? » Quelques chapitres plus bas, on rencontre cet autre passage qui, d'ailleurs, est plus fort, car il exprime nettement la pensée qu'on vient de voir déjà sous forme d'interrogation : « Peut-être le mot *du soir et du matin il fut fait un jour,* doit s'entendre au sens selon lequel la raison montre que les choses ont dû ou qu'elles ont pu se faire, et non au sens qui implique succession temporelle [2]. » Le *peut-être,* ici, ne signifie nullement qu'on pourrait, à la rigueur, se tenir à l'interprétation littérale ; car saint Augustin, qui vient d'alléguer la raison, continue en ces termes : « Il contemplait par la raison et dans l'Esprit saint, l'opération (du Créateur), celui qui a dit : *Le Dieu stable pendant l'éternité a créé toutes choses en même temps* (Eccli. XVIII, 1) : mais, pour la commodité du lecteur, la narration, dans ce livre, représente les choses comme si elles avaient été faites à intervalles différents ; et ainsi, l'ordre réel,

---

col. 338 sq.; — *Tractatus in Joannem,* Tract. IX, n° 6; t. III, col. 1461; Tract. XV, n° 9; col. 1513.

1. *De Genesi ad litteram, Liber imperfectus,* c. III, n° 8; t. III, col. 223.
2. *De Genesi ad litteram, Liber imperfectus,* c. VII, n° 28; t. III, col. 231.

ipsa dispositio, que les âmes trop faibles n'auraient pas pu apercevoir par une contemplation stable, devient, grâce à l'artifice de cette narration, comme un spectacle placé devant leurs yeux[1]. »

C'est la première fois que saint Augustin allègue le mot de l'Ecclésiastique, *Dieu a créé simultanément toutes choses; creavit omnia simul* (XVIII, 1). Il le reprendra dans l'*Interprétation littérale de la Genèse* et dans la *Cité de Dieu*; il va, d'ailleurs, le reprendre encore ici; il le met en regard de ce mot : *Dieu vit que son œuvre était bonne,* et encore : *Dieu appela la lumière, jour, et les ténèbres, nuit;* mais d'un autre côté, la Genèse ne présente pas toujours dans le même ordre ces deux opérations qu'elle attribue à Dieu; pourquoi en est-il ainsi? « Cette différence (de narration) indique que la durée, *morarum intervalla,* n'est pas dans l'opération de Dieu, bien qu'elle se trouve dans les choses produites[2]. Dieu fit le ciel et la terre, il leur donna un nom, il les approuva; ce sont détails, nous l'avons dit souvent, qu'il ne faut pas entendre selon les conditions de la durée; sans quoi il y aurait dans l'activité ineffable de Dieu, une lente succession[3]. » Au quatrième jour furent créés les astres, et Dieu les créait pour établir la distinction entre le jour et la nuit; or, trois jours avaient déjà précédé : « Que signifient donc trois jours sans astres?... Cette énumération de jours et de nuits ne doit-elle pas nous faire penser à la diffé-

1. *Ib., ib., ib.. in fine.*
2. *Ib.,* c. IX, n° 31; t. III, col. 233.
3. *Ib.,* c. XI, n° 34; t. III, col. 234.

rence entre l'essence qui n'a pas été créée, et les essences qui ont été créées (c'est-à-dire entre l'idée en Dieu et la réalisation de l'idée dans les choses)? En sorte que *matin* désignerait la perfection actuelle dans la créature, et *soir* la privation[1]. » Il reprend encore, en forme d'interrogation, la même pensée[2]. Il insiste, et plus particulièrement en deux endroits, sur cette signification de *jour* et de *nuit;* il cite le verset relatif à la création des poissons et des volatiles : « Là, dit-il, l'esprit le plus lent, *quivis tardus,* doit s'éveiller et comprendre enfin quelle sorte de jours sont ici énumérés... Évidemment, lorsque Moïse dit : *le soir fut fait,* il mentionne la matière informe; et lorsqu'il dit : *le matin fut fait,* il songe à la détermination qui, par l'opération de Dieu, fut donnée à la matière informe[3]. » Saint Augustin, en cet endroit, parle décisivement; il fait de même dans le numéro qui suit. Enfin, au sujet du quatrième jour: « Si vous considérez, dit saint Augustin, les jours ordinaires, que le lever et le coucher du soleil déterminent, ce jour-ci ne sera pas le quatrième, mais bien, peut-être, le premier... Et quiconque se rend compte que, pendant notre nuit, il y a le soleil ailleurs, et que, s'il y a pour nous le soleil, c'est ailleurs la nuit, celui-là cherchera une signification plus relevée pour de pareils jours[4]. » Cette dernière phrase, à elle seule, éclaircirait tout. En voici une autre qui ne lui cède en rien :

---

1. *Ib.*, c. xii, n° 36; t. III, col. 235.
2. *Ib.*, *ib.*, n° 37; t. III, col. 236.
3. *Ib.*, c. xv, n° 51; t. III, col. 240; tout ce numéro est à lire.
4. *Ib.*, c. xiii, n° 43; t. III, col. 237.

« Parmi les hommes, *faire* désigne une opération; *poser* en désigne une autre; mais pour Dieu, *faire* et *poser* sont une même chose; il pose en faisant, et il fait en posant[1]. »

Saint Augustin n'acheva pas cet ouvrage auquel il avait donné le titre d'interprétation littérale, *De Genesi ad litteram*. Le sujet et le titre reviendront après 401, et ce sera l'ouvrage définitif. Mais en 393, de même qu'en 389, saint Augustin sentait qu'il avait encore à mûrir ses réflexions; il aurait voulu expliquer littéralement l'œuvre des six jours, la création de l'homme et de la femme, la tentation, la chute et l'expulsion hors du Paradis terrestre. Du moins, en 389 et en 393 expliquait-il nettement l'œuvre des six jours; et, pour l'essentiel, son explication devait rester. Il recommencera, d'ailleurs, plusieurs fois encore, son examen des six jours.

Ce sera, en 400 dans les *Confessions*, à partir de 401 dans l'*Interprétation littérale de la Genèse*, et quinze ans plus tard dans la *Cité de Dieu;* or, dès 400, saint Augustin est parvenu sur ce sujet, à la pleine possession de sa pensée.

Les *Confessions*, d'abord, jugent en ces termes fort curieux l'interprétation naïve des six jours : « La narration de votre interprète Moïse, faite pour être utile à tant d'historiens, répand avec son langage simple le flot d'une pure vérité; de là chacun, selon qu'en pareille matière il est susceptible de saisir un peu de

---

1. *Ib., ib.*, n° 41; t. III, col. 237. Numéro à lire.

vrai, retire ou une chose ou une autre et l'expose
en un long discours. Les uns, en effet, s'ils lisent ou s'ils
entendent les paroles de Moïse, se représentent Dieu
comme un homme, ou comme une certaine masse
douée d'une immense puissance; et ce Dieu a fait hors
de lui, et en quelque sorte dans un espace extérieur
à lui, le ciel et la terre : deux grands corps, l'un en
haut, l'autre en bas, qui contiennent toutes choses. Et
lorsque ces hommes entendent : *Dieu a dit : que cela
soit fait, et cela a été fait,* ils se représentent des paroles qui commencent et qui finissent, qui se pronon-
cent et qui passent dans le temps; et après qu'elles
sont passées, cela aussitôt existe qui a reçu l'ordre
d'exister; ou bien, ils ont quelque autre représentation conforme à nos perceptions sensibles. Ce sont
des âmes encore tendres; or, en même temps que leur
faiblesse s'abrite dans les paroles de Moïse comme
l'enfant enfermé dans le sein de sa mère, leur foi se
constitue heureusement, cette foi grâce à laquelle il
devient pour elles absolument certain que Dieu a fait
toutes les réalités dont leurs sens perçoivent les va-
riétés merveilleuses. Et si, parmi ces faibles, quelqu'un,
méprisant la prétendue bassesse des paroles sacrées,
s'efforce avec une orgueilleuse faiblesse de sortir du
berceau qui le protège¹, hélas! le malheureux tom-
bera. Et, Seigneur Dieu, ayez pitié! faites que les pas-
sants ne foulent pas aux pieds le petit oiseau sans
plumes; envoyez votre ange qui le remette dans le

---

1. *Extra nutritorias cunas superba imbecillitate se extenderit.*

nid, où, en attendant les ailes, il pourra vivre[1]. »

L'*Interprétation littérale de la Genèse* dit, sans métaphores : « Pourquoi donc raconter ainsi les six jours, si nettement et avec un tel détail, *tam distincte dispositeque?* Parce que les hommes incapables de saisir en son véritable sens le mot : *Dieu créa simultanément toutes choses,* n'arrivent où le discours les conduit, que si le discours s'accommode à leur lenteur[2]. » — « La Genèse porte : *Ainsi fut fait le jour où Dieu créa le ciel et la terre et toute la verdure du champ :* entendez ce même jour sept fois répété, et ce sont ainsi sept jours; d'ailleurs, en voyant que toutes choses furent faites au même moment où fut fait ce jour, comprenez, si vous le pouvez, que cette sextuple ou septuple répétition s'est opérée sans diversité temporelle et sans durée; si vous ne pouvez pas le comprendre, abandonnez-le à l'examen de ceux qui peuvent : mais pour vous, marchez avec l'Écriture qui n'abandonne pas votre faiblesse et qui, maternellement, ralentit sa marche et la règle sur la vôtre; son langage est si élevé qu'il se moque des superbes, si profond qu'il accable les esprits attentifs, si vrai qu'il donne un aliment aux grands esprits, si doux qu'il nourrit les plus faibles[3]. »

Saint Augustin reproduit la remarque suivante exprimée déjà en 393[4] : si la création du soleil a fait enfin du

---

1. *Confess.*, lib. XII, c. xxvii, n° 37; t. I, col. 811.
2. *De Genesi ad litteram*, lib. IV, c. xxxiii, n° 52; t. III, col. 318.
3. *Veritate magnos pascat, affabilitate parvulos nutriat* (*Ib.*, lib. V, c. iii, n° 6; t. III, col. 323).
4. Ci-dessus, p. 287; *Lib. imp.*, c. xiii, n° 13.

quatrième jour, un jour proprement dit, il n'est pas possible que ce jour ait existé à la fois dans nos contrées et dans celles où le jour correspond à notre nuit : « Durant les vingt-quatre heures, dit-il, il y a constamment sur la route du soleil, ici le jour, ailleurs la nuit. Est-ce donc que nous allons placer Dieu en un endroit déterminé, afin que, pour lui, se produisît le soir, lorsque la lumière abandonna cet endroit et passa dans un autre [1] ? »

Vers 416, au livre XI de la *Cité de Dieu*, le langage est plus court et peut-être encore plus net; il faut retenir les deux phrases suivantes : « Le second jour ne diffère pas du premier, ni le troisième non plus, ni aucun de tous les autres; mais le même jour unique, *idem ipse unus*, a été répété jusqu'à six et à sept fois [2]. » « (Arrive) le septième jour, c'est-à-dire le même jour répété pour la septième fois [3]. » Cette expression *septies repetito* se trouve déjà dans l'*Interprétation littérale de la Genèse* [4]. Elle signifie que les sept jours sont le même instant indivisible nommé en sept différentes manières. Les passages allégués sont tellement clairs qu'il n'est pas utile d'ajouter quelques autres contenus dans l'*Interprétation littérale de la Genèse* [5].

---

1. *De Genesi ad litteram*, lib. I, c. x, n° 21; t. III, col. 253.
2. C. ix; t. VII, col. 324.
3. *In septimo die, id est eodem die septies repetito* (c. xxxi; t. VII, col. 344).
4. Lib V, c. iii, n° 6; t. III, col. 323, passage cité ci-dessus; cf. lib. IV, c. xliii, n° 53 : « quomodo ergo dicimus *sexies repetitam* lucis illius præsentiam, etc. ».
5. *De Genesi ad litteram*, lib. IV, c. xx, n° 37 ; t. III, col. 310; sur la répétition, voir: 1° la fin de ce n°, col. 311; — 2° c. xxi, n° 38; c. xxvi, n° 48;

II

Saint Augustin n'admet donc pas que l'on prenne à la lettre le récit des six jours; il repousse nettement toute interprétation selon laquelle, dans l'intervalle d'une semaine, l'univers serait successivement arrivé à l'état que nous lui connaissons. Mais quelle interprétation propose-t-il, et, seulement, en propose-t-il une qu'il tienne pour certaine ou pour absolument meilleure?

« Ce jour de la création, dit-il, ou ces jours qui s'énumèrent en répétant le jour unique, nous ne pouvons pas, dans notre condition mortelle, en avoir l'expérience ou le sentiment; et s'il nous est possible de tenter un effort pour les comprendre, nous ne devons pas témérairement précipiter notre décision, comme s'il était impossible de les entendre avec plus de convenance et plus de probabilité, en quelque autre manière [1]. » Voilà le langage tenu après 400; celui de 389 n'en diffère pas : « Expliquons, sans préjudice de recherches meilleures ou plus exactes qui pourraient être faites, soit par nous, soit par les autres à qui le Seigneur daignerait révéler la vérité[2]. » Et en 393 : « (Voilà mon interprétation) à moins qu'à force de recherches, on ne trouve quelque chose de meilleur et de plus relevé [3]. »

Son interprétation, dont il a fallu déjà montrer quelque

col. 314 : « sed dies ille quem fecit Deus, per opera ejus ipse repetitur »; — 3° lib. V, c. I, n° 1 et n° 3.

1. *De Genesi ad litteram*, lib. IV, c. xxvii, n° 44; t. III, col. 314.
2. *De Genesi contra Manichæos*, lib. II, c. II, n° 3; t. III, col. 197.
3. *De Genesi ad litteram, Liber imperfectus*, c. xv, n° 52; t. III, col. 211.

chose, est, en 389, à peu près celle-ci : dans l'histoire de la création, *soir* désigne la matière, *matin* désigne la forme [1]. Sans, d'ailleurs, abandonner cette interprétation [2], il propose, à partir de 400, d'entendre par les six jours, ou encore par le matin et par le soir des six jours, les degrés que la connaissance des Anges dut parcourir pour arriver à la perception des choses créées. Car Dieu, qui avait simultanément créé l'univers, le manifesta successivement aux anges, d'abord dans les idées divines : et ce mode supérieur de connaissance est signifié par le mot *matin;* mais les anges perçurent ensuite dans les choses créées ce qu'elles ont de réel, et c'est cet autre mode de connaissance, évidemment inférieur, qui est signifié par le mot *soir* [3].

Or, parce que saint Augustin avait très longuement médité sur toutes ces questions, et parce qu'il voyait combien l'intérêt de la religion y est engagé, il se tenait en garde contre toute affirmation exclusive. Aussi n'enseigne-t-il pas même que l'acte créateur ait produit instantanément un univers à peu près semblable à celui que nous voyons [4]. L'Écriture, en effet, ne dit rien de précis, elle parle un langage populaire, où seul le fait de la

[1]. *De Genesi contra Manichæos*, lib. II, c. III, n° 4; t. III, col. 197 sq. Le passage a été cité ci-dessus, p. 284.

[2]. Voir : 1° *De Genesi ad litteram, Liber imperfectus*, c. III, n° 10; c. IV, n° 11, 13-15; c. X, n° 32; c. XII, n° 37; c. XV, n° 51; — 2° *Confessionum*, lib. XII, c. II-V; c. IX; c. XI; c. XV; c. XVII; — 3° *De Genesi ad litteram*, lib. I, c. I, n° 2, 3; c. XV; lib. II, c. XI; c. XIV.

[3]. *De Genesi ad litteram*, lib. IV, c. XXVI et c. XXIX; *De Civitate Dei*, lib. XI, c. VII.

[4]. *De Genesi ad litteram*, lib. VI et lib. IX; voir, plus bas, paragraphe IV.

création est nettement exprimé; et saint Augustin ne veut pas que des suppositions humaines ou de pures divinations humaines susceptibles d'être discutées, et destinées peut-être à disparaître, soient données comme un enseignement autorisé, et compromettent ainsi la religion. Certes, les interprétations qu'il propose dépassent toute vérification expérimentale. Il n'importe; saint Augustin ne tolère pas que, là où la certitude échappe, on se tienne absolument à une solution, et que, pour l'avoir trouvée, on la préfère à toute autre; à plus forte raison ne tolère-t-il pas qu'on attribue à de simples préférences la valeur d'une connaissance certaine. Contre cela, il est toujours en éveil; mais sur l'interprétation littérale de la Genèse, il condamne avec plus de vivacité l'attache aux pures préférences.

Il avait dû évidemment rencontrer parmi les catholiques, des contradicteurs mal inspirés, et il lui avait fallu subir les attaques, peut-être même les représentations d'hommes qui, incapables de soupçonner les vraies difficultés, voulaient l'obliger, lui aussi, à ne voir rien et à se tenir heureux de la solution gratuite actuellement adoptée. Il y a là une histoire dont le détail restera toujours inconnu. Mais, pour l'essentiel, l'histoire est bien ce qui vient d'être indiqué. On en voit la preuve au douzième livre des *Confessions*[1] : « Voici, dit saint Augustin, d'autres gens qui ne sont plus les diffamateurs, mais les admirateurs de la Genèse[2]. » Ils sont aussi les contradic-

---

1. A partir de c. xiv jusqu'à c. xx; puis, c. xxiii, xxiv et surtout xxv.
2. C. xiv, n° 17; t. I, col. 832.

teurs[1] de saint Augustin. Ils proposent une solution, soutenable sans doute, mais qu'ils érigent, contre lui, en une règle absolue [2].

Cette assurance dans une interprétation purement plausible, et cette obstination à condamner toute autre interprétation sont insupportables à saint Augustin : « Je ne veux pas, dit-il, soutenir une discussion [3]. »

Et bientôt, il caractérise en termes propres l'erreur malheureuse de ses contradicteurs : « Qu'on ne m'ennuie plus [4] en me disant : Moïse n'a pas pensé ce que vous proposez; mais il a pensé ce que je propose. Car enfin, si on me disait : d'où savez-vous que Moïse a pensé ce que ses paroles vous suggèrent? Je devrais supporter patiemment ce langage, et je répondrais sans doute comme je viens de faire ci-dessus (j'ignore)[5], ou, si on insistait trop, je développerais davantage ma réponse. Mais lorsqu'on me dit : Moïse n'a pas pensé ce que vous proposez, il a pensé ce que je propose; lorsqu'on dit cela, et que cependant on reconnaît comme vraie chacune de nos interprétations : ô vie des pauvres, ô mon Dieu, en qui la contradiction n'est pas, faites pleuvoir l'apaisement dans mon cœur, afin que je supporte patiemment de tels hommes; car, s'ils parlent ainsi, ce n'est pas que Dieu les inspire[6], et qu'ils aient vu dans le cœur de votre ser-

---

1. *Contradictores*, c. xv, n° 19 et n° 22.
2. C. xvi, n° 23; c. xvii, n° 24.
3. C. xviii, n° 27; voir aussi : 1° c. xx, n° 29; cf. plus abrégé c. xxviii, n° 39, 2°, c. xxiv, n° 33; t. I, col. 839.
4. *Nemo mihi molestus sit.*
5. *Non ita video* (n° 33).
6. *Non quia divini sunt.*

viteur Moïse la pensée qu'ils proposent ; mais ils parlent parce qu'ils sont orgueilleux[1] : ils n'ont pas connu la pensée de Moïse, mais ils aiment leur propre pensée, non parce qu'elle est vraie, mais parce qu'elle leur appartient... Si ce qu'ils disent leur était cher parce qu'il est vrai, il n'appartient plus dès lors ni à eux, ni à moi; car il appartient sans distinction à quiconque aime la vérité. Lorsque, au contraire, ils prétendent que Moïse n'a pas pensé ce que je propose, mais bien ce qu'ils proposent eux-mêmes : je repousse cela, je ne l'aime pas, *nolo, non amo;* car, cela serait-il la vérité, il reste pourtant que leur témérité, bien étrangère au savoir, est un signe d'emportement[2]; et ce n'est pas la vision des choses, c'est un excès de présomption qui l'a produite », *nec visus, sed typhus eam peperit*[3].

C'est bien le seul endroit où saint Augustin ait parlé à des catholiques avec un ton aussi sévère et aussi ému. La circonstance, en effet, était fort grave. Il s'agissait, non d'une erreur déterminée, mais du devoir de conserver, devant des difficultés insolubles, la rectitude intellectuelle. Les contradicteurs de saint Augustin croyaient interpréter définitivement la Genèse; ils s'enfermaient dans leur interprétation, ils ne voyaient rien au delà; et, à bien dire, ils ne comprenaient guère; mais là où les contradicteurs n'apportaient que la sécurité aveugle du parti pris, saint Augustin gardait toute sa rectitude intel-

---

1. *Sed quia superbi sunt.*
2. *Quia etsi ita est, tamen ista temeritas non scientiæ sed audaciæ est.*
3. C. xxv, n° 34; t. I, col. 839 sq. — Cf. c. xxv, n° 35; t. I, col. 840.

lectuelle, et donc, toute sa puissance intellectuelle. Il avait vivement conscience d'examiner un mystère inaccessible; il estimait à leur juste valeur toutes les solutions; il les dominait. Il savait qu'une histoire précise de la création n'existe pas, et qu'elle ne peut pas exister. C'est ainsi que, dans ses recherches sur la création, rien ne pouvait obscurcir son intelligence, et que rien n'en pouvait arrêter, ni seulement gêner l'activité à la fois très puissante, très libre et très droite.

Donc enfin, si, sur ce sujet, saint Augustin ignore, c'est que, réellement, il faut ignorer, et c'est, de plus, que de longues méditations lui ont montré la nécessité et la sagesse de l'ignorance : « De toutes ces interprétations, quelle est celle que votre serviteur Moïse a eue dans sa pensée; ce n'est pas de cela, ô Dieu, que je dois vous entretenir. Et puisque je n'ai pas à vous en parler, je ne sais pas : et je sais que ce sont pourtant des opinions vraies, excepté les opinions charnelles dont j'ai parlé déjà[1], autant qu'il convenait[2]. »

Mais depuis 389 qu'il étudiait le début de la Genèse, saint Augustin n'avait pas cessé d'ignorer. Il ignore plus que partout ailleurs, avec plus de réflexion et avec plus d'intensité, dans le grand ouvrage sur l'*Interprétation littérale de la Genèse*. Et c'est ici qu'il faut rapporter ce qu'en disent les *Rétractations,* car c'est ici qu'on le comprendra totalement : « Dans cet ouvrage, il y a plus de recherches que de choses trouvées[3], et parmi les choses

---

1. Au c. XXVII.
2. C. XXX, n° 41; t. I, col. 843.
3. *Plura quæsita quam inventa.*

trouvées, le moindre nombre est affirmé avec assurance ; mais tout le reste y est proposé comme un objet de recherches nouvelles ¹. » Les interprétations y sont, en effet, proposées comme plausibles². On y voit, mieux que dans les tentatives de 389 et de 393, l'effort pour pénétrer quelque chose du mystère, et la conviction que le mystère est impénétrable ; enfin, c'est la pleine réalisation des vues émises au douzième livre des Confessions³ : « Autant que j'ai pu, dit saint Augustin, au premier livre de l'*Interprétation littérale,* j'ai expliqué en diverses manières le livre de la Genèse, et j'ai exprimé des opinions sur des paroles qui nous sont proposées pour exercer notre esprit ; je n'ai eu garde de rien affirmer témérairement au préjudice de quelque autre interprétation peut-être meilleure ; ainsi chacun, selon sa disposition, choisira ce qu'il pourra saisir : mais là où il lui est impossible de comprendre, qu'il rende honneur à l'Écriture divine, et qu'il éprouve une juste crainte⁴. »

III

Saint Augustin n'a pas seulement réclamé contre ceux qui croyaient avoir une interprétation définitive des six jours. Il a vu encore, autour de lui, une autre tendance

1. *Retract.*, lib. II, c. xxiv, n° 1 ; t. I, col. 640.
2. Cf. lib. I, c. I, n° 2 et 3 ; t. III, col. 247.
3. Cf. lib. I, c. xix, n° 38 ; t. III, col. 260 sq.
4. C. xx, n° 40 ; t. III, col. 261. — Voir aussi, lib. V, c. I, n° 1 : «*nulli intercludens melius intelligendi licentiam* » ; et c. viii, n° 23, le passage qui débute par : « *Nescientes conjectamus...* ».

ou une autre erreur : la tendance à compromettre l'autorité de l'Écriture dans des questions de physique. Beaucoup de chrétiens, dont le génie étroit imaginait sur tous les points une solution facile et, malheureusement, une solution présentée avec l'appui de l'Écriture, lui faisaient concevoir une vive anxiété. La première fois qu'il parle de tels chrétiens, c'est au cinquième livre des *Confessions :* « Lorsque j'entends quelque chrétien mon frère, ignorant de toutes ces questions, et prenant un détail pour un autre, je supporte patiemment les divagations de cet homme, et je ne vois pas qu'elles puissent lui nuire ; car, s'il ne croit rien d'indigne à votre sujet, ô Seigneur créateur de toutes choses, il n'importe qu'il ignore la situation et la manière d'être de la créature corporelle. Mais c'est un mal pour lui, s'il croit que ses opinions appartiennent à l'essentiel de la doctrine sacrée, et s'il ose affirmer opiniâtrément ce qu'il ignore[1]. »

C'est après 401, au premier livre de l'*Interprétation littérale de la Genèse,* que saint Augustin reprend ce sujet et qu'il le traite à fond. La citation complète ne paraîtra pas trop longue ; elle mérite qu'on la lise attentivement : « Souvent, à propos de la terre, du ciel, des autres éléments de ce monde, du mouvement et du circuit ou encore de la grandeur des astres et des intervalles qui les séparent, ou bien à propos des éclipses réglées du soleil et de la lune, de la révolution des années et des temps, de la nature propre aux animaux, aux fruits, aux pierres, et à propos de bien d'autres choses sembla-

---

1. *Confess.*, lib. V, c. v, n° 8 ; t. I, col. 709.

bles, il arrive qu'un homme non chrétien possède une connaissance poussée au point d'être garantie par un calcul certain, ou même par l'expérience [1]. Or, voici une chose trop honteuse, trop funeste et dont il faut surtout se garder [2] : un chrétien parle sur tous ces sujets; il croit en parler selon nos saintes Lettres; et tout infidèle peut l'entendre tellement divaguer, *ita delirare*, qu'en présence d'erreurs si énormes, l'infidèle ne peut s'empêcher de rire. Et le vrai mal, ce n'est pas qu'un homme, à cause de son erreur, subisse la dérision; mais c'est qu'aux yeux des profanes, nos auteurs (inspirés) passent pour avoir eu de telles pensées; et c'est aussi que, pour le plus grand malheur de gens dont nous voulons procurer le salut, nos auteurs sont exposés, sous prétexte d'ignorance, au blâme et au mépris. Car enfin, ces profanes surprennent un chrétien occupé à se tromper sur le sujet même qu'ils connaissent à merveille; comment, alors, croiront-ils ces saints Livres? Comment les croiront-ils sur la résurrection des morts, et sur l'espoir de la vie éternelle, et sur le royaume des cieux, alors que, d'après une fausse présomption, ces livres leur paraissent avoir pour objet ces choses mêmes dont ils ont, eux profanes, une connaissance d'expérience directe ou de calcul indubitable [3]? Il est impossible de dire quel chagrin et quelle tristesse les chrétiens prudents éprou-

---

1. *Etiam non christianus ita noverit, ut certissima ratione vel experientia teneat.*
2. *Turpe est autem nimis et perniciosum ac maxime cavendum.*
3. *De his rebus quas jam experiri, vel indubitatis numeris percipere potuerunt, fallaciter putaverint (hos libros) esse conscriptos?*

vent de la part de ces téméraires présomptueux[1], qui, repris un jour pour leur sotte et fausse opinion, et se sentant sur le point d'être convaincus par des hommes indociles à l'autorité de nos saints Livres, veulent défendre leurs assertions si légères, si téméraires et si ouvertement fausses; ils essaient alors d'alléguer en preuve précisément nos saints Livres, ou encore ils en débitent de mémoire ce qui paraît témoigner pour leur opinion et ils citent de nombreux passages, ne comprenant ni les textes qu'ils récitent, ni le sujet sur lequel ils affirment », *non intelligentes neque quæ loquuntur, neque de quibus affirmant* (I Tit. I, 7)[2]. — « C'est en vue de tout cela, dit-il, que j'ai entrepris d'expliquer en diverses manières le livre de la Genèse[3]. » Il prévoit, d'ailleurs, ou plutôt il rappelle un autre danger non moins funeste : c'est le danger auquel s'exposent des chrétiens trop peu habiles pour juger les discours des philosophes encore infidèles; ces chrétiens sont étonnés, ils ne se reconnaissent plus, *evanescunt;* ils sont effrayés de se sentir aussi inférieurs aux philosophes, et ils ne savent plus estimer les saintes Écritures[4]. Saint Augustin veut leur montrer que les Écritures ne redoutent aucune attaque.

Il se fait donc adresser cette question : « Que gagnez-vous à continuer une si longue recherche, et quel résultat avez-vous obtenu? Pourquoi vos questions ne

1. *Temerarii præsumptores.*
2. C. xix, n° 39; t. III, col. 261.
3. C. xx, n° 40.
4. C. xx, n° 40; t. III, col. 262 : « et eos (philosophos) sibi cum suspirio præponentes, saluberrimæ pietatis libros cum fastidio repetunt. »

contiennent-elles jamais que des mystères? Affirmez un choix parmi toutes les interprétations que vous prétendez possibles. » Saint Augustin continue : « Je réponds que j'ai obtenu un résultat sérieux; car j'ai appris qu'il ne faut pas faire attention à un homme; qu'il ne le faut pas dans la circonstance où il s'agit de donner selon les exigences de la foi, la réponse exactement faite pour les hommes décidés à calomnier nos saints Livres. » *Didici non hærere homini*[1] : certes, le sens grammatical n'offre aucune difficulté; mais pour savoir quel est le sens réel, on se reportera un peu plus haut, à l'endroit où saint Augustin parle de la peur que certains chrétiens trop peu habiles éprouvent devant les philosophes; or, à méditer longuement sur le mystère, et à s'être convaincu que l'histoire détaillée de la création n'existe pas et qu'on ne peut pas la construire, saint Augustin a gagné de ne pas s'effrayer devant les philosophes, et de ne pas s'attarder après eux pour les écouter ou pour discuter en détail leur physique; il a gagné enfin de savoir quelle réponse on doit leur faire. Écoutons-le : « Quelque enseignement certain que les philosophes puissent donner sur la nature des choses, montrons qu'il n'a rien de contraire à nos saints Livres. Mais tout enseignement qui, n'importe où dans leurs livres, est contraire à nos saintes Lettres, c'est-à-dire à la foi catholique, ayons assez d'habileté pour en montrer l'erreur ou du moins croyons, sans hésitation, que c'est un enseignement faux; et ainsi, restons attachés à notre Média-

---

1. C. XXI, n° 11.

teur en qui sont cachés tous les trésors de la sagesse et de la science (Coloss. II, 3) ; ce sera le moyen pour que ni le langage d'une fausse philosophie ne nous séduise, ni la superstition d'une religion mal entendue ne nous donne de l'effroi [1]. »

Il revient sur le même sujet : « Voici, dit-il, le moment de mettre en garde contre l'erreur que j'ai signalée dans le premier livre ; il a été écrit dans les Psaumes : *Dieu a fondé la terre sur l'eau;* il ne faudrait pas que l'un de nous, ayant affaire à des philosophes qui disputent avec subtilité sur les éléments, s'imaginât de s'appuyer contre eux sur ce témoignage des Écritures : car ces philosophes, nullement arrêtés par l'autorité de nos saintes Lettres, et ignorant en quel sens elles s'expriment, trouveront plus facile de tourner en dérision nos saints Livres, que d'abandonner des connaissances vérifiées par des raisons certaines, ou par des expériences très manifestes. » On interprétera donc en allégorie le mot du Psaume, ou, si l'on y veut trouver un sens littéral, on dépassera le monde accessible à l'expérience. Et, en fin de compte, « le sens littéral de ce que dit le Psaume, *Dieu a fondé la terre sur l'eau,* ne devra signifier pour personne, que, en vertu de l'ordre naturel, le poids de l'eau a été en quelque sorte établi pour supporter le poids de la terre [2] ».

Ce que l'Écriture dit du firmament, ne nous enseigne rien; car « nos auteurs ont su de la figure du ciel ce qui est conforme à la vérité; mais l'Esprit de Dieu, qui par-

---

1. C. xx, n° 41 ; t. III, col. 262.
2. Lib. II, c. i, n° 4 ; t. III, col. 264.

lait par leur bouche, n'a rien voulu enseigner aux hommes sur ces choses qui n'importent nullement au salut[1] ».

Que saint Augustin ait attribué aux auteurs inspirés une connaissance exacte de la physique, cela ne concerne nullement l'usage que l'on peut faire de l'Écriture ni l'autorité qu'il convient de lui attribuer, car il reste toujours bien établi que l'Écriture n'enseigne rien en physique[2]. Et, ici il sera utile d'insérer quelques paroles caractéristiques adressées en 404, non plus à des chrétiens maladroits, mais au manichéen Félix : « On ne lit pas dans l'Évangile que le Seigneur ait dit : Je vous envoie le Paraclet, pour qu'il vous instruise du cours du soleil et de la lune. Car le Seigneur venait faire des chrétiens, non des mathématiciens[3]. »

Enfin, un dernier détail, et vraiment un détail fort singulier, va montrer combien saint Augustin tient les saintes Écritures pour étrangères à la physique, et combien il est décidé à laisser aux savants toute liberté d'exposer selon leur conviction les faits directement soumis à leur étude. Il écrivait vers 390 à son ami Nébridius : « J'accorderai que (pour la grandeur du soleil comparée à celle des astres) la réalité se conforme à l'apparence; et, en effet, je le crois ainsi[4]. » Il avait

---

1. Lib. II, c. IX, n° 20; t. III, col. 270.
2. *Spiritum Dei qui per eos loquebatur noluisse ista docere homines nulli saluti profutura.*
3. *De Actis cum Felice Manichæo*, lib. I, c. X ; t. VIII, col. 525. Cf. *De Genesi ad litteram*, lib. II, c. X, n° 23; t. III, col. 271 sq., et c. XV, n° 30; t. III, col. 276 sq. Voir aussi *De Genesi ad litteram, Liber imperfectus*, c. XIII, n° 40; t. III, col. 236.
4. *Ep. XIV*, n° 3; col. 79.

donc, malgré ses études, continué à croire naïvement que le soleil est le plus grand de tous les astres. Aussi, plus de dix ans après l'Épître à Nébridius, montre-t-il instinctivement quelque humeur contre les philosophes, car « ils osent dire que beaucoup d'étoiles sont aussi grandes ou même plus grandes que le soleil, mais que leur éloignement les fait paraître petites. » C'est dans l'*Interprétation littérale de la Genèse* qu'il parle ainsi[1] ; et il continue par cette phrase : « Pour nous, quoi qu'il en soit de ce détail, il peut bien, peut-être, nous suffire que les astres aient été créés par l'action de Dieu. » Il est vrai qu'une parole de saint Paul semblerait donner tort aux philosophes : *Autre est la gloire du soleil, autre la gloire de la lune, autre la gloire des étoiles ; car l'étoile diffère en gloire de l'étoile* (I Cor. XV, 41). Saint Augustin trouve naturellement la réponse des philosophes : « Les étoiles diffèrent sans doute en gloire, mais par rapport aux yeux terrestres. » Il ajoute une nouvelle réponse et de nouvelles difficultés ; et enfin, il s'arrête à cette conclusion : « Qu'ils disent donc du ciel ce qu'ils voudront, eux qui sont étrangers au Père qui règne dans les cieux ; mais nous, que nous fassions de subtiles recherches sur les intervalles et les grandeurs des astres, et que nous consacrions à des recherches semblables un temps nécessaire à des objets plus sérieux et meilleurs, cela n'est ni utile, ni convenable. Nous ferons toujours mieux de croire ces deux luminaires plus grands que tous les autres ; l'Écriture, en effet, les

---

1. Lib. II, c. xvi, n° 33 ; t. III, col. 277.

mentionne en ces termes : *Et Dieu fit deux luminaires grands.* » Il ne demande donc qu'à trouver un biais pour justifier, en quelque sorte, sa singulière croyance. Or, malgré cet état d'esprit, il ne songe pas à contrôler les recherches curieuses des philosophes; il ne veut que persister dans son opinion; il ne condamne pas les philosophes, il ne leur oppose pas l'Écriture; il n'affirme pas même que les philosophes se trompent; il aime mieux enfin ne pas dépasser ici la perception sensible : « Du moins, les philosophes accorderont-ils cela à nos yeux : (le soleil et la lune) brillent sur la terre plus que les autres astres; le jour doit son éclat à la lumière du soleil, et la nuit, en l'absence de la lune, n'obtient pas d'un si grand nombre d'étoiles, autant de lumière que la lune seule en donne[1]. »

Ajoutons qu'avec l'histoire de la création, saint Augustin avait aussi cherché, depuis 389, à connaître en son sens littéral l'histoire extérieure du péché originel. Cette histoire, en 389, l'avait retenu longtemps, mais comme il n'avait pas alors réussi à la débrouiller[2], il avait eu recours à l'allégorie; il entreprit de nouveau, en 393, un travail qu'il ne se sentit pas non plus capable de conduire jusqu'au bout : c'est l'*Ouvrage imparfait* que saint Augustin interrompit au moment où il aurait dû y traiter du péché originel[3]. Il ne fut maître de sa pensée que plus tard, après 401; il écrivit à partir de

1. Lib. II, c. xvi, n° 33, 34; t. III, col. 277.
2. *De Genesi contra Manichæos*, lib. II, c. xiv-xxi.
3. *Retractationum*, lib. I, c. xviii.

cette date, dans le livre XI [1] de son grand ouvrage sur l'*Interprétation littérale de la Genèse*, ce qui lui parut une histoire plausible du péché originel. Et là aussi, il évite de deviner et de prendre au sérieux de pures divinations : « C'est le démon, qui parla dans le serpent, dit-il, se servant de lui comme d'un instrument ; il mit en jeu la nature du serpent selon la manière dont il pouvait la mouvoir et dont elle pouvait être mue [2]. » Il se demande au dernier chapitre, comment il put se faire qu'Adam, doué de tant de perfections, se laissât séduire par les paroles d'Ève ; il ne pense pas qu'Adam ait été réellement trompé, et que les paroles du serpent transmises par Ève, lui aient paru véritables ; Adam fut dupe de sa complaisance, et d'une illusion bien difficile à expliquer : « Mais, dit saint Augustin, pourquoi insister davantage ? Le péché fut persuadé comme il pouvait l'être à de telles créatures ; et cette histoire a été écrite comme il convenait de la faire lire à tous, bien qu'un petit nombre dût la comprendre comme il conviendrait [3]. »

En un mot, saint Augustin voit que le début de la Genèse enseigne nettement la création et le péché originel, mais que, parmi les détails ajoutés à ces deux faits, il n'y a presque rien d'historique. Si donc il cherche, c'est avec la conviction de ne pouvoir jamais atteindre un résultat définitif ; dès lors nulle préférence aveugle pour des suppositions n'amoin-

1. C. XXVII-XLII.
2. XXVII, n° 34 ; t. III, col. 443.
3. Dernière phrase de lib. XI (c. XLII, n° 60) : « Persuasum est illud peccatum sicut persuaderi talibus posset : conscriptum est autem sicut legi ab omnibus oporteret, etsi a paucis hæc intelligerentur sicut oporteret ».

drira sa pensée; il saura surtout, et il dira avec insistance que l'on ne doit alléguer en physique aucune autorité sacrée. Il ne reconnaît en physique qu'une seule autorité : celle des expériences bien faites.

IV[1]

Les choses créées sont matière et forme. La matière, pure indétermination[2], réalité insaisissable, voisine du néant, de laquelle il faudrait pouvoir dire qu'elle est un rien réalisé, *Nihil aliquid,* ou encore l'être qui n'est pas, *Est non est*[3], la matière n'a pas eu d'abord une existence indépendante et isolée; elle a toujours été déterminée par quelque forme, sans quoi elle n'aurait pas subsisté. Ainsi, l'existence de la matière dans toute réalité actuelle doit se concevoir, à peu près, comme celle du son inarticulé dans le chant ; mais le son inarticulé n'est pas, dans le chant, un élément distinct; il n'est pas non plus un élément qui préexiste : et par là, il faut

---

1. Sur l'essence des choses créées, voir surtout : 1° Les trois traités ou les trois explications de la Genèse : 1) [389] *De la Genèse contre les Manichéens* (lib. I, c. v, n° 9; c. vi et vii qui est important; c. xii); 2) [393] *Ouvrage inachevé sur l'Interprétation littérale de la Genèse* (c. iii, n° 10; c. iv, les n°⁵ 11-16, tous à remarquer; c. xii, n° 37); 3) [401-415] *Interprétation littérale de la Genèse* (lib. I, c. i, n° 2; c. iv; c. vi; c. xv, très important; lib. II, c. xi; lib. V, c. v); — 2° [400] *Confessions* (lib. XII, c. iii-xiii, toute la série d'importance capitale, et c. xvii, xxi, xxii, xxix); — 3° [420] *Contre l'Adversaire de la loi et des Prophètes* (lib. I, c. vii, x, xii); — 4° Sermon 214, n° 2.
2. *Confess.*, lib. XII, c. iii, n° 3; t. I, col. 327 : « Quædam informitas sine ulla specie ».
3. *Ibid.*, c. vi, n° 6 *in fine;* cf. c. viii, n° 8 : « de nulla re pene nullam rem ».

entendre qu'un chant n'est pas le résultat du son inarticulé actuel auquel viendrait se joindre et l'articulation et la modulation. Il en est de même pour la matière : ni elle ne subsiste juxtaposée actuellement à une forme, ni elle n'a existé la première, attendant que la forme vînt la compléter[1]. Saint Augustin emploie cette comparaison, à vingt ans d'intervalle, dans les *Confessions* [400] et dans le traité *Contre l'Adversaire de la loi et des Prophètes* [420][2].

L'*Interprétation littérale de la Genèse* contient aussi sur la création simultanée de la matière et de la forme, plus d'un témoignage clair et précis. « Dieu n'a pas créé d'abord une matière informe, et il ne s'est pas mis ensuite une seconde fois à l'œuvre pour introduire, selon un certain ordre, la forme : il a créé, en effet, la matière tout informée. Mais parce que le principe d'où quelque chose est fait conserve à l'égard du résultat, même sans préexistence, une certaine antériorité d'origine : l'Écriture a bien pu, par son langage successif, établir une division là où Dieu n'agissait pas successivement et n'en établissait aucune[3]. » Et en cet endroit, il allègue en comparaison le cri et le langage articulé.

Il n'est pas très facile de concevoir cette matière informe[4]; on ne peut la connaître qu'en l'ignorant[5]; on

1. *Ibid.*, c. xxix, n° 40.
2. Lib. I, c. viii, n° 11 ; t. VIII, col. 610.
3. Lib. I, c. xv, n° 29 ; t. III, col. 257 ; cf. lib. II, c. xi, n° 24 ; col. 272 ; et lib. V, c. v, n° 13 ; col. 326 sq.
4. *Confess.*, lib. XII, c. xxix, n° 40 ; t. I, col. 813 : « quis deinde sic acutum cernat animo, *ut sine labore magno* dignoscere valeat, quomodo sit prior sonus quam cantus, etc. ».
5. « Conetur eam nosse ignorando, vel ignorare noscendo » (c. v *in fine*).

risque de lui attribuer un certain mode d'être ; et c'est là précisément l'illusion où, dans sa jeunesse, tombait saint Augustin[1]. Il eut à méditer beaucoup ; il n'arriva à comprendre un peu qu'au moment où il sut considérer, non pas les changements perceptibles opérés dans les corps, mais, en quelque sorte, la mutabilité essentielle des corps : il vit alors que la matière est la condition, ou le soutien de la mutabilité[2].

Cette conception de la matière le conduit à penser que l'âme humaine et la substance angélique se composent aussi de matière et de forme. Mais là, comme presque partout, il a conscience de se trouver devant l'inaccessible et il parle en doutant : « Si l'âme était une substance immuable, nous n'aurions pas à chercher à son sujet une sorte de matière, *quasi materiam*.... Mais (à cause de sa mutabilité), l'âme elle-même, peut-être, a pu, avant de posséder sa nature propre, avoir quelque matière qui en son genre serait spirituelle, et ne serait pas encore une âme[3]. »

Il enseigne enfin que le même genre, ou la même nature de matière est commune à toutes choses[4], du moins

---

1. C. vi, n° 6, qui est à lire.
2. *Ibid.* : « Altius inspexi qua desinunt esse (corpora) quod fuerant, et incipiunt esse quod non erant ; eum demque transitum de forma in formam per informe quiddam fieri suspicatus sum, non per omnino nihil. »
3. *De Genesi ad litteram*, lib. VII, c. vi, n° 9 ; t. III, col. 339 ; cf. *Confess.*, lib. XII, c. xv, n° 21 ; lib. XIII, c. ii. — On peut consulter notamment sur la question des anges, PÉTAU, *De Angelis,* lib. I, les six premiers chapitres.
4. *Confess.*, lib. XII, c. iii-viii, c. xi, c. xxi ; — cf. *De Genesi contra Manichæos*, lib. I, c. v, n° 9 ; *De Genesi ad litteram, Liber imperfectus,* c. iv ; *De Genesi ad litteram*, lib. I, c. i, n°ˢ 2, 3.

à toutes les choses que nous appelons matérielles, car on vient de voir qu'il attribue à l'âme humaine, et à plus forte raison aux anges, une *quasi-matière,* de nature spirituelle[1].

V

Depuis la création, ni l'événement qui arrive, ni la substance qui se produit n'est absolument quelque chose de nouveau[2]. Saint Augustin, avant Leibniz, avait dit que « le présent est gros de l'avenir », *mundus gravidus est causis nascentium;* mais il terminait sa phrase par ces mots : « les causes ne sont créées dans le monde que par l'essence souveraine[3] ».

De plus, là où il veut expressément raconter le développement des choses, il observe que ce développement « appartient non pas à cette opération divine, de laquelle Dieu se reposa au septième jour, mais plutôt à cette autre opération qui, dans le cours du temps, manifeste jusqu'aujourd'hui l'action divine[4] ».

Le développement des choses ne provient donc pas d'une énergie qui, après avoir été créée par Dieu et avoir reçu de lui une première direction, agirait d'elle-même

---

1. Voici l'indication de quelques passages décisifs : *Confess.*, lib. XII, c. XII et XIII; *De Genesi ad litteram,* lib. I, c. v.

2. Sur ce sujet : [401-415] *Interprétation littérale de la Genèse,* les deux livres VI et VII avec le livre IX, tous les trois essentiels; cf. *De Trinitate,* lib. III, c. IX.

3. *De Trinitate,* lib. III, c. XVI, n° 10; t. VIII; col. 877 sq. Le mot de Leibniz se trouve dans *Principes de la nature et de la grâce,* n 13.

4. *De Genesi ad litteram,* lib. VI, c. III, n° 5; t. III, col. 341; cf. lib. IX, c. XV.

et serait sous la surveillance, mais non sous l'influence actuelle de Dieu. Saint Augustin est très explicite là-dessus. Aussi lorsqu'il affirme qu'à l'origine toutes choses ont été faites en germe, *latenter*[1], en puissance et comme enveloppées dans leur cause, *potentialiter et causaliter*[2], il n'attribue pas au germe un pouvoir propre de se développer ni de se transformer.

Il croit cependant, et il juge à peu près certain, que la première production des êtres a été pour le plus grand nombre d'entre eux, une simple production en puissance, *potentialiter atque causaliter*[3]. C'est ce qu'il affirme pour les végétaux et pour le premier couple humain; à l'origine, l'homme et la femme « existèrent selon l'énergie répandue en germe par le Verbe de Dieu dans l'univers[4] »; ils ont, dans la Genèse, un double mode d'existence : celui qui est le nôtre, et, avant celui-là, un mode invisible, potentiel, causal, semblable à celui des futurs non encore réalisés[5]. C'est à la même occasion que saint Augustin emploie l'expression devenue si célèbre, *rationes seminales*[6].

Enfin, l'étude attentive des Écritures l'avait conduit à cette pensée : « Dieu, au commencement du temps, a

1. Lib. VI, c. I, n° 1.
2. C. IV, n° 5.
3. C. V, n° 7; col. 312.
4. C. V, n° 8; cf. pour les végétaux, c. IV, n° 5.
5. « *Invisibiliter, potentialiter, causaliter, quomodo fiunt futura non facta* » (c. VI, n° 10 *in fine*. Lire aussi le numéro suivant).
6. Lib. IX, c. XVII, n° 32; t. III, col. 406. — Cf. sur la première institution de l'homme : *Ratio creandi hominis, non actio creati*, c. IX, n° 16 *in fine;* et : « Ibi enim erat non solum ut ita fieri posset, verum etiam ut ita eum fieri necesse esset » (c. XVIII, n° 29).

d'abord créé simultanément toutes choses : quelques-unes dans leur réalité complète, *quædam conditis jam ipsis naturis*, d'autres dans la préexistence de leurs causes, *quædam præconditis causis*[1]. » C'est de cette sorte que, dès le commencement, toutes choses ont été faites; il y a eu, dès lors, de vraies réalités complètes, et, avec elles, les germes d'où l'action divine tirerait toutes les réalités successives; « donc, en ce sens que toutes choses étaient achevées, Dieu (au septième jour) se repose; mais en ce sens que (sans cesse) le développement des choses commence, Dieu opère jusqu'à maintenant[2] ».

Saint Augustin voit donc, dans l'univers actuel, un développement ininterrompu, une perpétuelle réalisation de principes primitifs; c'est par là qu'il explique la création d'Adam[3] et la formation d'Ève[4]. Il a écrit aussi plus d'une phrase qui s'entendrait fort bien au sens d'évolution[5]. Mais, d'ailleurs, saint Augustin n'est pas un naturaliste. Il a médité en philosophe sur la constitution de l'univers, et il est arrivé à concevoir que l'influence toujours actuelle de l'action divine amène, au moment voulu, tel ou tel germe à son plein développement. Si cela seul signifie évolution, saint Augustin a été

1. Lib. VII, c. xxviii, n° 42; col. 371.
2. *De Genesi ad litteram*, lib. VII, c. xxviii, n° 42; t. III, col. 371 sq.
3. Lib. VI, c. ix, n° 16. Sur la singulière opinion qui attribue au premier homme les deux sexes : *De Genesi ad litteram*, lib. III, c. xxii, n° 34; *De Trinitate*, lib. XII, c. vi, n° 8; voir PÉTAU, *De sex dierum opificio*, lib. II, c. viii, n° 9-11.
4. Surtout lib. IX, c. xvii, n° 31, etc.; c. xviii.
5. 1° Note précédente; 2° lib. VII, c. v, n° 7; 3° lib. VI, c. vi, n°s 10 et 11; c. ix, n° 16; c. x, xi, xvii, xviii.

évolutionniste. Et au contraire, si évolution implique transformation, c'est-à-dire si elle implique que d'un même principe primitif, ou d'un même germe, peuvent sortir diverses réalités, saint Augustin n'a pas cru possible un tel mode d'évolution : « Les éléments de ce monde corporel ont aussi leur force bien définie et leur qualité propre d'où dépend ce que peut ou ne peut pas chacun d'entre eux, et quelle réalité doit ou ne doit pas sortir de chacun d'entre eux. De ces éléments, comme de principes primordiaux, toutes les nouvelles réalités tirent, chacune en son temps, leur origine et leur progrès, leurs conditions de durée et de disparition, telles que chaque genre les exige. De là vient que d'un grain de froment ne naît pas une fève, ni d'une fève le froment, ni de la bête l'homme, ni de l'homme la bête[1]. »

Ce passage est décisif, il doit servir à interpréter tous les autres. Et cependant si un jour l'évolution était chose bien constatée, l'enseignement de saint Augustin s'en accommoderait à merveille; alors, en effet, il y aurait à dire que l'acte créateur toujours actuel produit précisément la transformation des espèces. Or, parlant ainsi de l'acte créateur, on exprime ce qui aux yeux de saint Augustin est la doctrine fondamentale toujours nécessaire. Mais tout le reste ce n'est que l'histoire du monde extérieur; ce n'est que l'expression superficielle du fait.

1. Lib. IX, c. xvii, n° 32; t. III, col. 406.

VI

Quoi qu'il en puisse être du développement et des conditions qui le régissent, il existe un univers, et dans cet univers nous percevons des réalités. Or, toute réalité tend à être une. Elle a d'autant plus d'être, qu'elle approche davantage de la parfaite unité[1]. « Être, ce n'est pas autre chose que d'être un. Aussi, dans la mesure où chaque chose atteint l'unité, cette chose existe. La convenance ou concorde donne l'être au composé, en tant que le composé existe : car les êtres simples existent par eux-mêmes, parce qu'ils sont unité[2]. » Saint Augustin, comme plus tard Leibniz, ne voit dans le composé qu'un agrégat; c'est en personnifiant notre perception, que nous attribuons une existence propre au composé; mais il n'y a d'existence propre que là où se trouve l'unité, et parce que la forme donne l'existence elle produit ou tend à produire l'unité[3]. Cela concorde avec le mot de Leibniz : « ce qui n'est pas véritablement *un* être, n'est pas non plus véritablement un *être*[4] ».

---

1. Voir : 1° [386] *De l'Ordre* (lib. I, c. II); — 2° [388] *Mœurs de l'Église* (lib. II, c. VI); — 3° [390] *Vraie Religion* (c. XI, n° 21; c. XXXVI, n° 66; c. XLIII, n° 81); — 4° [393] *Ouvrage inachevé sur la Genèse* (c. X, n° 32; c. XVI, n° 59).
2. *De Moribus Ecclesiæ*, lib. II, c. VI, n° 8; t. I, col. 1318. — Cf. à peu près de la même date, *Ep. XVIII* [390] : « Cum autem omne quod esse dicimus, in quantum manet dicamus ».
3. « Hoc est enim vere formari, in unum aliquid redigi. » (*De Genesi ad litteram, Liber imperfectus*, c. X, n° 32; t. III, col. 233.)
4. A. Arnaud, 1687, *Œuvr. phil.* (Ed. Janet), t. II, p. 654.

A ces considérations sur la constitution intime de l'univers, il ne sera pas inutile d'ajouter ici que saint Augustin ne condamne pas absolument la théorie platonicienne et aristotélicienne sur l'âme des astres[1].

Il avait d'abord paru l'approuver; c'était dans le traité de l'*Immortalité de l'âme*[2], à une époque où parfois il se laissait aller un peu trop à tout admirer chez les philosophes. Mais depuis 400 jusqu'en 427, il se demande en plusieurs occasions s'il y a une âme du monde et si les astres ont aussi une âme particulière[3]; il reste toujours dans le doute; et enfin dans les *Rétractations,* il ne se résout pas à nier[4].

---

1. Voir : 1° [387] *Immortalité de l'âme* (c. xv, n° 24); — 2° [401-415] *Interprétation littérale de la Genèse* (lib. II, c. xviii, n° 38); — 3° [depuis 415] *Cité de Dieu* (lib. VII, c. xxiii; surtout lib. XIII, c. xvi); — 4° [421] *Enchiridion* (c. lviii); — 5° [vers 427] *Rétractations* (lib. I, c. v, n° 3 sur *Immortalité de l'âme,* et surtout c. xi, n° 4 sur *Musique ;* lib. VI, c. xiv, n° 44).

2. C. xv, n° 24 : « Per animam ergo corpus subsistit, et eo ipso est, quo animatur, sive universaliter, ut mundus... »

3. Voir les indications dans la note.

4. Lib. I, c. xi, n° 4; t. I, col. 602 : « non quia *hoc falsum esse confirmo,* sed quia nec verum esse comprehendo, quod sit animal mundus ». — Pour ce doute vivement exprimé, voir [415] *Ad Orosium contra Priscillianistas et Origenistas,* c. x-xi.

CHAPITRE III

LES FAITS SURNATURELS

Parmi les faits surnaturels, celui que saint Augustin a le mieux étudié, c'est le miracle. Il en a donné une théorie complète.

I

« J'appelle miracle, dit-il, tout ce qui, étant difficile et inaccoutumé, dépasse l'attente et le pouvoir du spectateur qui s'étonne[1]. »

Inaccoutumé s'entend fort bien ; *difficile* ne se rapporte qu'à nos moyens d'action. Mais la première chose qu'il s'agit d'expliquer, c'est que le miracle, considéré précisément en lui-même, n'a rien d'extraordinaire.

Et d'abord, dans la même mesure que les phénomènes de chaque jour, il provient immédiatement de Dieu. Dieu, en effet, produit le miracle par une action qui n'a rien de plus fort, ni de plus immédiat que celle d'où résultent les phénomènes ordinaires. Saint Augustin enseigne cela très expressément, et comme, ici, rien ne saurait remplacer ce que lui-même s'est attaché à

---

1. *De Utilitate credendi*, c. xvi, n° 34 ; t. VIII, col. 90.

dire, voici, parmi plusieurs autres, un passage très explicite : « La force divine gouverne la totalité de l'univers spirituel et corporel : voilà pourquoi, chaque année, à des époques fixes, les eaux de la mer sont attirées, et elles se répandent sur la surface de la terre. Mais lorsque, à la demande de saint Élie, la même chose arriva, il se trouvait que la sécheresse avait duré longtemps sans interruption ; les hommes périssaient de faim, et de plus, au moment où ce serviteur de Dieu pria, il n'y avait dans l'air aucune humidité propre à faire prévoir la pluie ; aussi, dans l'abondance et dans la rapidité de l'averse, la force divine apparut visible à ceux pour lesquels était accordé ce miracle (III Reg. XVIII, 45). De même, Dieu opère les foudres et les tonnerres ordinaires : mais, parce que sur le mont Sina les foudres se produisaient d'une manière inusitée ; parce que leur bruit n'était pas un fracas confus, et qu'au contraire, il apparaissait manifestement comme significatif, ces foudres étaient chose miraculeuse (Exod. IX, 16). Qui donc attire l'humidité par la racine de la vigne jusqu'au raisin, et qui donc fait le vin, sinon Dieu ? L'homme plante et il arrose, et Dieu donne l'accroissement (I Cor. III, 17). Mais lorsque, sur la volonté du Seigneur, l'eau, avec une rapidité inusitée, fut changée en vin, les insensés eux-mêmes avouèrent que la force divine se rendait visible (Joan. II, 9). Qui donc, dans la marche ordinaire des choses, recouvre les arbustes de feuilles et de fleurs, sinon Dieu ? Mais lorsque la verge d'Aaron fleurit, c'est comme un langage que la divinité adresse à l'humanité hésitante (Num. XVII, 8).

Il y a pour la production et pour la formation de tous les bois, comme pour celle de toutes les chairs d'animaux, une commune matière terrestre ; et qui donc produit les bois et les chairs, sinon celui qui, après avoir commandé à cette terre de les produire (Gen. 1, 2), gouverne par son même Verbe et conduit ce qu'il a créé? Mais lorsque, dans la verge de Moyse, par un acte brusque et rapide, il change cette même matière en chair de serpent (Exod. IV, 3), le miracle consista dans le changement inusité d'une chose d'ailleurs faite pour le changement. Mais encore, qui donc anime tous les vivants à leur naissance, sinon celui qui, au moment convenable, anima brusquement ce serpent. Et lorsque les morts ressuscitaient (Ezech. XXXVII, 1-10), qui rendit aux cadavres leurs âmes, sinon celui qui anime les corps dans le sein des mères, afin de faire naître des hommes destinés à mourir[1]? »

Saint Augustin arrête là son énumération, et aussitôt il conclut que de simples particularités extérieures font toute la différence entre le miracle et les phénomènes ordinaires : « Lorsque, dit-il, tous ces événements se produisent selon le cours ininterrompu des choses fugitives et transitoires, lesquelles, par le procédé accoutumé, passent de l'état latent à l'état visible, et de l'état visible à l'état latent, c'est ce que l'on appelle événements naturels ; mais lorsque, pour l'instruction des hommes, ces événements sont amenés par un changement inusité, c'est ce que l'on nomme de grandes merveilles[2]. »

1. *De Trinitate*, lib. III, c. v, n° 11, et c. vi ; t. VIII, col. 874-875.
2. *Ibid.*

De même, expliquant au peuple l'Évangile selon saint Jean, saint Augustin mettait la plus grande insistance à répéter que Dieu produit par une intervention également directe, et le miracle, et les phénomènes attribués aux lois de la nature; il alléguait en exemple le miracle de Cana, la résurrection de Lazare, et la multiplication des pains[1]. Il ne pouvait certes rien dire de plus fort que dans la *Trinité*, mais il est bon de savoir que l'enseignement formulé dans ce livre, bien inaccessible au grand nombre, devait aussi, selon la pensée de saint Augustin, être solennellement proposé aux fidèles.

Parfois, il est vrai, le miracle est produit par une créature. Or, que le thaumaturge soit un ange ou qu'il soit un homme, son intervention ne supprime pas, et, bien plus, elle n'atténue pas l'intervention divine : « Les miracles sont dus à l'action ou à l'intermédiaire de ceux qui nous aiment selon la vérité et selon la piété; mais en eux, c'est Dieu qui opère. Car il ne faut pas écouter ceux qui prétendent que Dieu étant invisible, il ne fait pas des miracles visibles[2]. » D'ailleurs, saint Augustin n'aurait-il pas donné cette décision particulière, on devrait se souvenir qu'il refuse à la créature le pouvoir d'exercer dans le monde extérieur une causalité efficace.

---

1. *Tract. VIII in Joannem*, n° 1; *Tract. IX* in principio; *Tract. XXIV*, n° 1; cf. *Tract. XLIX*, n° 1; t. III, col. 1746 : « Si ergo per illum (Dei Filium) facta sunt omnia, quid mirum est, si resurrexit unus per illum, cum tot quotidie nascantur per illum? »

2. *De Civitate Dei*, lib. X, c. xii; t. VII, col. 291; cf. *De Genesi ad litteram*, lib. IX, c. xvi.

Dieu qui produit, au même degré, le phénomène naturel et le miracle, ne met pas en réalité le miracle en dehors du cours des choses : « Nous disons de tous les prodiges qu'ils sont contre la nature; mais ils ne le sont pas. Car ce qui est fait par la volonté de Dieu, comment pourrait-il être contre la nature, alors surtout que la volonté d'un tel créateur est, pour chaque chose créée, sa nature propre? Un prodige n'est donc pas contre la nature, mais contre ce que nous savons de la nature[1]. »

A ce sujet, la *Cité de Dieu* ne fait guère qu'affirmer; on devra, pour trouver toute l'explication qui est ici possible, se référer à l'*Interprétation littérale de la Genèse*. Or, l'explication développée par saint Augustin montre qu'à considérer l'ordre réel des choses, le miracle n'est pas, en soi, extraordinaire. Il appartient, en effet, non moins que les phénomènes ordinaires, à l'ordre institué par Dieu, et il y appartient pour la même raison, c'est-à-dire que, dès l'origine, Dieu a mis dans l'univers le principe d'où devait sortir en son temps tel phénomène appelé naturel, et c'est aussi depuis l'origine que l'univers contient le principe d'où, par l'action de Dieu, doit sortir dans les circonstances voulues cet autre phénomène appelé miracle.

Une première fois, saint Augustin recherche et ex-

---

[1]. « *Non contra naturam, sed contra quam est nota natura* » (*De Civitate Dei*, lib. XXI, c. VIII, n° 2; t. VII, col. 721). Cf. sur le même sujet un passage très remarquable écrit en 400 : *Contra Faustum Manichæum*, lib. XXVI, c. III. — Voir aussi le mot : « *cujus* (Dei) *voluntas rerum necessitas est* » (*De Genesi ad litteram*, lib. VI, c. XV, n° 26 *in fine*; t. III, col. 350).

plique avec quelque subtilité comment les choses créées portent en elles-mêmes le germe du miracle; il conclut alors en ces termes qui sont bien clairs et d'une importance doctrinale absolue : « Il reste donc que les réalités ont été créées susceptibles de l'un et de l'autre développement, savoir : de celui que parcourent tous les jours les choses temporelles, et de celui selon lequel se produisent les choses rares et merveilleuses, en la manière où il a plu à Dieu de se conformer aux exigences du moment[1]. »

Un peu plus tard, dans le même ouvrage, il se livre à un examen plus approfondi, et il donne son explication définitive : « La puissance du Créateur, dit-il en parlant du miracle, possède en elle-même de quoi tirer de toutes ces réalités autre chose que le contenu de leurs principes primitifs, *seminales rationes,* mais ce qu'elle en tire ne diffère pas pourtant de ce que le Créateur y avait mis avec l'intention d'en obtenir luimême tel résultat. En effet, la puissance divine ne s'exerce pas au hasard, elle se meut en vertu de sa sagesse[2]; et, au temps convenable, elle fait de chaque chose ce qu'elle y avait d'abord disposé en vue de son action. » Ainsi, Dieu a placé dans la nature le principe de tout ce qui arrive. Il a donc mis au fond des choses le principe du phénomène naturel, et un second principe, qui est celui du miracle. Et, afin de préciser par des exemples : la végétation des plantes,

1. *De Genesi ad litteram,* lib. VI, c. xiv, n° 25; t. III, col. 349.
2. Neque enim (Deus) potentia temeraria, sed sapientiæ virtute omnipotens est. (*De Genesi ad litteram,* lib. IX, c. xvii, n° 32; t. III, col. 406.)

les conditions de fécondité parmi les hommes ainsi que la faculté du langage, puis, chez les animaux, l'impossibilité de parler, ce sont autant de phénomènes naturels ayant leur principe dans les choses créées[1]. Mais à ces phénomènes naturels s'opposent la verge fleurie d'Aaron (Num. XVII, 8), la fécondité tardive de Sara (Gen. XVIII, 11 ; XXI, 2) et l'ânesse de Balaam (Num. XXII, 28). Or, qu'il s'agisse de ces miracles, ou des autres[2], « Dieu a donné aux réalités créées par lui, l'aptitude à fournir matière pour de tels résultats[3] ; car autrement, il ne lui serait pas possible d'en tirer ce qu'il n'aurait pas décidé, d'abord, qui en dût être tiré, puisque enfin il n'est pas plus puissant que lui-même ». Mais comment concevoir dans les choses *cette aptitude à fournir matière* pour le miracle? « Dieu, dit-il, la leur a donnée d'une manière particulière ; les choses ne peuvent pas la montrer dans leur mouvement naturel, mais elles l'ont par suite de leur création même qui les laisse soumises, dans le fond de leur nature, à une volonté plus puissante[4]. »

Cette dernière phrase ne présente, pour le sens, aucune difficulté ; il est vrai que, pour la traduction absolument littérale, on pourrait avoir des hésitations ; et, d'ailleurs, il serait superflu de s'y arrêter. Mais ce qui importe, c'est de bien voir que les raisons primitives, *seminales rationes*, des phénomènes naturels et du mi-

---

1. Horum et talium modorum rationes non tantum in Deo sunt, sed ab illo etiam in rebus creatis inditæ atque concreatæ. (*Ib.*)
2. Si quid ejus modi est. (*Ib.*)
3. *Ut ex eis et hæc fieri possent.*
4. *Ib.*, c. xvii, n° 32 ; t. III, col. 406.

racle existent, chacune à sa manière, dans l'univers. L'aptitude à fournir matière pour le miracle est un fait nettement affirmé. Quelle sera, dès lors, la signification de cette phrase écrite quelques lignes après le mot sur les aptitudes : « Dieu a donc en lui-même les causes cachées de certains faits; et ces causes, il ne les a pas enfermées dans les choses créées[1] »? Or les faits surnaturels que saint Augustin cite en cet endroit, sont la grâce et ce fait unique qui est la création d'Ève. Il dit de la grâce qu'elle a ses raisons primitives non dans le monde, mais en Dieu[2]; et de même, le principe de la création d'Ève ne se trouve pas dans la première constitution des choses, mais cette première constitution contient du moins le principe qui devait rendre possible cette création[3]. Ainsi la pensée de saint Augustin sur le principe primitif du miracle, reste constante; elle peut toujours se traduire en ces termes : il y dans l'univers créé le germe de possibilité du miracle, germe que Dieu seul peut développer.

Voici donc deux points bien acquis : le premier, c'est que Dieu produit par son intervention directe, soit le phénomène naturel, soit le miracle; et le second, c'est que dans l'un comme dans l'autre cas, Dieu agit d'après les conditions posées par sa volonté immuable.

1. *Ib.*, c. XVIII, n° 33; t. III, col. 406.
2. C. XVIII, n° 34 *in principio.*
3. Non habuit hoc prima rerum conditio ..... ut femina *omnino sic* fieret; sed tamen *hoc habuit, quia et sic fieri posset,* ne contra causas quas voluntate instituit, mutabili voluntate aliquid faceret. Quid autem fieret, ut omnino aliud futurum non esset, absconditum erat in Deo, qui universa creavit (n° 34 *in fine*).

L'immutabilité de Dieu ne risque donc pas plus d'être compromise par le miracle que par les événements de chaque jour. « La substance divine toujours ferme en elle-même, étrangère au temps et à l'espace, ne laisse pas de mouvoir dans le temps et dans l'espace l'univers créé qui lui est soumis[1]. »

Et dès lors, à propos du miracle, il n'y aura pas pour saint Augustin, comme il y eut pour Malebranche, une question des volontés particulières de Dieu. Saint Augustin dit simplement : « Où et quand Dieu fera (des miracles), le dessein immuable en réside en lui-même ; or, dans la disposition de Dieu, les temps qui doivent être sont déjà réalisés[2]. Car, donnant le mouvement aux choses temporelles, il n'est pas mû temporellement ; et ce qui arrive, il ne le connaît pas d'une autre manière que ce qui est arrivé[3] ; et, pour exaucer ceux qui l'invoquent, il n'agit pas autrement que pour voir ceux qui l'invoqueront[4]. »

Dieu agit toujours selon sa sagesse, et, de plus, il est la cause directe de tout ce qui arrive ; cela suffit à faire concevoir qu'il n'existe ni phénomène proprement exceptionnel, ni phénomène manqué. Dieu fait, chaque fois, ce qu'il veut ; il tire du même germe primitif, *ex*

---

1. *De Genesi ad litteram*, lib. VIII, c. xxiii, n° 44 ; t. III, col. 339 ; cf. c. xxiv-xxv et surtout xxvi.
2. In cujus dispositione, jam tempora facta sunt quæcumque futura sunt.
3. Nec aliter novit facienda quam facta.
4. Nec aliter invocantes exaudit, quam invocaturos videt. (*De Civitate Dei*, lib. XI, c. xii ; t. VII, col. 291.)

illo uno protoplasto[1], les hommes bien conformés et ceux à qui on donne le nom de monstres; « la raison d'ailleurs qui vaut pour les enfantements monstrueux, vaut aussi pour les nations monstrueuses. Car Dieu est le créateur de tout; il sait en quel endroit et en quel temps chaque être doit ou a dû être créé..... Nous savons que des hommes naissent avec plus de cinq doigts; mais n'ayons pas la folie de croire que le Créateur s'est trompé sur le nombre des doigts; nous ignorons simplement pourquoi il a ainsi agi[2] ».

Une autre considération à laquelle saint Augustin attache la plus grande importance, est celle-ci. Le miracle n'a réellement qu'une particularité, il est rare. Sa rareté attire notre attention. Nous ne remarquons pas les choses de tous les jours, mais un miracle nous étonne, il « nous manifeste en quelque sorte la présence divine[3] ». Or, bien que l'étonnement puisse nous être utile, rien ne le justifie. Car enfin, si les conditions qui rendent le miracle possible, nous échappent, elles n'en sont pas moins réelles[4]. Saint Augustin disait un jour, à propos de l'Incarnation : « Si on demande ici la raison, ce ne sera plus un fait merveilleux[5] ». Trois ans plus tard (415), certains hommes abusaient de cette sen-

1. *De Civitate Dei*, lib. XVI, c. VIII, n° 1; t. VII, col. 486.
2. *Ib.*, n° 2.
3. *De Civitate Dei*, lib. XVI, c. V; t. VII, col. 483. — Cf. : 1° [391] *De Utilitate credendi*, c. XVI, n° 34; — 2° [416] *Tractatus in Joannem*, Tract. VIII, n° 1; IX, n° 1; XXIV, n° 1.
4. *Et revera sunt de quibus ratio reddi non potest, nec tamen non est.* (*Ep. CXX*, à Consentius, n° 5; col. 454.)
5. *Hic si quæritur ratio non erit mirabile.* (*Ep.*, CXXXVII, c. II, n° 8; col. 519.)

tence : ils prétendaient que Dieu le Fils voit son Père par les yeux du corps, et sentant bien que cela ne se justifie pas, ils aimaient à répéter : *Si on demande ici la raison, ce ne sera plus un fait merveilleux.* Saint Augustin alors expliquait que ce mot ne signifie pas absence de raison[1]; il ajoutait que cette vision corporelle est une erreur, non un miracle, une erreur « dont il y a lieu de démontrer combien elle est dépourvue de raison[2] ». Il a aussi rappelé constamment, à propos du miracle, notre impuissance à comprendre le monde extérieur. Constater le fait qui se produit, ne jamais connaître la raison fondamentale, et, dans bien des cas, prévoir avec certitude, telle est notre condition. Nous n'avons donc aucun motif de déclarer intelligible et naturel le phénomène perçu et attendu; mais d'un autre côté, nul motif ne rend le miracle essentiellement merveilleux. De là il suit, d'abord, que nous ne devons pas instituer deux classes de miracles : les miracles vraisemblables et, pour cela seul, dignes de croyance, et les miracles étranges que leur caractère propre nous oblige à rejeter : « Ou bien, tous les miracles divins sont indignes de croyance; ou bien, il n'y a aucun motif de ne pas croire le miracle de Jonas [3]. » « Les miracles de Dieu sont, en général, incroyables aux infidèles, parce que la raison du fait n'apparaît pas, et cependant elle existe [4]. »

Mais comme nous n'avons ni l'intellection du phéno-

---

1. *Ep.*, CLXII. n° 6; col. 707 ; et n° 7.
2. *Ep.*, CXXXVII, c. III, n° 10; col. 519; tout le numéro est à lire.
3. *Ep.*, CII, n° 31; col. 382.
4. *Ep.*, CXX, n° 5 ; col. 451.

même naturel, ni proprement la puissance de le créer, nous arrivons à cette conséquence nouvelle : l'étonnement réservé pour le miracle ne peut provenir que d'irréflexion. Car enfin, « est-ce que tout, dans la manière dont Dieu fait mouvoir la nature, ne serait pas merveilleux, si l'habitude de chaque jour ne le rendait méprisable[1] »? Saint Augustin, dès 391, avait dit de même : *Sentiendi assiduitate contemnimus*[2]. Et beaucoup plus tard (vers 416) il se gardait de montrer dans le miracle de Cana, et dans la multiplication des pains, un objet d'absolue admiration : « Il n'y a pas lieu, disait-il à son peuple, de relever davantage le miracle divin (de Cana). Car le même Dieu opère les miracles quotidiens, ces miracles devenus pour nous, non par leur facilité, mais par leur fréquence, un objet de mépris ; au contraire, les événements rares ont suscité chez les hommes un plus grand étonnement[3]. » Voici encore un passage où l'on remarquera mieux avec quelle justesse saint Augustin explique ce que notre admiration contient d'irréfléchi : « L'ordre naturel obéit, lui aussi, à la volonté de Dieu, mais la longue habitude empêche de l'admirer. Or, dans cet ordre, il y a certains phénomènes qui, séparés par de longs intervalles de temps, sont moins usités. Et, sans doute, la foule les contemple avec étonnement; mais les habiles chercheurs réussis-

---

1. *Ep.*, CLXII, n° 8; col. 707.
2. *De Utilitate credendi*, c. xvi, n° 31; t. VIII, col. 90.
3. *Tractatus in Joannem*, Tract. VIII, n° 1; t. III, col. 1458. Cf. sur la multiplication des pains, Tract. XXIV, et retenir le mot : « *ut non majora sed insolita videndo stuperent* » (n° 1; col. 1593).

sent à les comprendre ; puis, dans la suite des générations, ces phénomènes se répètent, ils arrivent à la connaissance d'un plus grand nombre, et ils sont d'autant moins admirables. Tels les éclipses, les tremblements de terre[1]. » Enfin, la *Cité de Dieu* contient le mot qu'il faut retenir : « Ce qui, dans la nature des choses, est connu de tous, n'est pas moins admirable, et il exciterait l'étonnement des spectateurs, si les hommes savaient admirer ce qui le mérite, même lorsqu'il n'est pas rare », *si solerent homines mirari mira nisi rara*[2].

Les savants qui nient le miracle et qui prétendent avoir en faveur de leur négation une raison définitive, commettent, au contraire, la plus singulière des distractions. Que peuvent-ils en effet ? L'univers n'est intelligible pour personne. Les savants n'ont pas, comme les mathématiciens, la ressource de parler d'un impossible absolu ; ils connaissent l'univers par leur observation et par leur divination. Ils n'ont jamais observé de miracle : cela, sans doute, les autorise à ne pas assimiler dans leur prévision, le miracle et les phénomènes ordinaires. Mais si, au nom de leur science, ils déclarent le miracle impossible, ils dépassent infiniment leur science ; ils la font intervenir là où elle n'a eu aucun accès, ni acquis aucun renseignement. « Si dans un état de la nature ils constatent quelque chose, et si cet état leur est parfaitement connu, ils ne doivent pas pour cela prescrire à Dieu sa conduite, comme s'il était impossible à Dieu

---

1. *De Trinitate*, lib. III, c. II, n° 7 ; t. VIII, col. 871. — Cf. c. IX, n° 17, etc. ; X, n° 20.
2. Lib. XXI, c. VIII, n° 3 ; t. VII, col. 721.

de modifier cet état, ou de le rendre tout autre qu'ils ne le connaissent¹. » Puisque, en effet, le fond de la réalité extérieure échappe à leur connaissance, ils n'ont pas le droit de transformer en un absolu, l'ordre des choses que leur expérience constate, et de traiter de fable un récit tel que celui de la Genèse : « Et d'ailleurs, cela même qu'ils connaissent sur la conception humaine et sur l'enfantement, si on le leur racontait et qu'ils n'en eussent pas l'expérience, ils le jugeraient plus incroyable que l'histoire de la création². » C'est encore leur connaissance expérimentale qui leur suggère des difficultés contre les choses de la vie future : « D'après l'expérience ordinaire, l'infirmité humaine mesure les choses divines dont elle n'a pas l'expérience; elle se vante d'avoir trouvé des raisons bien subtiles, lorsque (à propos des corps ressuscités) elle dit : s'il y a la chair, il y a aussi le sang, il y a aussi les humeurs; s'il y a les humeurs, il y a donc aussi la corruption. » Mais ce raisonnement est la pure et simple narration de ce qui se voit chaque jour; il n'exprime pas une perception intellectuelle; il n'exprime qu'un fait. « Soit donc supposé que nous sommes seulement des âmes, ou, proprement, des esprits sans corps, et que, vivant dans le ciel, nous n'avons aucune expérience des choses terrestres; si, dans cet état, on nous disait qu'un jour nous serions unis par un lien merveilleux à des corps terrestres pour les animer : n'est-il pas vrai que nous refuserions de croire, et pour une raison bien meilleure, car nous

---

1. *De Civitate Dei,* lib. XXI, c. vIII, n° 4; t. VII, col. 722.
2. *Ibid.*, lib. XII, c. xxIII; t. VII, col. 373.

dirions : la nature ne souffre pas qu'une chose incorporelle soit retenue par un lien corporel[1]. » Quoique condamnés à ne voir que l'extérieur des choses créées, les philosophes s'obstinent pourtant à donner des décisions absolues : « Il n'existe pas de corps qui, pouvant souffrir, ne puisse dès lors mourir »; voilà leur grande parole; il leur semble qu'après l'avoir entendue, personne ne croira possible le supplice éternel. Saint Augustin leur réplique : « Mais cette parole, qu'exprime-t-elle, sinon ce que les sens corporels et ce que l'expérience ont permis aux hommes d'apprendre? Les philosophes, en effet, ne connaissent pas d'autre chair que la chair mortelle, et ainsi toute leur ressource est d'imaginer impossible ce dont ils n'ont pas l'expérience[2]. » Leur connaissance des choses naturelles devient ainsi pour eux une cause d'illusion; ils en arrivent à se persuader que, « dans une réalité quelconque, Dieu ne peut rien faire en dehors de ce que leur expérience humaine leur a fait connaître[3] ».

Saint Augustin a donc vu parfaitement que les attaques des savants contre le miracle ne portent pas, car l'expérience ne nous fait pas atteindre le fond des choses; il n'a pas, d'ailleurs, commis la distraction de défigurer le miracle pour le ramener aux événements de tous les jours; il a dit constamment que nous ne com-

---

1. *Ibid.*, lib. XXII, c. IV; t. VII, col. 754. — Cf. sur le même sujet : *Ep.*, CII, n° 3; *Ep.*, CXXXVII, n° 10; *Ep.*, CCV, n° 4; *De Civitate Dei*, lib. XXI, c. IV, n° 1; lib. XXII, c. IV.

2. « Et hæc est eorum tota ratio, ut quod experti non sunt, nequaquam esse posse arbitrentur. » (*Ibid.*, lib. XXI, c. III, n° 1; t. VII, col. 710.)

3. *Ibid.*, c. VIII, n° 3; t. VII, col. 721.

prenons ni les événements de tous les jours, ni le miracle. Il a ainsi rejeté hors de la discussion l'autorité de ce qui se nomme aujourd'hui la science. « Que les philosophes n'attaquent donc plus notre foi, en alléguant les poids des corps[1] ». C'est un mot de grande signification, qu'il conviendrait aujourd'hui de traduire en ces termes : la science ne peut jamais rien prouver contre le christianisme, ni, d'ailleurs, contre aucune doctrine spéculative.

Les savants connaissent aujourd'hui infiniment plus de détails qu'au temps de saint Augustin ; mais le fond des choses est toujours également inaccessible. Voilà pourquoi le raisonnement de saint Augustin garde toujours toute sa force, ou plutôt est toujours le seul bon raisonnement. Il faut, en effet, en revenir toujours à dire que rien, dans la science, n'infirme en principe les histoires miraculeuses. Ou du moins, si le savant prétend qu'en fait de miracles, « nulle histoire ne doit faire foi », il va au dehors de cette science dont les résultats s'imposent à tous, et il pose réellement en principe « que nulle divinité ne s'occupe des choses mortelles[2] ». Mais, par elle-même, la science n'atteint pas la divinité. Le miracle suppose évidemment la Création et la Providence qui sont des questions de spéculation pure. Saint Augustin le sait[3] et il ne veut pas s'occuper de ceux qui nient la Providence[4] ; il lui

---

1. « *Non itaque fidem nostram redarguant philosophi de ponderibus corporum.* » (*De Civitate Dei*, lib. XII, c. xviii; t. VII, col. 391.)
2. *Ibid.*, lib. X, c. xviii.
3. *De Civitate Dei*, lib. X, c. xviii.
4. *Ibid.;* cf. *Ep.*, CCV, n° 4.

a suffi de bien établir qu'ils opposent sans raison un ordre immuable des choses.

II

Dans la seconde catégorie de faits surnaturels auront place, à divers titres, les opérations démoniaques et certains phénomènes très complexes, analogues aux phénomènes étudiés de nos jours sous les noms de suggestion, d'hypnotisme, de seconde vue, de catalepsie, etc.

Parmi les opérations démoniaques [1] saint Augustin s'arrête surtout aux prodiges accomplis par les mages d'Égypte et à la mélancolie de Saül [2]. Il attribue aux esprits mauvais leur volonté perverse ; mais c'est à l'action de Dieu qu'il attribue le résultat extérieur : « Par sa mauvaise volonté le démon tend à nuire ; il ne reçoit cependant le pouvoir de nuire, que de celui sous lequel toutes choses sont justement et définitivement ordonnées. Car la mauvaise volonté ne vient pas de Dieu, mais il n'est pas d'énergie effective qui ne vienne de Dieu [3]. » Enfin, au traité de *la Trinité*, là où il étudie

---

1. Voir : 1° [389-395] *Quatre-vingt-trois diverses Questions* (Quæst. LXXIX); — 2° [397] *Questions à Simplicien* (lib. II, Quæst. I); — 3° [400-416] *Trinité* (lib. III, c. VII et VIII qui sont le passage le mieux développé).

2. Ce point particulier, indiqué dans *Quæstiones ad Simplicianum*, lib. II, Quæst. I, n° 4 et 5.

3. *Ibid.*, n° 4; t. VI, col. 131. — Cf. *De diversis Quæstionibus LXXXIII*, Quæst. LXXII, n° 4; t. VI, col. 92. — Si, d'ailleurs, les démons voulaient abuser de la puissance que Dieu leur donne, leur action extérieure proviendrait encore de Dieu : « ubi divina tanquam publica lex jubet, vincit utique privatam licentiam : quanquam et ipsa privata licentia, nisi universalis potestatis divinæ permissione, nulla esset » (n° 1 ; col. 91).

les prodiges accomplis par les mages d'Égypte, il s'exprime sur l'action des démons dans les mêmes termes que sur l'action des anges. Il rappelle les mêmes principes; il allègue, comme pour les miracles proprement dits, l'action permanente de Dieu et les germes primitifs déposés par Dieu dans l'univers. Les mages, ou les démons que les mages invoquaient, ne créaient rien; leur action n'avait rien de plus effectif que l'action du laboureur [1].

Jusqu'ici on a pu trouver des indications précises et complètes. Mais il y a encore, selon saint Augustin, d'autres interventions démoniaques moins certaines. C'est ainsi que le culte païen lui paraît être le culte des démons, il le dit très nettement [2]; il est vrai qu'il ne laisse pas de trouver bonnes les interprétations naturalistes [3] et qu'il approuve l'Évhémérisme [4]. Il accepte les livres d'Hermès; il juge d'après leur témoignage, l'action des démons [5]. Il croit authentiques les livres de Numa; il en use avec autant de confiance que des livres Hermétiques [6]. Ce sont, d'ailleurs, autant de points où saint Augustin a

---

1. Quapropter ita non possum dicere angelos malos magicis artibus evocatos, creatores fuisse ranarum atque serpentium; sicut non possum dicere homines malos creatores esse segetis, quam per eorum operam video exortam (*De Trinitate*, lib. III, c. xiii, n° 14; t. VIII, col. 877). — Même exemple du laboureur, c. ix, n° 16 *in fine*.

2. *De Civitate Dei*, lib. VI, Prolog.; c. iv, n° 1; lib. VII, c. xxvii *in fine*; c. xxxiii, qui est important; c. xxxiv et xxxv; lib. IX, c. xix; lib. X, c. xviii et xix; c. xxiv. Cf. *Ep. CII*, n° 17-20.

3. *De Civitate Dei*, lib. VI, c. viii.

4. *Ib.*, lib. XVIII, c. viii.

5. *Ib.*, lib. VIII, c. xxiii-xxvi, quatre chapitres fort curieux.

6. *Ib.*, lib. VII, c. xxxiv-xxxv. Il fait de même pour les oracles Sibyllins (lib. XVIII, c. xxiii).

pu parfois suivre de confiance l'opinion générale, et parfois aussi exprimer sa pensée réfléchie. Mais il serait bien long et bien difficile de discuter en détail, et enfin on n'arriverait à aucune conclusion certaine.

Il y a, au contraire, sur les prodiges de la mythologie, et sur une foule d'histoires merveilleuses rapportées par Pline, par Tite-Live et par d'autres auteurs, une décision très nette. Et cette décision, outre qu'elle a sa valeur propre, montre que, dans la rapidité de la discussion, saint Augustin n'entend pas garantir toujours l'exactitude historique des faits bien connus qu'il emprunte à tel auteur célèbre ou à la tradition universelle de la Grèce et de Rome. On peut croire, par exemple, qu'il accepte la réalité de faits tels que le voyage des Pénates Troyens et que la pierre coupée en deux par le rasoir de Tarquin [1]. Et peut-être, en effet, l'accepte-t-il, car il en parle comme de prodiges démoniaques, nullement comparables aux miracles authentiques. Mais il rapporte aussi beaucoup d'autres prodiges analogues, et en les rapportant, il n'émet aucun doute [2]. Or, bientôt après, il suppose que les païens négateurs et contempteurs du miracle, font cette réponse : « Rien de cela n'existe, et nous ne croyons rien de cela; ce sont traditions fausses et ce sont histoires fausses. » Ils ajoutent encore ce raisonnement : « Si de telles choses sont croyables, croyez donc aussi ce qui est rapporté dans les mêmes livres; croyez qu'il a existé ou qu'il existe un certain temple de Vénus,

---

1. *De Civitate Dei*, lib. X, c. xvi, n° 2; t. VII, col. 294. — La suite du chapitre contient d'autres faits de même sorte.
2. *Ib.*, lib. XXI, c. v. Cf. Lib. XVIII, c. xvi-xviii.

et dans ce temple un candélabre, et sur le candélabre une lampe brûlant en plein air, mais de telle sorte que nulle tempête et nulle pluie ne l'ont jamais pu éteindre ; de même donc qu'il y a la pierre inextinguible [1], de même il y a cette lampe inextinguible. Et, reprend saint Augustin, ils pourront ainsi parler, afin de nous rendre la réponse plus difficile ; car, si nous disons qu'il n'y a pas lieu de croire, nous infirmerons le témoignage de pareils livres sur les miracles qu'ils rapportent, et si nous disons qu'il faut croire, nous reconnaîtrons les divinités des païens. » Mais, en fait, l'alternative menaçante n'est ici qu'un fantôme, car « rien ne nous oblige de croire tout ce que contient l'histoire des nations... Mais, s'il nous plaît, *si volumus,* nous en croyons ce qui n'est pas opposé à ces livres auxquels nous savons que nous sommes obligés de croire [2] ». Il dit bien plus et bien mieux : « Je ne réclame pas, d'ailleurs, que l'on croie sans discernement tous les faits que j'ai rapportés, car, moi-même, si je les crois, ce n'est pas d'une manière qui exclue de ma connaissance, absolument, le doute ; il faut seulement faire exception pour ceux dont j'ai eu l'expérience. » Et peu importent ici les phénomènes singuliers qu'il aurait observés lui-même ; mais il faut remarquer sa conclusion : « Pour tous les autres faits, je les considère comme n'exigeant de ma part ni une affirmation, ni une négation [3]. » Aujourd'hui, sans doute, où tant de recherches

---

1. « Asbeston Arcadiæ lapidem propterea sic vocari quod accensus semel jam non possit extingui » (Plin., lib. XXXVII, c. x). *Ib., ib.,* c. v, n° 1: t. VII, col. 715.
2. *Ib., ib.,* c. vi, n° 1 ; t. VII, col. 716.
3. *De Civitate Dei,* lib. XXI, c. vii, n° 2 ; t. VII, col. 719.

ont enfin enseigné à ne pas traiter, tout de suite, de fable les faits extraordinaires, on goûtera cette sagesse de saint Augustin.

C'est avec la même sagesse, qu'au dix-huitième livre de la *Cité de Dieu,* il juge l'histoire extraordinaire de Diomède devenu Dieu, et de ses compagnons transformés en oiseaux, ou encore l'histoire des compagnons d'Ulysse métamorphosés par Circé[1]. « Si, dit-il, nous affirmons de toutes ces histoires qu'il ne faut pas les croire, il ne manque pas de gens aujourd'hui, qui peuvent se porter garants d'histoires analogues pour les avoir apprises de bonne source, ou pour les avoir eux-mêmes observées[2]. » Il en appelle, d'ailleurs, à ses propres souvenirs ; il n'a certes pas vu par lui-même, mais il a entendu parler ; on lui a raconté, pendant son séjour en Italie, que des magiciennes faisaient prendre à des voyageurs un morceau de fromage, et que par ce moyen les voyageurs étaient transformés en bêtes de somme ; or, après la transformation ils avaient toujours, comme l'âne d'Apulée, leur intelligence humaine[3]. « Toutes ces choses, continue-t-il, ou bien sont fausses, ou bien elles sont tellement inusitées, que l'on a raison de ne pas les croire. » Mais ce n'est pas que rien d'extraordinaire fût impossible à Dieu, et ce n'est pas non plus « que les démons créent une subsistance, si toutefois ils font quelque chose d'analogue aux phénomènes en question ». Les

---

1. C. xvi et xvii.
2. C. xviii, n° 1 ; t. VII, col. 571. Ce chap. xviii est, avec le chap. vii du liv. XXI, tout ce qu'il y a de plus remarquable et de plus important.
3. C. xviii, n° 1.

démons n'ont pas même le pouvoir de donner au corps d'un homme l'aspect du corps d'une bête. « Mais la puissance imaginative de l'homme, *phantasticum hominis,* cette puissance qui par l'exercice de la pensée ou par le songe prend mille et mille formes, et qui, sans être corporelle, revêt, avec une rapidité merveilleuse, des formes semblables à ce qui est corps, cette puissance peut, pendant l'assoupissement ou l'enchaînement des sens corporels de l'homme, être amenée, je ne sais en quelle manière inexprimable, à s'attribuer sous forme corporelle les sens de quelque autre animal; or, cette puissance imaginative, *phantasticum illud,* apparaîtra aux autres hommes comme incorporée sous la forme d'un certain animal, et l'homme lui-même (dont la puissance imaginative est ainsi excitée) croira être cet animal; il le croira comme il le pourrait croire en songe; et il croira aussi porter des fardeaux. Mais ces fardeaux, s'ils sont de vrais corps, sont portés par les démons qui veulent tromper les hommes en leur faisant apercevoir à la fois des fardeaux véritables et des bêtes de somme feintes [1]. » Saint-Augustin explique par un exemple cet exposé général : un certain Præstantius prend le breuvage magique; il s'endort et il se voit transformé en bête de somme; il travaille alors, bien loin dans la Rhétie, à transporter l'approvisionnement des soldats. Puis il s'éveille et, comme à l'ordinaire, il se trouve dans son lit; cependant on s'informe, et on constate qu'en effet, une bête de somme a fait précisément les transports

---

1. *De Civitate Dei,* lib. XVIII, c. xviii, n° 2.

dont parle Præstantius[1]. Un autre fait semblable c'est l'explication doctrinale reçue en songe de la part d'un philosophe qui avait jusque-là renvoyé à plus tard l'explication demandée. Le philosophe dut reconnaître que, lui aussi, avait eu en songe la conscience de donner cette explication : « Et ces faits ne nous ont pas été transmis par des hommes n'importe lesquels, dont le témoignage ne devrait pas faire foi ; nous les tenons d'hommes que nous ne devons pas soupçonner de mensonge[2]. » Telle est l'attitude de saint Augustin. Les observations si nombreuses faites de nos jours la justifieraient, non certes sur tous les détails, car saint Augustin allègue fort souvent l'intervention démoniaque, et il n'est guère possible à tous les observateurs de la constater ; mais du moins, à mesure que les observations se multiplient, on apprend à ne plus nier en principe tout ce qui est extraordinaire.

Il y a pourtant un extraordinaire dont saint Augustin a toujours refusé de reconnaître le sérieux : ce sont les horoscopes. « Les hommes, dit-il, sont assez insensés pour croire qu'au moment où un homme naît, toutes les autres naissances sont arrêtées, et que, sous le même aspect du ciel, il ne peut pas naître avec lui seulement une mouche[3]. » Voilà de quel orgueil naïf est sortie la croyance des horoscopes. Il est vrai que la divination proprement dite semble parfois vérifiée par l'événement. Qu'en est-il donc en réalité ? « Tout bien pesé, il ne sera

1. C. XVIII, n° 3.
2. *Ibid.*, n° 3.
3. *De Civitate Dei*, lib. V, c. VII ; t. VII, col. 147.

pas sans raison de croire que, les astrologues donnant merveilleusement beaucoup de réponses vraies, ils les doivent à un secret instinct des esprits mauvais, car ces esprits s'appliquent à introduire et à rendre fermes dans les âmes ces opinions fausses et pernicieuses sur la fatalité imposée par les astres, mais rien ne peut s'expliquer par l'art de noter et de regarder l'horoscope, car cet art n'existe pas[1]. »

A tous les prodiges démoniaques doit s'ajouter l'art des magiciens. Saint Augustin ne met en doute ni l'existence de la magie, ni son institution par les démons. Il traite de la magie en plusieurs endroits de la *Cité de Dieu*[2]. Il accuse Porphyre de n'avoir pas eu assez de résolution pour renoncer à la magie, laquelle ne laissait pas de lui inspirer quelque honte[3]. Mais, naturellement, les histoires de magie sont mêlées à celles des prodiges.

---

1. *De Civitate Dei*, lib. V, c. VII; t. VII, col. 147. Cf. les deux chapitres V et VI. Pour cette question, voir : 1° [486] *Contre les Académiciens* (lib. I, c. VI et VII); — 2° [388-395] *Les Quatre-vingt-trois Questions* (Quæst. XLV); — 3° [397] *Doctrine chrétienne* (lib. II, c. XXI-XXIII); — 4° [400] *Confessions* (lib. IV, c. III; lib. VII, c. VI); — 5° [401-415] *Interprétation littérale de la Genèse* (lib. II, c. XVII, lequel, sauf le n° 31, ne se rapporte pas directement à l'astrologie ni à la divination; c'est d'ailleurs un chapitre très important); — 6° [406-411] *La Divination des démons*, curieux opuscule écrit pour expliquer comment les démons avaient pu prédire la fin du culte que les païens leur rendaient. — La décision doctrinale est partout de même sens que dans les deux passages de la *Cité de Dieu*; on peut lire dans le traité *Contre les Académiciens* l'histoire de cet Albicérius qui devinait avec une justesse si singulière : parfois sa divination n'était due qu'au hasard, parfois aussi elle était due à une intervention du démon.

2. Lib. VI, c. IV et XII; lib. X, c. VIII et IX, XI, XXIV; lib. XIX, c. XXI; lib. XXI, c. VI.

3. Lib. X, c. XI.

En plus d'un endroit, il mentionne des cas de possession[1]. Il formule notamment, au traité *De la Divination des démons,* les réflexions très curieuses que voici : « Les démons persuadent les hommes en des manières merveilleuses et invisibles[2] ; ils pénètrent, grâce à la subtilité de leurs corps, dans les corps des hommes qui ne sentent pas cette pénétration ; ils suggèrent certaines visions imaginaires, et c'est ainsi qu'ils se mêlent aux pensées des hommes, soit pendant le sommeil, soit pendant la veille[3]. »

Enfin, outre les prodiges dans lesquels saint Augustin voit une intervention des démons, il étudie toute une classe de faits extraordinaires : « Nous avons eu l'assurance, dit-il, qu'un homme soumis à l'esprit immonde disait à quel moment un prêtre, résidant à douze milles de là, se mettait en route pour le visiter ; le malade indiquait en détail à quel point de la route se trouvait le prêtre, combien le prêtre approchait, à quel moment il mettait le pied sur l'enclos, puis dans la maison, puis dans la chambre, jusqu'à ce qu'enfin le prêtre fût en présence du malade. Il est clair que le malade ne voyait de ses propres yeux rien de cela ; et pourtant, s'il n'avait vu en quelque manière, il n'aurait pas donné une description si vraie. Or, il avait la fièvre, et c'est pendant l'accès qu'il parlait ainsi. Et peut-être, en effet,

---

1. *De Genesi ad litteram,* lib. XII, c. xvii, n° 34 ; — *De Divinatione dæmonum,* c. v ; — *De Civitate Dei,* lib. XIX, c. iv, n° 2 ; lib. XXI, c. vi, n° 1.

2. « *Miris* et invisibilibus modis », c'est, une fois de plus, le *miris modis,* que saint Augustin affectionne.

3. C. v, n° 9 ; t. VI, col. 586.

n'avait-il réellement que la fièvre, mais à cause de ce qui arrivait, on s'imaginait qu'il était possédé. Jamais il n'acceptait des siens quelque nourriture, mais seulement de la main du prêtre. Il résistait violemment aux siens de toutes ses forces ; le prêtre seul, par sa présence, le calmait ; c'est à lui seul que le malade obéissait et qu'il répondait avec soumission. Ce ne fut pourtant pas le prêtre qui mit fin à cette aliénation d'esprit ou à cette possession ; la fièvre tomba, et la guérison se produisit comme on la voit se produire dans les cas de fièvre ardente ; d'ailleurs, dans la suite le malade n'éprouva jamais rien de semblable [1]. »

Au même endroit, saint Augustin raconte un cas de vision anticipée : c'est encore un malade qui, sous l'empire de la fièvre, parle d'une personne comme si déjà elle était morte ; et cette personne ne tarda pas, en effet, à mourir [2] ; ce sont ensuite les visions d'un autre malade [3]. Or, tous ces phénomènes singuliers ont pour cause, tantôt une disposition des organes, tantôt une affection de l'esprit [4]. Ce n'est pas, d'ailleurs, que de lui-même, et séparé de l'âme, l'organisme puisse produire des représentations. Mais si l'état du cerveau ne permet pas à l'âme de se servir des sens corporels, il arrive que l'âme se crée à elle-même des perceptions sans objet [5], ou des

---

1. *De Genesi ad litteram*, lib. XII, c. xvii, n° 35 ; t. III, col. 468 ; — voir la suite jusqu'à la fin du c. xxiv.
2. N° 36.
3. N° 37.
4. C. xix.
5. « Sopito, aut perturbato, aut etiam intercluso itinere intentionis a cerebro, qua dirigitur sentiendi modus, anima ipsa quæ motu proprio ces-

perceptions autres que les perceptions ordinaires. L'âme, en effet, tient à percevoir les choses extérieures; si donc les organes lui font défaut, elle perçoit en quelque manière plus ou moins singulière [1].

D'autres fois, l'âme obéit à un secret instinct, à peu près comme Caïphe lorsqu'il disait qu'il est utile que quelqu'un meure pour tout le peuple (Joan. XI, 51) [2]. Ou bien encore, il y a des divinations fortuites, et beaucoup plus souvent, l'âme reçoit des illuminations dont elle n'a pas une conscience claire [3]. Mais en tout cela il se rencontre bien des difficultés : « Il nous est très difficile de savoir ce qui se passe, et si nous le savons, il faut un travail infini pour l'exposer et pour l'expliquer [4]. »

La *Cité de Dieu* contient dans cet ordre de choses un fait qu'il n'est pas possible d'omettre : « Il y avait dans la paroisse de Calame, un prêtre nommé Restitutus qui, à volonté, dès que l'on imitait devant lui des pleurs et des lamentations, perdait aussitôt le sentiment; il était étendu comme un mort; il ne sentait ni les froissements, ni les piqûres; on pouvait le brûler, il ne sentait rien,

---

sare ab hoc opere non potest, quia per corpus non sinitur, vel non plene sinitur corporalia sentire, vel ad corporalia vim suæ intentionis dirigere, spiritu corporalium similitudines agit, aut intuetur objectas. » (C. xx, n° 12; t. III, col. 470.) Lire la suite de ce numéro.

1. *Ibid*, n° 43; col. 471 : « Si causa est intus in cerebro, unde diriguntur viæ ad ea quæ foris sunt sentienda; ipsius intentionis vasa sopiuntur, vel turbantur, vel intercluduntur, quibus nititur anima in ea quæ foris sunt, intuenda vel sentienda. Quem nisum quoniam non amittit, tanta expressione format similia, ut imagines corporalium a corporibus discernere non valens utrum in illis an in istis sit nesciat. »

2. C. xxii, n° 43; t. III, col. 172.

3. N° 46-48.

4. N° 48 *in fine*.

sinon, plus tard, la plaie qui persistait; ce n'était pas, d'ailleurs, par endurance, c'était par insensibilité qu'il restait immobile; car, de même qu'un mort, il ne respirait plus. Cependant, si on parlait avec plus de force, il disait plus tard qu'il avait entendu comme des voix lointaines[1]. »

Saint Augustin avait donc attentivement observé; mais ce qui est préférable à tous les recueils d'observations, il avait bien jugé les phénomènes extraordinaires. Ce n'est pas lui, en effet, qui pouvait se laisser surprendre par l'étonnement; il avait toujours conscience que nous ignorons le pourquoi essentiel de tous les phénomènes, et que la rareté de quelques-uns ne les rend ni plus importants, ni plus merveilleux[2]. D'ailleurs, il laisse les savants raconter, selon qu'ils le connaissent, tout le détail extérieur, tout ce qui, de nos jours, s'appellerait physiologie; il ne veut ni s'exposer à la risée des savants, ni prendre auprès des autres l'attitude d'un homme qui saurait tout[3]. Il ne manquera pas de rappeler que nous devons nous défendre contre le danger de considérer avec admiration les phénomènes rares : « Les hommes, dit-il, aiment à examiner les choses rares et à rechercher les causes de l'inusité; mais, pour l'ordinaire, les choses toutes semblables de chaque jour, et qui, d'ailleurs, ont souvent une origine plus mystérieuse, n'excitent pas même leur

---

1. Lib. XIV, c. xxiv, n° 2; t. VII, col. 433.
2. *De Genesi ad litteram*, lib. XII, c. xviii, n° 40; t. III, col. 469 sq.
3. « *Ut nec docti me tanquam affirmantem derideant, nec indocti (me) tanquam docentem accipiant* » (*Ibid.*, n° 39).

curiosité[1]. » Ce mot, d'un sens si juste et d'un tour si heureux, devrait être dans toutes les mémoires.

1. *Ibid*, n° 39; t. III, col. 469 : « Amant homines inexperta rimari et causas insolitorum inquirere, cum quotidiana plerumque talia sæpe etiam latentioris originis nosse non curant. » — Remarquer ce chapitre qui, dans l'*Interprétation littérale de la Genèse*, est l'un des plus forts. — On trouve dans la *Cité de Dieu* une sentence analogue : « si credunt, inexperta mirantur, et si contigerit experiri, adhuc quidem mirantur insolita, sed assiduitas experiendi paulatim subtrahit admirationis incitamentum » (lib. XXI, c. IV; t. VII, col. 714).

CHAPITRE IV

LES ÊTRES VIVANTS

I

La plante vit; elle est douée d'un principe intérieur qui produit les phénomènes de la végétation, et qui tend à réaliser un plan déterminé[1]. Ce principe, d'ailleurs, n'a pas la spontanéité qui se remarque dans l'animal et dans l'homme; c'est la raison pour laquelle « on ne dit pas l'âme (des plantes) mais seulement la vie (des plantes)[2] ». Il n'y a pas même à discuter si les plantes ont le sentiment et l'intelligence; ç'a été chez les Manichéens une véritable folie d'attribuer l'un et l'autre à tous les végétaux[3].

L'animal, outre qu'il vit, possède aussi le sentiment

---

1. « Moventur (arbusta) illo motu quo intrinsecus agitur quidquid ad incrementum *speciemque* arboris pertinet. » (*De Genesi ad litteram*, lib. VII, c. xvi, n° 22; t. III, col. 363; cf. *De Civitate Dei*, lib. XI, c. xxvii.)

2. *De Genesi ad litteram, Liber imperfectus*, c. v, n° 24; t. III, col. 229; cf. *De Genesi ad litteram*, lib. VII, c. xvi.

3. *De Genesi ad litteram*, Lib. imp., c. v, n° 24; *De Moribus Ecclesiæ*, lib. II, c. xvii, surtout n° 55-57; cf. *De Civitate Dei*, lib. XI, c. xxvii, n° 2.

et la mémoire. On doit reconnaître qu'il a une âme[1]. Or, cette âme de l'animal « imprime un mouvement harmonieux au corps qu'elle fait vivre, elle recherche ce qui convient, elle surmonte ou elle évite selon ses forces ce qui peut nuire, elle rapporte toutes choses au sens unique du bien-être[2]. » — « Il n'existe pas d'animal qui, dans le son de sa voix, ou dans ses autres mouvements et dans l'action de ses membres, ne montre quelque chose d'harmonieux, quelque chose qui, en son genre, obéit à une règle; et si l'animal montre cela, ce n'est pas par réflexion, c'est parce que l'intérieur de sa nature a été ainsi déterminé par la loi suprême des nombres[3]. » La douleur elle-même, les manifestations qu'elle produit, contorsions ou fuite, est une preuve manifeste que l'animal aspire à un état de concorde et qu'il veut l'harmonie des parties dont son organisme se compose, ou, en un mot, qu'il tend à l'unité[4]. Comment, d'ailleurs, savons-nous que l'animal a une âme? Saint Augustin pense que, si nous ne percevons l'âme de l'animal ni par la sensation directe, ni par une intuition, nous avons cependant, à la vue de l'animal, comme à la vue d'un autre homme, la

---

1. Sur l'âme de l'animal, voir surtout : *De Trinitate*, lib. XII, c. 1 et 11; — *De Quantitate animæ*, c. xxv, xxvi et xxviii; — *De Libero Arbitrio*, lib. I, c. viii; lib. III, c. xxiii, n° 69, 70; — examen d'un cas de mémoire chez des poissons : *De Genesi ad litteram*, lib. III, c. viii, n° 12.

2. « Et ad unum sensum incolumitatis referens omnia. » (*De vera Religione*, c. xli, n° 77; t. III, col. 157.)

3. *Ibid.*, c. xlii, n° 70; t. III, col. 158.

4. *De Libero Arbitrio*, lib. III, c. xxiii, n° 69; t. I, col. 1303 : « Dolor autem quem bestiæ sentiunt, animarum etiam bestialium vim quamdam in suo genere mirabilem laudabilemque commendat... »

conviction de nous trouver devant un vivant. Nous percevons l'âme des autres hommes et notamment l'âme des animaux par un acte tout particulier qui ne nous permet pas le doute[1]. Et remarquons que c'est la seule réponse à faire à un Descartes ou à un Malebranche; car de rappeler à l'un et à l'autre les signes par lesquels l'animal manifeste son intelligence et sa sensibilité, c'est leur raconter inutilement des phénomènes qu'ils connaissent fort bien et qu'ils interprètent facilement à leur manière. Il serait encore plus inutile de leur opposer la physiologie, science proprement extérieure, dont ils accepteront tout le détail, que, d'ailleurs, ils plieront sans peine à leur préjugé d'automatisme. L'on n'a contre la théorie des bêtes machines qu'une ressource certaine : c'est d'affirmer que nous sommes faits pour percevoir spontanément l'âme des animaux. Bossuet s'expliquait moins bien que saint Augustin, mais il disait au même sens que lui : « cette opinion (des bêtes machines) jusqu'ici entre peu dans l'esprit des hommes [2] ».

---

[1]. « Cum corpus vivum movetur (non) aperitur ulla via oculis nostris ad videndum animum, rem scilicet quæ oculis videri non potest : *sed illi moli aliquid inesse sentimus* quale nobis inest ad movendum similiter molem nostram, quod est vita et anima. » (*De Trinitate*, lib. VIII, c. vi, n° 9; t. VIII, col. 953.)

[2]. *Connaissance de Dieu et de soi-même*, c. v, n° 13. — Sur l'unité de l'âme dans l'animal, voir *De Quantitate animæ*, c. xxxi (le ver coupé en deux, qui continue à vivre, et dont chaque partie forme un animal distinct). — Sur *génération spontanée*, *De Trinitate*, lib. III, c. viii, n° 13.

II

L'âme humaine [1] dépasse par toutes ses facultés l'âme de la bête.

La première question à résoudre est celle sur l'origine même de l'âme [2]. C'est, dans les œuvres de saint Augustin, une question constamment reprise, et c'est aussi l'une de celles où saint Augustin montre un sens plus vif du mystère. Si, d'ailleurs, il ne formula jamais une décision absolue, cela provient de ce qu'il apercevait partout la difficulté qui s'y trouve; et s'il montra toujours quelque penchant pour un certain traducianisme, la raison en est claire : le traducianisme semblait fournir un moyen d'expliquer la propagation du péché originel.

---

1. Sur l'âme et ses facultés, on trouvera un ample recueil de textes dans le livre que l'oratorien ANDRÉ MARTIN publia en 1667, sous le pseudonyme d'AMBROSIUS VICTOR. Édition nouvelle en 1863, par l'abbé Fabre, Paris, chez Durand, et dernière édition, 1900, Paris, chez Vivès. Le collecteur a omis les textes si caractéristiques sur la sensation (voir ci-dessus, chap. I, par. II) et il a défiguré un passage des *Soliloques* (lib. II. c. XIII) pour y trouver que l'âme des bêtes doit mourir. Le livre de Ferraz, *Psychologie de saint Augustin* (1862 et 1869), aurait pu donner des renseignements précis et complets, mais il aurait fallu que l'auteur se renfermât dans son sujet, et qu'à propos de *Psychologie*, il n'essayât pas d'exposer toute la doctrine de saint Augustin.

2. Passages principaux : 1° [388-395] *Libre Arbitre* (lib. III, c. XX et XXI); — 2° [401-415] *Interprétation littérale de la Genèse* (lib. X); — 3° [415] *Ep.*, CLXVI, à saint Jérôme; c'est la pièce la plus remarquable; on peut ajouter : *Ep.*, CXLIII, CLXIII et CXC, et la lettre même de saint Jérôme, qui est, dans saint Augustin, *Ep.*, CLXV; — 4° [419] *De l'Âme et de son origine* (les quatre livres; l'un des ouvrages où saint Augustin montre le mieux combien l'on gagne à se rendre compte que l'on ne sait pas).

Dès le commencement, dans le traité du *Libre Arbitre*, saint Augustin fait quatre suppositions : 1° par l'action de Dieu toutes les âmes sortent de la première âme que Dieu créa ; 2° Dieu crée pour chaque individu une âme particulière ; 3° toutes les âmes existent en Dieu[1], et au moment voulu, une âme est envoyée pour régir un corps ; elle perd dès ce moment le souvenir de son existence antérieure ; 4° les âmes préexistent, mais ce n'est pas Dieu qui les envoie dans un corps, elles s'y rendent de leur propre volonté[2].

Il ne donne pour certaine aucune des quatre suppositions : ni l'Écriture, ni l'Église n'ont encore rien décidé ; il demande seulement que ces suppositions n'induisent pas à penser de l'essence divine contrairement à la vérité et aux convenances[3]. Il se résigne à ignorer, car ne savoir pas ce qui en est de la créature, ne peut occasionner aucun mal, aussi longtemps, du moins, que l'on ne propose pas avec assurance de simples divinations, et que l'on ne s'en prévaut pas « comme de notions connues et comprises[4] ». Il disait, dans le même esprit, à saint Jérôme : « J'aime mieux (sur ce point) écouter un maître, que d'être écouté à titre de maître[5]. » Et c'est avec plus d'insistance qu'il s'adresse à

---

1. « *Si vero in Dei aliquo secreto jam existentes animæ...* » Voir note suivante.

2. Lib. III, c. xx, n° 56, 57 et 58 ; expression abrégée : c. xxi, n° 62.

3. « *Tantum adsit fides nihil de substantia Creatoris falsum indignumque sentiendi.* » (*Ibid.*, c. xxi, n° 59 ; t. III, col. 1300.)

4. « *Dummodo non id pro cognito perceptoque teneamus, nullum periculum est.* » (*Ibid.*, col. 1300.)

5. *Ep.*, CLXVI, c. iv, n° 9 ; col. 724.

Vincentius Victor : « Que votre présomption juvénile, ô mon fils, ne s'offense pas de mes craintes de vieillard. Car, si à défaut de tout enseignement divin, ou d'un enseignement formulé par quelque homme spirituel, je suis incapable de savoir, je suis, du moins, tout prêt à montrer avec quelle sagesse Dieu a voulu, ici comme en bien d'autres cas, que nous ne sachions rien; et il me sera plus naturel de le montrer que de parler témérairement sur un sujet trop obscur, inaccessible à l'intelligence des autres et aussi à la mienne [1]. »

Dans l'Épître à saint Jérôme (Ep. CLXVI) saint Augustin avertit qu'il n'avait pas d'abord songé à une cinquième opinion bien condamnable, selon laquelle l'âme serait une partie de la substance divine [2]; il rappelle cette opinion, dans le traité *De l'Ame et de son origine*, et, une fois de plus, il la condamne [3].

L'Épître à saint Jérôme contient aussi l'expression des difficultés que la propagation du péché originel fait concevoir contre la création nouvelle de chaque âme; il n'y a même pour saint Augustin que cette difficulté; quelques-uns, il est vrai, alléguaient de plus le mot de la Genèse (II, 2), *au septième jour, Dieu mit fin à son œuvre*, mais ce n'est pas ce mot qui empêcherait de croire une création nouvelle; Dieu, en effet, par la création actuelle, n'institue pas une essence de plus, il multiplie l'essence qui déjà existait [4]. Enfin saint Augustin

---

1. *De Anima et ejus origine*, lib. IV, c. xi, n° 16; t. X, col. 533; cf. n° 15.
2. C. iii, n° 7.
3. Lib. I, c. xix, n° 32; lib. II, c. iii, n° 6.
4. « Hoc et nunc facit, non instituendo quod non erat, sed multiplicando

avait étudié la question dans tout son détail; il avait examiné les témoignages des Écritures, il les avait tous présents à l'esprit : « Ne prenez pas la peine, écrivait-il à saint Jérôme, de me les alléguer pour terminer mes doutes [1]. » Il exprime même, à cet endroit, le désir que l'on mette hors de discussion la création actuelle de chaque âme : « Personne, dit-il, ne fait par son désir que ce qui n'est pas vrai le devienne; cependant, je désirerais que, s'il est possible, cette opinion fût vraie; et, de même, si elle est vraie, je désire que vous la défendiez par des raisons évidentes et invincibles [2]. »

Rappelons que, dans toutes les suppositions possibles, Dieu est l'auteur de l'âme. Saint Augustin l'a enseigné [3]; il suffit qu'un mot en fasse maintenant ressouvenir.

L'âme de chacun de nous est une substance individuelle, limitée à son être propre et réelle selon son être propre. Or, imaginer que l'âme est une partie de la substance divine, détruit la réalité individuelle de l'âme [4]; il ne reste, non plus, à l'âme aucune réalité,

---

quod erat » (c. v, n° 12, col. 726; cf. n° 8-13). Voir aussi trois alinéas très importants (n° 15-17) : les enfants adultérins; les misères qui, dès cette vie, accablent un si grand nombre d'enfants; les diversités de dons naturels.

1. C. VIII, n° 26 ; col. 731.
2. C. VIII, n° 26 *in fine;* cf. n° 23 : « Illa de animarum novarum creatione sententia, si hanc fidem (de peccato originali) fundatissimam non oppugnat, sit et mea; si oppugnat, non sit et tua. »
3. *Ep. CCII,* à Optat. — Ci-dessus, liv. II, c. III, paragr. VII.
4. *Ep. CLXVI,* c. III, n° 7; — *De Anima et ejus origine,* lib. I, c. XIX, n° 32; lib. II, c. III, n° 6; — *De Genesi ad litteram,* lib. VII, le dernier numéro qui est un résumé très important et très clair.

s'il peut être vrai que, pour tous les hommes, il existe une seule âme numériquement identique [1].

En elle-même, l'âme est une substance spirituelle [2]; on ne s'explique pas comment un Tertullien a pu croire que l'âme fût un corps; « il ne pouvait pas la concevoir incorporelle; et pour cela, il craignit que, si elle n'était pas un corps, elle ne fût rien; il ne sut pas, d'ailleurs, avoir une autre conception de Dieu; mais comme il a l'intelligence subtile, il lui arrive de voir la vérité et de contredire sa propre opinion [3] ». Et Tertullien n'est pas le seul qui se représente la réalité uniquement sous des formes sensibles; beaucoup d'autres ne savent pas faire autrement; ils identifient, comme lui, le réel avec le sensible ou le corporel, et pour eux, ce qui n'est pas corps et qui n'a aucune représentation sensible, est un pur néant. C'est à cause de tels hommes que saint Augustin dit : « Si le corps est toute substance, ou toute essence, ou s'il est, sous quelque nom que ce soit, tout ce qui en quelque manière subsiste en soi-même, l'âme elle aussi est un corps. Si, en outre, par substance incorporelle on veut seulement entendre cette substance immuable qui est entière, partout, l'âme dans ce cas est un corps. Mais si le corps est simplement ce qui occupe l'espace

---

1. Surtout *De Libero Arbitrio*, lib. II, c. VII et IX ; cf. *De Quantitate animæ*, c. XXIII; *De Anima et ejus origine*, lib. IV, c. XXII.

2. [388] *Quantité de l'âme*, passim, surtout c. III et IV. — Saint Augustin a fort souvent affirmé la spiritualité de l'âme, notamment : *De Genesi ad litteram*, lib. VII, c. XII, XIV-XV, XIX-XXI, et XXVIII, n° 42-43; lib. X, c. XXIV-XXVI; *De Trinitate*, lib. X, c. VI-X ; ce livre est d'une fort grande importance.

3. *De Genesi ad litteram*, lib. X, c. XXV, n° 41; t. III, col. 427. Cf. toujours sur Tertullien, c. XXVI.

en quelque longueur, largeur et hauteur ; s'il occupe l'espace et s'il s'y meut de telle manière qu'une plus grande partie du corps occupe un espace plus grand et qu'une plus petite partie occupe un espace moindre, et que le corps soit moindre dans une partie de lui-même que dans son total : si le corps est cela, l'âme n'est pas un corps [1]. »

Tout ce que nous savons de l'âme nous oblige à la considérer comme une substance proprement dite, ou une substance indivisible. C'est une considération que saint Augustin développe parfaitement au dixième livre de *la Trinité;* voici en son entier le passage, qui est très remarquable : « Que l'âme, au moment où on l'exhorte à se connaître, ne mette aucun élément étranger dans la notion qu'elle a d'elle-même. Lors donc que, par exemple, l'âme se croit un fluide, *aerem se putat,* elle croit qu'un fluide comprend, et pourtant elle sait que c'est elle qui comprend ; mais qu'elle soit un fluide, ce n'est pas ce qu'elle sait, et, au contraire, c'est ce qu'elle croit. Qu'elle écarte donc ce qu'elle croit d'elle-même, et qu'elle aperçoive ce qu'elle sait ; qu'une seule chose reste acquise pour elle, cette chose dont ceux-là mêmes n'ont pas douté qui, dans leur croyance, ont confondu l'âme avec tel ou tel corps. Car enfin, toute âme ne s'est pas imaginé être un fluide, mais les unes ont cru être du feu, d'autres le cerveau, d'autres une autre sorte de corps; mais toutes savent qu'elles comprennent, qu'elles sont et qu'elles vivent ; or, toutes rapportent le fait de

---

[1]. *Ep. CLXVI,* c. II, n° 4; col. 722.

comprendre à l'exercice de l'intellection, mais être et vivre, elles le rapportent à elles-mêmes [1]. Et pour personne il n'y a un doute sur ceci : comprendre exige que l'on vive; vivre exige que l'on soit. D'où il suit que l'être du sujet qui comprend n'est pas comme l'être du cadavre qui ne vit pas, et que la vie du sujet qui comprend n'est pas comme la vie de l'âme qui ne comprend pas; mais son être et sa vie ont un caractère propre et plus relevé [2]. »

En faisant de l'âme un corps, c'est-à-dire un composé, on nie la réalité propre ou la substantialité propre de l'âme; il y a encore une autre manière de la nier, qui est de considérer l'âme comme le résultat de l'organisme, et de prétendre, à l'exemple de Simmias dans le *Phédon* [3], que l'âme est l'harmonie du corps. Saint Augustin met ensemble « ceux qui imaginent que l'âme est un corps ou qu'elle est le bon arrangement du corps [4] ». Il oppose à tous ce fait fondamental : l'âme ne conçoit aucun corps en la manière intime dont elle se conçoit elle-même; l'âme ne peut donc pas être ce qu'elle ne conçoit pas et ce dont elle n'a pas l'intuition de conscience [5]; « l'âme conçoit qu'elle vit, qu'elle se

---

1. « *Sed intelligere ad id quod intelligunt referunt.* » Pour l'intelligence de cette phrase, voir le n° 15 (t. VIII, col. 981) où saint Augustin avertit que les philosophes selon lesquels l'âme est un corps, considèrent ce corps comme la substance de l'âme, et assimilent l'intellection à une qualité ou à un accident de l'âme.

2. C. x, n° 18; t. VIII, col. 980; cf. *Ep.* CLXVI, c. II, tout le n° 4 très fort.

3. C. XXXVI.

4. *De Trinitate*, lib. X, c. x, n° 15; t. VIII, col. 981.

5. « Cum se mens novit, substantiam suam novit; et cum de se certa est,

souvient, qu'elle comprend, qu'elle veut. Elle reconnaît tout cela en elle-même, elle ne l'imagine pas comme si la sensation le lui avait fait percevoir au dehors[1].

L'étude qu'il faut maintenant commencer sur les opérations de l'âme achèvera et confirmera ce qui vient d'être dit. Or, la première et la plus constante des opérations de l'âme, c'est celle qui produit la vie du corps : la vie à tous ses degrés et dans toutes ses manifestations[2]. Saint Augustin attribue à cette opération une importance fondamentale; il y voit l'un des caractères essentiels d'après lesquels une substance est déterminée; aussi définit-il l'âme : « Une substance raisonnable faite pour gouverner le corps[3]. »

L'âme qui donne la première vie à l'enfant dans le sein de sa mère est substantiellement celle qui fait vivre l'homme, et qui non seulement produit en lui tous les phénomènes de la vie animale, mais encore tous ceux de la vie sensible et de la vie intellectuelle[4]. D'ail-

de substantia sua certa est...... totumque illud quod se jubetur ut noverit, ad hoc pertinet ut certa sit non se esse aliquid eorum de quibus incerta est, idque solum esse se certa sit, quod solum esse certa est... Si quid horum esset, aliter id quam cætera cogitaret, *non scilicet per imaginale figmentum...... sed quadam interiore non simulata, sed vera præsentia.* » (*Ibid.*, n° 16; t. VIII, col. 981 sq.)

1. *Ibid.*, n° 16 *in fine*.

2. *Confessionum*, lib. X, c. VII, n° 11; *Tractatus in Joannem*, Tract. XXIII, n° 5, où se trouve ce mot : « Quomodo anima quæ inferior Deo est, id quod ipsa inferius est, hoc est corpus *facit vivere*, » et au n° 6 : « *corpus non vegetari nisi per animam* » (t. III, col. 1585).

3. « *Substantia quædam rationis particeps regendo corpori accommodata.* » (*De Quantitate animæ*, c. XIII, n° 22 *in fine*.)

4. *De Trinitate*, lib. XIV, c. IV, n° 6; t. VIII, col. 1010 : « quamvis ratio vel intellectus nunc in ea (anima) sit sopitus, nunc parvus, nunc magnus appareat, *nunquam nisi rationalis et intellectualis est anima humana...*

leurs, l'âme accomplit, sans en avoir conscience, cette opération de laquelle résultent tous les phénomènes de la vie animale : « Nos viscères intérieurs ne vivent pas sans l'âme, mais il est plus facile à l'âme de les rendre vivants que de les connaître[1]. »

Avant d'entrer dans le détail des facultés, il est facile dès à présent de voir que « l'homme, ce n'est pas le corps seul, ou l'âme seule, mais l'être qui se compose de l'âme et du corps[2] ». Et cela s'exprime plus brièvement par la définition que l'antiquité avait déjà rendue célèbre, *l'Homme est un animal raisonnable*, définition que saint Augustin donne souvent sous cet forme : « l'Homme est un animal raisonnable mortel[3] ». Il y a donc union substantielle entre l'âme et le corps; nous le savons; mais ici notre science constate le fait, elle ne peut pas en pénétrer la nature intime : « La

Ab initio quo esse cœpit ista tam magna et mira natura (nempe anima hominis), *sive ita obsoleta sit hæc imago* (Dei) *ut pene nulla sit, sive obscura atque deformis, sive clara et pulchra sit, semper est* ». Cf. c. v. — *De Civitate Dei*, lib. XXII, c. xxiv, n° 3. — *Enchiridion*, c. LXXXV-LXXXVII. Cf. *Soliloquiorum*, lib. II, c. xx, n° 36.

1. « *Facilius ea potuit anima vivificare quam nosse.* » (*De Anima et ejus origine*, lib. IV, c. v, n° 6; t. X, col. 527; ce chapitre et le suivant sont à lire.)

2. *De Civitate Dei*, lib. XIII, c. xxiv, n° 2; t. VII, col. 399. — Cf. *De Moribus Ecclesiæ*, lib. I, c. iv, n° 6.

3. « Animal rationale mortale » (*De Civitate Dei*, lib. IX, c. xiii, n° 3; t. VII, col. 267). — Cf. *De Ordine*, lib. II, c. xi, n° 31, où cette définition est attribuée aux anciens sages. — *De Quantitate animæ*, c. xxv, n° 47. — *De Moribus Ecclesiæ*, lib. I, c. xxvii, n° 52; t. I, col. 1332 : « *Homo igitur, ut homini apparet, anima rationalis est mortali atque terreno utens corpore* »; à quoi il faut comparer c. iv, n° 6. — *De Trinitate*, lib. VII, c. iv, n° 7; t. VIII, col. 939 : « *homo, sicut veteres definierunt, animal est rationale mortale* ».

manière dont les esprits s'unissent aux corps et dont les animaux subsistent, est tout à fait étonnante; elle dépasse l'intelligence de l'homme, et c'est pourtant cela même qui est l'homme[1]. »

Cette conception de l'homme devrait supprimer toute question sur les rapports de l'âme et du corps; car enfin, dans l'homme, l'âme et le corps n'existent pas chacun à part et ne sont pas deux réalités distinctes juxtaposées. Mais le langage de saint Augustin reproduit l'inexactitude depuis longtemps usitée et qui ne cessera pas de l'être. Saint Augustin demande si le corps agit sur l'âme, ou si c'est l'âme qui agit sur le corps; il lui répugne d'accorder au corps une action sur l'âme[2]; c'est l'âme, pense-t-il, qui, en raison de sa supériorité, doit imposer son action. Un langage analogue, c'est-à-dire un langage qui établit une séparation entre le corps et l'âme, reviendra constamment. On doit donc se rendre compte que, dans tous les cas où il revient, il désigne le corps humain, actuellement vivant. Mais c'est l'âme qui fait que le corps est un corps vivant; d'où enfin l'influence du corps sur l'âme ne peut signifier que ceci : le corps, rendu vivant par l'âme, agit comme tel sur l'âme. Or, il est clair que cette action ne dif-

---

1. *De Civitate Dei,* lib. XXI, c. x, n° 1 *in fine;* t. VII, col. 725. — Le mot de Pascal : « (L'homme ne peut concevoir) comment un corps peut être uni avec un esprit; c'est là le comble de ses difficultés, et cependant c'est son propre être. » *Pensées,* art. 1, n° 1 (Ed. Havet).

2. *De Genesi ad litteram,* lib. XII, c. xvi, n° 33; cf. c. xviii et c. xx. — Cf. *De Musica,* lib. VI, c. iv, n° 7, et c. v où le langage de saint Augustin aurait pu être accepté par Descartes et par Malebranche (surtout c. v, n° 9).

fère pas d'une action exercée par l'âme sur elle-même.

L'âme est tout entière dans tout le corps, et, à la fois, dans chaque partie du corps : « Elle se trouve dans tout le corps qu'elle anime ; elle y est répandue (*porrigitur*), non par diffusion locale, mais comme activité vivifiante : elle est présente, en effet, simultanément tout entière dans toutes les plus petites parties du corps, sans être moindre dans les moindres parties, ni plus grande dans les plus grandes ; mais en tel point de l'organisme elle manifeste plus d'activité, et elle en manifeste moins en tel autre ; elle est tout entière dans le total, et tout entière dans chaque partie. C'est la raison pour laquelle, si elle éprouve une sensation qui n'intéresse pas tout l'organisme, elle est cependant tout entière à l'éprouver[1]. »

Saint Augustin attribue à l'âme vivificatrice du corps toutes les actions dont nous avons quelque conscience ; et d'abord, il lui attribue la sensation, qu'il définit en ces termes : « Je pense qu'il y a sensation, lorsque l'âme n'ignore pas ce que subit le corps[2]. » *Non latere animam* est le mot que toujours il emploiera[3]. Il dit aussi : « Éprouver la sensation n'appartient pas au corps, mais à l'âme par le corps », *sentire non est cor-*

---

1. *Ep. CLXVI*, c. ii, n° 4; col. 722. — Cf. fusius, *De Immortalitate animæ*, c. xvi; *Contra Epistolam Fundamenti*, c. xvi.
2. *De Quantitate animæ*, c. xxiii, n° 41; t. I, col. 1058; cf. c. xxiv, n° 45, et c. xxv, n° 48 *in fine*.
3. *Ep. CLXVI*, c. ii, n° 4 : « *animam totam non latet* », col. 722; même expression [410] *Ep. CXVIII*, c. iv, n° 24.

poris, sed animæ per corpus[1]. Les nerfs[2] et le cerveau[3] sont les organes indispensables de la sensation.

La sensation s'opère par l'intermédiaire des cinq sens[4]; mais nous avons un sixième sens, le sens intérieur, par lequel nous percevons que la sensation d'ouïe, par exemple, et la sensation de tact sont également notre propre sensation[5]. D'ailleurs l'impression organique ne suffit pas; la sensation, pour exister et pour être perçue comme telle, exige que, d'abord, il y ait eu une modification de l'âme : « Il se produit dans l'âme quelque chose qui n'est pas l'impression (de l'objet sur l'organe), mais qui y ressemble; et si cela ne se produisait pas, il n'y aurait pas la sensation par laquelle les choses situées au dehors sont perçues. Car ce n'est pas le corps qui a la sensation, mais l'âme par le corps[6]. » C'est ainsi que nous avons la sensation d'objets bien éloignés de nous[7].

De la sensation dépendent toutes nos représentations sensibles. En effet, nous n'avons pas par nature une connaissance primitive du monde extérieur; dès lors

---

1. *De Genesi ad litteram*, lib. III, c. v, et lib. XII, c. xxiv, n° 51. Ces deux chapitres sont fort importants.
2. *De Quantitate animæ*, c. xxii, n° 38, très explicite: *id.*, n° 39.
3. *De Genesi ad litteram*, lib. VII, c. xviii; lib. XII, c. xx. — *De Anima et ejus origine*, lib. IV, c. v, n° 6.
4. *De Genesi ad litteram*, lib. III, c. iv, n° 6. — *De duabus animabus*, c. ii, n° 2.
5. C'est le *sensorium commune* d'Aristote. Voir *De Libero Arbitrio*, lib. II, c. iii, n° 8 et 9; c. iv et v; c. vii, n° 15. Dans ces quatre chapitres, la discussion est complète. — Cf. *Confess.*, lib. VII, c. xvii, n° 23 (*animæ*) : « INTERIOREM VIM, *cui sensus corporis exteriora annuntiaret* ».
6. *De Genesi ad litteram*, lib. XII, c. xxiv, n° 51; t. III, col. 175.
7. *De Quantitate animæ*, c. xxiii, n° 43, 44; cf. c. xxiv et xxv.

l'imagination, en ce qu'elle a de sensible, puis le songe et la mémoire, du moins la mémoire qui nous représente des objets déjà perçus, ont pour condition première la sensation[1]. Là où il n'y a jamais eu sensation, ce ne sera jamais ni l'imagination sensible, ni le songe, ni la mémoire qui feront percevoir la chose extérieure : les aveugles-nés n'ont aucune représentation de la lumière[2].

Outre sa force de perception sensible, l'âme possède trois facultés principales : la volonté, la mémoire et l'intelligence[3]. A la volonté appartient l'amour; c'est l'amour qui, diversement modifié, produit toutes les passions : « l'amour s'efforçant de posséder son objet, se nomme désir; le possédant et en jouissant, il est la joie; fuyant ce qui lui est contraire, il est la crainte; enfin le ressentant s'il doit le subir, il est la tristesse[4] ».

Dans l'énergie de la volonté se montre la supériorité de l'homme. Notre volonté, en effet, et non pas notre force corporelle, dompte l'animal; nous rendons l'animal docile, nous le contraignons à vouloir et à se soumettre. Il se sent dominé : « son âme est si bien sou-

---

1. [389] *Ep. VII*, à Nébridius, c. II et c. III. Discussion très curieuse.
2. *De Trinitate*, lib. XI, c. VIII, n° 13 et 14; et c. x. — Sur les aveugles-nés, *Ep. VII*, c. III, n° 6 *in fine* : « a prima ætate cœci, cum de luce coloribusque interrogantur, quod respondeant non habent ».
3. *De Trinitate*, très souvent; voir lib. X, c. x, n° 15; lib. XIV, c. VIII, n° 11, et c. XII, n° 15; lib. XV, c. XXI totum. — Cf. *Ep. CLXIX*, c. II, n° 6.
4. *De Civitate Dei*, lib. XIV, c. VII, n° 2; t. VII, col. 410, cf. c. VI; lib. IX, c. IV; et pour les quatre passions : *Confessionum*, lib. X, c. XIV, n° 21.

mise à l'homme que, par sentiment et par habitude, elle en arrivera à être l'esclave de la volonté de l'homme »; mais l'animal, quelle que soit sa férocité et sa force et quelle que soit aussi son énergie intérieure, ne peut pas « songer à dompter l'homme » et à le soumettre[1]. Ajoutons que, pour dompter l'animal, il n'est pas requis de posséder une sagesse supérieure; la simple volonté énergique y suffit[2].

Saint Augustin a très longuement et très curieusement étudié la mémoire[3]. Il décrit une infinie variété d'oublis et de réminiscences. Il s'est rendu compte que nous pouvons savoir et ne pas nous en douter : « Nous ignorons, dit-il, la force de notre mémoire, de notre intelligence et de notre volonté. Un ami avec qui j'étais lié depuis l'adolescence, et qui avait nom Simplicius, homme d'une merveilleuse mémoire, fut un jour interrogé par nous sur ce point : Quels sont les vers par lesquels Virgile termine chacun de ses livres ? Aussitôt, Simplicius les récita par cœur et très vite. Nous lui demandâmes de dire les vers précédents; il les dit. Nous fûmes convaincus qu'il pourrait réciter Virgile en sens inverse, en commençant par le dernier vers. Et, pour tout endroit qu'il nous plut de choisir, nous lui demandâmes de faire cela, et il le fit. Nous voulûmes aussi

---

1. *De Libero Arbitrio*, lib. I, c. vii, n° 16; t. I, col. 1230. — Cf. *De diversis Quæstionibus LXXXIII*, Quæst. XIII.
2. *De Lib. Arb.*, lib. I, c. ix, n° 19.
3. Surtout, *Confessions*, lib. X, depuis c. viii. — Cf. *De Musica*, lib. VI, c. iv, n° 6; c. viii, n° 22; c. xi, n° 32. — *De Trinitate*, lib. XI, c. viii et x; lib. XIV, c. xi; — *De Anima et ejus origine*, lib. IV, c. vii, qui est fort curieux.

essayer pour la prose; il avait appris par cœur des discours de Cicéron; il les récita, autant que nous voulûmes, en sens inverse. Nous étions étonnés; il prit alors Dieu à témoin, qu'avant cette épreuve, il ne se croyait pas capable de faire cela : donc, pour ce qui concerne la mémoire, son âme apprit, en ce moment, à se connaître; or, elle ne pouvait y parvenir qu'en tentant l'expérience. Et cependant, avant de la tenter, il était le même homme : pourquoi donc ne se connaissait-il pas[1]? » Enfin, le ressouvenir suppose qu'il n'y a pas eu extinction complète de la connaissance; car apprendre de nouveau ce que l'on aurait totalement cessé de savoir, ne procurerait pas la conscience de retrouver une notion autrefois possédée[2].

Ce n'est pas seulement notre mémoire dont beaucoup de particularités nous échappent. Il nous arrive d'être en contact avec des objets extérieurs, et de n'en savoir rien. Nous pouvons avoir beaucoup de sensations inaperçues[3]. Nous pouvons aussi vouloir et ne pas nous en douter. Le plus grand nombre de nos actes reste étranger à notre conscience[4].

Une autre remarque importante qui doit avoir ici sa place, c'est que notre organisme participe diversement à toutes nos opérations, et même à l'exercice de la pensée. Rien, d'ailleurs, n'est plus naturel : notre âme qui veut, qui aime, qui comprend, fait vivre aussi ce que nous appe-

---

1. *De Anima et ejus origine*, lib. IV, c. vii, n° 9; t. X, col. 529.
2. *Confessionum*, lib. X, c. xvi et xix. — Cf. *De Trinitate*, lib. XIV, c. xii, n° 16, et c. xiii.
3. *De Trinitate*, lib. XI, c. viii, n° 15; lib. XV, c. ix, n° 16.
4. Le passage essentiel : *De Anima et ejus origine*, lib. IV, c. v-vii.

lons notre corps. Voilà pourquoi l'imagination se mêle à la pensée[1] ; et voilà encore pourquoi les affections de l'âme, ses volontés, ses désirs se manifestent au dehors. Ceux qui, aujourd'hui, s'occupent d'hypnotisme, savent que l'attitude de l'hypnotiseur et sa démarche peuvent trahir sa pensée secrète et la faire deviner au sujet hypnotisé. De même, saint Augustin juge que l'attitude du corps suffit à révéler au démon les pensées cachées. « Puisque les plus légères pensées elles-mêmes produisent des signes corporels, il n'y a rien d'incroyable à ce que ces signes indiscernables par les sens grossiers de l'homme, puissent être discernés par la subtilité des démons[2]. » Modification de l'âme et modification de l'organisme font mieux que se correspondre ; elles proviennent l'une et l'autre de l'âme : « L'âme, s'il est permis de le dire, imprime sur le corps les vestiges de son activité ; ces vestiges peuvent persister, et former comme une certaine habitude. Mais si on les atteint et si on agit sur eux, il est naturel que, selon la volonté de celui qui les atteint et qui les manie, ces vestiges fassent surgir en nous des pensées et des songes[3]. » Ce curieux passage, écrit vers 390, s'accorde à merveille avec la doctrine de l'union substantielle toujours enseignée par saint Augustin.

---

1. *Retractionum*, lib. I, c. XI (sur *De Musica*), n° 2 ; t. I, col. 601 ; — cf. l'extase de saint Augustin et de sa mère, *Confessionum*, lib. IX, c. x.

2. [106-111] *De Divinatione dæmonum*, c. v, n° 9 *in fine ;* t. VI, col. 586. — Cf. [vers 390] *Ep.*, IX, n° 3 : « arbitror enim omnem motum animi aliquid facere in corpore ».

3. *Ep.*, IX, n° 3 ; col. 72.

CHAPITRE V

LA SOCIÉTÉ

Parmi les questions qui se rapportent à l'institution sociale, il en est bien peu que saint Augustin ait omises ; il a notamment formulé des indications très nettes sur la direction qu'il convient de donner aux études, et sur les droits de la vérité ou sur la tolérance.

I

Saint Augustin veut que l'on donne aux études une direction chrétienne [1]. Il a constamment songé à la formation du chrétien parfait, et presque toujours à la formation du prêtre. Donc, ni les lettres profanes, ni les sciences qui ont pour objet le monde extérieur ne seront étudiées pour elles-mêmes. Les esprits qui ne peuvent pas s'appliquer en même temps aux sciences sacrées et aux sciences profanes, devront négliger les sciences pro-

---

1. Outre les indications données en note, voir : 1° [397] *Doctrine chrétienne* (lib. II, à partir de c. IX ; lib. III, qui, depuis c. XXV, n° 36, est de 426 ou 427 ; et surtout lib. IV) ; — 2° [400] *Confessions* (lib. I, c. XVI, passage important) ; — 3° [406] Contre le Grammairien donatiste Cresconius, notamment lib. I, c. XIII-XX) ; — 4° parmi les *Épîtres* [408] Ep. CI ; [410] Ep. CXVIII, qui est une pièce capitale.

fanes. A plus forte raison, les hommes dont la mission sera d'enseigner aux autres les vérités de la religion, veilleront-ils à susciter en eux-mêmes une volonté surnaturelle et à se procurer la connaissance des choses saintes. Ce n'est pas que les lettres antiques et que la science du monde extérieur soient dignes de mépris, ni qu'elles offrent nécessairement quelque danger; elles méritent, au contraire, une juste admiration, elles peuvent donner à l'esprit de précieuses aptitudes.

Tel est l'enseignement qui ressort des nombreux passages qui viennent d'être indiqués et de beaucoup d'autres dont la signification n'est pas moins forte. Saint Augustin, dès le commencement, fut convaincu que la science profane, malgré son importance et son mérite, est par elle-même insuffisante. Il exprime certes, dans ses premiers ouvrages, une admiration exagérée pour les anciens philosophes [1]; mais déjà il condamne l'étude curieuse des lettres païennes : « Qui supporterait, dit-il au second livre de l'*Ordre*, qui supporterait que l'on traitât d'ignorant celui qui n'a jamais entendu parler de Dédale et de son vol, alors que l'on ne traite pas de menteur celui qui a inventé cette fable, que l'on ne juge pas insensé celui qui la croit, ni impudent celui qui la prend pour sujet d'interrogation? J'ai grandement pitié de ceux de notre monde, qui, surpris à ne pouvoir répondre à cette question : Comment se nommait la mère d'Euryale, sont accusés d'ignorance; mais eux, ils n'ont garde de donner à ceux qui posent de telles ques-

---

1. *Contra Academicos*, lib. III, c. XVII, n° 37, et *vid. Retractionum*, lib. I, c. I, n° 4; — *De Ordine*, lib. II, n° 53; et *vid. Retract.*, lib. I, c. III, n° 3.

tions les titres d'hommes vains et ridicules, *vanos et ineptos*, plutôt que le titre d'hommes curieux [1]. » Saint Augustin avait donc déjà le sentiment qui, dans les *Confessions*, a inspiré le passage célèbre : « Malheur à toi, torrent de la coutume humaine! Qui te résistera?... N'est-ce pas en toi que j'ai appris à connaître Jupiter tonnant et occupé de ses adultères?... Et cependant, ô torrent d'enfer, les fils des hommes se précipitent en toi; ils paient pour apprendre toutes ces choses, etc., etc. [2]. »

A ne voir que ce passage, on croirait que saint Augustin condamne les lettres antiques; on le croirait aussi, d'après une ou deux sentences de l'Épître CXVIII : « Je ne veux pas, écrit-il à Dioscore, que vous enseigniez des choses dont on devra perdre le souvenir pour que votre enseignement soit vrai [3]. » Seulement, Dioscore attribuait à des curiosités d'érudition littéraire une importance absolue, et il supposait qu'Augustin, déjà vieilli dans l'épiscopat [4], allait gravement discuter certains détails inutiles des Dialogues de Cicéron; il fallait donc bien qu'une réponse un peu forte le détournât de son erreur.

Au contraire, dans le traité *De la Doctrine chrétienne*, ouvrage proprement dogmatique, saint Augustin fait autre chose que de combattre un excès; il indique dans quelles intentions et selon quelle mesure l'on doit s'appliquer aux lettres profanes. Or, remarquons que les

---

1. C. XIII, n° 37; t. I, col. 1612.
2. *Confessionum*, lib. I, c. XVI, n° 25 et 26; t. I, col. 672.
3. C. II, n° 11 *in fine;* col. 437.
4. *Ad canos episcopales*, c. II, n° 9; col. 436; cf. c. I, n° 2.

deux premiers livres du traité et les vingt-cinq premiers chapitres du troisième livre sont de 397, et que tout le reste, jusqu'à la fin du quatrième livre, a été écrit environ trente ans plus tard, en 426 ou 427. Et, comme dans les quatre livres la doctrine est constante, on voit donc qu'en vieillissant, saint Augustin n'avait pas pris à l'égard des études profanes une attitude plus sévère. Voici, en effet, le langage tenu en 397 dans le second livre : « Nous ne devons pas, à cause de la superstition profane, fuir la musique, si nous pouvons en tirer quelque chose d'utile pour l'intelligence des Écritures; et nous ne devons pas, non plus, nous attacher aux bagatelles du théâtre, si, pour arriver à une meilleure intelligence des choses spirituelles, nous avons à discuter sur les cithares et les organums. Et, pareillement, si Mercure passe pour l'inventeur des lettres, cela n'a pas dû nous obliger à ne pas étudier les lettres... Mais plutôt, quiconque est un bon et un vrai chrétien doit comprendre que la vérité, partout où elle se trouve, appartient au Seigneur[1]. »

On voit encore, dans le même second livre, que tout, dans les sciences profanes, peut s'employer à la défense de la vérité. Il est bon d'étudier les langues, l'histoire, la dialectique, la rhétorique, la science des nombres[2].

1. *De Doctrina christiana*, lib. II, c. xviii, n° 28; t. III, col. 49. — Le mot de saint Justin : Ὅσα οὖν παρὰ πᾶσι καλῶς εἴρηται, ἡμῶν τῶν χριστιανῶν ἐστί (*Apol. II*, n° 13; cf. *Apol. I*, n° 20). — *Id.*, CLEMENTIS *Stromata*, lib. VI, c. xv; ORIGENIS *Contra Celsum*, lib VI, n° 3; HIERONYMI *Commentarii in Danielem*, lib. I *circa initium*. — Enfin, saint Augustin a dit encore la même chose, *De Civitate Dei*, lib. XVIII, c. xli, n°3; lib. XIX, c. xxii.

2. *De Doctrina christiana*, lib. II, c. xix-xxxviii.

« Aussi, je pense que pour les jeunes gens studieux, bien doués, craignant Dieu et aspirant à la vie heureuse, il a été fait un commandement bien utile : le commandement de ne s'appliquer à aucune des sciences dont le développement s'accomplit hors de l'Église, mais de ne s'y appliquer comme si de telles sciences devaient les conduire en toute sécurité à la vie heureuse; ils les jugeront avec modération et avec sérieux », *sobrie diligenterque*[1]. Saint Augustin reprend ensuite la comparaison qui, au moins depuis Origène[2], était fort usitée : les juifs, par l'ordre de Dieu, emportèrent les trésors des Égyptiens, on dépouillera de même les auteurs profanes[3]. D'ailleurs, les plus illustres dans l'Église, les Cyprien, les Lactance, les Hilaire et vingt autres parmi les Grecs, ont donné cet exemple[4]. Enfin « quelque chose que l'on puisse apprendre chez les auteurs profanes, si c'est doctrine dangereuse, elle est condamnée dans les Écritures, et si c'est doctrine vraie, elle se trouve dans les Écritures[5] ».

Le quatrième livre offre des réflexions de même sens ; il y faut remarquer le chapitre second, dont l'essentiel se résume dans cette phrase : « La faculté de bien parler est de soi chose indifférente : elle peut également servir à persuader le mal ou le bien; pourquoi donc les gens de bien ne mettraient-ils pas tout leur zèle à l'ac-

---

1. *Ib., ib.*, c. xxxix, n° 58; t. III, col. 61.
2. *Epist. ad Gregorium Thaumaturgum;* — et *Contra Celsum*, lib. VI, n° 12 (Migne, col. 1112).
3-4. *De Doctrina christiana*, lib. II, c. XL.
5. *Ibid.*, c. XLII, n° 63; t. III, col. 65.

quérir pour l'employer au service de la vérité ; alors surtout que les méchants l'emploient pour faire triompher des causes vaines et perverses, au profit de l'iniquité et de l'erreur¹? » On lit dans le même chapitre : « L'art de la rhétorique sert à persuader la vérité et l'erreur ; qui donc oserait dire que la vérité dans la personne de ses défenseurs, doit se trouver désarmée en face du mensonge ? Eh quoi! ceux qui cherchent à persuader des choses fausses sauront rendre dès l'abord leur auditeur bienveillant, ou attentif ou docile ; mais les autres ne sauront pas²? » Ce langage diffère beaucoup de celui qui est adressé en 410 à Dioscore, et il ressemble absolument à celui par lequel, en 406, saint Augustin répond à Cresconius. La différence, d'ailleurs, s'explique d'elle-même ; car enfin la rhétorique n'a pas une valeur absolue ; et pourtant la rhétorique, ou pour mieux dire la culture littéraire mérite qu'on s'en préoccupe. C'est ce que saint Augustin enseigne ; mais en l'enseignant il se conforme aux circonstances ; or, au quatrième livre de la *Doctrine chrétienne,* et au premier *Contre Cresconius,* la circonstance invitait à un enseignement précis³.

---

1. N° 3 *in fine;* t. III. col. 89 sq.
2. *Ibid.*, t. III, col. 89. — Saint-Augustin n'est pas le premier dans l'Église qui ait entrepris l'apologie des études contre le zèle aveugle ; on peut voir : CLEMENTIS *Stromata*, lib. VI, c. x (Migne, *Clem. op.*, t. II, col. 301) ; cf. ORIGENIS *Contra Celsum*, lib. I, n° 2 ; GREGORII NAZIANZENI *De Basilii obitu*, n° 11, et OR., XXXVI, n° 4 ; — HIERONYMI *Ep. L*, ad Pammachium, n° 1, et *Ep. LVII*, n° 12 : » ... *Quasi omnes latrones et diversorum criminum rei, diserti sint : et cruentos gladios, Philosophorum voluminibus ac non arborum truncis occulant* ». — Saint Augustin a écrit quelque chose de semblable dans les *Confessions*, lib. V, c. vi, n° 10.
3. Les curieux étudieront avec intérêt les préceptes et les remarques de

La culture littéraire est un perfectionnement auquel on doit préférer la connaissance des choses sacrées. On saura, de même, ne pas accorder une importance absolue à l'étude du monde extérieur; « il suffit au chrétien de reconnaître comme unique cause de toutes les réalités créées, célestes ou terrestres, visibles ou invisibles, la bonté du Créateur qui est le Dieu unique et véritable [1] ». Voici surtout des paroles à remarquer : « S'il s'agit de déterminer les doctrines dont la religion exige la croyance, il n'est pas nécessaire d'étudier curieusement la nature, comme faisaient les philosophes que les Grecs nommèrent physiciens [2]. » Ces paroles font bien comprendre la pensée de saint Augustin : on peut, en effet, être fort bon chrétien et ne rien savoir de la physique. Il faut seulement se souvenir que saint Augustin avait étudié la physique, et qu'il ne reproche jamais à des chrétiens de l'avoir étudiée : ce qu'il leur reproche, c'est de faire intervenir dans les questions de physique l'autorité de l'Écriture, et de décider en physique, avant d'avoir acquis par l'étude directe l'aptitude à discerner ce qui se passe dans le monde extérieur. Saint Augustin est certes bien loin de mépriser la physique ; mais toujours il demande qu'on ne la prenne pas pour la science absolue et qu'on ne la confonde pas avec la science spéculative.

II

Les sociétés humaines sont soumises à la Providence

Rhétorique sacrée dont se compose le quatrième livre de la *Doctrine chrétienne*.

1. *De Doctrina christiana*, lib. IV, c. III, n° 4; important.
2. *Enchiridion*, c. IX, n° 3; t. IV, col. 236.

de Dieu¹. Il y a pour chacune d'elles un certain droit de vivre ; c'est pour cela que le citoyen doit aimer la société dont il fait partie : « on a grandement admiré (les citoyens et les peuples) qui préférèrent la mort à la servitude ² ». Mais la vie sociale ne peut pas se séparer de la justice : « Écartez en effet la justice, que sont les grands empires, sinon de grands brigandages³? » Il est enfin de l'intérêt de tous que le pouvoir soit exercé par des hommes soucieux de la justice ; un bon prince règne moins pour lui-même que pour le bien public, et un mauvais prince fait d'abord du mal à lui-même, et ensuite à tout le monde, car il fournit à tous l'exemple et l'occasion de s'adonner au désordre ⁴. Les réflexions de cette sorte abondent dans la *Cité de Dieu*.

On trouve au vingt-deuxième livre *Contre Fauste* ⁵ le précepte d'obéir au Prince et la raison pour laquelle les martyrs ne résistèrent pas. Le soldat, en temps de guerre, n'a pas à se demander s'il combat pour une cause juste, il n'a qu'à obéir ; l'obéissance le justifie ⁶. Les martyrs, eux aussi, évitèrent de se révolter ; et il y avait de cela une profonde raison : Dieu voulait montrer qu'au-dessus des grandeurs humaines, et au-dessus de la force humaine, il existe le pur amour de la vérité ; « la parfaite victoire, c'est d'être tué pour la véritable foi ⁷ ».

1. *De Civitate Dei*, lib. V. Cf. lib. IV, c. xvi et xvii ; lib. XVIII, c. ii.
2. *Ib.*, lib. XVIII, c. ii, n° 1 ; t. VII, col. 560.
3. *De Civitate Dei*, lib. IV, c. iv ; t. VII, col. 115.
4. *Ibid.*, c. iii ; t. VII, col. 114.
5. C. lxxv particulièrement précis, etc. ; c. lxxvi-lxxix.
6. C. lxxv.
7. C. lxxvi ; t. VIII, col. 149.

III

Ceux qui professent la véritable foi, constituent souvent un empire chrétien. Les défenseurs de la vérité pourront alors maintenir par la violence l'institution chrétienne de l'État. C'est ici la question de tolérance sur laquelle, depuis 393 jusqu'à la fin de sa vie, saint Augustin a dû exprimer sérieusement sa pensée. Or, il a toujours repoussé le principe de la tolérance, et toujours, en diverses manières, il a enseigné que les pouvoirs publics doivent avoir le souci de protéger la vérité [1]. Comme d'ailleurs, en 404, il modifia, ou mieux, il affermit son opinion, les dates auront ici une grande importance.

Depuis Grotius [2], sinon avant lui, il a été d'usage de citer comme condamnation des mesures de rigueur contre les hérétiques, le mot célèbre de saint Augustin aux Manichéens : « Qu'ils sévissent contre vous, ceux qui ne savent pas au prix de quel travail la vérité se découvre [3]. » Mais en ce moment, saint Augustin, qui songe aux procédés de controverse, veut simplement dire : *Qu'ils mettent*

---

1. La liste des passages serait infinie; voir surtout : 1° [397] *Ep. XLIV*, capitale (cf. *Ep. XLIII*, c. VIII, n° 21); — 2° [399 ou 400] *Ep. LI* (n° 3-5); — 3° [400] *Contre l'Épître de Parménien* (lib. I, c. VIII-XIII : les c. VIII-XI sont de première importance); — 4° [402] *Contre la Lettre de Pétilien* (lib. II, passim, notamment : c. X, XIX-XX, LXXIX-LXXXVI, dans ce livre, c'est la série importante; c. XCII, très long, remarquer n° 210; c. XCIV, XCVII, XCVIII, n° 226. — Parménien et Pétilien étaient deux évêques donatistes); — 5° [406] *Ep. LXXXVI-LXXXIX*, [408] *Ep. XCIII* (c. VI, n° 29), [409] *Ep. CV* (n° 7). — Quelques autres références seront en note.

2. *De Jure belli et pacis*, lib. II, c. XX, n° 50 (Amstelodami, apud JOANNEM BLAEV, MDCL, p. 346).

3. *Contra Epistolam Fundamenti*, c. II, n° 2; t. VIII, col. 174.

des injures dans leurs écrits, les hommes assez naïfs pour croire que le raisonnement transforme toujours les intelligences. En outre, l'année même où il écrivait *in vos saeviant,* il écrivait aussi : « On déchire l'unité du Christ, on blasphème l'héritage du Christ, on anéantit le baptême du Christ, et on ne veut pas que les puissances humaines ordinaires vengent cela par des châtiments temporels, et qu'elles empêchent les coupables d'être livrés pour de si grands sacrilèges aux peines éternelles[1]. »

Pareillement, il a été d'usage de citer, en un sens tout à fait faux, cette phrase écrite en 408 : « A l'origine, mon sentiment était qu'il ne faut contraindre personne à l'unité du Christ; qu'il faut, au contraire, agir par la parole, lutter par la discussion, vaincre par la raison; sans quoi, nous aurions rendu chrétiens simulés ces mêmes hommes que nous avions connus hérétiques manifestes[2]. » Et sans doute, ces paroles ressemblent bien à un aveu et à une rétractation; elles ne sont pourtant ni l'un ni l'autre; on aura bientôt l'occasion de le constater.

Observons enfin qu'il s'agit uniquement de ceci : saint Augustin a toujours jugé qu'il est bon de réprimer, même par la violence, le schisme comme tel, et l'hérésie comme telle. Or, que saint Augustin ait eu, ou non, un naturel miséricordieux, qu'il ait voulu, dans certaines circonstances, tempérer la rigueur du magistrat, et qu'il n'ait pas, à chaque instant, réclamé contre tout le monde l'application de la loi pénale[3], ce sont des détails

---

1. [397] *Ep. XLIII,* n° 21; col. 270.
2. *Ep. XCIII,* n° 17; col. 329 sq.
3. [392] *Ep. XXIII,* n° 7; col. 98. — [396] *Ep. XXXIV,* n° 1 et n° 5;

dont il ne faut pas s'occuper. Il y avait, d'ailleurs, outre les sévérités de la loi, l'emportement des passions populaires; c'est ce que l'on n'a pas toujours remarqué; par exemple, le Bénédictin qui traduisait la Vie de Saint Augustin rédigée en français par Tillemont, signale [1] comme une déclaration de tolérance le passage suivant : « Parmi d'autres choses, il fut dit (au cours de la conférence) que les nôtres ne manqueraient pas de les persécuter, et (Fortunius, l'évêque Donatiste), nous disait qu'il voulait savoir quelle serait alors notre attitude : si nous consentirions à cette violence, ou si nous refuserions tout consentement. Dieu, lui répondions-nous, voit nos cœurs, que vous ne pouvez pas voir; et c'est sans raison que vous craignez de tels accidents; car, s'ils arrivaient, ils auraient pour auteurs les gens sans aveu, lesquels se rencontrent bien pires parmi vous[2]. » Naturellement le Bénédictin ne fait qu'indiquer ce passage ; car s'il l'avait eu sous les yeux, il en aurait bien reconnu la vraie signification.

Voici maintenant, dans leur ordre chronologique, la série des témoignages antérieurs à 404.

1° [393] Dans un écrit populaire, intitulé *Psaume contre les Donatistes,* saint Augustin met en scène l'É-

---

— *Ep. XXXV,* n° 1; — cf. [402] *Contra Litteras Petiliani,* lib. II, c. x, n° 24.

1. *Vita sancti Augustini,* lib. IV, c. IV, n° 1 ; (Migne, *Augustini opera*) t. I, col. 272.

2. « *Quæ si contigerint, a malis contingere, quibus deteriores ipsi* (Donatistæ) *habent* » (*Ep. XLIV,* n° 1 ; 1 col. 179) ; cf. n° 12 : « Placuit omnibus in talibus disputationibus *violenta facta malorum hominum* nobis ab invicem objici non debere » (col. 179).

glise, laquelle dit aux Donatistes : « Vous ne pouvez supporter que les rois appartiennent à la foi chrétienne. Si vous êtes mes enfants, pourquoi vous chagriner de ce que mes prières ont été exaucées?... Vous avez oublié les Prophètes qui ont fait entendre cette prédiction : *les illustres rois de la terre enverront des présents à l'Église* (Ps. LXXI, 10). Ces présents, vous les avez rejetés, montrant ainsi que vous ne m'appartenez pas; et vous avez obligé Macaire à venger sa douleur[1]. » Les *présents*, ce sont les mesures prises par l'empereur pour protéger l'orthodoxie. Macaire, personnage fameux dans l'histoire du Donatisme, remplissait entre 337 et 348 la charge de légat impérial; les Donatistes lui avaient voué une violente haine. La période macarienne (*Macariana tempora*) resta exécrée dans leur souvenir. Aussi, prendre, comme fait saint Augustin, la défense de Macaire, est-ce déclarer que l'on approuve la répression du schisme donatiste.

2° [397 ou 398] Fortunius en vient « à la persécution que son parti a souvent soufferte; il prétend démontrer par là que les siens sont les chrétiens véritables, car ce sont les siens qui souffrent la persécution ». Fortunius cite même le mot de l'Évangile : *Bienheureux ceux qui souffrent persécution pour la justice* (Matth. V, 10). « Je le félicitai, reprend saint Augustin, et aussitôt j'ajoutai qu'il faut donc s'informer si c'est réellement pour la justice qu'ils ont souffert la persécution. Je désirais que l'on élucidât un point, d'ailleurs fort clair pour tout le monde; le voici : la période macarienne les a-t-elle

---

1. *Psalmus contra partem Donati*, t. IX, col. 32.

trouvés dans l'unité de l'Église, ou bien, à cette époque, étaient-ils déjà séparés d'elle par le schisme¹ ? » Et saint Augustin, au cours de cette Épître, revient constamment sur ce principe : la persécution vaut selon la cause au profit de laquelle elle est exercée. Qui est juste, lui demande Fortunius, le persécuteur ou le persécuté ? « Je lui réponds : la question ne doit pas se poser ainsi : car il peut se faire que l'un et l'autre soient injustes, il peut se faire aussi que le plus juste persécute le plus injuste². » Élie, en face des prêtres de Baal, était seul juste, et c'est lui qui persécutait³.

3° [399 ou 400] Les Donatistes ne cessaient d'adresser ce reproche aux catholiques : « Vous faites servir les puissances terrestres à nous persécuter. » Saint Augustin leur répond : « Je ne cherche à déterminer ni quel supplice vous méritez pour un si horrible sacrilège, ni quelle modération la mansuétude chrétienne nous fait observer⁴. » Le premier livre *Contre l'Épître de Parménien* contient des déclarations plus fortes et plus nettes ; il faudrait pouvoir citer les quatre chapitres VIII-XI. Quelques phrases suffiront ; mais, à les prendre isolées, elles disent moins que dans la suite naturelle du texte. « Que les Donatistes, écrit saint Augustin, prouvent qu'ils ne sont ni hérétiques, ni schismatiques; ils pourront alors maudire comme indignes les châtiments qu'on leur

---

1. *Ep. XLIV*, c. II, n° 4; col. 176.
2. C. IV, n° 7; col. 177.
3. N° 9.
4. *Ep. LI*, n° 3; col. 192; voir la suite de ce numéro et le numéro 5, où saint Augustin oppose aux Donatistes leur propre conduite.

fait subir[1]. » — « (Les Donatistes) prétendront peut-être qu'il n'appartient pas à la puissance impériale de réprimer et de punir (le schisme et l'hérésie). Or, ici, je demande quelle est leur pensée : est-ce que, en fait de religion mauvaise ou fausse, les puissances terrestres n'ont à s'occuper de rien?... Quoi! selon eux, le crime d'idolâtrie est justement puni par les empereurs; ou, s'ils ne vont pas jusque-là, ils reconnaissent du moins que la rigueur des lois s'exerce avec justice contre les empoisonneurs; mais contre les hérétiques et contre les dissensions impies, ils ne voudront pas reconnaître la même chose, alors que cependant l'apôtre met tout cela dans une même énumération?... Pourquoi donc *porte-t-il le glaive*, celui qui est appelé *ministre de Dieu et vengeur redoutable* contre ceux qui font le mal[2]? »

4° [402] « Pourquoi, s'écrie Pétilien, pourquoi ne laissez-vous pas à chacun la faculté de suivre son libre arbitre[3]? » A cela, saint Augustin réplique : « Lorsque les rois décrètent quelque chose contre vous, croyez que, par là, vous êtes avertis de réfléchir sur le motif pour lequel vous subissez cette peine... Et, si vous la subissez pour le crime de votre schisme, que font les rois, sinon de vous corriger[4]? » Pétilien avait un mot encore plus vif : « Dieu a-t-il donc ordonné de massacrer du moins les schismatiques[5]? » Mais saint Augustin n'é-

---

1. Lib. I, c. VIII, n° 13; t. IX, col. 13.
2. C. x, n° 16; t. IX, col. 45.
3. *Contra Litteras Petiliani*, lib. II, c. LXXXIV, n° 185; t. IX, col. 317. — Cf. sur ce privilège du *libre arbitre* : [116] Ep. CLXXIII, n° 3.
4. *Ibid.*, n° 186.
5. « *Numquid igitur cædem vel schismaticis Deus jussit inferri ?* »

prouve aucun embarras : « Celui qui est trouvé hors de l'Église, dit-il, n'a pas à être interrogé ; il doit écouter la correction et se convertir ; ou bien, s'il subit le châtiment, qu'il ne se plaigne pas[1]. »

Ces témoignages montrent fort bien que, dès le commencement, saint Augustin approuve la répression violente du schisme et de l'hérésie. Il ira bientôt plus loin : Les évêques réunis à Carthage en 404 délibéraient sur les moyens que l'empereur Honorius devrait employer pour mettre fin au schisme donatiste ; saint Augustin n'était pas d'avis que la loi dût formellement contraindre à l'abjuration du schisme et à la profession publique de la religion catholique ; il redoutait les conversions hypocrites. Mais la majorité des évêques se prononça pour l'abjuration obligatoire, et l'événement leur donna raison[2]. Saint Augustin, de son côté, voyant les nouveaux convertis plus fervents et plus fermes « que beaucoup d'anciens catholiques », concluait : « Ce n'est donc pas une action nulle que l'action coercitive[3] ? » De même, il se sentait autorisé à écrire : « Vous dites que nous vous contraignons malgré vous ; mais beaucoup sont bien aises d'être contraints ; ils nous avouent, avant et après (leur conversion), qu'au moins ils ont ainsi un moyen d'échapper à vos violences oppressives[4]. »

D'où il apparaît que la fameuse phrase : « A l'origine

---

1. *Ibid.*, c. LXXXV, n° 188 et 189 ; t. IX, col. 318.
2. *Ep. XCIII*, c. v, n° 16-18 ; surtout *Ep. CLXXXV*, qui, en fait, est un traité intitulé De Correctione Donatistarum.
3. *Ep. LXXXIX*, n° 7 ; col. 312.
4. [109] *Ep. CV*, n° 5 ; col. 398.

mon sentiment était qu'il ne faut contraindre personne à l'unité du Christ [1] », signifie : les lois contre l'hérésie et contre le schisme ne doivent pas directement imposer l'abjuration. C'est, d'ailleurs, ce que saint Augustin écrivait déjà en 402 : « Si des lois ont été établies contre vous, elles ne vous contraignent pas à bien faire, mais elles vous empêchent de mal faire [2]. » Et encore, à la même date : « Pour nous, en tant que nous le pouvons, et en tant que le Seigneur le donne et le permet, si nous provoquons contre vous ces lois de bien douce coercition, c'est en vue des faibles et de leur fragilité; car les faibles doivent pouvoir choisir sans crainte la religion à laquelle ils adhéreront; l'Église catholique doit leur être librement ouverte sans que vous puissiez les effrayer [3]. »

En réalité, le langage de saint Augustin, à partir de 404, n'a jamais fait que reproduire, quelquefois avec plus de force ou avec un tour plus heureux, les pensées exprimées avant cette date. C'est ainsi que, en 417, l'Épître CLXXXV propose ces deux sentences : « Quiconque refuse d'obéir aux lois que les Empereurs portent contre la vérité divine, s'assure une grande récompense; mais quiconque refuse d'obéir aux lois que les Empereurs portent en faveur de la vérité divine, s'assure un grand châtiment [4]. » Et : « Les rois servent le Seigneur, en tant

1. *Ep. XCIII*, n° 17.
2. *Contra Litteras Petiliani*, lib. III, c. LXXXIII, n° 184 ; t. IX, col. 315; remarquer le début du numéro : « *ad fidem quidem nullus est cogendus invitus, sed per severitatem, imo et per misericordiam Dei, tribulationum flagellis solet perfidia castigari* ». Tout ce chapitre et le suivant sont à lire.
3. *De Unitate Ecclesiæ*, n° 55; t. IX, col. 433 sq.
4. N° 8; col. 796.

que rois, lorsque, pour le servir, ils font ce que, seuls, des rois peuvent faire[1]. » Mais déjà en 400, saint Augustin écrit : « N'est-ce passe révolter contre la vérité même, que de résister au roi lorsque le roi commande selon la vérité [2]? » Le commandement dont parle saint Augustin ce sont précisément les édits contre les Donatistes.

De même, en 406, apparaît pour la première fois la formule : « Ce qui fait le martyr ce n'est pas le supplice, mais la cause », *martyrem non facit pœna sed causa* [3]. La pensée que cette formule exprime, se trouve dès 397 dans l'Épître XLIV [4]. Elle revient plusieurs fois en 400, et notamment dans ces termes qu'il faut remarquer : « Ce n'est pas du seul fait de la souffrance que résulte la justice ; mais c'est de la justice que résulte la gloire de la souffrance [5]. » Saint Augustin, depuis 406, se tint à la formule sur le *supplice* et la *cause,* il la reproduisit souvent [6], et même il la prononça plusieurs fois en

---

1. N° 19 ; col. 801.
2. *Contra Epistolam Parmeniani,* lib. III, c. vi, n° 29 ; t. IX, col. 105. — Cf. [102] 1° *Contra Litteras Petiliani,* lib. II, c. xcviii, n° 226 ; 2° *De Unitate Ecclesiæ,* c. xx, n° 53.
3. *Ep. LXXXIX,* n° 2 ; col. 310. Remarquer que cette formule célèbre ne se trouve jamais dans saint Augustin à l'état de formule isolée.
4. Surtout c. iv, n° 7.
5. *Contra Epistolam Parmeniani,* lib. I, c. ix, n° 15 ; t. IX, col. 41 ; tout le chapitre est à lire ; cf. c. x, et lib. III, c. vi, n° 29. — Voir, en 402, *Contra Litteras Petiliani,* lib. II, c. lxxxiii, n° 184 ; t. IX, col. 315, le mot : « *cum vivatis ut latrones mori vos jactatis ut martyres* ».
6. 1° [406 ou 407] *Contra Cresconium donatistam,* formule presque isolée : « *et tandem intelligat quod Christi martyrem non facit pœna sed causa* », lib. III, c. xlvii, n° 51 ; t. IX, col. 525. — 2° [408] *Ep. XCIII* (formule ébauchée), c. ii, n° 6 ; — 3° [409 ou 410], *Ep. CVIII,* c. v,

chaire [1]. Il y a encore une considération sur laquelle saint Augustin s'est longtemps arrêté : les chrétiens, après avoir vécu trois siècles dans une société hostile, étaient à leur tour toute la société. Il leur paraissait donc naturel que la force publique fût chrétienne comme eux, et qu'elle frappât les ennemis de la doctrine orthodoxe. Saint Augustin fait bien cette remarque; mais ses vues n'ont pas une netteté complète. Il rappelle en 408 que, d'après la prophétie, les rois persécuteront d'abord l'Église, et qu'ils en deviendront plus tard les serviteurs [2]. Il dit mieux en 417 : « Quel est donc (à l'époque des Apôtres) l'Empereur qui avait déjà cru au Christ, et qui, en portant des lois contre les impies, aurait pu servir le Christ [3] ? » Or, dès 397, il s'était préoccupé de cette question que les Donatistes ne se lassaient pas de formuler. « En vérité, leur répondait-il alors, on ne peut pas montrer dans le Nouveau Testament, qu'un juste ait tué quelqu'un [4]. » Il essayait aussi, en 402, de répondre à Pétilien, et il alléguait tantôt l'exemple de saint Paul qui, par deux fois, livre à Satan des chrétiens coupables, et tantôt l'exemple de Notre-Seigneur qui chasse les vendeurs du Temple [5].

Enfin, en 409, le succès des lois qui imposaient l'abjuration faisait dire à saint Augustin : « Y a-t-il pire mort

n° 11; — 4° [117] *Ep. CLXXXV*, c. II, n° 9; — 5° [vers 419] *Ep. CCIV*, formule parfaite, n° 4.

1. *Serm. CCLXXXV*, n° 2, et *Serm. CCCXXXI*, c. II, n° 2; cf. *Serm. CCCXXV*, n° 2.
2. *Ep. XCIII*, surtout c. III; il cite Ps. II, 10-12; cf. [416] *Ep. CLXXIII*, n° 10.
3. *Ep. CLXXXV*, c. v, n° 19; col. 801.
4. *Ep. XLIV*, n° 9-10; col. 178.
5. *Contra Litteras Petiliani*, lib. II, c. x, n° 23-24.

de l'âme que la liberté de l'erreur », *quæ enim pejor mors animæ quam libertas erroris* [1]? De même, il disait à son peuple dans un sermon : « Dès qu'il y a la nécessité au dehors, la volonté se produit au dedans », *Foris inveniatur necessitas, nascitur intus voluntas* [2].

Et ces lois de coercition violente, c'est l'Église qui les demande : « Les causes ecclésiastiques ne vous sont mises en main que par les hommes d'Église [3]. » Telle est la réflexion que saint Augustin fait valoir en 408 auprès du proconsul Donat; il la fait valoir pour donner plus de poids à ses réclamations contre la sévérité dont le proconsul use à l'égard des schismatiques. Mais il avait dit la même chose en 402, et il avait ajouté que, si l'Église demande à l'Empereur des lois contre le schisme, elle ne met pas son principal appui dans la puissance de l'Empereur [4].

Le langage tenu en 402 est d'autant plus significatif que saint Augustin cite, pour y répondre, les paroles mêmes de Pétilien et que Pétilien développe toutes les considérations usitées dans les discours de liberté : il réclame notamment que l'on respecte le libre arbitre [5], que

---

1. *Ep. CV*, c. II, n° 10 *in fine;* col. 400.
2. *Serm. CXII*, c. VII, n° 8 *in fine;* t. V, col. 648.
3. *Ep. C*, n° 2; col. 367.
4. « Nos non speramus in hominem..., nec speramus in principibus; sed quantum possumus, principes admonemus ut in Domino sperent, *et si aliquid a principibus pro utilitate Ecclesiæ petimus*, non in eis tamen speramus » (*Contra Litteras Petiliani*, lib. II, c. xcvi, n° 221; t. IX, col. 333). — Cf. [420] *Contra Gaudentium*, lib. I, c. xxv, n° 28; c. xxxv, n 45. — Voir la même pensée admirablement exprimée dans le *Discours pour le sacre de l'Électeur de Cologne*, 1re part. (Fénelon, Œuvr. compl. éd. Gaume, t. V, p. 605 sqq.).
5. Lib. II, c. LXXXIV, n° 185.

l'on ne cherche pas à propager la vérité par la violence [1] et qu'enfin des chrétiens se conforment à l'exemple de Jésus-Christ [2].

Saint Augustin n'ignorait donc rien de ce qui peut se dire en faveur de la tolérance. Mais bien décidément, il ne voulait pas la tolérance; il ne faut ni atténuer ce fait, ni en éprouver quelque regret, ni demander pardon pour saint Augustin. « Le crime d'intolérance, en effet, comme le dit fort bien Jules Simon, consiste essentiellement dans l'action d'opposer la force, ou plus généralement l'autorité comme moyen de propagande [3]. » Or si cet emploi de la force et de l'autorité est un crime, il faut reconnaître que c'est un crime fatal et que, sans ce crime, nulle société ne subsisterait. Car une société, c'est toujours et c'est nécessairement une réunion d'hommes qui vivent d'une certaine vie morale, et qui ne tolèrent aucune propagande capable d'atteindre efficacement les principes d'où leur vie morale dépend. Jules Simon, comme tout le monde, a consacré son existence à commettre ce qu'il nomme le *crime d'intolérance;* il ne s'est résigné que malgré lui à la liberté d'enseignement; il a tremblé devant les progrès de l'enseignement libre : « L'enfance, grand Dieu! n'appartient-elle pas à ses précepteurs [4]! »

Les *Droits de l'homme* portent : « Art. X. Nul ne doit être inquiété pour ses opinions, même religieuses,

---

1. *Ibid.*, c. xcii, n° 202.

2. *Ibid.*, c. lxxx, n° 177; c. lxxxvii, n° 192; c. lxxxviii, n° 194; c. lxxxix, n° 196, où Pétilien prononce ce mot : » *Christianitas enim mortibus proficit* ».

3. *La Liberté de conscience*, part. III, ch. I, p. 222.

4. *Ibid.*, part. V, Conclusion générale, ch. iv, p. 386.

pourvu que leur manifestation ne trouble pas l'ordre public établi par la loi. — Art. XI. Tout citoyen peut parler, écrire, imprimer librement, sauf à répondre de l'abus de cette liberté, dans les cas déterminés par la Loi. » Et là-dessus, Taine écrit : « En vertu de ces deux articles, on peut soumettre les cultes, la parole et la presse au régime le plus répressif [1]. » En quoi il a pour lui cette plénitude de raison dont peut se prévaloir quiconque propose une naïveté.

En 1670, Spinoza publie son *Tractatus Theologico-Politicus*, qui à la fin est résumé en six propositions dont voici la seconde : « Cette liberté (de penser et de dire) sera concédée à chacun, sauf le droit et l'autorité des souveraines puissances; chacun pourra aussi conserver cette liberté, sauf ce même droit, et à condition qu'elle ne l'induise pas à prendre la licence d'introduire dans la République quelque chose à titre de droit, ou encore la licence de faire quelque chose contre les lois reçues [2]. »

En 1673, l'Électeur Palatin offre à Spinoza une chaire de philosophie; il lui promet la plus absolue liberté, comptant bien que Spinoza n'en abusera pas contre la religion établie [3]. Ce sont les termes mêmes du *Tractatus* et Spinoza refuse; car, dit-il, « j'ignore dans quelles limites devra se maintenir cette liberté de philosopher,

---

1. *La Révolution*, t. I, p. 274, note 2.
2. *Tractatus Theologico-Politicus* in fine.
3. « Philosophandi libertatem habebis amplissimam, qua te ad publice stabilitar. religionem conturbandam non abusurum credit. » (*Ep. XLVII*, p. 181. *Spinozæ Opera*, t. II, éd. de La Haye, 1882; Lettre de Fabricius à Spinoza.)

afin qu'elle n'ait pas l'air de vouloir troubler la religion publiquement établie [1] ».

Ainsi les théories de liberté se détruisent; les purs spéculatifs reconnaîtront et exprimeront toujours la nécessité de se conformer à la loi. Mais la loi intéressera toujours la vie morale. Il n'y a pas d'état social possible dans lequel la loi se restreindrait aux questions d'impôt, de commerce, de transactions, enfin aux questions purement matérielles et extérieures. Si d'ailleurs cet impossible se réalisait, la loi n'exprimerait pas ce que la société aurait de plus vivant et de plus fort. Un novateur, un Socrate, ou un saint Paul, ou un Luther, pourrait bien alors proclamer qu'il respecte toute la législation; il n'en soulèverait pas moins une émotion violente; car, par sa propagande, il atteindrait le plus intime de la vie sociale.

La lutte éclaterait, elle pourrait fort bien égaler les guerres religieuses du seizième siècle, ou les persécutions exercées de Néron à Dioclétien. Toute la différence consisterait en ce que personne n'invoquerait un texte de loi, ni peut-être les droits de la vérité. Mais, plus la propagande nouvelle, supérieure ou non à l'ancien ordre des choses, différerait des idées reçues, plus aussi la lutte serait vive.

Saint Augustin ne paraît pas avoir reconnu nettement cette exigence de l'institution sociale : « Je m'étonne, dit-il, que l'on ait mis en accusation Anaxagore, pour avoir dit que le soleil est une pierre ardente, et

1. *Ep. XLVIII*, p. 182.

pour avoir nié qu'il fût un dieu »; mais Épicure, qui niait tous les dieux, était laissé tranquille[1]. Il s'étonne aussi que l'on ait contraint les philosophes à dissimuler leur enseignement et que l'on ait donné tant de licence aux poètes[2]. Mais les licences des poètes s'accordaient avec les mœurs publiques, et, au contraire, l'enseignement précis d'Anaxagore introduisait un nouvel état d'esprit. Les hommes qui s'inspiraient d'Anaxagore cessaient de ressembler à tout le monde. Il était inévitable que la Cité s'en préoccupât et qu'elle prît des mesures à l'égard du novateur.

Le mot « y a-t-il pire mort pour l'âme que la liberté de l'erreur[3]? » n'est pas, non plus, aussi vrai que saint Augustin pouvait le croire. Il a manqué à saint Augustin de faire l'expérience d'un état social où les lois protègent encore la religion, mais où toute l'énergie efficace des intelligences se dépense contre la religion; il lui a manqué de voir à l'œuvre, depuis la seconde moitié du dix-septième siècle, l'Inquisition d'Espagne, et d'assister à la marche des choses en France pendant tout le dix-huitième siècle. A l'époque de saint Augustin, en effet, les lois contre l'erreur étaient utiles; mais à d'autres époques elles peuvent n'être qu'une manifestation impuissante. On s'aperçoit alors que la pire mort de l'âme, c'est le défaut d'énergie intellectuelle, c'est la méconnaissance du temps où l'on vit : c'est, enfin, la confiance qu'un décret de Parlement ou qu'une

---

1. *De Civitate Dei*, lib. XVIII, c. xli, n° 2; t. VII, col. 601.
2. *Ibid.*, lib. VI, c. v, n° 2.
3. *Ep. CV*, n° 10 *in fine*.

censure de Sorbonne va aussitôt anéantir l'*Émile* et arrêter la propagande toute vivante et tout efficace des philosophes.

Il est alors préférable d'organiser la liberté. Et ce n'est pas, d'ailleurs, l'absolue liberté, mais la liberté pour des hommes qui, malgré leurs divergences doctrinales, sont habitués à se supporter ou à s'ignorer, et qui conviennent sur des principes essentiels. La liberté, alors comme toujours, est le contentement procuré aux hommes d'une époque et d'un pays par la réalisation de l'ordre auquel, actuellement, ils aspirent.

Quel que soit enfin l'ordre social, et pourvu que la législation n'y soit pas expressément combinée contre le catholicisme, on peut s'en accommoder, y vivre en catholique et assurer à la vérité catholique l'influence sociale qu'elle doit exercer. L'Église, comme l'observe saint Augustin, a eu d'abord contre elle les lois de la société où elle commençait d'être; elle a subi la persécution; mais lorsque les lois ne la traitent pas en ennemie, l'Église « n'a aucun souci des diversités qui se rencontrent dans les mœurs, dans les lois, dans les institutions…; elle n'y retranche et elle n'y détruit rien; elle conserve plutôt (l'institution sociale) et elle s'y conforme [1] ».

---

1. *De Civitate Dei*, lib. XIX, c. xvii; t. VII, col. 616.

CONCLUSION

Le langage de saint Augustin ressemble souvent à celui de Platon, des Stoïciens et des Néoplatoniciens. Mais il n'y a rien à conclure de cette similitude, car l'identité des formules n'emporte pas celle des doctrines. La morale des Stoïciens, en effet, ignore la liberté, la vie future, et aussi la substantialité de l'âme. Platon et les Néoplatoniciens n'ont pas, à leur tour, une doctrine suffisamment ferme ou suffisamment claire. Saint Augustin ne doit ni aux Stoïciens, ni à Platon, un symbole philosophique; il ne leur doit même aucune théorie importante. Il a subi, sans doute, une influence platonicienne, mais c'est l'enseignement chrétien qui lui a transmis les doctrines, et qui lui a donné le moyen de transformer les théories platoniciennes.

La détermination que saint Augustin avait donnée aux doctrines a été généralement celle que la postérité a conservée. C'est ainsi que l'on a repris la théorie si importante et si vaste de la création continuée, car, sur ce point, il avait conduit à sa perfection l'enseignement des anciens Pères. Il avait de même éclairci pour toujours la question des rapports entre Dieu et l'homme. Nous sommes faits pour Dieu, et, dans quelque condition que nous puissions vivre, nous cherchons quelque chose de plus parfait; notre destinée mortelle ne nous suffit pas : cet enseignement paraîtra toujours juste et fera toujours une profonde impression. Mais, en s'appliquant à montrer que nous sentons au-dessus de nous une puissance dominatrice, et en rappelant que nos aspirations dépassent les choses de ce monde, on fera bien aussi de dire, avec saint Augustin, que notre âme, substance réelle, existe, à ce titre, en vertu de l'acte créateur toujours actuel, et que l'anéantissement de l'âme supposerait la cessation de l'acte créateur. La doctrine ainsi présentée, si elle n'est pas plus persuasive, est du moins plus complète. On a mieux reproduit ce qui concerne le souverain bien. Saint Augustin, en effet, avait expliqué définitivement que Dieu est, à la fois, la force créatrice de qui tout être dépend, et le bien substantiel en qui seul réside, pour toute créature raisonnable, le bonheur. Il avait, de même, admirablement éclairci la notion de l'amour pur : l'oubli de notre avantage propre, de notre bonheur propre, rend plus parfait en nous l'amour de Dieu; or, après cette vie, l'âme qui n'aura jamais songé à son propre intérêt, se trouvera dans un amour surnaturel plus élevé; et comme, en réalité, le bonheur véritable, qui est celui de la vie future, ne peut absolument pas consister en une récompense différente de notre amour pour Dieu et de l'amour de Dieu pour nous, il s'ensuit que notre inattention ou notre dédain à l'égard du propre bonheur nous assure pour l'éternité un degré supérieur d'amour, ou, en d'autres termes, un degré supérieur de félicité.

Après saint Basile et saint Grégoire de Nazianze, mais avec plus de force, saint Augustin enseigne que l'habitude de la vertu donne presque à notre intelligence le privilège de percevoir un commencement de clarté dans les mystères de la foi, ou, du moins, à défaut de cette intuition très incomplète, elle suscite un goût intérieur qui rend comme naturelle la croyance du mystère. Il y avait à ce sujet, dès le quatrième siècle, une doctrine très vivante ; l'égalité des personnes divines et l'Incarnation préoccupait tous les esprits ; on parlait alors de la Trinité dans des circonstances qui ne ressemblent en rien aux discussions les plus savantes et les plus sérieuses de l'École. Au douzième siècle pourtant, la question sur l'intelligibilité des mystères redevint aussi une question vivante ; tout le monde n'eut pas alors la pensée de consulter avec attention l'enseignement de saint Augustin ; quelques-uns se promettaient d'arriver à l'intellection des mystères, et d'autres décrétaient qu'il y a deux modes incompatibles de vérités : les vérités faites pour notre raison et les vérités révélées, qui, proprement, lui sont contraires. Les docteurs du treizième siècle, et surtout saint Thomas, revinrent à la solution de saint Augustin, et ils lui donnèrent une notoriété qui, désormais, prévient toute illusion.

Ainsi la doctrine purement spéculative qui a pour

objet Dieu et l'univers a gardé le caractère qu'elle avait reçu de saint Augustin. Mais on n'a pas raconté, comme lui, l'origine et le développement de la connaissance humaine. Ceux mêmes qui ont tenu pour l'innéité, saint Bonaventure, Malebranche, Bossuet, Fénelon, ne semblent pas avoir observé que, dans l'ordre spéculatif, le fait d'apprendre se réduit à percevoir, avec quelque clarté, une partie des notions possédées complètes depuis l'origine, mais possédées dans un état d'absolue obscurité. Ils enseignent nettement que notre connaissance actuelle de l'intelligible a Dieu pour cause et pour objet, mais ils n'envisagent pas assez ce qui précède et qui rend possible la connaissance actuelle; on dirait qu'ils ne savent rien de ce que saint Augustin nomme *réminiscence* et *mémoire*. C'est la raison pour laquelle ils ne songent guère aux perceptions si diverses et si nombreuses qui sont en nous, et que nous n'apercevons pas. Il a fallu Leibniz pour introduire définitivement dans la philosophie la théorie des perceptions imperceptibles. Saint Augustin avait parlé aussi nettement que Leibniz, et, pendant de longs siècles, son langage n'avait été entendu de personne. Les mystiques étaient restés seuls à constater que nous n'avons pas conscience de tous nos actes intérieurs. Fénelon pouvait, dans quelque traité mystique, expliquer combien nous sommes loin de nous connaître nous-mêmes. Il ne faudrait pas conclure qu'il connaissait en philosophe la différence entre la pensée et la conscience de la pensée.

Saint Augustin avait vu que nous avons au moins

deux modes de connaissance : la connaissance intellectuelle ou spéculative ou métaphysique, et la connaissance des choses extérieures; il avait averti que la connaissance des choses extérieures, la physique ou la science, n'a aucun rapport nécessaire avec la connaissance intellectuelle. C'était là une constatation de très grande importance, que la postérité a méconnue. Ni le treizième siècle, ni même le dix-septième, ne se rendent bien compte que rien dans l'univers extérieur ne nous est intelligible. On pourrait, aujourd'hui encore, se mettre à l'école de saint Augustin et y apprendre à ne jamais donner aucune place, dans les questions de pure doctrine, aux hypothèses ni aux découvertes de la science. Si l'on sait convenablement aujourd'hui qu'il ne faut opposer aux savants ni des principes abstraits, ni l'autorité de l'Écriture, on est enfin arrivé, après de longs siècles, là où en était saint Augustin. Le dix-septième siècle, depuis Bacon et Descartes, commence à bien établir l'indépendance de la physique. Malebranche, qui avait si peu le souci de lire, est convaincu par lui-même que le dogme n'a rien à faire avec la physique; et, sans doute, il ne soupçonne pas avec quelle raison il pourrait se prévaloir de saint Augustin. Roger Bacon et, un siècle plus tôt, Guillaume de Conches (✝ 1150), ont conscience que la physique ne dépend d'aucune autorité; là encore, l'influence de saint Augustin aurait dû s'exercer. Elle restait simplement méconnue. Et même, depuis le treizième siècle, un phénomène très singulier s'est produit. Jusqu'alors, en effet (et saint Thomas en est la preuve), on s'apercevait en lisant saint Augustin que ses œuvres enseignent à voir, dans le début de la Genèse, uniquement la création, la félicité primitive et le péché originel : tout le reste était proposé par Moïse comme une narration populaire; les six jours n'avaient donc rien d'historique. Or, peu à peu, le préjugé s'établit que saint Augustin, dans ses travaux sur la Genèse, n'a rien voulu déterminer et qu'il s'est contenté de proposer des allégories sans importance. L'Augustinien Coquée, le P. Pétau, et, au dix-huitième siècle, Dom Cellier laissent à leurs lecteurs cette conviction [1].

Enfin, saint Augustin a eu, surtout, le sens du mystère; il a su et il a dit qu'au delà des explications doctrinales les plus justes, l'intelligence réclame quelque chose de plus parfait et qu'elle ne peut jamais y parvenir. Il a su également, et il a répété, en bien des manières, combien il est difficile sinon parfois impossible, d'atteindre et de transformer une intelligence philosophique. Ce sens du mystère ne réapparaît bien constant et bien vif qu'avec Pascal, et Pascal ne devait rien qu'à ses propres méditations; le même sens est aussi vif chez Bossuet et chez Fénelon qui, sans doute, le tiennent de leur propre génie, mais qui connaissent merveilleusement saint Augustin et sont tout pénétrés de son influence. Le cardinal de Cuça (1401-1464) le connaissait aussi, et il s'en inspirait; ce serait une étude fort intéressante que

1. 1° Coquée : in lib. XI, c. vii, *De Civitate Dei*; — 2° Pétau : *De sex primorum dierum Opificio*, lib. I, surtout c. v; — 3° Dom Cellier, t. IX, surtout p. 204, vers la fin; éd. Vivès, Paris, 1861.

de rechercher dans quelle mesure il approchait de lui; cette étude devrait aussi s'étendre aux œuvres de Louis Vivès (1492-1520). Le douzième siècle compte un disciple très fidèle de saint Augustin, et qui tranche sur tous les hommes de son temps : c'est Jean de Salisbury († 1180); mais Jean avait un génie trop médiocre; il ne pouvait ni s'imposer à son siècle, ni lui faire prendre en philosophie le goût du mystère, et lui persuader que notre connaissance claire ne nous renseigne pas assez sur cet infini dont nous soupçonnons trop peu la nature. Bientôt la tendance générale exclut de plus en plus toute anxiété intellectuelle; le treizième siècle penche à juger que notre raisonnement, bien conduit, exprime toute notre connaissance. Et, sans doute, saint Thomas, mieux que ses contemporains, devine la complexité des doctrines et la difficulté de convertir les philosophes; il rappelle saint Augustin, mais, sur ce point, il ne l'égale pas.

La gloire commença pour Saint Augustin tandis qu'il était encore en vie. Elle ne fit que s'accroître; on se mit dès le cinquième siècle à le lire, et on ne cessa plus jamais. On chercha dans ses œuvres la réponse aux questions dont on était préoccupé; on étudia ainsi ses œuvres comme un répertoire de décisions isolées, on n'en sentit guère l'inspiration vivante. L'ère des compilateurs s'ouvre avec Eugypius († 587?); elle se continue diversement avec saint Isidore de Séville († 646), Bède († 735), Raban Maur († 856), le diacre Florus, de Lyon († 875?). Les écoles du douzième et du treizième siècle maintiennent saint Augustin en honneur; les ermites Augustiniens font profession de le suivre; ils écrivent, depuis le treizième siècle jusqu'au dix-septième, des livres en grand nombre. Pourtant, si, à part Bossuet et Fénelon, l'inspiration réelle de saint Augustin s'est bien peu transmise, il est toujours vrai qu'insensiblement le travail de la réflexion a constaté l'indépendance de la physique, le rôle des idées inaperçues et les conditions mystérieuses de notre connaissance. Déjà, sans le savoir, on donne raison à saint Augustin sur ces trois points; on pourrait encore, sur plusieurs autres, subir utilement son influence.

TABLE CHRONOLOGIQUE

DES PRINCIPAUX OUVRAGES (1)

386. — *Contra Academicos.* Lib. III.
  De beata Vita.
  De Ordine. Lib. II.
387. — *Soliloquiorum.* Lib. II.
  De Immortalitate animæ.
388. — *De Musica.* Lib. VI.
  De Quantitate animæ.
  De Moribus Ecclesiæ et Manichæorum. Lib. II.
388-395. — *De diversis Quæstionibus LXXXIII.*
  De Libero Arbitrio. Lib. III.
389. — *De Magistro.*
  De Genesi contra Manichæos. Lib. II.
390. — *De vera Religione.*
391. — *De Utilitate credendi.*
  De duabus animabus.
393. — *De Genesi ad litteram, Liber imperfectus.*
394. — *Expositio in Epistolam ad Galatas.*
  Expositio quarumdam Propositionum, ex Epist. ad Romanos.
397. — *De diversis Quæstionibus. Libri duo ad Simplicianum.*
  Contra Epistolam Manetis, quæ dicitur Fundamenti.
  De Doctrina Christiana (a lib. I ad lib. III, c. xxv. — Lib. III, a c. xxvi ad finem lib. IV, 427).

(1) La liste complète des ouvrages, par ordre des matières : au t. XI de l'éd. Migne; la liste chronologique complète au t. XII, par Schoenemann, *Notitia litteraria, in vita, scriptis et editionibus operum S. Augustini* (Lipsiæ, 1794). — L'ordre des ouvrages est indiqué par les *Rétractations*; la date, suffisamment approchée, ressort de divers renseignements éclaircis par les éditeurs, notamment par les Bénédictins.

400. — *Confessionum*. Lib. XIII.
    Contra Faustum Manichæum. Lib. XXXIII.
401-415. — *De Genesi ad litteram*. Lib. XII.
400-416. — *De Trinitate*. Lib. XV.
400. — *Contra Epistolam Parmeniani* Donatistæ.
    De catechizandis rudibus.
402. — *Contra Litteras Petiliani* Donatistæ.
A partir de 412 jusqu'à 430. — La série des ouvrages contre le Pélagianisme.
413-427. — *De Civitate Dei*. Lib. XXII.
421. — *Enchiridion*.

Éditions.

Voir Dom CALMET, et, pour plus de détails : SCHOENEMANN : *Notitia*, et BUSCH : Librorum Augustini recensus. Dorpati, 1826.
Éditions partielles, depuis 1470; très grand nombre.
Éditions complètes : AMERBACH, Bâle, 1509, par Augustin Dodon. —
Sans les *lettres* et les *sermons* :
FROBEN, Bâle, 1529, par Érasme.
PLANTIN. Anvers, 1577; par les théologiens de Louvain; c'est l'édition dite de LOUVAIN.
Édition des BÉNÉDICTINS. Paris, 1679-1700, chez Muguet; par Dom DELFAU, qui commença à peine; puis par Dom BLAMPIN et Dom Pierre COUTANT. Mabillon écrivit la Dédicace à Louis XIV. — Édition reproduite par Migne et par Gaume.
VIENNE. Édition impériale, en voie de publication. Parmi les volumes du *Corpus* parus (1897), les volumes XII, XXV, en deux parties; XXVIII, en deux parties. XXXIII et XXXIV appartiennent à saint Augustin.

Traductions. — Dans les diverses langues européennes : voir SCHOENEMANN, et Dom CELLIER. — Une traduction des œuvr. compl., Paris, chez Bloud et Barral, et une autre chez Vivès.

OUVRAGES sur saint Augustin.
Liste très nombreuse depuis la Renaissance : SCHOENEMANN ; NORIS, dans *Vindiciæ Augustinianæ*, 1673 et 1702.
Remarquer : Commentaires sur la *Cité de Dieu*, par Louis VIVÈS, à Bâle, 1522; par COQUÉE, religieux Augustinien, Paris, 1613. — LENFANT, Dominicain : *Concordantiæ Augustinianæ*, Paris, 2 vol. in-fol. : t. I, 1656; t. II, 1665. *Philosophia christiana*. Collec-

tion de textes de saint Augustin. Le collecteur, prêtre de l'Oratoire, s'appelait André Martin ; il avait pris le pseudonyme d'*Ambrosius Victor*, Angers, 1667 ; Paris, 1671 ; édition nouvelle par l'abbé Fabre, Paris, Durand, 1863. Autre édition, Vivès, 1900. — Ajouter : Pétau, Thomassin, Bossuet, Fénelon (indications, ci-dessus, liv. II, chap. IV, les paragr. sur la *liberté* et sur la *grâce*). — 1786, Grou, Morale de saint Augustin surtout d'après les *Confessions* et la *Cité de Dieu*.

Travaux récents, en fort grand nombre. Remarquer :

Wiggers, Versuch einer pragmatischen Darstellung des Augustinismus und Pelagianismus, Hambourg, 1821-1823. — Bindemann, Der heilige Augustinus, Bd I, Berlin, 1844 ; Bd II, Leipsig, 1855 ; Bd III, Greifsw., 1869. — Poujoulat, Histoire de saint Augustin, Paris, 1844 ; 3ᵉ éd., 1852. — Abbé Flottes, études sur saint Augustin, Montpellier, 1861. — F. Nourisson, La philosophie de saint Augustin, Paris, 1865. — E. Bersot, Doctrine de saint Augustin sur la liberté, Paris, 1843. — Chrestien, Études sur Augustin, Montpellier, 1870. — Naville, Saint Augustin ; étude sur le développement de sa pensée jusqu'à l'époque de son ordination, Paris, 1872. — Dupont, La philosophie de saint Augustin, Revue Catholique de Louvain, 1881. — Storz, Die Philosophie des heiligen Augustinus, Frbrg i. Br., 1882. — Coilette, Augustine, Lond., 1883. — R. Eucken, Die Lebensanschauungen der grossen Denker, en français, dans Annales de Phil. Chr., Septembre, Octobre, Novembre 1899. — Harnack, Dogmengeschichte, Bd III. — Augustinische Studien, von Herm. Reuter, Gotha, 1887. G. Boissier, La fin du paganisme, t. I, c. iii, et t. II, c. ii ; Hachette, Paris, 1894. — Sur des points particuliers : Fortlage, Augus. Lehre von der Zeit, Heidelberg, 1836. — Sur la *Psychologie* de saint Augustin : Gangauf, Augsburg, 1852 ; Heinichen, Leips., 1862 ; Ferraz, Paris, 1863 ; 2ᵉ éd., 1869 ; Werner, Wien, 1882. — Prantl, Geschichte der Logik im Abendlande, I, Leipzig, 1855. — Sur *la théorie de la connaissance* : Jac. Merten, Trier, 1865 ; Schütz, Divi Aug. de origine et via cognitionis intellectualis doctrina ab ontologismi nota vindicata, Monasterii, 1867. — Hahnel, üb. das Verhältniss des Glaubens zum Wissen, Pr. Chemnitz, 1891. — A. Bertaud, Scti Aug. doctrina de pulchro ingenuisque artibus, Poitiers, 1894. — Weber, Augustini de justificatione doctrina, Vitenbergæ, 1875. — Sur le *Miracle* : Nitzsch, Berlin, 1865. — Sur la *Trinité* : Th. Gangauf, Augsburg, 1866. — Seyrich, Die Geschichts-

philosophie A. s. nachseiner Schrift de Civitate Dei, Leipz., 1891.
— Origine et immortalité de l'âme : Heinzelmann, G.-Pr. Halberstadt, 1864 et 1868. — Sur la preuve de l'existence de Dieu : Carl van Endert, Freiburg in Brisg., 1869; Duquesnoy, Une preuve de l'existence de Dieu dans S¹ A., Dialog. de Lib. Arb., II, 3-15, Annales de Philosophie chrétienne, 1891, t. XXV, p. 286-302 et 331-346. — Grandgeorge, S¹ Aug. et le Néoplatonisme, Paris, 1896. — Grassmann, Die Schöpfungslehre des heil. Aug. und Darwins, Gekrönte Preisschrift, Regensburg, 1889. P. — Odilo Rottmanner, Der Augustinismus, Munich, 1892; c'est une étude très nette sur la prédestination.

Pour plus complète énumération : Ueberweg, Grundriss... Zweiter Theil, p. 115-117; 8ᵉ éd., Berlin, 1898; et Bardenhewer, édition française, par Godet et Verschaffel, t. II, p. 443-453; Paris, Bloud et Barral, 1899.

Biographies : Les plus importantes sont : *Vita sancti Augustini* auctore Possidio Calamensi Episcopo (En tête de toutes les éditions complètes. — Possidius avait été le disciple et le commensal de saint Augustin). — *Vita Sancti Aug. Ex ejus potissimum scriptis concinnata*. C'est le texte français de Tillemont traduit par un Bénédictin (au tome XI de l'édition originale des Bénédictins; au tome I de Migne).

TABLE DES MATIÈRES

Préface.. VII

LIVRE Ier. — LA CONNAISSANCE

	Pages.
Chapitre I. — Les divers modes de connaissance..........	1
Chatitre II. — La formation intellectuelle................	7
I. — Formation intellectuelle de saint Augustin..........	7
II. — Théorie de la formation intellectuelle...............	19
III. — Importance de la bonne volonté...................	27
Chapitre III. — La certitude...............................	32
I. — Infaillibilité de la pure intellection.................	32
II. — Critérium de la vérité.............................	36
III. — Scepticisme. Sentiment invincible de la pensée et de l'existence..	39
Chapitre IV. — L'intelligence humaine.....................	49
I. — Individualité de l'intelligence humaine..............	49
II. — Innéité..	51
III. — Réminiscence...................................	55
IV. — Mémoire.......................................	58
V. — La pensée et le langage...........................	63
VI. — Unité de la doctrine spéculative...................	69
VII. — L'acte d'apprendre..............................	74
Chapitre V. — L'Erreur...................................	78
I. — L'orgueil intellectuel.............................	79
II. — L'abus de l'imagination. — Le sens du mystère.....	94

LIVRE II. — DIEU

Chapitre I. — Existence de Dieu........................ 99

	Pages.
Chapitre II. — **Nature de Dieu**....................................	110
I. — Être et attributs de Dieu...........................	110
II. — Trinité..	117
Chapitre III. — **La Création**....................................	123
I. — Panthéisme...	123
II. — Nature de l'acte créateur..........................	127
III. — Motif de la création.............................	128
IV. — Création et immutabilité de Dieu.................	132
V. — Omniprésence de Dieu...............................	141
VI. — Providence..	147
VII. — Création continuée...............................	149
Chapitre IV. — **Dieu et l'homme**................................	155
I. — Immortalité de l'âme...............................	156
II. — Notre connaissance de Dieu........................	162
III. — Liberté..	174
IV. — Liberté et prescience divine......................	186
V. — Grâce..	188
VI. — Liberté et grâce..................................	202
VII. — Péché..	204
VIII. — Morale d'intention..............................	211
IX. — Œuvres des infidèles..............................	218
X. — Vertu..	223
Chapitre V. — **Le souverain bien. — L'optimisme**........	231
I. — Nature du souverain bien...........................	231
II. — Optimisme...	247

LIVRE III. — LA NATURE

Chapitre I. — **Notre connaissance du monde extérieur**...	265
I. — Espace et temps....................................	265
II. — Sensation...	273
III. — Connaissance scientifique........................	278
Chapitre II. — **Origine et nature du monde extérieur**.....	281
I. — Œuvre des six jours................................	281
II. — L'Écriture Sainte et les sciences physiques.......	292
III. — Danger d'invoquer l'Écriture à propos de la science.	298
IV. — Constitution intime des choses créées.............	308
V. — Enchaînement des phénomènes........................	311
VI. — Unité substantielle...............................	315
Chapitre III. — **Les faits surnaturels**........................	317
I. — Miracle..	317
II. — Faits extraordinaires.............................	333

TABLE DES MATIÈRES.

	Pages.
Chapitre IV. — **Les êtres vivants**	316
I. — Plante; animal	316
II. — Homme	319
Chapitre V. — **La Société**	365
I. — Direction des études	365
II. — Ordre social	371
III. — Tolérance	373
Conclusion	389
Table chronologique des principaux ouvrages de saint Augustin	397
Éditions, Biographies, etc.	398

LES GRANDS PHILOSOPHES
Collection dirigée par CLODIUS PIAT

Publiée chez Félix Alcan
Volumes in-8° de 300 pages environ, chaque volume 5 fr.

Ont paru :

SOCRATE, par Clodius Piat.

KANT, par Th. Ruyssen, ancien élève de l'École normale, professeur de philosophie au Lycée de Bordeaux.

AVICENNE, par le baron Carra de Vaux, ancien élève de l'École Polytechnique, professeur d'arabe à l'Institut catholique de Paris.

Va paraître :

MALEBRANCHE, par Henri Joly.

TYPOGRAPHIE FIRMIN-DIDOT ET C¹⁰. — MESNIL (EURE).

www.ingramcontent.com/pod-product-compliance
Lightning Source LLC
Chambersburg PA
CBHW070927230426
43666CB00011B/2337